# 1 MONTH OF
# FREE
# READING

## at
## www.ForgottenBooks.com

---

By purchasing this book you are
eligible for one month membership to
ForgottenBooks.com, giving you
unlimited access to our entire
collection of over 1,000,000 titles via
our web site and mobile apps.

To claim your free month visit:

www.forgottenbooks.com/free599259

ISBN 978-0-428-61307-5
PIBN 10599259

# Über das sogenannte

# kenntnisproblem.

Von

**Leonard Nelson.**

Göttingen

Vandenhoeck & Ruprecht

1908.

Sonderdruck aus den „Abhandlungen der Fries'schen Schule", II. Band, 4. Heft.

# Vorwort.

Die vorliegende Schrift geht in ihren Grundgedanken nicht
über das in meiner Abhandlung über „die kritische Methode“ Dargelegte hinaus. Was sie bietet, ist lediglich die ausführlichere
Erläuterung einiger dort aufgestellter Sätze, an deren objektiver
Begründung und Formulierung ich zwar nichts zu ändern habe,
die aber infolge der Kürze der Darstellung, die mir im Interesse
der Geschlossenheit und Übersichtlichkeit der Beweisführung geboten schien, noch nicht den wünschenswerten Grad der Deutlichkeit und Überzeugungskraft erhalten zu haben scheinen. Dies gilt
insbesondere von dem Satze, den ich in die Behauptung der
*Unmöglichkeit der Erkenntnistheorie* zusammengefaßt habe. Von der
Beurteilung dieses Satzes hängt die Entscheidung über alle weiteren
noch strittigen Punkte ab.

Es war freilich vorauszusehen, daß dieser Satz nicht so leicht
Zustimmung finden würde. Stürzt er doch, wenn es mit ihm seine
Richtigkeit hat, das ganze stolze Gebäude einer Wissenschaft

27 *

L. Nelson: Über das sogenannte Erkenntnisproblem. [4

um, die sich rühmt, hinsichtlich der Festigkeit und Tragfähigkeit
ihrer Grundlagen allen sonstigen Schöpfungen des Menschengeistes
überlegen zu sein. Gegen jenen Satz haben denn auch mit seltener Einmütigkeit die Vertreter der angegriffenen Wissenschaft
ihre Polemik gerichtet. Dabei ist indessen, wie ich feststellen
muß, eine Widerlegung des von mir gegebenen *Beweises* bisher von
keiner Seite auch nur *versucht* worden. Entrüstung, daß ich es
„gewagt" habe, die „Meister" der in Frage gezogenen Wissenschaft anzugreifen, psychologische Betrachtungen über mein „Unvermögen", mich „auch nur vorübergehend in den Standpunkt und
die Fragestellung der modernen Erkenntniskritik zu versetzen"[1],
oder endlich vornehmes Stillschweigen bei den „Meistern" selbst,
diese und noch gewisse andere, besser auch meinerseits mit Stillschweigen zu übergehende Kampfesmittel sind es, auf die sich
meine Gegner bisher beschränkt haben.

Ich habe keinen Anlaß, in der vorliegenden Schrift auf *diese*
Polemik zurückzukommen. Ich wende mich an diejenigen, die die
Rechte der formalen Logik und Mathematik anerkennen und denen
die „sozial-ethische Humanität" auch in der Wissenschaft nicht
eine Sache der Beteuerung, sondern der Betätigung ist. Ich wende
mich an diejenigen, die es „wagen", selbst zu denken und Gründen

---

[1] Vielleicht bietet die vorliegende Schrift meinem Kritiker, dem die Frage
Kopfzerbrechen macht, „woher" mein besagtes Unvermögen „stamme", einen
Fingerzeig zur Auflösung derselben. Übrigens ist dieses Unvermögen nicht „so
stark", wie er annimmt, wenn er meint, daß es mich hindere, mich „auch nur
vorübergehend" in die erkenntnistheoretische Fragestellung zu versetzen. Vielmehr
gestehe ich, mich früher selbst sehr lebhaft, wenn auch allerdings „nur vorübergehend", in diese Fragestellung „versetzt" zu haben und noch heute die kostbare
Zeit zu bedauern, die ich damals vernünftigen Studien zu Gunsten fruchtloser
Spekulationen über ein Scheinproblem entzogen habe.

höhere Autorität beizulegen als den Worten eines noch so gepriesenen „Meisters". —

Der breite Raum, den im Folgenden, trotz des eben Gesagten, die Polemik einnimmt, erfordert noch einige Worte der Erläuterung. Der Irrtum, gegen den sich diese Schrift wendet, hat seinen Nährboden nicht in einer historisch zufälligen, vorübergehenden Zeiterscheinung, sondern, analog einer optischen Täuschung, erzeugt er sich mit psychologischer Notwendigkeit und Natürlichkeit immer von neuem, wo die philosophische Reflexion zu einer gewissen Stufe der Bildung entwickelt ist. Und so, wie man gewisser optischer Täuschungen nur Herr werden kann auf Grund mannigfacher, oft wiederholter und ermüdender Versuche, so wird es auch nicht gelingen, in unserem Falle die Quelle des Irrtums zu verstopfen, wenn man sich mit einer einmaligen Feststellung des Fehlers begnügt, sondern es ist erforderlich, ihn in zäher Arbeit in alle die vielfachen Erscheinungsformen zu verfolgen, unter denen er sich in seinen Folgen leicht auch dem geschärften Blicke des durch Kritik Gewarnten entzieht.[1]   Im Dienste einer solchen kritischen Reinigungsarbeit stehen die polemischen Kapitel der vorliegenden Schrift. An keiner Stelle ist mir die Polemik Selbstzweck, vielmehr dienen die beurteilten Lehren ausschließlich als typische Repräsentanten der verschiedenen möglichen Gestaltungen, in denen der erkenntnistheoretische Proteus sich darstellt. Dabei bin ich, um die immanente Methode der Kritik möglichst zu ihrem Rechte kommen zu lassen, bestrebt gewesen, eine jede typische Form der Erkenntnistheorie für sich einer besonderen Prüfung zu unterwerfen und dabei die eigene Grundansicht nicht vorauszu-

---

[1] So fällt F. BON, nachdem er Angriff auf Angriff gegen die „Dogmen der Erkenntnistheorie" gehäuft hat, am Ende selbst wieder in die *biologische* Form der Erkenntnistheorie zurück.

setzen, sondern jedesmal erst wie ein neues Ergebnis aus der
Untersuchung hervorgehen zu lassen. Die einzelnen Kapitel bilden
daher größtenteils selbständige, von dem Zusammenhang mit dem
Ganzen unabhängige und daher auch für sich verständliche Abhandlungen.

. Demselben Zwecke wie diese polemischen Kapitel dienen auch,
wennschon in etwas anderer Weise, die im dritten Teile nieder-
gelegten *historischen* Untersuchungen. Durch die Mitteilung derselben hoffe ich zugleich auch den Historikern der Philosophie
einen Dienst zu leisten. Sie enthalten den Nachweis, wie sich an
der Hand eines höchst einfachen methodischen Leitfadens Licht
und Ordnung in eine der chaotischsten Perioden der Philosophie-
geschichte bringen läßt. Aber freilich, so fruchtbar eine solche
von methodischen und kritischen Maximen geleitete Betrachtungsweise für die Geschichte der Philosophie ist, so steht ihr doch
das noch immer unbesiegte Vorurteil entgegen, als sei umgekehrt
die Einsicht in die philosophische Wahrheit erst aus der Kenntnis
der *Geschichte* der Philosophie zu schöpfen, und als verlange die
historische *Objektivität*, daß der Geschichtsschreiber sich aller kritischen *Bewertung* seines Gegenstandes enthalte. Allerdings setzt
jede solche Bewertung schon den Besitz einer eigenen philosophischen Ansicht seitens des Geschichtsschreibers voraus; aber
den durch diesen Umstand bedingten Gefahren für die Objektivität
der historischen Darstellung entgeht man nicht dadurch, daß man
sich des eigenen philosophischen Urteils enthält, sondern allein,
indem man sich und dem Leser von den maßgebenden eigenen Ansichten gewissenhafte Rechenschaft ablegt. Denn einerseits ist
die Anwendung solcher subjektiven Maßstäbe *überhaupt unvermeidlich*, weil ohne sie der Historiker nicht einmal zu einer Auswahl
seines Stoffes gelangen könnte, und weil ferner eine Einsicht in

die *Fortschritte* der bisherigen Entwickelung das einzige Ziel ist, das unser *wissenschaftliches* Interesse an der Geschichte bestimmt. Andererseits bleibt ja bei einem solchen beurteilenden Verfahren die Objektivität der Darstellung vollkommen gewahrt, wenn der Geschichtsschreiber sich nur bescheidet, seinem *historischen* Urteil keine weitere Verbindlichkeit beizumessen als dem zu Grunde liegenden *philosophischen*. Das erste hat in dem Maße Objektivität, als das zweite auf Objektivität, d. h. auf wissenschaftliche Begründung Anspruch machen kann. Eine über diese hypothetische Geltung hinausgehende historische Objektivität giebt es nicht. Es wird deshalb, dem gewöhnlichen Vorurteil ganz entgegen, gerade diejenige Art der Geschichtsschreibung die objektivste sein, die am bestimmtesten die subjektive Ansicht des Darstellers hervortreten läßt. Oder welchen wissenschaftlichen Wert hätte eine historische Darstellung, deren „Objektivität" nur in einer Verschweigung und Verschleierung der subjektiven Prinzipien besteht, von deren Wahrheit oder Falschheit auch die Verbindlichkeit oder Nichtverbindlichkeit der gesamten Darstellung abhängt?[1] Wer sich also nicht schon eine eigene Kenntnis der philosophischen Wahrheit zutraut, wer nicht mit SPINOZA sagen kann: „Scio me veram intelligere philosophiam", der enthalte sich aller Bemühungen um die Geschichte der Philosophie.

---

[1] In seiner Abhandlung über „Geschichte der Philosophie" (Festschrift für K. FISCHER, Heidelberg 1904, Bd. II, S. 198) schreibt WINDELBAND, nachdem er (S. 184 ff.) die *Geschichte* der Philosophie für das „Organon" und die „Quelle" des philosophischen Wissens erklärt hat: „Je ausgesprochener und schärfer die maßgebende Meinung ist, um so parteiischer, ungerechter und unbrauchbarer wird die geschichtliche Darstellung als solche." Mir scheint das Gegenteil dieser Behauptung richtig zu sein: Je ausgesprochener und schärfer die maßgebende Meinung ist, um so *unparteiischer, gerechter* und *brauchbarer* wird die geschichtliche Darstellung als solche.

Was nun aber die Art der Kritik selbst betrifft, so giebt es überhaupt zwei Methoden, nach denen sich eine kritische oder polemische Untersuchung führen läßt. Entweder man fragt nach der Zulässigkeit der Voraussetzungen und Methoden, nach der Konsequenz und inneren Haltbarkeit eines Lehrgebäudes, oder aber man prüft es an seinen Ergebnissen und äußeren Leistungen, an seiner Fruchtbarkeit für die Lösung bestimmter, in ihrer Bedeutung anerkannter Probleme. Ich habe mich in den folgenden Untersuchungen ausschließlich der ersten Methode der Kritik bedient. Sie ist die in einem wissenschaftlichen Streite allein entscheidende, da der anderen stets nur die Bedeutung einer argumentatio ad hominem zukommt.

Es ist indessen nicht ohne Interesse und Nutzen, nach Vollendung jener ersten Art der Prüfung auch die zweite anzuwenden und sich also in unserem Falle die Frage vorzulegen: Welches sind die *gesicherten Ergebnisse* der mehr als hundertjährigen Arbeit der Erkenntnistheoretiker? Was hat die auf Erkenntnistheorie gegründete Philosophie *geleistet* zur Lösung der eigentlichen philosophischen Probleme, der Probleme der Ethik und Religionslehre, der Pädagogik und Politik? Ja auch nur der Grundprobleme der theoretischen Wissenschaften, der Physik, der Biologie und der Psychologie? Es genügt, diese Frage zu stellen, um die Verlegenheit und Ohnmacht ins Licht zu setzen, in der sich die Erkenntnistheorie gegenüber allen ernsten die denkende und handelnde Menschheit bewegenden Problemen befindet. Mag der Erkenntnistheoretiker diese Probleme als „metaphysische" von sich weisen: sie werden durch eine verächtliche Benennung nicht aus der Welt geschafft, und die Menschheit wird nicht aufhören nach ihrer Lösung zu suchen. Kann sie dabei von der Erkenntnistheorie noch irgend welche Hilfe erwarten?[1] Kann man sich noch länger darüber täuschen, daß die auf diese Disziplin gesetzten Hoffnungen auf das kläglichste gescheitert sind?[2]

Die Geschichtsschreiber der Philosophie erzählen uns, daß eben darin der große Fortschritt der Philosophie seit KANT bestehe, daß die Metaphysik verlassen und an ihre Stelle die Erkenntnistheorie gesetzt worden sei. Ich gestehe, in diesem angeblichen großen Fortschritt nichts anderes zu finden als die Ersetzung alter Scheinprobleme durch ein neues, und ich lasse mich auch durch den magischen Klang des Namens „Erkenntnistheorie" hierüber nicht in die Irre leiten. Wann wird dieses Zauberwort endlich aufhören, seine faszinierende Wirkung auf die Geister auszuüben?

In wunderlicher Selbsttäuschung hat man den Verzicht auf alles Metaphysische, diese sogenannte „Selbstbescheidung" der Erkenntnistheorie, als einen heroischen Akt der Resignation und als eine wissenschaftliche Großtat gepriesen. Man berauscht sich an der eigenen Erhabenheit über metaphysische Vorurteile, und

---

[1] Das überaus Wenige, was hinsichtlich dieser Probleme seit der Herrschaft der Erkenntnistheorie geleistet worden ist, das ist nicht dank dem erkenntnistheoretischen Prinzip, sondern dank der Inkonsequenz der Erkenntnistheoretiker zu stande gekommen. Selbst die Ethik ist, so paradox es erscheinen mag, in eine unfruchtbare Wüste leerer, aller Anwendung auf das Leben sich versagender Spekulationen verwandelt worden. Die nach erkenntnistheoretischer Methode verfahrende Ethik muß sich ja, um nicht etwa in Metaphysik zu verfallen, auf die Untersuchung der Frage beschränken, welches der *Grund der Verbindlichkeit sittlicher Pflicht überhaupt* sei; eine Frage, von der jeder Unbefangene einsehen muß, daß, da alle Verbindlichkeit ein Pflichtgebot schon voraussetzt, ihre Auflösung nur durch Vollendung eines unendlichen Regressus möglich, die Aufgabe selbst also unlösbar und widersprechend ist.

[2] Dieses Argument soll kein Beweis der Verfehltheit der erkenntnistheoretischen Methode sein, wohl aber sollte es uns gegen diese Methode *mißtrauisch* machen und uns veranlassen, einer gründlichen Prüfung ihrer inneren Haltbarkeit unsere Aufmerksamkeit zuzuwenden.

während man sich immer tiefer in die Sklaverei des erkenntnistheoretischen Dogmas verstrickt, wähnt man den höchsten Gipfel
geistiger Freiheit erstiegen zu haben.   Traurige Verblendung
des sich selbst allen Anforderungen des Lebens entfremdenden
Gelehrtenstolzes!   Wohl hat, wie jede wissenschaftliche Wahrheit,
so auch die philosophische ihren Wert in sich selbst, unabhängig
von aller praktischen Anwendung.   Aber welches ist denn die
Wahrheit, deren Erforschung die Aufgabe der *Philosophie* bildet?
Ist und bleibt es nicht, solange dieser Name nicht zum Spott
werden soll, die Wahrheit über Wert und Ziel des menschlichen
Lebens, freilich auch der Wissenschaft, soweit sie im Ganzen
dieses Lebens ihre Stelle hat?   Was ist also jene vermeintliche
wissenschaftliche Resignation in Wahrheit anderes als die endgül-
tige Absage der Philosophie an die schon in der Bedeutung ihres
Namens eingeschlossenen und durch die Geschichte geheiligten
Rechte und Pflichten?

Zu welchen verhängnisvollen Folgen für die Gesamtkultur
diese Verblendung führen muß, darauf habe ich an anderer Stelle
aufmerksam gemacht.[1]   Diese Folgen werden aber der Wissenschaft selbst verderblich werden.   Während die wissenschaftliche
Forschung das Gebiet der für das Schicksal unserer Kultur be-
deutungsvollsten Fragen mehr und mehr vernachlässigt, während
Zeit, Kraft und Aufmerksamkeit der besten Köpfe spekulativen
Scheinproblemen und Hirngespinsten zugewendet ist, bemerkt man
nicht, wie die von der Philosophie verlassenen Gebiete von *ande-*
*ren* Mächten in Besitz genommen werden, wie Schritt für Schritt
der zurückweichenden Wissenschaft Vorurteil und Aberglaube auf .

---

[1] In meiner Abhandlung: „Ist metaphysikfreie Naturwissenschaft möglich?"
Kapitel X.

dem Fuße folgen. Wir stehen am Anfange einer Entwickelung, die das Werk der mehrhundertjährigen˙ wissenschaftlichen Befreiungsarbeit wieder rückgängig macht. An die Stelle der *wissenschaftlichen* Metaphysik ˎ wird die *nicht*-wissenschaftliche, d. h. der Mystizismus treten, und die der wissenschaftlichen Führung beraubte Kultur wird dem Despotismus der Vorurteile und des Aberglaubens zur˙ Beute werden. Und wenn dann später einmal die Erkenntnistheoretiker aus ihrem Rausche erwachen sollten, dann werden sie erkennen, daß sie nicht das Fundament der *Metaphysik*, sondern das der *Wissenschaft* zerstört haben.[1]

---

[1] Ich bin, wie ich aus einer schon vor fünfzig Jahren erschienenen Schrift ersehe, ˉnicht der erste, der vor diesen Gefahren warnt. In seinem geistvollen Werke über BACON hat CHARLES DE RÉMUSAT, freilich ohne gerade die Erkenntnistheorie im Auge zu haben, die Kulturfeindlichkeit der sich selbst mißverstehenden antimetaphysischen Aufklärungsbestrebungen seiner Zeitgenossen mit scharfem Blicke erkannt und gegen ihre verderblichen Folgen seine warnende Stimme erhˉoben. Was er vorausgesagt hat, das hat längst begonnen sich zu verwirklichen. Ich kann es mir nicht versagen, seine eigenen Worte hier anzuführen:

„Si la raison, si la science déserte ces plages vastes et brillantes où la philosophie a marqué ˎses traces, le gros de l'humanité ne les abandonne pas. Toutes ces choses, que par l'examen et la méditation nous cherchions à connaître en les dégageant de l'erreur et de l'illusion, ne disparaissent pas à volonté de l'esprit humain. Elles ẏ restent du fait de la tradition, si ce n'est plus du droit de la science. Elles s'y conservent et s'y développent sous la forme que leur donnent l'imagination, l'irréflexion, la passion et l'habitude; le préjugé renaît à la place de la vérité. Dans ce champ dont l'art délaisse la culture, repoussent à l'état sauvage, privées peu à peu de leurs fleurs perfectionnées et de leurs fruits les meilleurs, toutes ces plantes qu'on n'extirpe pas˙ en les négligeant, et la tradition des siècles de ténèbres reprend de l'audaˌce et de l'empire devant une science qui s' intimide, devant une raison qui abdique. L'empirisme sans philosophie rend le sceptre et la vie au dogmatisme sans philosophie; l'autorité se relève là où avait˙ triomphé l'examen, et l'œuvre de la renaissance est détruite. — Tel est le terme fatal vers lequel marche cette école scientifique qui se croit l'extrême gauche de la science." („BACON", Livre IV, Chap. IV.)

Wie wenig Grund die heutige Erkenntnistheorie hat, sich über
die vorkantische Metaphysik zu erheben, kann wohl nicht treffen-
der bewiesen werden als durch die Tatsache, daß sich die von
KANT über die letztere ausgesprochenen Urteile Wort für Wort
auch auf die erstere anwenden lassen:

„Meine Absicht ist, alle diejenigen, so es wert finden, sich
mit Erkenntnistheorie zu beschäftigen, zu überzeugen, daß es unumgänglich notwendig sei, ihre Arbeit vor der Hand auszusetzen,
alles bisher Geschehene als ungeschehen anzusehen und vor allen
Dingen zuerst die Frage aufzuwerfen, ,ob auch so etwas, als Erkenntnistheorie, überall nur möglich sei'.

„Ist sie Wissenschaft, wie kommt es, daß sie sich nicht, wie
andere Wissenschaften, in allgemeinen und dauernden Beifall setzen
kann? Ist sie keine, wie geht es zu, daß sie doch unter dem
Scheine einer Wissenschaft unaufhörlich groß tut, und den menschlichen Verstand mit niemals erlöschenden, aber nie erfüllten Hoffnungen hinhält? Man mag also entweder sein Wissen oder Nicht-
wissen demonstrieren, so muß doch einmal über die Natur dieser
angemaßten Wissenschaft etwas Sicheres ausgemacht werden; denn
auf demselben Fuße kann es mit ihr unmöglich länger bleiben. Es
scheint beinahe belachenswert, indessen daß jede andere Wissenschaft unaufhörlich fortrückt, sich in dieser, die doch die Weisheit
selbst sein will, deren Orakel jeder Mensch befragt, beständig auf derselben Stelle herumzudrehen, ohne einen Schritt weiter zu kommen.

„Auf die Auflösung jener Aufgabe nun kommt das Stehen und
Fallen der Erkenntnistheorie, und also ihre Existenz gänzlich an.
Es mag jemand seine Behauptungen in derselben mit noch so
großem Schein vortragen, Schlüsse auf Schlüsse bis zum Erdrücken
aufhäufen, wenn er nicht vorher jene Frage hat genugtuend beantworten können, so habe ich Recht zu sagen: es ist alles eitle
grundlose Philosophie und falsche Weisheit.

„Alle Erkenntnistheoretiker sind demnach von ihren Geschäften feierlich und gesetzmäßig so lange suspendiert, bis sie die Frage: Wie ist Erkenntnistheorie möglich? genugtuend werden beantwortet haben. Denn in dieser Beantwortung allein besteht das Kreditiv, welches sie vorzeigen müssen, wenn sie im Namen der reinen Vernunft etwas bei uns anzubringen haben. In Ermangelung desselben aber können sie nichts anderes erwarten, als von Vernünftigen, die so oft schon hintergangen worden, ohne alle weitere Untersuchung ihres Anbringens abgewiesen zu werden.

„Es ist aber eben nicht so was Unerhörtes, daß nach langer Bearbeitung einer Wissenschaft, wenn man Wunder denkt, wie weit man schon darin gekommen sei, endlich sich jemand die Frage einfallen läßt, ob und wie überhaupt eine solche Wissenschaft möglich sei. Denn die menschliche Vernunft ist so baulustig, daß sie mehrmalen schon den Turm aufgeführt, hernach aber wieder abgetragen hat, um zu sehen, wie das Fundament desselben wohl beschaffen sein möchte. Es ist niemals zu spät, vernünftig und weise zu werden; es ist aber jederzeit schwerer, wenn die Einsicht spät kommt, sie in Gang zu bringen.

„Zu fragen, ob eine Wissenschaft auch wohl möglich sei, setzt voraus, daß man an der Wirklichkeit derselben zweifle. Ein solcher Zweifel aber beleidigt jedermann, dessen ganze Habseligkeit vielleicht in diesem vermeinten Kleinode bestehen möchte; und daher mag sich der, so sich diesen Zweifel entfallen läßt, nur immer auf Widerstand von allen Seiten gefaßt machen. Einige werden in stolzem Bewußtsein ihres alten und eben daher für rechtmäßig gehaltenen Besitzes, mit ihren erkenntnistheoretischen Kompendien in der Hand, auf ihn mit Verachtung herabsehen; andere, die nirgend etwas sehen, als was mit dem einerlei ist, was sie schon sonst irgendwo gesehen haben, werden ihn nicht verstehen, und alles wird einige Zeit hindurch so bleiben, als ob gar nichts vorgefallen wäre, was eine nahe Veränderung besorgen oder hoffen ließe.

„Soviel ist gewiß: wer einmal Kritik gekostet hat, den ekelt auf immer alles dogmatische Gewäsche, womit er vorher aus Not vorlieb nahm, weil seine Vernunft etwas bedurfte und nichts Besseres zu ihrer Unterhaltung finden konnte. Die Kritik verhält sich zur gewöhnlichen Schul-Erkenntnistheorie gerade wie Chemie zur Alchemie, oder wie Astronomie zur wahrsagenden Astrologie. Ich bin dafür gut, daß niemand, der die Grundsätze der Kritik durchgedacht und gefaßt hat, jemals wieder zu jener alten und sophistischen Scheinwissenschaft zurückkehren werde; vielmehr wird er mit einem gewissen Ergötzen auf eine Metaphysik hinaussehen, die nunmehr allerdings in seiner Gewalt ist, auch keiner vorbereitenden Entdeckungen mehr bedarf, und die zuerst der Vernunft dauernde Befriedigung verschaffen kann."

# Inhalt.

33. Widerspruch in RICKERTS Begriff des „Bewußtseins überhaupt". Begriff und Gegenstand.
34. Das Verhältnis des Erkennens zum Erkannten ist von dem Verhältnis des Erkennenden zum Erkannten zu unterscheiden. Die notwendige Verschiedenheit der Erkenntnis von ihrem Gegenstande steht daher mit der Möglichkeit der Selbsterkenntnis, d. h. der Identität von Subjekt und Objekt, nicht in Widerspruch.
35. Die Lehre von den „Forderungen" als *Bedeutung* der Wahrheit beruht auf einer Zirkeldefinition.
36. Die Lehre von den „Forderungen" als *Kriterium* der Wahrheit enthält einen Widerspruch.
37. Die teleologische Erkenntnistheorie hat zur Voraussetzung die psychologische Annahme der Identität von Erkenntnis und Urteil. Die Abhängigkeit des Urteils vom Willen ist eine Tatsache der inneren Erfahrung. Es giebt aber Erkenntnisse, die nicht in Urteilen bestehen, z. B. die Wahrnehmungen.
38. Der Bestimmungsgrund für das Fällen eines Urteils ist von der Richtschnur für den Inhalt des Urteils zu unterscheiden. Weder das eine noch das andere besteht in einer Forderung. Die Richtschnur für den Inhalt des Urteils liegt in der unmittelbaren Erkenntnis. Aus dem Verbot eines Urteils läßt sich nicht auf das Gebot des widersprechenden Urteils schließen.
39. Die Annahme der Identität von Erkenntnis und Urteil hat die Unerkennbarkeit des teleologischen Wahrheitskriteriums zur Folge.
40. Die Annahme eines vom Urteil verschiedenen „Gefühls" oder „Erlebens" der Forderung kann diese Schwierigkeit nicht beseitigen, hebt vielmehr die Möglichkeit der teleologischen Erkenntnistheorie auf.

**Anmerkung zum VI. Kapitel. Der erkenntnistheoretische Idealismus.**

41. Verbalmethode der Rickertschen Lösung des „Problems der Transzendenz".
42. Der „Satz der Immanenz" beruht auf einer Verwechslung von Inhalt und Gegenstand.
43. Inhaltlosigkeit des Begriffs des „Bewußtseins überhaupt".
44. Widerspruch des methodischen Prinzips, „nichts unbewiesen hinzunehmen".
45. Analoge Fehler bei LIPPS.

## Zweiter Teil: Das Problem der Vernunftkritik.

### VII. Der Satz des Grundes. (Erkenntnistheorie und Dogmatismus.)

46. Scheinbare Alternative zwischen Erkenntnistheorie und Dogmatismus.
47. Unvollständigkeit dieser Disjunktion. Der Satz des Grundes gilt lediglich von Urteilen, nicht von Erkenntnissen überhaupt. Das Postulat der Begründung widerspricht daher nicht der Annahme von Erkenntnissen, die keiner Begründung bedürfen.
48. Vernunftwahrheit und Verstandeswahrheit. Das *Faktum* des Selbstvertrauens der Vernunft ist die entscheidende Instanz gegen den Skeptizismus, die selbst einer Begründung weder fähig noch bedürftig ist.

### VIII. Das Hume-Kantische Problem. (Erkenntnistheorie und Vernunftkritik.)

49. Die Begründung der Verstandeswahrheit als alleinige Aufgabe der Wissenschaft. Begriff der Metaphysik.
50. Unvermeidlichkeit und Bedeutung des Hume-Kantischen Problems: Der Grund der metaphysischen Urteile liegt weder in der Anschauung noch in der Reflexion. Die unmittelbare Erkenntnis der reinen Vernunft. Ihre faktische Aufweisung als Aufgabe der Kritik der Vernunft.
51. Zurückführung des erkenntnistheoretischen Vorurteils auf die Annahme der Vollständigkeit der Disjunktion zwischen Anschauung und Reflexion als Erkenntnisquellen.
52. Die beiden kritischen Maximen.

### IX. Die Modalität der kritischen Erkenntnis.

53. Unmöglichkeit einer demonstrativen Begründung der metaphysischen Urteile. Notwendigkeit, die den Grund der metaphysischen Urteile enthaltende Erkenntnis zum Gegenstande einer wissenschaftlichen Untersuchung zu machen. Psychologische Natur dieser Untersuchung.
54. Modalische Ungleichartigkeit von Grund und Begründung im Falle der Metaphysik. Die kritische Begründung *enthält nicht* den Grund der metaphysischen Urteile.

### X. Das transzendentale und das psychologistische Vorurteil.

55. Die Erkenntnistheorie muß den Grund der durch sie zu begründenden Urteile *enthalten.*
56. Erkenntnis und Erkenntnisgrund sind hinsichtlich der Modalität gleichartig. Die psychologische Natur der Erkenntnistheorie ist daher mit der Apriorität der durch sie zu begründenden Sätze unvereinbar. Auf Grund des erkenntnistheoretischen Vorurteils ist folglich der Widerspruch zwischen Transzendentalismus und Psychologismus unvermeidlich.

28*

72. Die Bestimmungsgründe des logischen Denkens liegen nicht in den logischen Gesetzen, sondern in unserer *Erkenntnis* dieser Gesetze.
73. Die logischen Gesetze können mit Recht „Denkgesetze" heißen, weil wir uns ihrer nur durch Denken bewußt werden. Folgen dieser Erklärung für die richtige Bestimmung des Verhältnisses der Psychologie zur Philosophie.
74. Inhalt und Gegenstand der metaphysischen Erkenntnis. Reflexion und Vernunft. STUMPFS Ansicht über das Verhältnis der Psychologie zur Erkenntnistheorie.
75. Selbsttätigkeit und Willkürlichkeit. Rezeptivität und Spontaneität.

---

## Dritter Teil: Die Geschichte der Erkenntnistheorie.

### XV. Die erkenntnistheoretischen Voraussetzungen des formalen Idealismus.

76. Die beiden Kantischen Beweise des transzendentalen Idealismus.
77. Die vier Voraussetzungen des ersten Beweises.
78. Die metaphysische Natur dieser Voraussetzungen.
79. Der introjizierte Widerspruch dieser Voraussetzungen.

### XVI. Die Ausschliessung des Präformationssystems.

80. Die zweite Voraussetzung. Der FISCHER-TRENDELENBURGsche Streit.
81. KANTS Verwechslung des Verhältnisses der Erkenntnis a priori zur Erfahrung mit ihrem Verhältnis zum Gegenstande.
82. Das Argument von der Möglichkeit des Irrtums und das Argument von der „Notwendigkeit" der Kategorieen.
83. Introjizierter Widerspruch des formalen Idealismus. Doppelsinn des Terminus „Präformationssystem" bei KANT. Das Argument vom „Zirkel" des Präformationssystems beweist zu viel und trifft jede Erkenntnistheorie als solche.
84. GRAPENGIESSERS Wiederholung des Kantischen Fehlers.

### XVII. Form und Gegenstand.

85. Der Unterschied des Empirischen und Rationalen betrifft nicht das Verhältnis der Erkenntnis zum Gegenstande. Zweideutigkeit des Wortes „Gegenstand".
86. KANTS Beantwortung der Frage: Wie ist reine Mathematik möglich? Zweideutigkeit des Terminus „Form".

### XVIII. Die dogmatische Disjunktion der Wahrheitskriterien.

87. Ursprung des formalen Idealismus aus der Disjunktion zwischen Logik und Empirie als Wahrheitskriterien.
88. Zweideutigkeit des Ausdrucks „Objektivität" bei KANT.

Erster Teil:

# Die Unmöglichkeit der Erkenntnistheorie.

,,Wo die Schranken unserer möglichen Erkenntnis sehr enge, der Anreiz zum Urteilen groß, der Schein, der sich darbietet, sehr beträglich und der Nachteil aus dem Irrtum erheblich ist, da hat das Negative der Unterweisung, welches bloß dazu dient, um uns vor Irrtümern zu verwah.en, noch mehr Wichtigkeit als manche positive Belehrung, dadurch unser Erkenntnis Zuwachs bekommen könnte.''

KANT, Kritik der reinen Vernunft, Transzendentale Methodenlehre, 1. Haupstück.

# Einleitung.

1. Es ist ein von den Geschichtsschreibern der Philosophie schon oft hervorgehobenes Verhängnis, daß gerade diejenige Lehre, die in den Augen ihres Urhebers sowohl als auch in denen seiner Zeitgenossen wie noch keine andere dazu berufen schien, den ewigen Frieden in der Philosophie herbeizuführen, mehr als irgend eine vor oder nach ihr aufgetretene dahin gewirkt hat, die Anarchie der Schulmeinungen zu fördern und unabsehbaren Streit zu stiften. Nicht minder merkwürdig aber muß die Tatsache erscheinen, daß fast ein jeder, der an diesen nicht endenden Streitigkeiten teilgenommen hat und noch teilnimmt, von dem unzweifelhaften Rechte durchdrungen ist, mit dem die kritische Philosophie ihren Beruf als Friedensstifterin verkündete. So viel besprochen dieses historische Schauspiel sein mag, so wenig scheint es bisher eine befriedigende Erklärung gefunden zu haben. Und doch muß es offenbar einen tiefliegenden, mit dem eigentümlichen Wesen der Kantischen Philosophie auf das Innigste zusammenhängenden Grund haben.

Während der die Kantische Philosophie um die Wende des 18. Jahrhunderts auf lange Zeit hinaus betreffende Streit sich wesentlich auf die aus den *Resultaten* der Vernunftkritik zu ziehenden Konsequenzen, insbesondere auf die Frage des „Dinges an sich", bezog, so liegt der Kernpunkt des heute herrschenden Streits in der Frage der *Methode.* Ohne Zweifel äußert sich in dieser Verschiebung der Streitfrage ein Fortschritt der wissenschaftlichen Entwickelung; denn es liegt auf der Hand, daß die Entscheidung der Resultate von der für ihre Gewinnung einzuschlagenden Methode ganz und gar abhängig sein muß.

So wie nun die gegenwärtige Verfassung der Wissenschaft sich darstellt, zeigt sie uns eine deutliche Scheidung zweier großer methodischer Ansichten, die wir nach der üblichen Benennung als „Transzendentalismus“ und „Psychologismus“ einander gegenüberstellen können. Was mit diesen Namen gemeint ist, weiß ein jeder, der die philosophische Litteratur unserer Tage auch nur oberflächlich kennt: auf eine nähere Charakteristik beider werden wir später eingehen.

2. Ein Versuch, die Quelle dieses Streits in einer beiden Parteien gemeinschaftlichen Voraussetzung zu suchen, ist meines Wissens bisher nicht unternommen worden oder doch jedenfalls noch nicht gelungen. Und doch wäre es, gelänge dieser Versuch, nicht das erste Mal, daß die Auflösung eines heftigen und anhaltenden wissenschaftlichen Streits gerade in der Aufdeckung eines von den Streitenden gemeinsam begangenen Irrtums zu finden ist. Überall, wo zwei widerstreitende Ansichten sich gegenüberstehen, die, so oft auch dem einen oder anderen Teile eine Widerlegung des Gegners gelungen zu sein scheint, mit der gleichen Folgerichtigkeit ihre Behauptungen aufrecht zu erhalten vermögen, überall da kann man auf Grund des bloßen Faktums des Streits einen verborgenen beiden Teilen gemeinschaftlichen Fehler vermuten. Ein solcher wird in allen den Fällen zu Grunde liegen, wo die einander widerstreitenden Ansichten nur unter einer gewissen, von beiden zugestandenen Voraussetzung in wirklichem

Widerspruche stehen; denn überall da muß mit der Aufhebung
der Voraussetzung auch der Widerspruch ihrer Folgen ver-
schwinden.

Es entsteht also die Frage, ob sich nicht eine den entgegengesetzten methodischen Ansichten in der heutigen Philosophie gemeinschaftlich zu Grunde liegende Voraussetzung auffinden läßt.
Dies scheint bei der herrschenden Anarchie und der völligen
Divergenz in den ersten Schritten auf den ersten Blick aussichts-
los. Allein, so unversöhnlich sich die beiden genannten methodischen Grundansichten gegenüberzustehen scheinen, so können
doch die zunächst in die Augen fallenden Differenzen dem tiefer
Blickenden eine beiden gemeinschaftliche Eigentümlichkeit nicht
verbergen. Diese besteht in der zugleich mit der Entstehung des
Streits, nämlich durch das Auftreten Kants herrschend gewordenen
Richtung des Philosophierens, die man allgemein als die „erkenntnistheoretische" bezeichnet. So heftig auch der Streit im einzelnen
geführt wird, das eine gilt von allen Streitenden als zugestanden:
daß einer jeden im engeren Sinne philosophischen Untersuchung
die Bearbeitung der „Erkenntnistheorie" vorauszugehen habe. Nur
darüber besteht Meinungsverschiedenheit, ob diese Erkenntnistheorie
als eine der Psychologie angehörige Disziplin zu gelten habe oder
nicht.

So paradox es also auf den ersten Blick erscheinen mag, einen
herrschenden Streit dadurch beilegen zu wollen, daß man das einzige von dem Streit unberührt Gelassene und als unerschütterlich
feststehend Angenommene in Zweifel ziehen und womöglich als
verfehlt erweisen will, so ist doch gerade dies hier unsere Absicht,
und der Erfolg der Untersuchung mag zeigen, mit welchem
Rechte.

## Allgemeiner Beweis
## der Unmöglichkeit der Erkenntnistheorie.

3. Die *Erkenntnistheorie* ist — nach allgemeinem Sprachge-brauch — die Wissenschaft, die die Untersuchung der objektiven Gültigkeit der Erkenntnis überhaupt zur Aufgabe hat. Die Stellung dieser Aufgabe setzt voraus, daß man an der objektiven Gültig-keit der Erkenntnis zweifelt, d. h. daß ihr Vorhandensein ein Problem bildet. Ich behaupte nun, daß eine wissenschaftliche Auf-lösung dieses Problems *unmöglich* ist.

Angenommen nämlich, es gäbe ein Kriterium, das zur Auf-lösung des Problems dienen könnte. Dieses Kriterium würde ent-weder selbst eine Erkenntnis sein, oder nicht.

Nehmen wir an, das fragliche Kriterium sei eine Erkenntnis. Dann gehörte es gerade dem Bereiche des Problematischen an, über dessen Gültigkeit erst durch die Erkenntnistheorie entschieden werden soll. Das Kriterium, das zur Auflösung des Problems dienen soll, kann also keine Erkenntnis sein.

Nehmen wir also an, das Kriterium sei *nicht* eine Erkennt-nis. Es müßte dann, um zur Auflösung des Problems dienen zu können, *bekannt* sein; d. h. es müßte selbst *Gegenstand* der Er-kenntnis werden können. Ob aber diese Erkenntnis, deren Gegen-stand das fragliche Kriterium ist, eine gültige ist, müßte ent-schieden sein, damit das Kriterium anwendbar ist. Zu dieser Ent-scheidung müßte aber das Kriterium schon angewendet werden.

*Eine Begründung der objektiven Gültigkeit der Erkenntnis ist also unmöglich.*

4. Aber läßt sich nicht aus dieser Unmöglichkeit auf das Nicht-Vorhandensein der objektiven Gültigkeit schließen und auf

solchem Wege eine *negative* Entscheidung des Problems herbei-
führen? Keineswegs; denn von der Unmöglichkeit, die Gültigkeit
eines Satzes (hier der Behauptung der objektiven Gültigkeit der
Erkenntnis) zu erweisen, kann nicht auf die Ungültigkeit dieses
Satzes geschlossen werden.

Aber vielleicht ließe sich zeigen, daß unserer Erkenntnis *teilweise* objektive Gültigkeit zukommt und *teilweise* nicht? Auch dies
ist unmöglich. Denn man nehme an, es gäbe ein Kriterium zur
Entscheidung, ob eine Erkenntnis (z. B. die fragliche Behauptung
von der teilweisen Gültigkeit unserer Erkenntnis) in die Klasse
der gültigen oder in die der ungültigen gehört. Dies Kriterium
müßte, um anwendbar zu sein, erkannt werden können. Um aber
zu wissen, daß diese Erkenntnis des Kriteriums eine gültige ist,
müßte ich das Kriterium schon angewendet haben.

Wollte man, um diese Widersprüche zu vermeiden, vorschlagen,
zur Prüfung der Erkenntnis des Kriteriums ein *neues*, d. h. von
ihm verschiedenes Kriterium anzuwenden, so wäre damit nichts
gewonnen. Denn auch dieses Kriterium müßte, um anwendbar zu
sein, erkannt werden, und diese Erkenntnis würde, um als gültig
angenommen zu werden, wieder ein weiteres Kriterium voraussetzen, so daß wir auf einen unendlichen Regreß geführt wären.
Dieser Regreß müßte vollendet vorliegen, ehe irgend eine Erkenntnis als gültig angenommen werden könnte. Die Annahme
der Vollendung eines unendlichen Regressus schließt aber einen
Widerspruch ein.

5. Man hat versucht, die objektive Gültigkeit wenigstens
*einiger* unserer Erkenntnisse dadurch zu erhärten, daß man in der
Annahme ihrer Unmöglichkeit einen Widerspruch suchte: Wer behauptet, *keine* gültige Erkenntnis zu besitzen, der spricht mit dieser
Behauptung eine Erkenntnis aus, für die er objektive Gültigkeit

in Anspruch nimmt, und widerspricht insofern sich selbst. — Aber die Annahme

A. X besitzt keine gültige Erkenntnis

hat nur zur Folge, daß X selbst von der Geltung dieser Annahme keine Erkenntnis haben kann; denn hätte er diese Erkenntnis, so besäße er in ihr eine objektiv gültige Erkenntnis. Nicht die Annahme A, sondern die Annahme

B. X besitzt eine gültige Erkenntnis von A

enthält einen Widerspruch. Und aus diesem Widerspruch folgt nicht, daß der die Ungültigkeit seiner Erkenntnis Behauptende eine gültige Erkenntnis besitzt; es folgt nicht die Falschheit des Satzes A, sondern lediglich die Falschheit des Satzes B. — Anders ausgedrückt: Wer zu wissen behauptet, daß er nichts wisse, widerspricht sich allerdings; aber hieraus läßt sich nicht schließen, daß er irgend etwas wisse, sondern nur, daß er *dieses*, was er zu wissen vorgiebt, *nicht* wisse.

Und wie sollte es anders sein, da doch aus dem Prinzip des Widerspruchs nie andere als analytische Sätze ableitbar sind, der Satz aber, wir besäßen objektiv gültige Erkenntnis, da er ein Faktum behauptet, offenbar synthetischer Natur ist.


## Anmerkung zum I. Kapitel:
### Über den Unterschied der analytischen und synthetischen Urteile.

6. Da sich die folgenden Ausführungen mehrfach auf die eben herangezogene Unterscheidung der analytischen und synthetischen Urteile stützen, wird es zweckmäßig sein, einige Bemerkungen zur

Rechtfertigung dieser heute noch nicht allgemein anerkannten Unterscheidung einzufügen.[1]

Ein Urteil, dessen Prädikat schon im Begriff des Subjekts enthalten ist, heißt *analytisch*; jedes andere Urteil heißt *synthetisch*. Wenn ich von einem Dreieck sage, daß es drei Seiten hat, so spreche ich ein analytisches Urteil aus; denn das Merkmal der Dreiseitigkeit liegt bereits im Begriff des Dreiecks, und ein Dreieck, das nicht drei Seiten hätte, kann ohne inneren Widerspruch nicht gedacht werden. Sage ich hingegen von einem Dreieck, daß es gleichseitig ist, so spreche ich ein synthetisches Urteil aus; denn das Merkmal der Gleichseitigkeit liegt nicht im Begriff des Dreiecks, sondern kommt als etwas Neues zu ihm hinzu, und ein ungleichseitiges Dreieck kann sehr wohl als möglich gedacht werden.

KANT führt als Beispiel eines analytischen Urteils an: Alle Körper sind ausgedehnt; als Beispiel eines synthetischen aber: Alle Körper sind schwer. Da hat man nun gefragt, ob denn nicht die Schwere eine ebenso allgemeine und notwendige Eigenschaft der Körper sei wie die Ausdehnung. Wenn sie dies nämlich sei, so gehöre sie offenbar ebenso notwendig zum Wesen des Körpers wie diese. Das Urteil: „Alle Körper sind schwer" sei also in genau demselben Maße analytisch wie das Urteil: „Alle Körper sind ausgedehnt". Hierauf antworten wir, daß es sich nicht um die Frage handelt, was als allgemeine und notwendige Eigenschaft zum „Wesen" des Körpers gehört, sondern allein, was zu seinem *Begriff* gehört. Der Begriff aber ist weit weniger als die Gesamtheit aller dem Subjekt notwendig zukommender Eigenschaften; er enthält vielmehr allein diejenigen dem Subjekt notwendig zu-

---

[1] Ich schließe mich dabei an die denselben Gegenstand behandelnden Ausführungen meiner Abhandlung „KANT und die Nicht-Euklidische Geometrie" an. (13. Sonderheft der astronomischen Zeitschrift „Weltall", Kapitel III.)

kommenden Eigenschaften, die zu dessen eindeutiger Bestimmung
erforderlich und hinreichend sind, d. h. diejenigen, durch die es
definiert ist. Zu solchen definierenden Merkmalen des Körpers
gehört aber seine Schwere nicht. Wäre die Schwere ein den
Körpern als solchen vermöge ihres Begriffs zukommendes Merkmal,
so hätte sie sich von selbst verstehen müssen und hätte nicht erst
im Laufe der wissenschaftlichen Erfahrung entdeckt zu werden
brauchen. In der Tat besaßen die Alten noch keine Vorstellung
von der Schwere der Himmelskörper, vielmehr hat man dieselbe
erst durch Newtons Entdeckung der allgemeinen Gravitation kennen
gelernt. Auch kommt die Schwere einem Körper nicht an und
für sich zu, wie es doch sein müßte, wenn sie ein schon im Begriff
des Körpers enthaltenes Merkmal wäre; sondern sie ist eine rela-
tive Eigenschaft und findet nur statt, sofern *mehrere* Körper in
Wechselwirkung mit einander treten.

7. Man hat fernerhin behauptet, die Unterscheidung zwischen
analytischen und synthetischen Urteilen sei schwankend und unbestimmt, indem dasselbe Urteil bald als analytisch, bald als synthetisch betrachtet werden könne; ein Urteil, das für den einen analytisch sei, könne sehr wohl für den anderen synthetisch sein; ja
derselbe Mensch könne ein und dasselbe Urteil heute als synthetisch, morgen als analytisch ansehen.[1] Man ist sogar soweit gegangen, zu behaupten, bei der gehörigen Entwickelung unserer
Begriffe verwandelten sich alle Urteile in analytische, so daß es
für eine vollkommene Erkenntnis überhaupt keine synthetischen
Urteile mehr geben könne. — Wir wollen diesen Einwand an einem
Beispiel prüfen. Betrachten wir das Urteil: Der Walfisch ist ein

---

[1] So soll es sich z. B. nach Wellstein mit den Axiomen der Geometrie
verhalten. (Enzyklopädie der Elementar-Mathematik, Band II, Seite 131.)

Säugetier. Für den Zoologen, der etwa auf einer Naturforscher-Versammlung seine Untersuchungen über die anatomische Beschaffenheit der Walfische vorträgt, ist das Merkmal Säugetier bereits analytisch im Begriff des Walfischs enthalten. Nehmen wir aber etwa an, unter den Zuhörern des Zoologen befinde sich ein Bauer, der, auf dem Lande aufgewachsen, sich bisher bei dem Worte Walfisch stets eine Art Fisch vorgestellt hat, nun aber erfährt, daß der Walfisch, gerade wie andere Säugetiere, lebendige Junge zur Welt bringt. Diese Erfahrung ist für ihn etwas Neues, und das Urteil „Der Walfisch ist ein Säugetier" ist für ihn, indem er es hört, synthetisch. Damit aber, so argumentiert man weiter, hat sich zugleich sein Begriff vom Walfisch verändert, es ist ein neues Merkmal hinzugetreten; der Begriff hat sich also erweitert, und in Zukunft ist auch für den Bauern das Urteil ein analytisches.

Der hieraus gegen die Kantische Einteilung abgeleitete Einwand ist sehr leicht zu widerlegen, wenn man sich nur die Mühe nimmt, das *Urteil* von seinem sprachlichen Ausdrucke, dem *Satze*, zu unterscheiden. Die Kantische Einteilung spricht von Urteilen und den in ihnen auftretenden *Begriffen*, nicht aber von dem grammatischen Satze und den ihn bildenden *Worten*. Ein und derselbe Satz kann natürlich sehr verschiedene Urteile ausdrücken, je nachdem, welche Begriffe man mit den Worten verbindet. Die Ausdrücke: Ein Begriff verändert, entwickelt oder erweitert sich, sind im übrigen höchst ungenau und zum mindesten irreführend. Nicht ein Begriff, sondern unsere Erkenntnis erweitert sich; ein Begriff ist, wenn er einmal gebildet ist, etwas absolut Feststehendes und Unveränderliches. Wohl aber können Worte ihre Bedeutung ändern, indem sie nämlich bald für den einen, bald für den anderen Begriff, bald für einen engeren, bald für einen weiteren, als Ausdruck dienen. Je nachdem also das Wort „Walfisch" einen engeren oder weiteren Begriff bezeichnet, kann der Satz „Der Walfisch ist ein Säugetier" bald ein synthetisches, bald ein analytisches Urteil ausdrücken. Die angebliche Verwandlung von synthetischen Urteilen in analytische ist also eine Fabel.[1]

8. Alle *Definitionen* sind nach dem Vorangehenden analytische Urteile. Denn die Definition ist nichts anderes als die vollständige Zergliederung des Begriffs. Aber auch alle *Schlüsse*, durch die

---

[1] Einen noch schlimmeren Fehler soll die Kantische Einteilung nach Couturat enthalten. („La philosophie des mathématiques de Kant" in der Revue de métaphysique et de morale, 1904, S. 323.) Dieser Logiker behauptet nämlich entdeckt zu haben, daß die fragliche Einteilung überhaupt nicht vollständig sei. Er hat aber dabei übersehen, daß er, um diesen Einwand zu erheben, erst den logischen Grundsatz vom ausgeschlossenen Dritten hätte widerlegen müssen. Nach diesem Satze läßt sich neben den beiden Fällen, daß ein Prädikat im Subjektsbegriff enthalten ist, und dem, daß es nicht in ihm enthalten ist, keine weitere Möglichkeit denken. Vielmehr muß die Einteilung als ebenso vollständig angesehen werden wie die, daß ein Punkt entweder auf einer gegebenen Geraden liegt oder daß er nicht auf ihr liegt. Nach Couturat soll der Fall der partikulären Urteile, also der Urteile von der Form: Einige *S* sind *P*, das Gegenteil beweisen. Sie sollen einen Fall darstellen, wo das Prädikat weder im Subjektsbegriff liegt noch außer ihm. Betrachten wir das Schulbeispiel: Einige Menschen sind tugendhaft. Daß der Begriff der Tugend nicht in dem des Menschen enthalten ist, dürfte klar sein; denn wäre er in ihm enthalten, so wären eben nicht nur einige, sondern alle Menschen tugendhaft. Oder sollte Couturat der Ansicht sein, daß der Begriff der Tugend im Begriff einiger Menschen enthalten, im Begriff anderer Menschen aber nicht enthalten ist? Ich wenigstens muß gestehen, daß ich mit einer solchen Behauptung keinen Sinn verbinden könnte. Denn es giebt nicht einen Begriff einiger Menschen und einen anderen Begriff anderer Menschen, sondern es giebt nur einen einzigen, nämlich allgemeinen, Begriff des Menschen, außerdem aber alle die Einzelwesen, die unter den allgemeinen Begriff des Menschen fallen, d. h. denen der Begriff Mensch als Merkmal zukommt, die, wie man sagt, den *Umfang* des Begriffs Mensch bilden. Unter diesen Einzelwesen, den Menschen, zeichnen sich nun einige dadurch aus, daß ihnen außer dem Merkmal Mensch auch noch das Merkmal Tugendhaft zukommt, während es den anderen fehlt. Einem Wesen als Merkmal zukommen heißt aber nicht: im Inhalt eines Begriffs enthalten sein. Es ist also hier dem Logiker passiert, daß er den Inhalt mit dem Umfang des Begriffs verwechselt hat.

wir zum Beweise eines Satzes gelangen, sind analytische Urteile.
Der Schluß ist ein hypothetisches Urteil, nämlich die Ableitung
eines Urteils aus anderen Urteilen, und zwar muß diese Ableitung
so beschaffen sein, daß die in dem abgeleiteten Urteil enthaltene
Behauptung ihren hinreichenden Grund in den Prämissen hat, aus
denen sie abgeleitet wird. Ein Schluß, der dieser Bedingung nicht
genügte, dessen Schlußsatz also mehr behauptete, als in den Prämissen enthalten war, wäre ein Trugschluß. Die Ableitung, d. h.
der Schluß selbst, ist also ein analytisches Urteil, nämlich ein
solches, in dem die Prämissen das Subjekt und die Abfolge des
Schlußsatzes aus ihnen das Prädikat bilden.

9. Da jeder Schluß Prämissen voraussetzt, so müssen, damit
überhaupt ein Schluß möglich sein soll, irgend welche Prämissen
als nicht wieder beweisbarer Ausgangspunkt gegeben sein. *Sind
die Prämissen eines Lehrsatzes analytische Urteile, so ist der Lehrsatz selbst ein analytisches Urteil.*[1] *Kommt aber unter den Prämissen
eines Lehrsatzes auch nur e i n synthetisches Urteil vor, so ist der Lehrsatz synthetisch.* Denn wenn die Lehrsätze auch durch rein ana-

---

[1] Hieraus folgt, daß es *unmöglich* ist, *ein synthetisches Urteil auf analytische
zurückzuführen.* Es ist vielleicht nicht überflüssig, für diesen Satz, dessen
Wichtigkeit aus dem Inhalt der folgenden Kapitel erhellen wird, einen förmlichen
Beweis zu geben.

Sollte aus bloß analytischen Urteilen ein synthetisches ableitbar sein, so
müßte an irgend einer Stelle in der Beweiskette ein Schluß auftreten, dessen beide
Prämissen noch analytisch, dessen Schlußsatz aber synthetisch wäre. Daß es
einen solchen Schluß nicht geben kann, läßt sich so zeigen. Jeder Schluß erfordert einen Mittelbegriff, d. h. einen Begriff, der im Obersatz als Subjektsbegriff,
im Untersatz als Prädikat auftritt, und vermittelst dessen im Schlußsatz das Subjekt des Untersatzes unter das Prädikat des Obersatzes subsumiert wird. Sind
nun beide Prämissen analytisch, so ist nicht nur der Oberbegriff (das Prädikat
des Obersatzes) im Mittelbegriff, sondern auch der Mittelbegriff im Unterbegriff
(dem Subjekt des Untersatzes) enthalten. Folglich ist auch der Oberbegriff im
Unterbegriff enthalten; d. h. der Schlußsatz muß selbst ein analytisches Urteil sein.

lytische Urteile erschlossen werden, so dienen doch diese analytischen Urteile nur zur Vermittelung; und der Grund der Gültigkeit der Lehrsätze liegt nicht in den Schlüssen, *vermittelst* deren
sie abgeleitet werden, sondern einzig und allein in den Prämissen,
*aus* denen sie abgeleitet werden.

# II.

## Das Gesetz als erkenntnistheoretisches Kriterium.

10. Den im I. Kapitel geführten Beweis der Unmöglichkeit
der Erkenntnistheorie wird man vielleicht für trivial erklären.
Mit dieser Erklärung wäre ich völlig einverstanden.  Doch wird
man nicht leugnen können, daß die bewiesene Trivialität von den
bisherigen Erkenntnistheoretikern ohne Ausnahme übersehen worden
ist.  Daß der dem Beweise zu Grunde gelegte Begriff der Erkenntnistheorie kein willkürlich erdachter ist, sondern in der Tat
dem entspricht, was die Vertreter der gleichnamigen Wissenschaft
im Sinne haben, mag an der Hand einer Kritik mehrerer Beispiele
aus der neueren erkenntnistheoretischen Litteratur dargelegt
werden.  Die Einzelheiten dieser Kritik werden zugleich zur Erläuterung und Bestätigung des allgemeinen Beweises dienen.

Daß noch niemand das erkenntnistheoretische Problem in seiner
Reinheit zum Thema einer wissenschaftlichen Untersuchung gemacht haben kann, das ist, eben infolge der dargelegten Unmöglichkeit einer solchen Untersuchung, selbstverständlich.  Aber daß
dies „Problem" durch Mißverständnisse in die Bearbeitung anderer,
an sich berechtigter Fragen von den Erkenntnistheoretikern hin-
eingezogen worden ist  und dadurch den Wert ihrer Arbeiten mehr

oder weniger illusorisch gemacht hat und noch macht, das wird aus dem Folgenden hervorgehen.

Ich wähle als erstes Beispiel die Abhandlung: „Über objektive und subjektive Begründung der Erkenntnis"[1] von NATORP, einem der Entschiedensten unter den Vertretern der Forderung einer „objektiven Begründung der Erkenntnis".

11. „Logik, als die Theorie der Erkenntnis," so charakterisiert NATORP die Aufgabe dieser Wissenschaft, „will die gesetzmäßige Verfassung darlegen, wodurch Erkenntnis eine innere Einheit bildet. Diese Einheit ist noch nicht gewährleistet durch die bloße innere Widerspruchslosigkeit ..., sondern sie muß den Gegenstand, genauer: das allgemeine Verhältnis der Erkenntnis zum Gegenstande betreffen."[2]

NATORP wendet sich von vornherein gegen die Möglichkeit einer psychologischen Lösung dieser erkenntnistheoretischen Aufgabe. Er hat aber nicht bemerkt, daß seine gegen eine psychologische Bearbeitung der Erkenntnistheorie gerichteten Argumente nur insoweit stichhaltig sind, als sie — seiner Absicht entgegen — die Möglichkeit aller Erkenntnistheorie überhaupt treffen.

„Im Gegenstande soll dasjenige liegen, was die Wahrheit der Erkenntnis ausmacht."[3] — Wie anders soll ich denn den Gegenstand mit der Erkenntnis vergleichen, als indem ich ihn *erkenne*, wie also soll ich etwas über die Wahrheit der Erkenntnis ausmachen, wenn ich sie nicht schon von vornherein voraussetzen will? Hierauf haben wir bei NATORP keine Antwort gefunden.

„Wissenschaft erhebt nicht nur, sondern rechtfertigt mit der Tat den Anspruch einer durchaus autonomen Geltung und Be-

---

[1] Philosophische Monatshefte, Band **XXIII**, 1887, S. 257 ff.
[2] S. 257.    [3] S. 266.

gründung, indem sie ihre objektiven Fundamente in Gestalt von Grundbegriffen und Grundsätzen bloßlegt. Der Mathematiker, der Physiker, der die Natur seiner Wissenschaft recht begreift, wird es nicht bloß entbehrlich finden, sondern grundsätzlich ablehnen, den Gesetzesgrund der Wahrheit seiner Erkenntnisse in der Psychologie zu suchen; er wird über dieselbe nur seine eigene, nicht eine fremde Wissenschaft als Richterin anerkennen."[1]

Wird nach diesen Worten der Mathematiker und Physiker keine fremde Wissenschaft als Richterin über die Wahrheit seiner Erkenntnisse anerkennen, so auch nicht die Erkenntnistheorie. Und in der Tat muß diese Erkenntnistheorie entbehrlich sein, wenn auch ohne sie die Wissenschaft „den Anspruch einer durchaus autonomen Geltung nicht nur erhebt, sondern rechtfertigt". Was soll es unter diesen Umständen heißen, daß die „Theorie der Wahrheit" diese „autonome Gesetzgebung der objektiven Wahrheit, welche die Wissenschaften behaupten," *gewiß machen* solle?[2] Ist die behauptete Selbstgewißheit der wissenschaftlichen Prinzipien ein Beweis der Entbehrlichkeit und Verfehltheit ihrer *psychologischen* Begründung, so ist sie auch ein solcher für die Entbehrlichkeit und Verfehltheit ihrer Begründung überhaupt. Oder welchen Sinn sollen wir mit der Forderung verbinden, etwas „autonom" Geltendes, also durch sich *selbst* Gewisses, „gewiß" zu „*machen*"?

Nehmen wir jedoch an, daß die autonome Geltung der Grundlagen einer Wissenschaft nicht hinreicht, um diese Grundlagen einer erkenntnistheoretischen Begründung zu überheben, so gilt dies auch von den Grundlagen der „Erkenntnistheorie" genannten Wissenschaft. Es bedürfte also einer Erkenntnistheorie höherer

---

[1] S. 266.     [2] S. 266.

Ordnung. Eine Konsequenz, die, da von dieser Erkenntnistheorie höherer Ordnung dasselbe gilt, auf einen Regressus führt, dessen Unvollendbarkeit zur Folge hätte, daß es überhaupt keine objektiv begründete Erkenntnis geben könnte.

12. Weiterhin lesen wir: „Objektive Gültigkeit bedeutet eine Gültigkeit, unabhängig von der Subjektivität des Erkennens." „Was diese Geltung positiv bedeute, und wie sie zu begründen sei, das ist die Frage."[1] Also die Frage, *wie* die objektive Gültigkeit zu begründen sei, wird erörtert. Die Frage, *ob* sie zu begründen sei, wird nicht erst aufgeworfen. Daß *diese* Frage zu bejahen sei, wird vielmehr ohne Erwähnung als selbstverständlich vorausgesetzt. Daß etwa *unmittelbar* angenommen werden könnte, daß die Gegenstände unabhängig von unserem Erkennen bestehen, diese Annahme erscheint für NATORP von vornherein ausgeschlossen: „Das Ansichsein des Gegenstandes ist selber ein Rätsel."[2] Und er begründet dies folgendermaßen: „Verständen wir, was es heißt: der Gegenstand ist an sich da, unabhängig von aller Subjektivität, und wird dann, durch das Erkennen, unserer Subjektivität angeeignet, so läge in der Erkenntnis der Gegenstände, in der Gegenständlichkeit der Erkenntnis eben kein Problem."[3] Also das ist das *Erste*, aller Untersuchung *voraus* als feststehend Angenommene: Das Verhältnis der Erkenntnis zum Gegenstande *ist* ein *Problem*.

Ist aber das „Ansichsein des Gegenstandes" für NATORP ein „Rätsel", so ist offenbar das *Erkennen* selbst *kein* Rätsel für ihn. Denn vom Gegenstande, „der ja eben in Frage ist", soll der Ausgang nicht genommen werden, wohl aber von der Erkenntnis. „Anders als in der Erkenntnis ist uns ja kein Gegenstand ge-

---

[1] S. 267.     [2] S. 268.     [3] S. 268.

geben."[1] Dieser Satz ist gewiß richtig, sofern er das analytische Urteil ausspricht: Anders als durch unsere Erkenntnis vermögen wir keinen Gegenstand zu erkennen. Aber verhält es sich denn, wenn wir die *Erkenntnis* erkennen wollen, hierin anders? Ist uns die Erkenntnis *anders* gegeben als in einer (natürlich von der gegebenen verschiedenen) *Erkenntnis?* Ist diese Frage zu verneinen, so ist nicht einzusehen, warum die Erkenntnis weniger ein Rätsel sein soll, als irgend ein anderer „Gegenstand". Wird andererseits überhaupt irgend eine Erkenntnis als möglich und gültig zugestanden, — wie hier die Erkenntnis der Erkenntnis selbst, — warum soll es dann nicht angehen, sich zur Lösung des im „Gegenstande" liegenden Rätsels geradezu an eine Erkenntnis des Gegenstandes selbst zu machen, statt erst den Umweg über die Erkenntnis seiner Erkenntnis einzuschlagen? Dem Unbefangenen wenigstens liegt wohl nichts näher als die Annahme, daß die im Gegenstande steckenden Rätsel nicht anders als durch das *Erkennen des Gegenstandes* gelöst werden können, da dieses Erkennen eben das einzige ist, wodurch die uns bisher unbekannten Eigenschaften des Gegenstandes bekannt werden können. Nichts anderes als gerade dieses Erkennen ist ja aber die von allen einzelnen Wissenschaften — von jeder in ihrem Gebiete — geleistete Arbeit. Warum nun sollen diese Wissenschaften zur Ergründung der Wahrheit nicht genug sein? Und wenn sie hierzu unvermögend sind, warum soll die „Erkenntnistheorie" hier *mehr* vermögen?

13. Natorps Antwort auf diese Frage soll offenbar in den folgenden Überlegungen enthalten sein:

„Es wurde gesagt, Erkenntnis stelle den Gegenstand sich

---

[1] S. 268.

gegenüber *als unabhängig* von der Subjektivität des Erkennens.
Darin, wie diese Unabhängigkeit zu verstehen und wie sie zu begründen sei, muß offenbar die Angel des Problems liegen.

„Zu verstehen ist sie allein vermöge einer Abstraktion, soviel
wird sofort klar sein.   Gegenstände sind ja wirklich uns nur gegeben in der Erkenntnis, die wir von ihnen haben.   Wird gleichwohl, eben in dieser Erkenntnis, der Gegenstand angesehen als
unabhängig von der Subjektivität des Erkennens, so ist dies auf
keine andere Weise verständlich, als indem von der Subjektivität,
vom Verhältnisse des Vorgestellten zum Vorstellenden, als dem
Inhalt seines subjektiven Erlebens, abstrahiert wird."[1]

„Indessen kann die bloße, durch den tatsächlichen Vollzug
bewiesene Möglichkeit der Abstraktion von der Subjektivität nicht
auch schon das Recht und die Notwendigkeit derselben begründen
sollen.   Der Anspruch der objektiven Geltung ist durch sie wohl
in seiner tatsächlichen Bedeutung erklärt, aber nicht auch schon
als zu Recht bestehend erwiesen.   Es fragt sich also weiter: durch
welche bestimmenden Gründe die Abstraktion von der Subjektivität
in derjenigen Erkenntnis, die man gegenständlich nennt, nicht allein
möglich, sondern notwendig ist."[2]

In diesen Darlegungen handelt es sich zunächst um die Frage
der Erklärung, und ferner um die der Begründung eines vorher
festgestellten Sachverhalts.   Dieser Sachverhalt wird durch den
Satz ausgesprochen, „Erkenntnis stelle den Gegenstand sich gegenüber als unabhängig von der Subjektivität des Erkennens."   Offenbar kann NATORP mit diesem Satze nichts anderes aussprechen
wollen als eine Tatsache der Selbstbeobachtung.   Es ist nicht un-
wichtig dies zu bemerken; denn indem NATORP die Selbsbeobach-

---

[1] S. 269.     [2] S. 270.

tung als ein Kriterium der Wahrheit in Anspruch nimmt, betritt
er bereits das vorher von ihm selbst ausgeschlossene Gebiet der
*Psychologie.* Lassen wir indessen einmal dieses Kriterium zu, so
ist gewiß gegen den eben genannten Satz nichts einzuwenden. —
Anders steht es mit der Art, auf die NATORP diese Tatsache „verständlich" machen will. Diesem Erklärungsversuch liegt offenbar
eine *falsche* Selbstbeobachtung zu Grunde.

Daß nämlich die Erkenntnis sich Gegenstände gegenüberstelle
als unabhängig von der Subjektivität des Erkennens, das ist eine
durchaus wesentliche Eigentümlichkeit einer jeden Erkenntnis als
solcher. Von *Abstraktion* kann aber erst da die Rede sein, wo
bereits irgend welche Erkenntnis *vorliegt;* es wäre andernfalls unverständlich, *wovon* eigentlich abstrahiert werden sollte, und was
eigentlich durch diese Abstraktion *gefunden* werden sollte, da
doch der mit dem Worte „Abstraktion" bezeichnete Akt nicht in
einem *Schaffen* irgend welcher Inhalte besteht, sondern nur in dem
Absondern und Herausheben schon *gegebener.*

Daß es mit dieser angeblichen Abstraktion eine eigene Be-
wandtnis hat, scheint NATORP übrigens selbst gefühlt zu haben, da
er gesteht, daß sich „diese Abstraktion tatsächlich auf ganz un-
reflektierte Weise vollzieht".[1] Eine Abstraktion, die nicht Sache
der Reflexion ist, wäre doch jedenfalls eine ganz eigenartige und
von allem, was man sonst unter dem Worte „Abstraktion" zu verstehen gewohnt ist, verschiedene Abstraktion; woraus ersichtlich
ist, daß durch die Bezeichnung des fraglichen Sachverhalts als
„Abstraktion" nur der Bedeutungsumfang eines Wortes erweitert,
nicht aber etwas zur Erklärung des Sachverhalts geleistet sein
kann.

---

[1] S. 269.

Was uns die Selbstbeobachtung als ursprünglich in jeder Erkenntnis als solcher enthalten zeigt, das kann nicht durch die Annahme eines Abstraktionsaktes erklärt werden, und so verhält es sich mit der Assertion der Gegenständlichkeit des beim Erkennen Vorgestellten. *Das Problem, wie zu der Subjektivität des Erkennens der Gegenstand hinzukomme, ist also für eine richtige Selbstbeobachtung gar nicht vorhanden.* Folglich beruht auch das Problem, wie der zur Erklärung dieses Hinzukommens angenommene Abstraktionsakt zu rechtfertigen sei, auf bloßer Täuschung. Denn das Faktum, dessen Recht begründet werden soll, existiert nicht. NATORP ist also hier durch eine falsche Selbstbeobachtung zu einer falschen Problemstellung veranlaßt worden. —

14. Wenn dennoch im weiteren Verlaufe seiner Untersuchung eine Lösung der gestellten Frage geboten zu werden scheint, so entsteht dieser Schein nur dadurch, daß der ursprünglich vorgesetzten Frage eine inhaltlich ganz andere untergeschoben wird.

Mit Recht unterscheidet NATORP zweierlei, das in jeder Erkenntnis mit einander gegeben und mit einander verbunden vorkommt: das *Erkennen*, als die Tätigkeit des Subjekts der Erkenntnis, und das durch die Erkenntnis *Erkannte* oder *zu Erkennende*.[1] Es ist klar, daß es eben dieses zweite ist, was nach dem allgemeinen Sprachgebrauch das „Objekt" oder der „Gegenstand" der Erkenntnis genannt wird. Sonach wäre es die Aufgabe der Erkenntnistheorie, das Verhältnis des zu Erkennenden zum Erkennen zu ermitteln. Aber NATORP gibt dem Worte „Gegenstand" alsbald einen anderen Sinn: „Die Beziehung der Erscheinung zum Gesetze muß die in aller Erkenntnis ursprüngliche Beziehung auf den Gegenstand erklären"[2]. „Der Gegenstand bedeutet positiv das Ge-

---

[1] S. 260.    [2] S. 259.

setz."[1]  Aber hier müssen wir fragen, ob denn nicht bei der Erkenntnis *beider*, des Gesetzes sowohl als auch der unter dem Gesetze stehenden Erscheinung, jene zwei Stücke: Erkennen als Tätigkeit, und das durch diese Erkannte oder zu Erkennende, zu unterscheiden seien.  Es gibt ein Erkennen des fallenden Steines ganz ebenso wie es ein Erkennen des Fallgesetzes gibt.  Das Verhältnis des Erkennens zum Erkannten ist also offenbar ein ganz anderes als das der Erscheinung zum Gesetze.

Indem NATORP Bestimmungen dieses zweiten Verhältnisses auf das erste überträgt, entsteht die Illusion, als sei durch seine Darlegungen irgend etwas zur Lösung des erkenntnistheoretischen Problems geleistet.

Der Anlaß zu dieser Problemverschiebung liegt in der falschen Verwertung einer an sich richtigen Beobachtung.  Es ist nämlich allerdings wahr, daß in unserem Erkennen eine Subsumtion des Besonderen, nämlich der Tatsachen der sinnlichen Wahrnehmung, unter das Allgemeine, nämlich die Gesetze, stattfindet.  Wir begnügen uns nicht mit einem regellosen Aneinanderreihen der uns bei dieser oder jener Gelegenheit kommenden Wahrnehmungen, sondern wir suchen, insbesondere in der Wissenschaft, den Zusammenhang der Tatsachen als einen *gesetzmäßigen* zu begreifen. Und insofern wir die Gesetzmäßigkeit aller Gegenstände der Wahrnehmung voraussetzen, bedienen wir uns dieser Gesetzmäßigkeit als eines Kriteriums, indem wir einer Erscheinung, die sich dieser allgemeinen Gesetzmäßigkeit nicht einfügt, objektive Realität absprechen.[2]  Aber eine positive Ableitung des Individuellen der Er-

---

[1] S. 271.

[2] Um Mißverständnissen vorzubeugen, bemerke ich ausdrücklich, daß es sich hier lediglich um eine Beschreibung des psychologischen Tatbestandes handelt.

scheinungen aus dem allgemeinen Gesetz ist unmöglich, und in der
Tat bedienen wir uns — im Leben wie in der Wissenschaft —
der vorausgesetzten Gesetzmäßigkeit lediglich als eines *negativen*
Kriteriums aller Erkenntnis von Erscheinungen. Das positive
Kriterium der Wirklichkeit suchen wir jederzeit nur in der *Anschauung*; wobei wir das Kennzeichen der Anschauung nie in das
Verhältnis zum Gegenstande, sondern allein in gewisse *subjektive*
Beschaffenheiten der Vorstellung setzen, nämlich in das von be-
grifflicher Vermittelung unabhängige Bewußtsein ihrer ursprünglich assertorischen Natur. Jede Vorstellung, die diese subjektive
Beschaffenheit zeigt, gilt uns als objektiv gültig, wofern sie nicht
mit der anderweitig gegebenen Gesetzeserkenntnis unverträglich ist[1].

---

[1] Diese Bemerkung kann dazu dienen, einen neuerdings von SCHELER gegen
KANT erhobenen Einwand zu beseitigen, der, wenn er zuträfe, nicht allein die
Kantische Philosophie, sondern auch die gesamte Naturwissenschaft und alles
menschliche Denken überhaupt vernichten müßte. („Die transzendentale und die
psychologische Methode", S. 65, 82.) SCHELERS Einwand, der sich gegen das
Postulat der Gesetzmäßigkeit alles Wirklichen richtet, beruht auf der Verwechslung dieses Postulats mit einem allgemeinen positiven Kriterium der Wirklichkeit.
Das positive Kriterium der Wirklichkeit liegt jedoch auch für KANT lediglich in
der Wahrnehmung. Allerdings „unterscheidet nicht der besondere Inhalt oder die
Intensität das durch eine Halluzination oder durch einen Traum erregte Bild von
einer Wahrnehmung" (S. 50), sondern dieser Unterschied wird erst durch das
verschiedene Verhältnis beider zum Gesetze bestimmt. Aber hieraus folgt nicht,
daß „jede Beobachtung ihren Anspruch auf Objektivität und Realität solange zu-
rückzustellen hat, bis sich ihr Inhalt aus schon gefundenen Naturgesetzen heraus
erklären läßt." (S. 82.) Träfe dies zu, so wäre freilich „die Auffindung eines
*neuen* Naturgesetzes unmöglich", da in diesem Falle aller Beobachtungsinhalt so
lange „für Fiktion zu gelten" hätte, als er nicht schon auf gegebene Gesetze zurückgeführt ist. In der Tat findet gerade das Umgekehrte statt: daß nämlich
jede Beobachtung ihren Anspruch auf Objektivität und Realität so lange be-
wahrt, bis sich ihre Unvereinbarkeit mit schon gefundenen Naturgesetzen heraus-
stellt.

Der Fehler beruht auch hier nur auf dem Vorurteil, als sei die Assertion
etwas erst mittelbar zur Subjektivität der Vorstellung Hinzuzubringendes.

„Die gesetzmäßige Auffassung des Erscheinenden gilt als die gegenständlich wahre" sagt Natorp[1], und er hat darin recht, falls er hier unter „gelten" „als gültig angenommen werden" versteht. Ob nämlich, was als gültig oder wahr angenommen wird, auch gültig oder wahr *sei*, das ist eine Frage für sich, nämlich gerade jene Frage, die durch die Erkenntnistheorie erst entschieden werden sollte. — Auf keine Weise aber folgt aus dem eben Festgestellten, daß „der Gegenstand das Gesetz bedeutet", solange wir unter „Gegenstand" das im Erkennen Erkannte verstehen. Wir können wohl die Erkenntnis der einzelnen Erscheinungen als eine unvollständige bezeichnen, insofern sie noch nicht ihre Unterordnung unter die Erkenntnis des Gesetzes gefunden hat, und wir können dementsprechend die vermittelst dieser Unterordnung gewonnene Erkenntnis des gesetzmäßigen Zusammenhangs der Erscheinungen als die vollständige und insofern *eigentliche* Erkenntnis bezeichnen. Auch können wir in Analogie hierzu den Gegenstand dieser vollständigen Erkenntnis den eigentlichen, nämlich durch vollständige Erkenntnis bestimmten, Gegenstand nennen, im Gegensatze zu der unvollständigen Bestimmtheit des Gegenstandes der bloßen Wahrnehmungserkenntnis. Aber wir dürfen dann nicht übersehen, daß die Erkenntnis des allgemeinen Gesetzes für sich, sofern sie ihre Anwendung auf die Wahrnehmungserkenntnis noch nicht gefunden hat, ebensowenig als eine vollständige Erkenntnis zu gelten hat wie die bloße Wahrnehmungserkenntnis. Und wir dürfen dementsprechend auch den Gegenstand dieser isolierten Gesetzeserkenntnis, d. h. das Gesetz selbst, ebensowenig einen bestimmten oder eigentlichen Gegenstand nennen wie den Gegenstand der isolierten Wahrnehmungserkenntnis, d. h. wie die Erscheinung. In der

---

[1] S. 259.

wechselseitigen Bestimmung von Wahrnehmungs- und Gesetzeserkenntnis liegt für uns das Kriterium der Gegenständlichkeit der
Erkenntnis. Aber das Kriterium der Gegenständlichkeit ist nicht
zu verwechseln mit dem Gegenstande selbst. Das Verhältnis der
unvollständig bestimmten Erkenntnis zur vollständig bestimmten
Erkenntnis ist nicht zu verwechseln mit dem Verhältnis der Erkenntnis zum Gegenstande. Und der Zusammenhang der Erscheinungen *nach* dem Gesetze ist nicht zu verwechseln mit dem Gesetze selbst. Nur wer diese Verwechslungen begeht, kann meinen,
durch eine Untersuchung der „Beziehung der Erscheinung zum Gesetze" „die in aller Erkenntnis ursprüngliche Beziehung auf den
Gegenstand erklären" zu können.[1]

„Subjektivität", so erklärt NATORP, „bedeutet das Verhältnis
des Vorgestellten zum Vorstellenden, sofern es von ihm vorgestellt wird, . . . . sie bedeutet das *unmittelbare Verhältnis zum Ich*."[2]
Aber schon vier Sätze später heißt es : „Es giebt überhaupt nichts
Anderes, wodurch der Begriff der Subjektivität sich positiv bestimmen ließe, als *das Erscheinen*." Wer sieht nicht, daß dies zwei
ganz heterogene Definitionen der Subjektivität sind und daß was
von der Subjektivität im zweiten Sinne gilt, darum noch keineswegs auf die Subjektivität im ersten Sinne Anwendung findet.
„Steht dies fest," so schließt NATORP aus dem zuletzt genannten
Satze, „so ist wohl unmittelbar ersichtlich, wiefern im Begriff des
Gesetzes die Subjektivität überwunden ist." Gewiß, es ist unmittelbar ersichtlich, daß das Gesetz kein Erscheinen ist; eine
Entdeckung, zu der wir freilich des Umwegs über die Definition

---

[1] S. 259. Vgl. auch S. 275: „Somit ist das Verhältnis des Subjektiven und
Objektiven in der Erkenntnis *überhaupt* zu erklären durch das Verhältnis des
*Einzelnen und Allgemeinen*."
[2] S. 273.

der Subjektivität nicht bedurft hätten. Aus dem analytischen Satze
aber, daß das Gesetz kein Erscheinen ist, wird man nicht im Ernste
schließen wollen, daß das Gesetz ein anderes Verhältnis zum *Ich*
hat als die Erscheinung.

15. Indessen, NATORP macht noch einen weiteren Versuch, die
Objektivität des Wahrnehmungsgegenstandes zu vernichten. „Das
Einzelne", sagt er[1], „ist jederzeit nur zu charakterisieren durch
allgemeine Bestimmungen." Und: „Zu fassen ist es, wenn überhaupt, doch nur, indem es in Begriffen bestimmt wird; jede solche
Bestimmung aber geschieht aus dem Standpunkte des Allgemeinen."[2]
Diesen Sätzen liegt wieder eine mangelhafte Selbstbeobachtung zu
Grunde. Ohne Zweifel *können* wir das Einzelne durch Begriffe
bestimmen, aber wir *tun* dies nur, wenn wir *urteilen*. Das Urteil
aber ist stets eine *mittelbare* Erkenntnis, der eine unmittelbare Bestimmung des Gegenstandes schon vorhergehen muß. Der *Begriff*,
durch den wir im Urteil erkennen, ist eine für sich problematische
allgemeine Vorstellung. Diese allgemeine problematische Vorstellung *kann* zwar durch Verbindung anderer ebenfalls allgemeiner
und problematischer Vorstellungen gebildet sein; aber jede derartige synthetische Begriffsbildung (Determination) setzt in letzter
Linie irgend welche nicht wieder synthetisch gebildete Begriffe
als ursprüngliche Elemente der Determination voraus; und diese
sind, wie die Selbstbeobachtung lehrt, durch Abstraktion aus irgend
welchen *nicht* allgemeinen und *nicht* problematischen, sondern individuellen und assertorischen Vorstellungen abgeleitet. Eine solche
nicht allgemeine und nicht problematische Vorstellung ist die unmittelbare Erkenntnis, die man *Anschauung* nennt. Diese Anschauung und die eigentümliche Art der Bestimmung des Gegen-

---

[1] S. 280.        [2] S. 281.

standes durch sie ist von NATORP völlig verkannt worden. Wenn
er sagt: „Gegeben ist das Konkrete der Erscheinung nur als *erst
zu bestimmendes, bestimmbares X*"[1], so ist dies zwar insofern richtig,
als der Gegenstand eine Bestimmung durch allgemeine Gesetze erfordert; aber die Erscheinung ist darum doch nicht etwas schlechthin Unbestimmtes, sondern nur etwas *unvollständig*, nämlich nur
durch Anschauung, *Bestimmtes*. NATORP aber meint, die Erscheinung
sei „gegeben nur im Sinne einer gestellten Aufgabe, nicht aber
als ein Datum der Erkenntnis, woraus Anderes, noch Unbekanntes
sich bestimmen ließe"[2]. „Es giebt" für ihn „überhaupt kein anderes
Organon der Erkenntnis" als den Begriff.[3] Ist diese Behauptung
psychologisch gemeint, so widerspricht sie, wie wir gesehen haben,
den offenkundigen Tatsachen der Selbstbeobachtung. Mit diesen
letzteren ist sie nur zu vereinen, wenn man sie auf den (§ 14,
Schluß) erwähnten Satz zurückführt, durch den alle Vorstellung
von Erscheinungen aus der Sphäre des objektiv Gültigen durch
Definition ausgeschlossen wurde. Sie besagt aber in diesem Falle
nichts anderes, als daß wir das Wort „Erkenntnis" nicht auf individuelle, sondern nur auf allgemeine Bestimmungen anwenden
sollen, sinkt also zum Range einer bloßen terminologischen Festsetzung herab. Soll der Satz einen *Inhalt* haben, soll er etwas
*bedeuten*, so kann er nur einen psychologischen Sachverhalt bezeichnen wollen. Alsdann aber entsteht die gewichtige Frage,
wie wir in den Besitz von Begriffen, als des einzigen Organons
der Erkenntnis, kommen können, oder, wenn die Begriffe als etwas
ursprünglich Gegebenes angenommen werden sollen, *wie Erkenntnis
aus bloßen Begriffen möglich sei*. Eine Frage, die NATORP keiner
Erwähnung, geschweige denn einer Antwort gewürdigt hat. Aus

---

[1] S. 282.    [2] S. 282.    [3] S. 283.

bloßen Begriffen entspringen nur analytische Urteile, durch diese
ist aber keine positive Bestimmung des Gegenstandes möglich.
Solange also nicht die Kunst erfunden ist, aus bloß analytischen
Urteilen synthetische abzuleiten, sind wir berechtigt, jeden Versuch
einer Erkenntnis aus bloßen Begriffen als ein in sich widersinniges
Unternehmen von der Hand zu weisen.[1]

---

[1] Vielleicht ist NATORP der Ansicht, daß es überhaupt keine (in dem von
uns definierten Sinne) synthetischen Urteile gibt. Das muß in der Tat so
scheinen, wenn er in seiner „Logik" (S. 20) als synthetisches Urteil die Begriffs-
determination definiert und als analytisches deren Umkehrung. Hierbei verwechselt er jedoch das, was wir als synthetische Begriffsbildung bezeichneten, mit
dem, was man seit KANT synthetisches Urteil nennt. Auch die Determination ist
ein analytisches Urteil. Wenn es richtig wäre, daß, wie NATORP an derselben
Stelle behauptet, „das verneinende Urteil das Urteil der Verschiedenheit bedeutet, wie
das bejahende die einfache Identitätssetzung", so könnte es in der Tat keine synthetischen Urteile geben; eine Konsequenz, die freilich die Möglichkeit einer Erkenntnis durch Urteile überhaupt aufheben müßte. Das verneinende Urteil bedeutet indessen so wenig das Urteil der Verschiedenheit, wie das bejahende die
Identitätssetzung. Wenn ich urteile, „7 ist eine Primzahl", so will ich damit
sagen, daß die Zahl 7 in die Sphäre des Begriffs Primzahl gehört, nicht aber, daß
die Begriffe 7 und Primzahl identisch seien, denn das wäre falsch und würde zur
Folge haben, daß der Begriff der 3, die ja auch eine Primzahl ist, mit dem der 7
identisch wäre. Ebenso bedeutet das Urteil „10 ist nicht eine Primzahl", daß die
Zahl 10 nicht in die Sphäre des Begriffs Primzahl gehört, nicht aber, daß die Begriffe 10 und Primzahl verschieden seien, denn dies würde zur Folge haben, daß
alle Begriffe, die von einem bestimmten Begriff verschieden sind, als Prädikate von
den Gegenständen aus der Sphäre dieses Begriffs *verneint* werden müßten, so daß
z. B. aus der Verschiedenheit der Begriffe 3 und Primzahl das falsche Urteil
folgte: „3 ist *nicht* eine Primzahl". — NATORPS Fehler besteht also in der Verwechslung der *Urteile* mit bloßen *Vergleichungsformeln.*
Diese Verwechslung hat von jeher die größte Verwirrung in die Nachkantische Philosophie gebracht. Das ganze dialektische Spiel der Fichteschen
Wissenschaftslehre mit dem „Ich" und der Schelling-Hegelschen Identitätsphilo-
sophie mit dem „Sein = Nichts" beruht auf diesem Fehler. In der Tat: „Ich
= Ich", denn jedes Ding ist mit sich selbst identisch. „Ich" bin aber „Philosoph". „Philosoph" ist aber nicht = Ich. Und so kann man folgerichtig, wenn
man Urteil und Vergleichungsformel nicht zu unterscheiden versteht, neben den

## III.

## Der transzendentale Beweis
## als erkenntnistheoretisches Kriterium.

16. Wir gehen zur Prüfung eines anderen erkenntnistheoretischen Versuchs über. Ich wähle den von E. Marcus angestellten Versuch, den Kantischen Gedanken eines „transzendentalen Beweises" der sogenannten metaphysischen Grundsätze auszuführen.[1]

Der Anspruch auf Exaktheit, den dieser Beweis erhebt, veranlaßt uns, ehe wir an seine Prüfung gehen, festzustellen, welche Bedingungen wir überhaupt an einen „Beweis" zu stellen haben. Ein Beweis ist kein Plausibelmachen irgend welcher Art, sondern verdient nur dann seinen Namen, wenn der zu beweisende Satz vermittelst rein syllogistischer Operationen auf eine bestimmte Zahl angebbarer Prämissen zurückgeführt ist. Es ist nicht erforderlich, daß diese syllogistischen Operationen bei der Beweisführung sämtlich explicite ausgesprochen werden, aber es muß möglich sein, den Beweis syllogistisch zu zergliedern, derart, daß die genannte Bedingung erfüllt wird.

Die Sätze, die Marcus zu beweisen unternimmt, sind die

---

Satz „Ich bin Ich" den anderen „Ich bin Nicht-Ich" stellen und daraus mit Hegel den Schluß ziehen, daß die formale Logik im Irrtum ist.

[1] „Kants Revolutionsprinzip. Eine exakte Lösung des Kant-Humeschen Erkenntnisproblems, insbesondere des Problems der Erscheinung und des Ding an sich." Herford, 1902.

„apriorischen Sätze, welche die Organisation der Natur zum Gegenstande haben,"[1] nämlich das Kausalgesetz, das Substanzialgesetz
und das Kommerzialgesetz, d. h. die drei Kantischen „Analogieen
der Erfahrung". Es entsteht also zunächst die Frage: Welches
sind die Prämissen, auf die die genannten Sätze durch den
Beweis zurückgeführt werden? Eine Formulierung dieser Prämissen treffen wir bei Marcus nicht an. Wir müssen also versuchen, sie durch Zergliederung der Beweisführung selbst aufzusuchen.

Der Beweis ist, wie Seite 50 und an anderen Stellen ausdrücklich hervorgehoben wird, *indirekt*. Wir sollen also von der
Annahme ausgehen, der zu beweisende Satz sei falsch, um die
Konsequenzen aus dieser Annahme zu ziehen. Um dann den indirekten Beweis schlußkräftig zu machen, ist es erforderlich, zu
zeigen, daß diese Konsequenzen auf einen Widerspruch führen.
Dieser Widerspruch kann entweder ein innerer, in diesen Konsequenzen selbst gelegener Widerspruch sein: in diesem Falle genügt
die formale Logik als Kriterium der Wahrheit des zu beweisenden
Satzes; oder aber der Widerspruch liegt nicht in diesen Konsequenzen selbst, sondern in ihrer Unvereinbarkeit mit irgend einer
anderweit feststehenden, dem Beweise zu Grunde gelegten *Voraus-*
*setzung*, sagen wir z. B. mit einem mathematischen Axiom oder mit
irgend einer Tatsache der Erfahrung. In diesem Falle ist die formale Logik kein hinreichendes Kriterium der Wahrheit des zu
beweisenden Satzes, oder, was dasselbe besagt, die in Frage
stehende „Gewißheit", auf die der Satz zurückgeführt wird, ist
*synthetischen* Charakters. — Wir haben zu prüfen, welcher dieser
möglichen Fälle vorliegt.

---

[1] S. 14.

Das Beweisthema wird unter dem Namen des „Gesetzes der Erhaltung des dynamischen Charakters" in den Satz zusammengefaßt, daß Realitäten unter festen ausnahmslosen Regeln stehen, d. h. daß sie das einmal beobachtete Verhalten unter gleichen Umständen stets wieder betätigen.[1] Welches ist nun die Konsequenz, die aus der Annahme der Falschheit dieses Satzes gezogen wird? Diese Konsequenz lautet:

„Gesetzt, die apriorische Regel von der Erhaltung des dynamischen Charakters hätte in der Natur *keine* Gültigkeit, so würde kein *Wissen* von einem Naturdinge, d. h. keine *Erfahrung* möglich sein."[2]

Was haben wir hier unter „Wissen" zu verstehen?

„Von einem Dinge etwas *wissen*, bedeutet so viel wie, von einem Dinge eine Aussage machen können, die zu *jeder* Zeit, da ich sie mache, *richtig* ist."[3] Demgemäß unterscheidet MARCUS den Wahrnehmungsbegriff vom Erfahrungsbegriff. Die Wahrnehmung geht nur auf individuelle Fälle, die Erfahrung lehrt Allgemeingültiges.

Nach dieser Definition des Wissens oder der Erfahrung ist die angeführte Konsequenz zweifellos richtig; ich fürchte aber sehr, daß sie uns einem *Beweise* des Gesetzes von der Erhaltung des dynamischen Charakters schwerlich näher bringen wird: denn der Nachsatz wiederholt nur in anderen Worten den Inhalt des Vordersatzes. Wir haben damit nichts weiter gewonnen als eine Umschreibung für den analytischen Satz: Gesetzt, die Realitäten ständen nicht unter allgemeinen Regeln, so ließen sich keine allgemeinen Regeln über die Realitäten aufstellen.

Gehen wir indessen weiter zu der Frage über: Welcher

---

[1] S. 16.     [2] S. 17.     [3] S. 17.

Widerspruch läßt sich aus der aufgestellten Konsequenz ableiten?
Welchen inneren (logischen) Widerspruch schließt die Annahme
ein, daß wir zu keinem „Wissen" gelangen können, daß wir unsere
Wahrnehmungen nicht zur Bildung von Erfahrungen verwerten
können? Oder, falls diese Annahme keinen inneren Widerspruch
einschließt, welche „Gewißheit" läßt sich dann anführen, mit der
diese Annahme unvereinbar wäre? Giebt es vielleicht irgend ein
Axiom der Mathematik, oder etwa eine Erfahrungstatsache, wodurch sich die genannte Annahme widerlegen läßt?

Die Möglichkeit eines inneren (logischen) Widerspruchs der
betrachteten Annahme zieht Marcus, soviel wir sehen, nicht in Betracht. Und mit Recht; läge nämlich ein solcher innerer Widerspruch vor, so wäre der zu beweisende Satz analytisch, er wäre
also ein *logischer*, nicht aber ein *metaphysischer* Satz.[1] — Es bleibt
also nur die zweite Möglichkeit zu erwägen. Aber gerade hier
lassen uns die Ausführungen von Marcus gänzlich im Stich.

Es ist, wie gesagt, zuzugeben, daß wenn der zu beweisende
Satz falsch wäre, wir keine Erfahrung (in dem vorhin definierten
Sinne) machen könnten. Es ist ferner zuzugeben, daß sich dies

---

[1] Man könnte vielleicht geneigt sein, auf Grund des folgenden Gedankens
einen logischen Widerspruch in der fraglichen Annahme zu suchen: Wer (wie
z. B. Ostwald in den Annalen der Naturphilosophie, Band I, S. 61) die Möglichkeit allgemeiner Aussagen bestreitet, wer also behauptet, daß *keine* allgemeine
Aussage möglich sei, der stellt mit dieser Behauptung selbst eine allgemeine Aussage auf und widerspricht insofern sich selbst. — Aber der Fall liegt hier nicht
anders als bei dem in § 5 erörterten „Widerspruch". Nicht die Annahme
    A.   Allgemeingültige Aussagen sind für **X** unmöglich,
sondern die Annahme
    B.   **X** stellt die allgemeingültige Aussage A auf
enthält einen Widerspruch. Und aus diesem Widerspruch folgt wiederum nicht
die Möglichkeit allgemeingültiger Aussagen für **X**, sondern nur die Unmöglichkeit
der allgemeingültigen Aussage A für **X**.

„gänzlich a priori einsehen" läßt[1], denn diese Einsicht ist ein analytisches Urteil, und als solches selbstverständlich a priori gewiß. Es darf also mit Recht behauptet werden, daß der zu beweisende Satz durch Erfahrung niemals widerlegt werden kann; denn nur, wenn er gilt, ist überhaupt Erfahrung möglich. Wenn es also bei MARCUS heißt[2]:

„Ergo läßt sich einsehen, daß es keine Natur giebt, die unsere apriorischen Sätze widerlegt. Folglich werden sie stets bestätigt oder es wird überhaupt nichts erkannt",

so können wir auch hier noch zustimmen, vorausgesetzt, daß das Wort „erkennen" in demselben Sinne gebraucht ist wie das vorher definierte Wort „wissen" oder „erfahren". Wenn es aber unmittelbar darauf heißt:

„Diese Einsicht ist der Grund unserer Vorstellung von ihrer Notwendigkeit",

so können wir diese Schlußfolge nicht als zwingend anerkennen. Hier fehlt ja noch der Nachweis, *daß* etwas erkannt wird, oder, nach der obigen Formulierung, *daß* wir wirklich ein Wissen haben, oder *daß* Erfahrung möglich ist. Dieser Satz ist die versteckte Prämisse, unter deren Voraussetzung allein die Folgerung, und somit der Beweis überhaupt, stattfindet.

17. Wir haben also die Natur dieser Voraussetzung zu prüfen. Ihre Gewißheit gründet sich entweder auf Erfahrung, oder sie steht a priori fest, wenn sie überhaupt etwas gelten soll. Offenbar muß die Voraussetzung a priori feststehen, wenn der zu beweisende Satz selbst a priori gelten soll. Das Prinzip, das der Beweisführung a priori zu Grunde liegen müßte, wäre also der Satz:

„Erfahrung ist möglich,"

---

[1] S. 19.    [2] S. 26,

Wenn wir in diesem Satze an Stelle des Wortes „Erfahrung"
seine Definition einsetzen, so lautet er:

„Es ist möglich, Aussagen von allgemeiner Gültigkeit zu machen."

Nun war aber vorher festgestellt worden, daß dieser Satz das
Gesetz der Erhaltung des dynamischen Charakters zur *logischen
Voraussetzung* hat. Die Prämisse, auf die der Beweis dieses Gesetz zurückführt, schließt also die Voraussetzung der Gültigkeit
eben dieses Gesetzes bereits in sich. Der Beweis beruht also auf
einer petitio principii.

Wollte aber Marcus, um diesem Mißstand zu entgehen, auf die
Apriorität des Prinzips der Möglichkeit der Erfahrung verzichten
und sich statt dessen auf die *wirkliche* Erfahrung berufen[1], so wird
ein empirisches Faktum zur höchsten Instanz in der transzendentalen Beweisführung gemacht.[2] Alsdann aber tritt der Einwand
in Kraft, daß aus empirischen Prämissen keine apodiktischen
Schlußsätze folgen; womit gezeigt ist, daß in diesem Falle die
Apodiktizität des zu beweisenden Satzes nicht begründet, sondern
aufgehoben würde.

Was hier das Triftige dieses Einwandes so leicht verkennen
läßt, ist dieses. Aus der Wirklichkeit einer Sache läßt sich allerdings auf ihre Möglichkeit schließen. Eine Anwendung dieser
Schlußweise auf den vorliegenden Fall, um die Möglichkeit der
Erfahrung zu erhärten, ist indessen, so unverfänglich sie erscheinen
mag, nur vermöge einer quaternio terminorum möglich. Wenn
wir nämlich vom Faktum der Erfahrung sprechen, so kann damit
nur gesagt sein, daß wir wirklich Aussagen machen, die auf allgemeine Gültigkeit *Anspruch* machen. Ob aber dieses *Faktum*

---

[1] Wozu er S. 54 geneigt scheint.

[2] S. 74 erklärt Marcus selbst den Satz von der *Wirklichkeit* der Erfahrung
für einen empirischen.

unter den von MARCUS definierten *Begriff* der Erfahrung fällt, d. h.
ob diese Aussagen wirklich allgemeingültig *sind*, hierüber kann
uns kein Faktum belehren; denn Fakta können für sich überhaupt
nicht als Erkenntnisgrund *allgemeiner* Wahrheiten dienen. Um
also von dem Faktum der *gegebenen* Erfahrung auf die Möglichkeit
der von MARCUS *definierten* Erfahrung schließen zu können, müßten
wir zuvor die *Gültigkeit* der gegebenen Erfahrung sichergestellt
haben. Diese hängt aber, nach dem früher Festgestellten, von der
Gültigkeit des Gesetzes der Erhaltung des dynamischen Charakters ab. Sie schließt mithin gerade das Problem ein, das durch
den transzendentalen Beweis erst gelöst werden sollte. Der Zirkel
im Beweise kann also auch hier nicht fraglich sein.[1]

18. Wenn wir hiernach nochmals den Gang der Beweisführung
überblicken, so finden wir das eigentlich Irreführende schon in der
Darstellung des Beweisthemas selbst. Dieses wird nämlich (Seite 14)
folgendermaßen formuliert:

„Jene apriorischen Sätze, welche die Organisation der Natur
zum Gegenstande haben, sind in der Tat *absolut richtig.*"

Diese Formulierung muß von vornherein unser Mißtrauen er-
wecken. Wenn der Mathematiker einen Satz beweist, so ist sein

---

[1] In der Tat hätte MARCUS bei genauer syllogistischer Zergliederung seiner
Beweisführung mehrfach die Voraussetzung nicht nur des Gesetzes von der Erhaltung des dynamischen Charakters, sondern sogar besonderer metaphysischer
Gesetze, so z. B. der Analogieen der Erfahrung selbst, angetroffen. Ich will hier
nur auf zwei solche Fälle aufmerksam machen, die Seite 24 vorkommen. Dort
tritt der Schluß auf: „Wenn das Gesetz der Erhaltung des dynamischen Charakters auch nur in einem Falle ungültig wäre, so müßte das *ganze* übrige Gefüge
der jenem Gesetz *unterworfenen* Natur, durch eine solche Revolution beeinflußt
werden." Dieser Schluß ist nur zulässig unter *Voraussetzung* der dritten Analogie
der Erfahrung. — Gleich darauf wird daraus, daß das Auftreten ungesetzlicher
Elemente der Kontinuität der Erfahrung widersprechen würde, auf die Unmöglichkeit ihres Auftretens geschlossen, — ein Schluß, der natürlich nur unter
*Voraussetzung* des Prinzips der Kontinuität zulässig ist.

Beweisthema dieser Satz selbst und nicht der Satz, daß dieser Satz richtig ist.[1] In der Tat, wenn wir weiter prüfen, was hier „absolut richtig" heißen soll, so finden wir, daß durch den Zusatz dieser Worte nicht nur, wie es scheinen könnte, eine terminologische Variation des zu beweisenden Satzes eingeführt ist, sondern daß damit dem ursprünglich vorgesetzten Beweisthema ein inhaltlich ganz anderer Satz untergeschoben wird. So wird z. B. (Seite 25) das Resultat des Beweises dahin ausgesprochen, daß jene „apriorischen Sätze" „evident richtig sind in Relation zur Erfahrung". Hiernach haben wir unter der „Richtigkeit" jener Sätze ihre Gültigkeit *für alle Erfahrung* zu verstehen. Es genügt aber, auf das in § 16 über den Erfahrungsbegriff Festgestellte zu verweisen, um ersichtlich zu machen, daß in der genannten Formulierung wirklich eine Verschiebung des Beweisthemas stattfindet, indem durch diese Formulierung den synthetischen Grundsätzen der Metaphysik (den Analogieen der Erfahrung) ein leerer analytischer Satz untergeschoben wird. Da bei Marcus dieser analytische Satz nirgends von den eigentlich zu beweisenden Sätzen unterschieden wird, so entsteht der Schein, als ob mit dem Beweise dieses in Wahrheit analytischen Satzes ein Beweis für die Analogieen der Erfahrung geliefert wäre. Und da der Beweis dieses analytischen Satzes sich durch eine bloße Zergliederung des Erfahrungsbegriffs, also a priori, führen läßt, so scheint es schließlich, als ob die Analogieen der Erfahrung selbst a priori abgeleitet wären.

Diese Zweideutigkeit des Beweisthemas zieht sich durch die

---

[1] Wäre nämlich das letztere, so müßte zur Vollständigkeit des Beweises auch der Satz bewiesen werden: Der Satz, daß dieser Satz richtig ist, ist richtig; und so fort ohne Ende.

ganze Darstellung. Hierfür nur ein Beispiel. Seite 22 wird das
Resultat des Beweises so ausgesprochen:

„Es ist also keineswegs Zufall oder eine verhärtete Gewohnheit
(Dogma), wenn wir an die Natur mit der bestimmtesten Voraussetzung herangehen, daß in ihr das Verhalten eines jeden Dinges
unter festen ausnahmslos gültigen *Regeln* steht.“

Was haben wir hier unter „Natur“ zu verstehen? Seite 54
wird „Natur“ definiert als der Inbegriff der Realitäten, von denen
wir Erfahrung machen. Erfahrung sollte sich aber von der bloßen
Wahrnehmung gerade dadurch unterscheiden, daß in ihr über die
Kenntnis einzelner Realitäten die Einsicht in die *Regeln* hinzutritt,
unter denen das Verhalten dieser Realitäten steht. Also schließt
auch der Begriff der Natur den der Regelmäßigkeit bereits in sich,
und der obige Satz ist insofern analytisch. Als solcher läßt er
sich allerdings auf „logische Einsicht“ gründen.

Daß wir aber irgend einen Grund haben, an die *Realitäten der
Wahrnehmung* mit der Voraussetzung heranzugehen, daß ihr Verhalten unter festen Regeln steht, *das* ist durch den Beweis des
obigen Satzes noch keineswegs dargetan und läßt sich auch auf
keine Weise aus ihm ableiten. Denn der Satz von der Gesetzmäßigkeit der Realitäten der Wahrnehmung ist synthetisch, während der Satz von der Gesetzmäßigkeit der Erfahrungsobjekte
analytisch ist; und synthetische Sätze können aus bloß analytischen
niemals folgen. — Trennt man jedoch nicht sorgfältig genug diese
beiden Sätze, so verleiht die Selbstverständlichkeit dieses formalen
(nämlich tautologischen) Satzes jenem in Wahrheit logisch unab-
leitbaren (nämlich metaphysischen) Satze eine trügerische logische
Evidenz, die ihm, seinem richtig verstandenen Inhalt nach, durchaus nicht zukommen kann. —

19. Ich schließe an diese Kritik eine Bemerkung allgemeinerer
Natur, die zur Beurteilung transzendentaler Beweise überhaupt
nützlich sein kann.

Ich hatte gesagt, der Satz:

„Die Gesetzmäßigkeit der Realitäten der Wahrnehmung ist
eine Bedingung der Möglichkeit der Erfahrung"

sei ein richtiger, nämlich analytischer Satz, da er den Grund
seiner Gültigkeit im Begriffe der Erfahrung selbst habe. Der
Satz enthält also eine logische Zergliederung des Erfahrungsbegriffs. Es liegt nun der Versuch nahe, durch eine analoge, aber
weitergehende Zergliederung auch für die *besonderen* metaphysischen
Gesetze den Nachweis zu führen, daß sie Bedingungen der Möglichkeit der Erfahrung sind. Einen solchen Versuch macht MARCUS
für die drei Analogieen der Erfahrung. Es leuchtet ein, daß die
Beurteilung eines derartigen Versuchs wesentlich von der Frage
abhängen wird, welchen Erfahrungsbegriff man der Zergliederung
zu Grunde zu legen hat, d. h. wie man die Erfahrung *definieren*
solle. Hier steht nun zunächst soviel fest, daß, wenn wir überhaupt einen vom bloßen Wahrnehmungsbegriff verschiedenen Erfahrungsbegriff bilden wollen, zu seinem Inhalt der Begriff einer
allgemeinen Gesetzmäßigkeit *notwendig* gehören muß, da sein Inhalt ohne dies mit dem des Wahrnehmungsbegriffs zusammenfallen
würde. Der Begriff der allgemeinen Gesetzmäßigkeit der Realitäten der Wahrnehmung ist aber nicht nur notwendig, sondern
auch *hinreichend*, um einen vom bloßen Wahrnehmungsbegriff verschiedenen Erfahrungsbegriff zu konstituieren. Da jedoch alle
*wirkliche* Erfahrung nicht nur auf der Voraussetzung einer allgemeinen Gesetzmäßigkeit der Realitäten der Wahrnehmung, sondern
auf der Voraussetzung *besonderer* metaphysischer Gesetze beruht,
die aus jenem allgemeinen Prinzip der Gesetzmäßigkeit überhaupt

logisch unableitbar sind, so können wir in den Inhalt des Erfahrungsbegriffs auch derartige besondere metaphysische Gesetze aufnehmen
und dadurch den Begriff der Erfahrung *individualisieren.*

Zur Abkürzung des Ausdrucks will ich das zur Definition des
ersten, allgemeinsten Erfahrungsbegriffs erforderliche Prinzip der
allgemeinen Gesetzmäßigkeit der Realitäten der Wahrnehmung als
das metaphysische Element des „allgemeinsten" Erfahrungsbegriffs,
oder, kürzer noch, als das „metaphysische Minimum des Erfahrungsbegriffs" bezeichnen.

Nunmehr ist klar, daß keins der *besonderen* metaphysischen
Gesetze durch logische Zergliederung des allgemeinsten Erfahrungsbegriffs als Bedingung der Möglichkeit der Erfahrung abgeleitet
werden kann.   Vielmehr muß der zur Ableitung eines solchen besonderen Gesetzes vorausgesetzte Erfahrungsbegriff hinreichend
individualisiert sein, um in seinem Inhalt das abzuleitende Gesetz
bereits zu enthalten.  Mit anderen Worten: Man muß das fragliche Gesetz schon vorher in die Definition des Erfahrungsbegriffs
hineingelegt haben, um es durch logische Zergliederung nachträglich aus ihm herausziehen zu können.  Verhält es sich aber so,
so können wir uns die Ableitung und Zergliederung sparen, denn
wir müssen ja von vornherein wissen, was wir auf solche Weise
ableiten können und was nicht, da es nur von unserem eigenen
Belieben abhängt, wie weit wir bei der Determination des Erfahrungsbegriffs in der Individualisierung gehen wollen.

Was wir eigentlich suchten, war nun aber offenbar nicht etwas,
dessen So- oder Anderssein in unserem Belieben steht, sondern
etwas von unserem Belieben schlechterdings Unabhängiges, nämlich
die Antwort auf die Frage, welches die metaphysischen Gesetze
seien, unter denen die Realitäten der Wahrnehmung stehen.  Der
Entscheidungsgrund für diese Frage kann offenbar nicht in einer

willkürlichen Definition liegen, sondern wir müssen über die Definition hinausgehen zu einem der Willkür entzogenen Kriterium,
nach dem sich unsere Definition vielmehr ihrerseits zu richten hat.

20. Hier bietet sich nun der Versuch an, dies Kriterium in
der *wirklichen* Erfahrung zu suchen. Wir kommen damit auf die
Aufgabe, die metaphysischen Voraussetzungen der uns historisch
vorliegenden Naturerkenntnis aufzusuchen. Diese Aufgabe hat es
nicht mehr mit der Zergliederung eines willkürlich *gebildeten Begriffs* zu tun, sondern mit der Zergliederung faktisch *gegebener Erkenntnisse.* Zu einem *Beweise* der metaphysischen Gesetze kann
indessen auch dieses Verfahren *nicht* taugen. Denn die fraglichen
metaphysischen Gesetze sind die logischen Voraussetzungen der
Daten, die den Ausgangspunkt dieses Verfahrens bilden; sie können
also nicht ihrerseits als logische Folgen aus diesen Daten abgeleitet werden. Wir kommen vielmehr auf diesem Wege in der
Tat nur zu einer *regressiven Aufweisung* der fraglichen metaphysischen Voraussetzungen.

Aber selbst bei solchem Vorbehalt werden wir die Ansprüche
dieser Methode noch sehr einzuschränken haben. Denn es ist
offenbar, daß eine bloße, wenn auch noch so weitgehende Zergliederung der *gegebenen* Erfahrung nicht zu einer Erweiterung
des Gültigkeitsbereichs der aufgewiesenen metaphysischen Gesetze
*über die gegebene Erfahrung hinaus* berechtigen kann. Zwischen
der Aufweisung der metaphysischen Bedingungen der wirklich
*gegebenen* Erfahrung und der gesuchten Einsicht in die Bedingungen aller überhaupt *möglichen* Erfahrung liegt daher noch eine
Kluft, die durch keine logische Schlußfolgerung überbrückt werden
kann. Was sollte auch wohl alle überhaupt mögliche Erfahrung
an die Bedingungen binden, an die wir die uns historisch, also
*zufällig* gegebene, wirkliche Erfahrung gebunden finden? Aus

dem Umstand, daß gewisse Prinzipien Bedingungen der gegebenen
Erfahrung sind, läßt sich weder schließen, daß sie hinreichende,
noch auch nur, daß sie notwendige Bedingungen aller möglichen
Erfahrung sind. In der Ableitung allgemeingültiger, d. h. von
der Beziehung auf die *gegebene* Erfahrung unabhängiger Erfahrungs-
bedingungen gelangen wir auch auf diesem Wege nicht über das
metaphysische Minimum des Erfahrungsbegriffs hinaus. —
    Hiermit haben wir ein ganz allgemeines Kriterium zur Be-
urteilung transzendentaler Beweisversuche gewonnen. Wird uns
nämlich ein beliebiger derartiger Beweis vorgelegt, so brauchen
wir ihn nur an der Hand der vorstehenden Bemerkung durchzu-
gehen, um mühelos den wunden Punkt zu finden. Denn dieser
wunde Punkt muß allemal in dem Übergang von den Bedingungen
der gegebenen Erfahrung zu denen der überhaupt möglichen Erfahrung liegen. Der salto mortale dieses Übergangs kann sich
aber nur durch eine versteckt zu Grunde gelegte willkürliche Definition des Erfahrungsbegriffs verbergen. Es gilt also im besonderen Falle nur, diese Definition aus den Elementen der Beweisführung herauszuziehen, um den Zirkel des Beweises in die Augen
springen zu lassen.


# IV.

## Die Evidenz als erkenntnistheoretisches Kriterium.

    21. Unter den von psychologischer Seite unternommenen er-
kenntnistheoretischen Versuchen nimmt die auf DESCARTES zurück-
gehende und von der „common sense"-Philosophie der schottischen
Schule verteidigte Lehre von der *Evidenz* als dem Kriterium der

Wahrheit noch heute die wichtigste Stelle ein. Es sei daher auf
einen der neuesten Versuche, dieses Kriterium zu rechtfertigen,
mit einigen Worten eingegangen. Diesen Versuch finden wir bei
MEINONG. MEINONG geht von dem Satze aus, alle Erkenntnis bestehe in Urteilen.[1] Da ihn nun die Tatsache des Vorkommens
falscher Urteile darauf hinweist, daß wir eines besonderen Kriteriums für die Wahrheit eines Urteils bedürfen, so wird er auf die
Frage geführt, woran sich erkennen läßt, ob es überhaupt wahre
Urteile giebt, und ob, wenn dies der Fall ist, ein gegebenes Urteil
zu der Klasse der wahren gehört. Es muß, so argumentiert er,
*erstens* Urteile geben, „in deren Natur es liegt, wahr zu sein“,
und wir müssen *zweitens* fähig sein, „solchen Urteilen diese ihre
Wahrheitsnatur mit Hülfe von Urteilen von eben solcher Natur
anzusehen“, falls wir nicht auf alles Erkennen überhaupt verzichten wollen.[2]

    Wie will nun MEINONG entscheiden, ob diese Bedingungen er-
füllt sind? Er beruft sich hier auf die „Erfahrung“, die uns
˙lehren soll, daß die erste Bedingung ganz, die zweite nahezu er-
˙füllt ist. Aber ehe wir uns hierauf einlassen, können wir schon
im voraus folgende allgemeine Bemerkung machen. MEINONG definiert: „Wahr ist ein Urteil, dessen Objektiv Tatsache ist“[3], wobei
er unter „Objektiv“ dasjenige versteht, was im Urteil von einem
Objekt ausgesagt wird. Aus dieser Definition folgt, daß man,
um sich von der Wahrheit eines Urteils überzeugen zu können,
sein Objektiv kennen müßte. Diese Kenntnis kann aber nach

---

    [1] „Es giebt kein Erkennen und kann keines geben, das nur Vorstellen und
nicht auch oder vielmehr zunächst Urteilen wäre.“ („Über die Erfahrungsgrund-
lagen unseres Wissens“, Berlin 1906, S. 18.)
    [2] A. a. O. S. 32.        [3] Ebenda.

MEINONG nur durch das Urteil erlangt werden.[1] Man müßte also
schon wissen, daß das Urteil wahr ist, um es mit seinem Objektiv
vergleichen zu können. Die Feststellung der Wahrheit eines
Urteils wäre folglich unmöglich.

Die Berufung auf ein *anderes* Urteil würde hier nichts nützen;
denn sie würde nur auf die Frage nach der Wahrheit *dieses* Urteils
führen, eine Frage, deren Lösung an der eben dargelegten Unmöglichkeit scheitern muß, falls man nicht wiederum auf ein
anderes Urteil zurückgreifen will, womit man auf einen unendlichen Regreß geführt würde.

Man kann sich dies auch so klar machen: Damit es möglich
sein soll, die erste der beiden von MEINONG aufgestellten Bedingungen als erfüllt nachzuweisen, muß die zweite bereits als erfüllt *vorausgesetzt* werden. Die zweite kann aber offenbar nur
dann als erfüllt vorausgesetzt werden, wenn die erste bereits als
erfüllt vorausgesetzt wird; woraus ersichtlich ist, daß die Aufgabe, auch nur die erste als erfüllt nachzuweisen, schlechterdings
unlösbar ist. Wenn also MEINONG dennoch eine solche Nachweisung
versucht, so wissen wir im voraus, daß dieselbe nur auf eine
petitio principii hinauslaufen kann. —

MEINONG beruft sich nun auf die psychologische Tatsache, daß
gewisse Sachverhalte ihrer Einfachheit wegen „einleuchten", kom-
pliziertere hingegen dies nicht tun. Urteile über einen Sachverhalt der ersten Art nennt er *evidente*, und er erklärt es für ein
evidentes Urteil, daß ein evidentes Urteil nicht falsch sein kann.
Hieraus zieht er den Schluß, daß die erste der genannten Bedingungen im evidenten Urteile erfüllt ist.

---

[1] A. a. O. S. 32.

Betrachten wir diesen Gedankengang etwas näher. Wie begründet MEINONG den Satz, daß ein evidentes Urteil nicht falsch sein kann? Durch die Behauptung, daß dieser Satz selbst ein evidentes Urteil sei. Nehmen wir — unter Vorbehalt — an, diese Behauptung sei richtig. Wir haben dann, wenn wir den zu erweisenden Satz

A. Ein evidentes Urteil kann nicht falsch sein

mit A bezeichnen, den Satz

B. Der Satz A ist ein evidentes Urteil.

Folgt hier nun der Satz A aus dem Satze B? Offenbar nicht; denn zu dieser Schlußfolgerung fehlt die zweite Prämisse. Diese zweite Prämisse könnte nur in der Voraussetzung bestehen, daß evidente Urteile nicht falsch sein können, in dem Satze also, der gerade erst erwiesen werden soll. Das Vorliegen einer petitio principii kann also nicht zweifelhaft sein.

22. MEINONG kommt zu diesen Feststellungen bei seinen erkenntnistheoretischen Untersuchungen über die „Wahrnehmung". Er bedarf hier eines Kriteriums der Wahrheit, weil er die Wahrheit zu den definierenden Merkmalen der „Wahrnehmung" zählt. Ohne dieses Merkmal nämlich, meint er, lasse sich die Wahrnehmung nicht von den Halluzinationen der gewöhnlichen Art unterscheiden. Da er nun das psychologische Kriterium der Wahrheit in der Evidenz findet, so sieht er sich zu der Behauptung gezwungen, daß Halluzinationen evidenzlos seien,[1] und er scheint dieselbe Konsequenz auch auf die Träume ausdehnen zu wollen.[2] Aber eben diese Konsequenz hätte ihn an der zu Grunde liegenden Voraussetzung irre machen sollen; denn diese Konsequenz widerspricht den Tatsachen. Sagt er doch selbst, daß die normale

---

[1] S. 36.    [2] S. 42.

Halluzination, *von der psychologischen Seite betrachtet*, mit der gewöhnlichen Wahrnehmung durchaus auf gleiche Linie zu stellen sei.[1] Über diesen Satz mag man sonst denken wie man wolle; gerade in Bezug auf das „Evidènz" genannte psychologische Erlebnis kann seine Richtigkeit keinem Zweifel unterliegen. Denn: daß der halluzinierte Sachverhalt sich dem Bewußtsein unmittelbar aufdrängt, daß sich das Bewußtsein um diesen Sachverhalt nicht etwa „erst mit Hilfe von einfacheren oder komplizierteren Begründungen oder Beweisen ergiebt"[2], — das ist durchaus erforderlich, wo überhaupt von einer Halluzination gesprochen werden soll. Und beim Traume verhält es sich nicht anders. — Es ist also nicht nur unrichtig, daß die Evidenz ein notwendiges, sondern auch, daß sie ein *hinreichendes* Kriterium der Wahrheit bildet. —

23. Wenn man, wie mitunter geschieht[3], das Merkmal der Wahrheit, d. h. der Tatsächlichkeit des Objektivs, bereits in den Begriff der Evidenz aufnimmt, dann entfällt natürlich die hier gegebene Kritik. Aber man darf alsdann nicht übersehen, daß ein solcher Begriff der Evidenz psychologisch unanwendbar ist. Denn da sich ja die Tatsächlichkeit des Objektivs nicht unabhängig von unserer Erkenntnis ermitteln läßt, ist es unmöglich, jemals zu entscheiden, ob ein Urteil evident ist oder nicht.

Es steht also jedenfalls Folgendes fest: Entweder der Begriff der Evidenz schließt das Merkmal der Wahrheit ein: dann ist es unmöglich, zu entscheiden, ob ein Urteil evident ist. Oder aber „Evidenz" bedeutet lediglich ein psychologisch konstatierbares Bewußtseinserlebnis: dann ist es unmöglich, festzustellen, daß ein evidentes Urteil wahr ist. — In keinem Falle kann die Evidenz als ein Kriterium der Wahrheit gelten.

---

[1] S. 17.     [2] S. 35.     [3] So z. B. bei HUSSERL, „Logische Untersuchungen", Band I, S. 14 f., 190 f., 238; Band II, S. 549, 599.

24. Wie kann man sich aus diesen Schwierigkeiten heraus-
finden? Nur dadurch, daß man das Vorurteil aufgiebt, Erkenntnis
könne nur in Urteilen bestehen. MEINONG erklärt sich gegen die
Annahme, „daß Überzeugungskraft und Berechtigung eines Urteils
nicht in ihm selbst, sondern in einem anderen Urteil liege".[1] Nun,
diese Annahme muß natürlich schon daran scheitern, daß sie auf
den (in § 21 angedeuteten) unendlichen Regressus führt und somit
zur Folge hätte, daß es überhaupt kein berechtigtes Urteil geben
könnte. Aber folgt hieraus, daß es Urteile geben muß, die ihre
Berechtigung aus sich selbst nehmen; Urteile, „in deren Natur es
liegt, wahr zu sein"? Unter der Voraussetzung, das Urteil sei
die einzige Art der Erkenntnis, allerdings. Aber solche Urteile,
die ihre Berechtigung aus sich selbst nehmen, giebt es gar nicht.
Jedes Urteil enthält eine zu einer bloßen Vorstellung hinzutretende
Assertion, wie dies MEINONG auch von seinem sogenannten Wahr-
nehmungsurteil fordert. Und da muß man jederzeit die Frage zulassen: worauf gründet sich diese Assertion? woher nehmen wir
das Recht zu solcher Assertion? Ohne ein hier maßgebendes
Kriterium bliebe es ja unserer Willkür überlassen, ob wir eine
bestimmte Vorstellung mit einer Assertion verbinden oder nicht.
Auch lehrt schon die Erfahrung, daß selbst das Gebiet der best-
bewährten und anscheinend evidentesten Urteile der Möglichkeit
des Irrtums ausgesetzt ist. Giebt es ein Urteil, das dem Unbefangenen gewisser und einleuchtender scheinen könnte, als daß
jede Fläche zwei Seiten hat? Wer das Urteil für wahr halten
würde, würde sich dennoch irren. Und in diesem Irrtum hat sich
die Mathematik bis vor nicht langer Zeit befunden.

Wir müssen also für jedes Urteil einen Grund seiner Berechtigung fordern. Andererseits hatte sich gezeigt, daß dieser Grund

---

[1] S. 41.

nicht immer wieder in anderen Urteilen gesucht werden kann.
Es bleibt also nur übrig, Erkenntnisse anzünehmen, die nicht in
Urteilen bestehen. — Darin hat also MEINONG recht, daß die Berechtigung eines Urteils nicht notwendig in anderen *Urteilen* liegen
müsse; aber er hat Unrecht, wenn er hieraus schließt, daß es Urteile geben müsse, die ihre Berechtigung nicht einer anderen *Erkenntnis* entlehnen. Die unmittelbare Erkenntnis und nichts
anderes bildet den von MEINONG vermißten „Ersatz für die Evidenz
in der Erkenntnistheorie"; sie bildet das Korrektiv gegen den
Irrtum, über das, wie er meint, „positive Vorschläge noch aus-
stehen".[1]

## V.

## Der biologische Vorteil
## als erkenntnistheoretisches Kriterium.

25. Neben der im engeren Sinne psychologischen Erkenntnistheorie tritt in neuerer Zeit mehr und mehr eine Richtung in der
Philosophie hervor, die darauf ausgeht, die Ergebnisse der allgemeinen Biologie und Entwickelungsgeschichte für das Erkenntnisproblem nutzbar zu machen. Der konsequenteste Versuch in dieser
Richtung ist ohne Zweifel der von SIMMEL unternommene. SIMMEL
will den Wahrheitsbegriff restlos auf biologische Elemente zurückführen. Die Nützlichkeit, der Vorteil im Kampf ums Dasein soll
nach ihm nicht nur eine Begleiterscheinung des wahren Denkens
sein; sondern, was man Wahrheit des Denkens nennt, soll im
Grunde selbst nichts anderes *bedeuten*, als die Eigenschaft gewisser Vorstellungen, die darin besteht, daß die durch diese Vor-

---

[1] S. 33 f.

stellungen veranlaßten Handlungen uns im Kampf ums Dasein
förderlich sind.   „Wahre" Vorstellungen sind hiernach solche,
die sich den praktischen Interessen der Lebenserhaltung förderlich
erweisen.

SIMMEL geht von einer Erörterung der Auffassung aus, nach
der der biologische Vorteil nur eine begleitende Eigenschaft des
auch an und für sich „wahren" Vorstellens sein soll, und legt
sich die Frage vor, ob man nicht für die in dieser Hypothese
„enthaltene Zweiheit: einerseits die praktischen vitalen Bedürfnisse,
andererseits die ihnen gegenüberstehende, objektiv erkennbare
Welt — ob man für diese nicht ein einheitliches Prinzip finden
könnte"; ob sich nicht für „diese beiden anscheinend gegenseitig
unabhängigen Elemente, die äußere Realität und die subjektive
Nützlichkeit" eine gemeinschaftliche „tiefer gelegene Wurzel"
finden läßt.[1]   Dieses einheitliche Prinzip, diese tiefer gelegene
Wurzel entdeckt er in dem Selektionsprozeß, durch den diejenigen
Vorstellungen, die sich als Motive nützlicher Handlungen erweisen,
gezüchtet und erhalten und eben dadurch zu „wahren" Vorstellungen
gemacht werden.[2]

Worin besteht aber eigentlich der „Dualismus"[3], den die
Simmelsche Hypothese beseitigen will? Gehören etwa die „prak-
tischen vitalen Bedürfnisse" nicht zur „objektiv erkennbaren Welt"?
Ist die „subjektive Nützlichkeit" unserer Handlungen nicht eben-
sogut ein Gegenstand unseres Vorstellens wie alle andere „Realität"?
Man mag immerhin die dem individuellen und gattungsmäßigen

---

[1] „Über eine Beziehung der Selektionslehre zur Erkenntnistheorie." (Archiv
für systematische Philosophie, Band I, S. 35.)
[2] Eine ausführliche Kritik dieser Ansicht findet man in meiner Abhandlung
über „metaphysikfreie Naturwissenschaft", Kapitel VIII: „Das Prinzip der Denk-
ökonomie".          [3] S. 36.

menschlichen Leben angehörigen und seine Bedürfnisse regelnden Umstände zusammenfassend als „innere Realität" bezeichnen und ihnen alles Übrige als „äußere Realität" gegenüberstellen. Beide Klassen dieser Einteilung bleiben ganz innerhalb des Gebietes der den Gegenstand unseres Vorstellens und Denkens ausmachenden Welt; denn auch unsere Bedürfnisse und deren Befriedigung lernen wir auf keine andere Weise kennen als dadurch, daß sie zum Gegenstande unseres Vorstellens oder Denkens werden. Es ist also nicht einzusehen, wie die von SIMMEL konstatierte „Zweiheit" in erkenntnistheoretischer Hinsicht von Belang werden könnte. Der Dualismus, an dem SIMMEL Anstoß nimmt, ist vielmehr, scheint uns, gar nicht vorhanden.

26. Wenn nun SIMMEL die Frage, „ob der Wahrheitsbegriff es verträgt, die dem Vorstellen gegenüberstehende Objektivität abzustreifen,"[1] durch seine Hypothese in bejahendem Sinne beantworten zu können meint, so übersieht er, daß diese Hypothese ohne die Voraussetzung einer solchen Objektivität selbst nicht möglich wäre. Der angebliche Dualismus, der durch diese Hypothese beseitigt werden sollte, tritt vielmehr in dem Inhalt dieser Hypothese auf, und zwar hier in der Form eines Widerspruchs. Die Welt, „wie sie logisch-theoretisch für uns existiert," soll durch die Denkformen erzeugt sein, die durch unsere „nach evolutionistischer Notwendigkeit" geformte „Konstitution" bestimmt werden; „die Nützlichkeit erzeugt für uns die Gegenstände des Erkennens", und zu diesen Erzeugnissen der Nützlichkeit sollen auch die logischen Gesetze gehören.[2] — Woher *weiß* denn SIMMEL von dem Zuchtwahlprozeß, der die logischen Gesetze schafft; woher weiß er von der „Konstitution", die unsere Denkformen bestimmt; wo-

---

[1] S. 36.     [2] S. 45.

her weiß er von der Nützlichkeit, die die Gegenstände des Erkennens erzeugt; woher weiß er von dem Nerven- und Muskel-
vorgang[1], der die Willenshandlung ermöglicht und zur Befriedigung
der subjektiven Triebe und Bedürfnisse führt; woher endlich weiß
er von den „untermenschlichen physisch-psychischen Organisa-
tionen", von den „Nervenapparaten" und der „Sinnesausstattung"
der verschiedenen Tierarten?[2] Woher anders weiß er alles dieses
als eben durch sein *Erkennen*? Setzt nicht seine Hypothese, die
durch den Inhalt alles dieses Wissens „wahrscheinlich" gemacht
werden soll[3], die *Objektivität* dieses Wissens und Erkennens voraus? Sind die biologischen Betrachtungen, auf die sich seine
Hypothese stützt, *keine* „logisch-theoretischen", und setzen diese
Betrachtungen *nicht* die „logischen Gesetze" voraus? Was begründet den Vorrang, den das Vorstellen und Denken des biologischen Erkenntnistheoretikers vor dem Vorstellen und Denken
eines Geometers oder Astronomen beansprucht?

27. Oder soll vielleicht die Wahrheit, auf die die biologische
Erkenntnistheorie Anspruch macht, selbst nur in der Nützlichkeit
bestehen, die sie für die Befriedigung unserer praktischen Bedürfnisse hat? Will SIMMEL mit seiner Hypothese nichts weiter
sagen, als daß er sich, indem er sie niederschreibt, „in der für seine
Umstände günstigsten Weise verhält"[4]?

In diesem Falle haben wir es nicht mehr mit einer erkenntnistheoretischen Lehre zu tun, sondern lediglich mit einer persönlichen
Mitteilung aus der Individualpsychologie des Autors. Als solche
könnte man sie sich gern gefallen lassen, wenn nicht der mißliche
Umstand bestände, daß sie auch noch in dieser Form mehr behauptet, als nach ihrem eigenen Inhalt für zulässig gelten kann.

---

[1] S. 37.    [2] S. 40.    [3] S. 40.    [4] S. 41.

Nach der fraglichen Theorie bedeutet nämlich ein Satz von der Form „*A* ist *B*" soviel wie „Es ist nützlich, zu denken, *A* sei *B*." Wenden wir dies auf die Simmelsche Hypothese „Wahrheit ist Nützlichkeit" an, so ergiebt sich als die Bedeutung dieser Hypothese der Satz: Es ist nützlich, zu denken, Wahrheit sei Nützlichkeit. Nun kann aber dieser letztere Satz, um mit der Theorie in Einklang zu bleiben, selbst nichts anderes bedeuten, als daß es nützlich sei, seinen Inhalt zu denken; daß es also nützlich sei, zu denken, es sei nützlich, zu denken, Wahrheit sei Nützlichkeit. Dieser nunmehr ausgesprochene Satz aber kann wiederum nach der Theorie nur den Sinn haben, daß es nützlich sei, seinen Inhalt zu denken. Man sieht ohne weiteres, daß dies Verfahren, da es sich bei jedem Satze wiederholt, auf eine unendliche Reihe von Aussagen führt, die *vollständig* vorliegen muß, wenn es möglich sein soll, mit der Behauptung der Simmelschen Hypothese einen *Sinn* zu verbinden. Ehe diese Reihe nicht vollendet ist, haben wir zwar eine bestimmte Reihe von Worten, aber keinen Gedanken vor uns. Da aber die Vollendung einer unendlichen Reihe einen Widerspruch einschließt, so folgt, daß es unmöglich ist, mit den Worten „Wahrheit ist Nützlichkeit" einen Sinn zu verbinden.[1]

---

[1] In seiner neueren Schrift „Philosophie des Geldes" (2. Aufl. 1907) legt sich SIMMEL selbst Bedenken vor, die den hier erhobenen sehr ähnlich sind. Ich kann aber in seiner Beantwortung derselben nichts finden, was die hier vorgebrachten Einwände entkräften könnte. Zweierlei indessen von diesen neueren Ausführungen SIMMELs erscheint erwähnenswert. Einmal nämlich findet sich unter den behandelten Bedenken auch das uns sehr treffend erscheinende gegen die Möglichkeit einer Erkenntnistheorie überhaupt. (S. 82.) SIMMEL hält dieses Bedenken jedoch nicht für stichhaltig; gerade sein „relativistisches Erkenntnisprinzip", meint er, werde von ihm nicht getroffen, denn „der Relativismus könne das radikale Zugeständnis machen, daß es dem Geiste allerdings möglich sei, sich jenseits seiner selbst zu stellen", — eine Behauptung, für die SIMMEL freilich

28. Und wie steht es mit der weniger radikalen Behauptung, nach der Nützlichkeit mit Wahrheit nicht identisch sein, sondern nur, als eine begleitende *Eigenschaft* wahrer Vorstellungen, das *Kriterium* der Wahrheit bilden soll? Dieser Ansicht stehen von vornherein mehrere Bedenken im Wege. Zunächst ist diese „Nützlichkeit" etwas völlig Unbestimmtes, theoretisch gar nicht Faßbares. Nützlich kann ein Ding nur sein in Beziehung auf einen Zweck, zu dessen Realisierung es ein Mittel bildet. Es hängt also von der Willkür des einzelnen Erkenntnistheoretikers ab, was er als Zweck, und infolgedessen auch, was er als Nützlichkeit definieren will. Damit wäre aber auch die Entscheidung darüber, was wahr und was falsch ist, der Willkür des Einzelnen überlassen. Was für den einen nützlich ist, kann ferner für den anderen schädlich sein. Die Annahme, daß das Gebet eines Priesters Kranke heilen könne, kann dem Priester sehr vorteilhaft, dem Kranken aber höchst gefährlich werden. Es bedarf auch keiner besonderen Begründung, daß, was heute nützlich ist, morgen schädlich, ja daß unter Umständen zu einer bestimmten Zeit dieselbe Sache derselben Person in einer Hinsicht schädlich, in anderer förderlich sein kann. Ist aber, was nützlich ist, wahr, was schädlich ist, falsch, so folgt,

---

keinen anderen Grund beibringt, als daß unserem Geiste die Fähigkeit gegeben sei, „sich selbst zum Objekt zu machen, sich selbst wissen zu können". (S. 83.) Ferner aber ist bemerkenswert die Deutlichkeit, mit der SIMMEL erkennen läßt, wie seine gesamte Theorie aus der einen Grundvoraussetzung hervorgeht, daß Erkenntnis nur in Urteilen möglich sei. Es ist nach ihm eine „unserem Geiste eigene Notwendigkeit, die Wahrheit durch Beweise zu erkennen" (S. 68), die „Axiome" haben „nicht die logische Dignität des *Bewiesenen*, sie sind nicht in demselben Sinne für uns wahr, wie dieses es ist" (S. 67), „über jedem Urteil, das wir fällen, steht ein höheres, das entscheidet, ob jenes recht hat". (S. 83.) Da für das Ganze der durch die logische Beweiskette zusammenhängenden Urteile nach dieser Voraussetzung nicht wieder eine logische Beurteilung möglich ist, so wird die Konsequenz unvermeidlich, daß für die Beurteilung dieses Ganzen kein anderer Maßstab bleibt als der des praktischen Wertes.

daß dieselbe Annahme heute wahr und morgen falsch, ja zu derselben Zeit wahr und falsch sein kann. Auch muß es, entsprechend den Graden der Nützlichkeit oder Schädlichkeit, Grade der Wahrheit geben. Die Wahrheit eines Satzes kann zu verschiedenen Zeiten und an verschiedenen Orten verschieden groß sein, sie kann zu- und abnehmen wie der Barometerstand.

Wendet man etwa ein, wahr sei nur dasjenige, was nicht nur zu dieser oder jener Zeit, sondern immer, nicht nur diesem oder jenem, sondern jedem Menschen, nicht nur in dieser oder jener, sondern in aller Hinsicht nützlich ist, so verwickelt man sich nur in noch viel größere Absurditäten. Macht man nämlich selbst die Fiktion, daß es ein derartig universelles Nützliches überhaupt giebt, so bliebe doch die Entscheidung darüber, was als dieses Nützliche anzusprechen sei, jederzeit der Zukunft überlassen, und der letzte Mensch müßte gestorben sein, ehe es möglich wäre, daß sich irgend etwas als wahr erweisen könnte, ehe sich also auch nur das Eine als wahr behaupten ließe, daß, was wahr ist, nützlich sei.[1]

---

[1] „Absurd" sind alle diese Konsequenzen deshalb, weil sich schlechterdings kein Sinn mit ihnen verbinden läßt. Es läßt sich aber kein Sinn mit ihnen verbinden, weil dem Begriff der Wahrheit die Zeitlosigkeit wesentlich ist. Man sagt wohl im täglichen Leben, eine Aussage über ein Ereignis sei „noch nicht" oder „nicht mehr" wahr, und diese Ausdrucksweise hat ihren guten Sinn, wenn man sie nur recht versteht. Sagt man z. B., der Satz „Straßburg ist eine französische Stadt" sei zwar vor dem Jahre 1871 wahr gewesen, seitdem aber falsch, so ist eine solche Aussage nur ein ungenauer Ausdruck dafür, daß dem genannten Satze die Zeitbestimmung fehlt. Jede Aussage über einen in der Zeit stattfindenden Sachverhalt muß eine Zeitbestimmung enthalten; wo eine solche nicht explicite ausgesprochen wird, ist im allgemeinen zu ergänzen: „zu *jeder* Zeit". Enthält eine Aussage diese erforderliche Zeitbestimmung, so ist diese Aussage entweder wahr schlechthin oder falsch schlechthin, nicht aber zu einer Zeit wahr, zu einer anderen falsch. Streng genommen darf man daher nicht einmal sagen, ein Urteil sei „zu *jeder* Zeit wahr". Man kann mit einer solchen Redeweise vielmehr nur

29. Aber es bedarf nicht einmal derartiger Erwägungen zur Widerlegung der Möglichkeit eines biologischen Wahrheitskriteriums. Denn auch für denjenigen, der in der Nützlichkeit nicht die Wahrheit selbst, sondern nur ihr Kriterium sieht, würde die Anwendbarkeit dieses Kriteriums die Vollendung eines unendlichen Regressus voraussetzen. Wer nämlich nach diesem Kriterium die Wahrheit einer Annahme feststellen wollte, der hätte die Aufgabe, sich von der Nützlichkeit dieser Annahme zu überzeugen. Wie kann er das aber, da er, um diese Überzeugung zu gewinnen, nur vor die weitere Aufgabe gestellt wäre, sich von der Nützlichkeit dieser Überzeugung zu überzeugen, was wieder nur durch die Lösung der entsprechenden weiteren Aufgabe geschehen könnte, und so fort ins Unendliche. An der widersprechenden Forderung der Vollendung einer unendlichen Reihe scheitert also unter allen Umständen das biologische Wahrheitskriterium.

# VI.

## Das „transzendente Sollen"
## als erkenntnistheoretisches Kriterium.

30. Der eben aufgedeckte Widerspruch ist nicht nur der biologischen Form der Erkenntnistheorie eigentümlich; an ihm muß vielmehr *jeder* Versuch scheitern, der darauf ausgeht, die Selbständigkeit und Eigenart der *Objektivität* des Erkennens aufzulösen und auf irgend etwas Sonstiges *zurückzuführen*. Das liegt in der Natur

---

sagen wollen, entweder, das Urteil sei wahr: dann ist diese Wahrheit etwas schlechthin Zeitloses; oder aber, der im Urteil ausgesagte Sachverhalt finde zu jeder Zeit statt: dann betrifft diese Zeitbestimmung nicht die Wahrheit des Urteils, sondern seine Materie.

der Sache, und keine noch so künstliche Dialektik wird jemals
etwas daran ändern. Wir wollen, um dies ganz deutlich zu machen,
noch einen anderen Versuch dieser Art besprechen. Es ist dies
der Versuch, die Begriffe der Wahrheit und des Seins auf die
praktischen Begriffe von Zweck und Wert zurückzuführen; ein
Versuch, der von dem zuletzt besprochenen der biologischen Erkenntnistheorie nur dadurch unterschieden ist, daß er an die Stelle
der individuellen und gattungsmäßigen Triebe und Bedürfnisse
allgemeine, der Zufälligkeit der Lebensumstände entzogene *Forderungen* setzt, die, als kategorisch geltende Normen, nicht mit der
Unbestimmtheit und Relativität des Nützlichkeitskriteriums be-
haftet sind.

Dieser Versuch liegt für denjenigen, der einmal in der erkenntnistheoretischen Fragestellung befangen ist, sehr nahe. Man
kommt zu ihm durch den folgenden Gedankengang:

Urteilen ist nicht lediglich Vorstellen, wenngleich Vorstellungen
dem Urteil zu Grunde liegen. Zum Urteil gehört außer einer
Verbindung von Vorstellungen noch eine zu dieser Vorstellungsverbindung hinzutretende Assertion. Diese Assertion ist es, die
auf „Wahrheit" Anspruch erhebt, und nur sofern dieser Anspruch
zu Recht besteht, *erkennen* wir durch das Urteil. Wie wir aber
im Urteil die Vorstellungen verbinden, das hängt zunächst lediglich von unserer eigenen *Willkür* ab. Es muß also, wenn wir
durch das Urteil *erkennen* wollen, irgend ein Prinzip geben, durch
das der Wille bestimmt wird, gewisse Vorstellungsverbindungen
zu bevorzugen und unter allen möglichen Urteilen eine Einschränkung zu treffen, derart, daß den einen die Assertion zuerteilt, den
anderen aber verweigert wird. Ein solches den Willen bestimmendes Prinzip kann aber nur eine *Forderung* sein. Forderungen
sind also das Kriterium der Wahrheit der Urteile, und, da wir

nur durch diese letzteren die Wirklichkeit erkennen, mittelbar auch der Wirklichkeit.

31. Dieses Ergebnis — wir wollen es, der Kürze halber, als die „teleologische Erkenntnistheorie" bezeichnen — läßt nun weiterhin eine zweifache Interpretation zu. Man kann nämlich, ähnlich wie wir dies beim biologischen Wahrheitskriterium gesehen haben, entweder dabei stehen bleiben, in dem Gefordertsein eines Urteils ein bloßes *Kennzeichen* seiner Wahrheit zu sehen, ohne die von der Forderung unabhängige Existenz der durch das Urteil erkannten Objekte in Zweifel zu ziehen und in dem Urteil selbst etwas anderes zu sehen als das Mittel, dieses an und für sich vorhandene Objekt zu *erkennen*. — Oder aber man kann den weiteren Schritt tun und die Behauptung aufstellen, die Wahrheit eines Urteils *bedeute* nichts anderes, als daß die Forderung bestehe, das Urteil zu fällen. Der in einem Urteil „$A$ ist $B$" ausgesagte Sachverhalt besteht hiernach gar nicht unabhängig von dem Gefordertsein des Urteils; sein Stattfinden bedeutet vielmehr für den konsequenten Vertreter dieser Lehre gar nichts weiter, als daß die Forderung besteht, zu urteilen, $A$ sei $B$. Ein Gegenstand $A$ existiert, das soll lediglich heißen: das Urteil „$A$ existiert" ist gefordert. Existenz ist somit ein Urteilsprädikat und nichts anderes; eine von den Urteilsforderungen unabhängige Existenz giebt es nicht.

Beide Auffassungen finden wir in der gegenwärtigen Litteratur vertreten. Wir werden kaum fehlgehen, wenn wir Lipps als Vertreter der ersten, Rickert als Vertreter der zweiten nennen. Freilich fehlt es, wie wir hinzufügen müssen, bei Lipps nicht an erheblichen Konzessionen an die radikalere Auffassung.

32. Dieser letzteren giebt Rickert unzweideutigen Ausdruck, wenn er sagt:

„Wahrheit ist nichts anderes als die Anerkennung des

Sollens."[1] „Das ‚Seiende' oder die ‚Wirklichkeit' sind lediglich zusammenfassende Namen für das als so oder so seiend Beurteilte. ... Das Sein ist nichts, wenn es nicht Bestandteil eines Urteils ist."[2]

Hier darf billig folgende Frage aufgeworfen werden: Wer „soll" denn eigentlich urteilen? An wen richtet sich die Forderung des Sollens? Wir wollen nicht so weit gehen, zu behaupten, daß es keinen Sinn habe, von einer Forderung zu sprechen, wenn nicht die Existenz irgend welcher Subjekte feststeht, an die die Forderung ergeht.[3] Das aber wird man schwerlich leugnen wollen, daß wenigstens die *Möglichkeit* solcher Subjekte nicht *ausgeschlossen* werden darf, wenn es Sinn haben soll, von dem Bestehen einer Forderung zu sprechen. Oder welchen Sinn hätte eine Forderung, in deren Natur es läge, sich an *niemand* zu richten? Es muß also wenigstens die *Denkbarkeit* der Existenz eines Subjekts feststehen, ehe es Sinn hat, von einer Forderung zu sprechen. Die Existenz eines solchen Subjekts kann nun aber nach den eben angeführten Rickertschen Sätzen nichts anderes bedeuten als das Prädikat des Urteils „Urteilende Subjekte existieren". Wer soll nun dies Urteil fällen? Offenbar *niemand*, da die Existenz eines urteilenden Subjekts selbst erst durch das Urteil möglich wird. Das Rickertsche Sollen ist also in der Tat eine Forderung, zu deren Begriff es gehört, von niemand etwas zu fordern.

---

[1] „Der Gegenstand der Erkenntnis." (Tübingen und Leipzig, 2. Auflage, 1904, S. 118.)

[2] S. 120.

[3] Man vergleiche die Sätze von LIPPS: „Eine Forderung ist jederzeit einmal die Forderung *von etwas*, d. h. da, wo eine Forderung besteht, giebt es jederzeit etwas, das fordert, oder einen fordernden Gegenstand. Zum anderen ist sie jederzeit eine *an jemand* ergehende Forderung." (Archiv für die gesamte Psychologie, Bd. IX, S. 94 f.)

33. Schwierigkeiten solcher Art gegenüber sucht Rickert sich
zu helfen mit der Einführung seines Begriffs des „Bewußtseins
überhaupt". Aber mit diesem Begriff verwickelt er sich nur in
neue Widersprüche. „Das Bewußtsein überhaupt ist das Subjekt,
das bleibt, wenn wir das individuelle theoretische Ich ganz als
Objekt denken."[1] Es soll also durch diesen Ausdruck „nicht mehr
das Individuum, sondern lediglich das" bezeichnet werden, „was
von keinem Standpunkte aus Objekt werden kann".[2] Hier wird
natürlich jedermann fragen, wie Rickert ein Wissen von etwas
haben und gar ein ganzes Buch über etwas schreiben kann, was
per definitionem „von keinem Standpunkte aus Objekt werden
kann". Und er legt sich diese Frage gelegentlich selbst vor.
Aber was antwortet er? „Nicht das erkenntnistheoretische Subjekt selbst, sondern nur sein Begriff" werde in diesen erkenntnistheoretischen Erörterungen zum Objekt gemacht.[3] Nun betont
zwar Rickert wiederholt, daß sein „Bewußtsein überhaupt" „keine
Realität", sondern nur eine „Abstraktion", nur ein „Begriff" sei.[4]
Aber der Unterschied, der jederzeit zwischen einem Gegenstande
und dem *Begriff* dieses Gegenstandes besteht, verschwindet auch
dann nicht, wenn der Gegenstand *selbst* ein Begriff ist, und es ist
daher genau zu unterscheiden, ob eine bestimmte Aussage sich auf
einen Begriff $A$ oder auf den Begriff des Begriffs $A$ bezieht.
Rickert vergleicht seinen Begriff des Bewußtseins überhaupt mit
den mathematischen Begriffen, indem er hervorhebt, daß auch
„deren Inhalt sich auf keine Wirklichkeit bezieht".[5] Nun wohl,
ein gleichschenkliges Dreieck z. B. ist gewiß nichts Wirkliches in
dem Sinne, daß es sich mit den Sinnen wahrnehmen ließe, sondern
ein nur vermöge gewisser Abstraktionen vorzustellendes Gebilde.

---

[1] S. 144.   [2] S. 45 f. Ebenso S. 25 unten.   [3] S. 154.
[4] S. 29. 149.   [5] S. 155

Nichtsdestoweniger aber sind die Eigenschaften des gleichschenkligen Dreiecks auf das strengste zu unterscheiden von den Eigenschaften des *Begriffs* des gleichschenkligen Dreiecks.  Der Mathematiker beweist den Satz: Die Basiswinkel des gleichschenkligen
Dreiecks sind gleich.  Hat es aber einen Sinn, zu sagen: Die
Basiswinkel des *Begriffs* des gleichschenkligen Dreiecks seien
gleich?  Offenbar so wenig, wie ein Begriff überhaupt dreieckig
sein kann. — Nun ist es gewiß erlaubt, auch über den Begriff
eines Begriffs Aussagen zu machen, etwa die Aussage, daß er
widerspruchsfrei ist, oder daß er einen anderen Begriff als Merkmal enthält, oder daß er einen erfüllten oder leeren Umfang hat.
Wenn aber RICKERT beispielsweise sagt, das Bewußtsein überhaupt
sei ein urteilendes, nicht ein bloß vorstellendes Bewußtsein[1], so ist
der Gegenstand *dieser* Aussage das Bewußtsein überhaupt, nicht
der *Begriff* des Bewußtseins überhaupt, und es wird daher mit
dieser Aussage in der Tat *das* zum Objekt gemacht, was als
dasjenige definiert war, das *niemals* zum Objekt gemacht werden
kann.

   34. Der Fehler, der RICKERT zu seiner Einführung des „Bewußtseins überhaupt" veranlaßt hat, ist übrigens leicht zu übersehen.  Er kommt hierzu durch die Fragestellung: „Was bleibt
als Subjekt übrig, wenn das individuelle Ich als Objekt angesehen
wird?"[2]  Bei der Beantwortung dieser Frage macht er ohne
weiteres die Voraussetzung, daß das individuelle Ich sich nicht
selbst als Objekt erkennen könne, daß also dasjenige Subjekt, das
das individuelle Ich zum Objekt hat, ein von diesem individuellen
Ich verschiedenes sein müsse.  „Selbstwahrnehmung oder Selbstbeobachtung im strengen Sinne sind widerspruchsvolle Be-

---

[1] S. 147.    [2] S. 145.

griffe."[1] Diese Annahme aber ist völlig ungerechtfertigt und nur durch folgende Verwechslung entstanden. Die Erkenntnis eines Objekts ist jederzeit von dem Objekt der Erkenntnis verschieden, und zwar auch in dem Falle, wo das Ich selbst Objekt der Erkenntnis wird. Unterscheidet man nun nicht scharf genug zwischen der Erkenntnis und dem Subjekt der Erkenntnis, verwechselt man den Gegensatz des Erkennens und des Erkannten mit dem Gegensatz des Erkennenden und Erkannten, so muß man folgerichtig zu der Behauptung der notwendigen Verschiedenheit von Erkennendem und Erkanntem, von Subjekt und Objekt der Erkenntnis gelangen, also zu der Behauptung der Unmöglichkeit der Identität von Subjekt und Objekt, zur Leugnung der Möglichkeit einer Selbsterkenntnis. Und so scheint dann die Möglichkeit, das individuelle Ich zum Gegenstande der Erkenntnis zu machen, ein überindividuelles Ich vorauszusetzen. Die Verwechslung des Erkennens mit dem Erkennenden aber vollzieht sich bei RICKERT durch die Zweideutigkeit, in der er das Wort „Bewußtsein" gebraucht.[2]

35. Der Widersinn in den ersten Grundlagen dieser Lehre läßt sich am einfachsten folgendermaßen darlegen. RICKERTS vorhin zitierter Satz: „Wahrheit ist nichts anderes als die Anerkennung des Sollens" kann, sofern er selbst auf Wahrheit Anspruch erhebt, nichts anderes bedeuten als das Urteil: „Es soll geurteilt werden: Wahrheit ist nichts anderes als die Aner-

---

[1] „Die Grenzen der naturwissenschaftlichen Begriffsbildung." (Tübingen u. Leipzig, 1902.) S. 171.
[2] Derselbe Fehler kommt bei LIPPS vor: „Das gegenwärtige Ich ist nicht Gegenstand. ... Es kann nicht Objekt sein, da es das Subjekt ist für alle Objekte." (Psychologische Untersuchungen, 1. Band, 1. Heft, Leipzig 1905, S. 43.) — Umgekehrt wird Seite 17 geschlossen: „Fällt demgemäß hier das Erlebte in das *erlebende Ich* hinein, so fällt eo ipso auch das *Erleben* und das Erlebte im Ich zusammen."

kennung des Sollens." Was aber heißt: „Es soll geurteilt werden"? Nach Rickert offenbar nichts anderes als: „Es soll geurteilt werden: ‚Es soll geurteilt werden.'" Und so fort in einer unendlichen Reihe, die wiederum vollendet vorliegen müßte, ehe es möglich wäre, mit dem Satze „Wahrheit ist nichts anderes als die Anerkennung des Sollens" einen Sinn zu verbinden.

Der Grund der Unvermeidlichkeit dieses unendlichen Regressus läßt sich leicht einsehen. Der Ausdruck „A existiert" wird von Rickert durch den Satz definiert: „Es soll geurteilt werden: A existiert." Es muß aber immer möglich sein, für einen definierten Ausdruck seine Definition einzusetzen; denn nur vermöge dieser Definition hat ja der Ausdruck einen *Sinn*. Nun kommt in dem Satze: „Es soll geurteilt werden: A existiert" der Ausdruck „existieren" vor. Setzen wir also, um uns den Sinn des Satzes klar zu machen, für den Ausdruck „existiert" seine Definition ein. Wir erhalten dann den Satz: „Es soll geurteilt werden: ‚Es soll geurteilt werden: A existiert.'" Indem wir dieses Verfahren wiederholen, erhalten wir durch fortgesetzte Einsetzung der Definition in den zuletzt gewonnenen Satz eine unvollendbare Reihe von Aussagen, deren jede erst durch die nächstfolgende ihren Sinn erhält. Die Unvollendbarkeit dieser Reihe hat zur Folge, daß der Versuch, sich den Sinn der Rickertschen Erklärung der Existenz klar zu machen, unausführbar ist. Und dies rührt daher, daß die Erklärung keinen Sinn *hat*. Sie hat aber keinen Sinn, weil sie eine Zirkeldefinition ist, d. h. eine solche, in der der zu erklärende Begriff selbst vorkommt.

36. Und wie steht es mit der Auffassung, nach der die Wahrheit eines Urteils in der Forderung nicht ihre Bedeutung, sondern nur ihr Kriterium hat? Um zu wissen, daß ein Sachverhalt $S$

stattfindet, muß ich hiernach wissen, daß die Forderung besteht, zu urteilen, *S* finde statt. Um also beispielsweise zu wissen, daß das Kriterium der Wahrheit eines Urteils in einer Forderung besteht, muß ich wissen, daß die Forderung besteht, zu urteilen: „Das Kriterium der Wahrheit eines Urteils besteht in einer Forderung." Wie aber kann ich *dieses* wissen? Woher *weiß* ich, daß der eben ausgesprochene Satz über das Bestehen der Forderung *wahr* ist? Nur daher, daß ich weiß: es besteht die Forderung, diesen Satz als wahr zu beurteilen. Von dem Bestehen *dieser* Forderung aber kann ich wiederum nur wissen, insofern ich weiß, daß die Forderung besteht, zu urteilen, es bestehe diese Forderung. Und so fort wiederum in einem unendlichen Regressus, der vollendet vorliegen müßte, wenn es möglich sein sollte, zu wissen, daß das Kriterium der Wahrheit eines Urteils in einer Forderung besteht. —

37. Wir wollen vorerst noch etwas bei dem (in § 30 dargelegten) beiden Auffassungen gemeinschaftlichen Grundgedanken verweilen. Dieser Gedanke hat zur wesentlichen Voraussetzung die — bewußt oder unbewußt zu Grunde gelegte — Annahme, Erkenntnis könne nur in Urteilen bestehen.[1] Und wer diese Annahme zugiebt, der wird sich in der Tat den dargelegten Konsequenzen schwerlich entziehen können. Das Urteil hängt nämlich in zweifacher Hinsicht vom Willen ab. Erstens, insofern es im Bereiche unserer Willkür steht, welche Vorstellungen wir im Urteil miteinander verbinden. Und zweitens, weil wir nur insofern wahre Urteile fällen, als es in unserer Absicht liegt, nicht nur dieses oder jenes zu *denken*, sondern durch das Urteil zu *erkennen*. Erkenntnis durch Urteile ist nur dadurch möglich, daß wir erkennen

---

[1] Vgl. LIPPS: Psychologische Untersuchungen, Band 1, Heft 1, S. 62, 121; RICKERT: Der Gegenstand der Erkenntnis, S. 103, 106, 164, 169.

*wollen*, setzt also in der Tat einen Willen zur Wahrheit als Bedingung ihrer Möglichkeit voraus.

Aber die Frage ist: worauf gründet sich unser Wissen von
der Abhängigkeit des Urteils vom Willen? Niemand kann dieses
Wissen aus einer anderen Quelle schöpfen als aus seiner eigenen
*inneren Erfahrung.* Wir finden diese Abhängigkeit des Urteils vom
Willen als eine Tatsache in unserem Innern. Niemand kann eine
logische Notwendigkeit oder ein metaphysisches Argument nam-
haft machen, das uns zu ihrer Annahme zwingen könnte. Es ist
wichtig, dies festzuhalten, um sich nicht darüber zu täuschen, daß
es eine psychologische Beobachtung ist, die man der Erkenntnistheorie zu Grunde legt, wenn man diese auf die Behauptung der
Abhängigkeit des Urteils vom Willen gründet. Wer aber die
Psychologie als zuständige Instanz in erkenntnistheoretischen Dingen anerkennt, darf nicht zugleich von der Annahme ausgehen,
daß Erkenntnis nur in Urteilen bestehen könne. Ja wer auch nur
soviel zugiebt, daß die Erkenntnistheorie sich mit den Tatsachen
der inneren Erfahrung nicht in *Widerspruch* setzen darf, wird diese
Annahme fallen lassen müssen. Denn die innere Erfahrung zeigt
uns als *Tatsache* das Vorkommen von Erkenntnissen, denen die
erwähnten dem Urteil *wesentlichen* Eigenschaften fehlen. Solche
Erkenntnisse sind z. B. die sinnlichen Wahrnehmungen. In der
sinnlichen Wahrnehmung liegen nicht verschiedene Vorstellungen,
die schon *vor* der Wahrnehmung vorhanden waren und in der
Wahrnehmung nur mit einander verbunden werden, wie es doch
sein müßte, wenn die Wahrnehmung ein Urteil sein sollte. Und
in der Wahrnehmung läßt sich nicht eine bloße Vorstellungsverbindung von einer zu dieser hinzutretenden Assertion unterscheiden,
was doch auch der Fall sein müßte, wenn die Wahrnehmung ein
Urteil wäre. Auch hängt die Wahrnehmung nicht vom Willen ab.

— Daß aber trotzdem die Wahrnehmung eine *Erkenntnis* ist, das
ist daraus ersichtlich, daß sie sich von „bloßen Vorstellungen" aufs
deutlichste durch den ihr eigentümlichen *assertorischen* Charakter
unterscheidet. Bloße Erinnerungsbilder und Phantasievorstellungen
sind problematisch und weder wahr noch falsch; Wahrnehmungen
dagegen enthalten eine *Assertion*, wenngleich es nicht möglich ist,
diese Assertion, wie beim Urteil, von dem übrigen Gehalt der
Wahrnehmung zu *isolieren*.[1]

38. Die Verwechslung von Erkenntnis und Urteil ist also der
fundamentale Fehler auch der teleologischen Erkenntnistheorie. Denn
mit dem Satze, Erkenntnis sei nur in Urteilen möglich, fällt auch
der Satz von der Abhängigkeit alles Erkennens vom Willen. Wir
werden, wenn wir dies beachten, auch dem „Gefühl der Urteilsnotwendigkeit", wie es RICKERT, und dem „Erleben der Forderungen", wie es LIPPS nennt, eine ganz andere Bedeutung geben müssen.
Das angebliche Gefühl des Sollens, das angebliche Erleben von
Forderungen ist nur das Ergebnis einer mangelhaften Selbstbeobachtung. Bei genauerer Beobachtung finden wir vielmehr Folgendes. Angenommen, ich blicke aus dem Fenster hinaus und
werde gefragt, ob der Himmel augenblicklich bewölkt sei, und ich

---

[1] Wer es vorzieht, die Wahrnehmung auch als „Urteil" zu *bezeichnen*, kann
natürlich daran nicht gehindert werden. Nur wird er aus dieser Bezeichnung
nicht schließen dürfen, daß der Wahrnehmung irgend eine Eigenschaft zukommt,
die dasjenige Gebilde charakterisiert, das der sonst übliche Sprachgebrauch als
Urteil bezeichnet. Vielmehr wird er streng zwischen zwei gänzlich verschiedenen
Klassen von „Urteilen" zu unterscheiden haben; nämlich zwischen solchen, die
eine willkürliche Verbindung von Begriffen und eine zu dieser Verbindung hinzutretende Assertion enthalten, und solchen, die weder vom Willen abhängen, noch
Begriffe enthalten und zu denen z. B. die Wahrnehmungen zu rechnen sind. —
Es ist aber jederzeit ratsam, eine schon im gewöhnlichen Sprachgebrauch liegende
Unterscheidung nicht ungenutzt zu lassen, statt ohne Not zu Mißverständnissen
und Verwechslungen Anlaß zu geben.

antworte mit dem Urteil: Ja, der Himmel *ist* bewölkt. Was er-
lebe ich hierbei? Zunächst die durch die Frage in mir angeregte
Absicht, zu antworten, d. h. den Willensentschluß, den dem Fra-
genden problematischen Sachverhalt durch ein wahres Urteil zu
entscheiden. Hierbei fühle ich mich genötigt, der Verbindung der
Vorstellungen des Himmels und der Bewölktheit die Assertion zu
erteilen. Und was nötigt mich hierzu? Die in meiner sinnlichen
Anschauung enthaltene unmittelbare Erkenntnis des fraglichen
Sachverhalts in Verbindung mit meiner Absicht, der Wahrheit gemäß zu urteilen. Denn dieses „der Wahrheit gemäß urteilen" ist
nicht anders möglich als durch die Assertion derjenigen Vorstellungsverbindung, die eine mittelbare Wiederholung dessen enthält, was mich die unmittelbare Anschauung als wahr erkennen läßt.

Von einer „Forderung" kann hierbei nur insofern die Rede
sein, als mein Entschluß, ein wahres Urteil über einen Gegenstand
zu fällen, zufolge des eben Gesagten nur durch die Vollziehung
und Assertion einer ganz bestimmten Vorstellungsverbindung
ausführbar ist, also die Forderung dieser Vollziehung und Assertion
in sich schließt. Aber diese Forderung ist nicht[1] die kategorische
Forderung, ein bestimmtes Urteil zu fällen, sondern die nur hypothetische Forderung, die sich etwa formulieren läßt: *Wenn* ich
ein wahres Urteil über einen Gegenstand fällen will, so bin ich
genötigt, eine Assertion derjenigen Vorstellungsverbindung zu vollziehen, durch deren Assertion meine unmittelbare Erkenntnis des
Gegenstandes mittelbar wiederholt wird. Die in diesem Satze
formulierte Notwendigkeit kann nur in sehr übertragenem Sinne
als eine „Forderung" bezeichnet werden. Denn diese Notwendig-

---

[1] Wie RICKERT (Grenzen der naturwissenschaftlichen Begriffsbildung, S. 697)
behauptet.

keit ist keine praktische, sondern eine rein logische, nämlich analytische, da der Nachsatz nichts weiter enthält als eine Explizie-
rung dessen, was durch den Vordersatz bereits gegeben ist. Allerdings wird durch den Vordersatz ein *Zweck* bezeichnet; aber dieser
Zweck ist ein solcher, den ich mir durch einen eigenen Willensentschluß vorsetze, nicht ein unabhängig von meinem Willen *ge-*
*forderter. Daß* ich also überhaupt urteile, ist lediglich Sache meiner
Willkür, nicht Sache einer durch eine Forderung oder ein Sollen
begründeten Pflicht.[1]  Und die Richtschnur dafür, *wie* ich urteile,

---

[1] Man vergleiche hierzu die folgenden Sätze von LIPPS (Archiv für die gesamte Psychologie, Band IX, S. 94):

„Ich ‚kann‘, wenn ich die Urteile fälle, die ich als Prämissen eines Schlusses
bezeichne, das Schlußurteil fällen, ich ‚kann‘ es aber auch unterlassen. Aber ich
*darf* nicht ein gegenteiliges Schlußurteil fällen. Statt nun zu sagen, ich darf dasselbe nicht fällen, sage ich auch, es ist mir verboten, es zu fällen. Jedes Verbot aber ist eine Forderung oder ein Gebot, oder genauer gesagt, es ist die Kehr-
seite einer Forderung oder eines Gebotes; ist mir verboten, mich zu bewegen, so
ist mir geboten oder es ist von mir gefordert, daß ich in Ruhe bleibe. So nun
ist auch, wenn mir verboten ist, ein Urteil zu fällen, das einem anderen Urteile
widerspricht, von mir gefordert, daß ich jenes erstere Urteil fälle.“

Diese Sätze enthalten mehrere Fehler der Selbstbeobachtung. Warum „darf“
ich „nicht“ ein gegenteiliges Schlußurteil fällen? Auf diese Frage kann offenbar
nur geantwortet werden: weil das gegenteilige Schlußurteil *falsch* wäre. Diese
Antwort läßt sogleich erkennen, daß das „Nicht-Dürfen“ nur *hypothetisch* gilt,
nämlich nur für denjenigen, der *richtig urteilen will.*

Ferner ist jedes Verbot allerdings eine Forderung; nämlich die Forderung,
das *nicht* zu tun, was verboten ist. Die Forderung, etwas zu unterlassen, d. h.
es *nicht* zu tun, schließt aber an sich niemals die Forderung ein, etwas anderes
zu *tun.* Um die positive Forderung einer Handlung *b* aus dem Verbot einer
Handlung *a* abzuleiten, dazu gehört stets noch die weitere Voraussetzung, daß
überhaupt eine von beiden Handlungen, *a oder b*, stattfinden solle. In unserem
Falle also: Ist mir verboten, ein Urteil *a* zu fällen, so enthält dieses Verbot
zwar die Forderung, das Urteil *a* nicht zu fällen, nicht aber die Forderung, das
dem Urteil *a* widersprechende Urteile *b* zu fällen. Diese letzte Forderung setzt
vielmehr, um aus dem Verbot des Urteils *a* abgeleitet werden zu können, die
weitere Forderung voraus, *daß überhaupt* über den fraglichen Sachverhalt *geurteilt*

wird ebensowenig durch eine Forderung oder durch ein Sollen gegeben, sondern vielmehr ausschließlich durch den Inhalt meiner
unmittelbaren Erkenntnis. Auch hängt dieser Inhalt nach dem
bereits Erörterten nicht von meinem. Willen ab. Von meinem
Willen hängt lediglich ab: einmal, daß ich überhaupt urteile, und
ferner, daß ich mich in meinem Urteile nach meiner unmittelbaren

---

*werden soll.* Ohne Voraussetzung der Forderung, hier überhaupt zu urteilen,
läßt sich aus dem Verbot des Urteils *a* schlechterdings nicht das Gebot des
Urteils *b* ableiten; denn das fragliche Verbot wird auch im Falle der Urteils-
*enthaltung* nicht übertreten.

Das Irreführende, das im Falle des Urteilens so leicht dazu verleitet, von
dem Stattfinden eines Verbots auf das Stattfinden eines positiven Gebots zu
schließen, liegt in folgendem Umstand. Zwei Urteile von der Form „*S* ist *P*"
und „*S* ist nicht *P*" stehen allerdings in kontradiktorischem Gegensatze, so daß
aus der *Ungültigkeit* des einen auf die *Gültigkeit* des anderen geschlossen werden
kann und umgekehrt. Die Handlung *a* aber, die im *Fällen* des Urteils „*S* ist *P*"
besteht, steht keineswegs in kontradiktorischem Gegensatze zu der Handlung *b*,
die im *Fällen* des widersprechenden Urteils besteht. Aus dem Unterlassen der
Handlung *a* kann nicht auf das Tun der Handlung *b* geschlossen werden, sondern
es können *beide* Handlungen unterbleiben. Und so ist es unstatthaft, aus
der Forderung der Unterlassung von *a* die Forderung des Tuns von *b* abzuleiten.
Ein Widerspruch besteht auch hier stets nur zwischen dem Gefordertsein von *a*
und dem Nicht-Gefordertsein von *a*; nicht aber zwischen dem Gefordertsein von *a*
und dem Gefordertsein von *b*. Dies wird leicht übersehen, und so wird man dazu
geführt, den kontradiktorischen Gegensatz zweier Urteile für einen kontradiktorischen Gegensatz des *Gefordertseins* dieser Urteile zu nehmen und so aus dem
Verbot der Fällung eines Urteils das Gebot der Fällung des widersprechenden
Urteils ableiten zu wollen. Ist mir verboten, mich zu bewegen, so ist mir freilich
geboten, mich nicht zu bewegen; und ist mir geboten, mich nicht zu bewegen,
so ist von mir gefordert, in Ruhe zu bleiben; denn dies sind alles nur verschiedene Ausdrücke für dieselbe Sache. Analog müssen wir sagen: Ist mir verboten,
ein Urteil zu fällen, das einem anderen Urteil widerspricht, so ist mir geboten
oder es ist von mir gefordert, das Urteil nicht zu fällen; nicht aber: es ist von
mir gefordert, das widersprechende Urteil zu fällen. Wer auf die letztere Weise
schließt, könnte ebensogut folgendermaßen schließen: Ist mir verboten, im Nicht-
Raucher-Wagen zu rauchen, so ist mir geboten, im Raucher-Wagen zu rauchen.
Tertium non datur!

Erkenntnis *richte*, daß ich in Übereinstimmung mit dem in ihr Enthaltenen urteile. Ich tue aber dieses letztere darum, weil „wahr urteilen" für mich nichts anderes heißen kann als: so urteilen, daß das Urteil eine Erkenntnis ausspricht, d. h. also, daß es den Inhalt einer unmittelbaren Erkenntnis wiederholt.

Indem diese zwei Dinge: einerseits der Bestimmungsgrund zum *Urteilen* überhaupt, andererseits die Richtschnur für den *Inhalt* des Urteils, nicht gehörig unterschieden werden, kommt die Verwechslung zu stande, durch die der *Wert* des Urteils zum Kriterium seiner Wahrheit gemacht wird. Allerdings hat das Urteil einen Wert für den Urteilenden. Aber das Kriterium der Wahrheit des Urteils liegt nicht in diesem Werte, sondern in der unmittelbaren Erkenntnis, die durch das Urteil wiederholt wird. Der Wert des Urteils ist daher ein für seine Wahrheit völlig unwesentliches Moment.

39. Dieser Fehler aber ist eine notwendige Folge jenes anderen der Verwechslung von Erkenntnis und Urteil. Denn wenn die Richtschnur für den Inhalt des Urteils nicht immer wieder in anderen Urteilen liegen soll, — was auf den schon früher erörterten unendlichen Regreß führen würde, — so kann, unter der Voraussetzung, daß Erkenntnis nur in Urteilen besteht, diese Richtschnur zuletzt nur eine solche sein, die nicht selbst in einer Erkenntnis liegt. Es bleibt daher nichts übrig, als sie in dem den Willen bestimmenden *Wert* des Urteils zu suchen.

Aber hier muß die Frage gestellt werden: Woran erkennen wir denn diesen Wert, der ein Urteil vor seinem kontradiktorischen Gegenteil auszeichnet? Offenbar nicht wieder durch Urteile; denn dies würde uns nur auf den unendlichen Regreß zurückführen. Giebt es aber keine andere Erkenntnis als das Urteil, so folgt, daß **wir** diesen Wert überhaupt nicht zu erkennen vermögen. Können **wir** ihn aber nicht erkennen, so kann er auch nicht als Kriterium, der Wahrheit dienen. An dieser Stelle liegt der innere Widerspruch der teleologischen Erkenntnistheorie.

40. Diesem Widerspruch sucht der teleologische Erkenntnistheoretiker zu entgehen, indem er das fingierte „Gefühl des Sollens" oder das „Erleben der Forderung" einführt. Dieses Gefühl oder Erleben soll eingestandenermaßen kein Urteil sein.[1] Aber mit diesem Zugeständnis ist bereits der ganzen Theorie der Boden entzogen. Denn *entweder* dieses Gefühl oder Erleben soll eine *Erkenntnis* sein: dann fällt der Satz, daß Erkennen nur in Urteilen möglich ist; der Satz also, der der ganzen Theorie als Ausgangspunkt gedient hat und ohne dessen Zugrundelegung diese Theorie gar nicht hätte zu stande kommen können. *Oder* aber dieses Gefühl oder Erleben soll *keine* Erkenntnis sein: dann ist das Sollen oder die Forderung unerkennbar, und es fällt daher der Satz, daß das Kriterium der Wahrheit im Sollen oder in der Forderung liegt; der Satz also, der den wesentlichen Inhalt der in Frage stehenden Theorie ausmacht.

Dieser Widerspruch bleibt bestehen, mag man in dem Gefordertsein eines Urteils nur das *Kriterium* oder auch die *Bedeutung* seiner Wahrheit sehen.

## Anmerkung zum VI. Kapitel:
### Der erkenntnistheoretische Idealismus.

41. Noch in einer weiteren Hinsicht kann uns die Kritik der Rickertschen Erkenntnistheorie lehrreich sein. Die typischen Trugschlüsse nämlich, die zu allen Zeiten *idealistische* Lösungsversuche

---

[1] Man vgl. z. B. LIPPS, Psychologische Untersuchungen, Bd. 1, Heft 1, S. 85.

des „Erkenntnisproblems" begünstigt haben, sind bei RICKERT nicht wie sonst so häufig durch eine verschwommene und unklare Darstellungsweise verschleiert, sondern treten bei ihm in so durchsichtiger Form hervor, daß es sich lohnt, an dem Beispiel seiner Erkenntnistheorie auch diesen Fehler zu erörtern.

Als das „Grundproblem der Erkenntnistheorie" definiert RICKERT natürlich das „Problem der Transzendenz".[1] Er geht dabei aus von dem Satze: „Die transzendente Existenz der Dinge ist nicht unmittelbar gewiß, sondern, wenn sie angenommen wird, erschlossen."[2] „Wenn sie aber erschlossen ist, so muß die Erkenntnistheorie prüfen, auf welche Gründe dieser Schluß sich stützt."[3] Worauf stützt aber RICKERT die Behauptung, daß die transzendente Existenz der Dinge „nicht unmittelbar gewiß" sein könne? Wir finden hierfür keine andere Begründung als die im folgenden Satze ausgesprochene: „Wir stellen fest, daß alle ‚Dinge' aus Bestandteilen zusammengesetzt sind, die man als Zustände des Bewußtseins auffassen kann, und daß ohne weiteres nichts verbürgt, daß die Dinge noch etwas anderes sind."[4] „Wir finden", sagt er an anderer Stelle, „daß *alles*, was wir erfahren oder erleben, aus Bewußtseinsvorgängen besteht."[5]

Was versteht RICKERT in diesen Sätzen unter „Bewußtsein"? Es ist wichtig, zu beachten, daß er sich auf das Entschiedenste dagegen verwahrt, mit diesem Ausdruck etwas *Psychisches* bezeichnen zu wollen. „Von dem psychologischen Subjekt ist dieses Bewußtsein sorgfältig zu unterscheiden."[6] „Das individuelle Ich ist mit dem erkenntnistheoretischen Subjekt und *dem* Bewußtsein, als dessen Inhalt die Welt gelten kann, so wenig identisch, daß

---

[1] Der Gegenstand der Erkenntnis, S. 16.        [2] S. 19.        [3] S. 19.        [4] S. 19.
[5] Die Grenzen der naturwissenschaftlichen Begriffsbildung, S. 165.
[6] Grenzen d. n. B.  S. 172.

es für dieses Subjekt lediglich ein Objekt unter anderen Objekten ist."[1] „Aus dem Satze, nach dem jede uns bekannte Wirklichkeit ein Bewußtseinsvorgang ist, darf nicht geschlossen werden, daß sie ein *psychischer* Vorgang ist."[2]

Was ist denn nun aber das „Bewußtsein", als dessen Inhalt die Welt zu gelten hat? Es ist nach RICKERT „nur der Name für alle in der Erfahrung gegebene Wirklichkeit"[3], es ist „nichts anderes als das allen immanenten Objekten Gemeinsame. Es ist gewissermaßen [?] nur ein anderer Name für das einzige uns unmittelbar bekannte Sein."[4]

Setzen wir also diese Definition in den vorhin angeführten Satz ein, der die Grundlehre des erkenntnistheoretischen Idealismus ausspricht. Dieser Satz lautet dann:

„Wir stellen fest, daß alle ‚Dinge' aus Bestandteilen zusammengesetzt sind, die man als Zustände der in der Erfahrung gegebenen Wirklichkeit auffassen kann, und daß ohne weiteres nichts verbürgt, daß die Dinge noch etwas anderes sind. Wir finden, daß *alles*, was wir erfahren oder erleben, aus Vorgängen des einzigen uns unmittelbar bekannten Seins besteht."

Bei dieser Formulierung — die sich von der Rickertschen lediglich dadurch unterscheidet, daß wir die von RICKERT gegebene Definition an die Stelle des definierten Wortes gesetzt haben — wird die idealistische Tragweite des Satzes einigermaßen problematisch. Was „stellen" wir denn eigentlich in diesem Satze „fest"? Was „finden" wir in ihm? Wir „finden" in der Tat nichts anderes als einen neuen *Namen* für eine alte Sache: nämlich den Namen „Bewußtsein", der im gewöhnlichen Sprachgebrauch etwas Psychisches bezeichnet, für etwas Nicht-Psychisches. Wir sprechen

---

[1] Grenzen d. n. B. S. 174.    [2] Ebenda S. 174.    [3] Ebenda S. 175.
[4] Gegenstand d. E. S. 29.

den idealistisch *klingenden* Satz aus, daß alles uns bekannte Sein nur Bewußtseinsinhalt ist, verstehen aber dabei unter „Bewußtsein" das uns bekannte Sein. Wir „finden" also wirklich nichts anderes, als daß alles uns bekannte Sein nur das uns bekannte Sein ist. Sollte mit dieser „Feststellung" wirklich eine Lösung der „erkenntnistheoretischen Grundfrage" angebahnt sein?

RICKERTS „idealistische" Lösung des Erkenntnisproblems ist nichts als ein Spiel mit Worten. Es wird die Frage gestellt: „Existiert eine vom erkennenden Bewußtsein unabhängige Wirklichkeit?"[1] Die Antwort lautet: „Wird der Begriff des Bewußtseins so gefaßt, wie er in der Transzendentalphilosophie allein gefaßt werden darf, so giebt es keinen Grund, der uns zur Annahme einer transzendenten Wirklichkeit zwingen könnte."[2] *Beweis*: Wir stellen fest, daß es keinen Grund giebt, der uns zu der Annahme zwingen könnte, es gäbe ein anderes Sein, als dasjenige, zu dessen Annahme wir einen Grund haben. Dieses Sein, zu dessen Annahme wir einen Grund haben, d. h. alles erkennbare oder bekannte Sein, möge „Bewußtsein" genannt werden. Dann folgt unmittelbar, daß es keinen Grund giebt, der uns zu der Annahme eines vom Bewußtsein unabhängigen (transzendenten) Seins zwingen könnte; und der Satz: „Die Welt ist Bewußtseinsinhalt"[3] ist unwiderleglich bewiesen.

Auf solche Weise läßt sich mühelos alles *Beliebige* beweisen. Ein Geograph werde gefragt, ob es in der Gegend des Nordpols bewohnbares Festland gebe. Die erkenntnistheoretische Methode nachahmend, wird er etwa antworten können: Die bisher unternommenen Expeditionen, die den Zweck hatten, die Gegend des Nordpols zu erforschen, haben kein Ergebnis zu Tage gefördert,

---

[1] Gegenstand d. E.  S. 3.     [2] Ebenda S. 36.     [3] Ebenda S. 36.

das zu einer bejahenden Beantwortung der Frage berechtigen
könnte. Aber diese Expeditionen waren völlig überflüssig, denn
die Frage läßt sich ohne alle Mühe auf dialektischem Wege entscheiden. Wird nämlich der Begriff des bewohnbaren Festlandes so
gefaßt, wie er in der Polarforschung allein gefaßt werden darf,
so giebt es keinen Grund, der uns zum Zweifel an der Tatsache
zwingen könnte, daß es in der Gegend des Nordpols bewohnbares
Festland giebt. Wir setzen zu diesem Zwecke einfach fest, daß
unter dem Ausdruck „bewohnbares Festland" nicht *das* verstanden
werden soll, was nach dem gewöhnlichen Sprachgebrauch darunter zu verstehen ist, sondern vielmehr jeder Teil der Erdober-
fläche. Aus dieser Festsetzung folgt unmittelbar und unwiderleglich, daß es in der Gegend des Nordpols bewohnbares Festland
geben muß. —

42. Der eigentliche Fehler, der der Rickertschen Argumentation zu Grunde liegt, ist aber noch ein anderer. Erst aus ihm
läßt sich verstehen, wie RICKERT auf den dargelegten Trugschluß
verfallen ist. RICKERT stellt den „Satz der Immanenz" auf, „wonach alles, was für mich da ist, unter der allgemeinsten Bedingung
steht, Tatsache meines Bewußtseins zu sein," und er schließt daran
die Frage, mit welchem Rechte man einen Gegenstand annimmt,
„der nicht Bewußtseinstatsache oder Bewußtseinsinhalt ist".[1] „Daß
jedes unmittelbar gegebene Objekt, also auch die Körperwelt, so
weit wir sie erfahren haben, notwendig zu denken ist in Bezug
auf ein Subjekt, das ist ein Satz, der in keiner Erkenntnistheorie
gänzlich fehlt, und gegen den sich auch kaum etwas wird einwenden
lassen. Wird nun aber dieses Subjekt, wie üblich, mit dem Bewußtsein gleichgesetzt, so folgt daraus auch, daß die gegebenen

---

[1] Ebenda S. 19 f.

Körper nur für ein Bewußtsein oder als Vorgänge ‚im‘ Bewußtsein existieren.“[1] — Man beachte das in beiden Zitaten vorkommende „oder“. Lassen wir die Worte „oder Bewußtseinsinhalt“ und „oder als Vorgänge ‚im‘ Bewußtsein“ weg, so behalten wir lediglich eine Tautologie übrig. Was kann der Satz: Etwas ist „für mich da“ anderes heißen als: Etwas ist Tatsache meines Bewußtseins. Und was enthält der Gedanke: „Ein Objekt ist mir unmittelbar gegeben“ oder: „Ich habe es erfahren“ anderes als eine Art, das fragliche Objekt in Bezug auf ein Subjekt zu denken. Keineswegs aber bedeutet der Ausdruck: „Etwas ist Tatsache meines Bewußtseins“, daß dieses Etwas *Inhalt* meines Bewußtseins sei. Und keineswegs hat die Aussage: „Mir ist ein Objekt unmittelbar gegeben“ oder „Ich habe etwas erfahren“ denselben Sinn wie die Aussage: Etwas geht *in* meinem Bewußtsein vor. Wenn jemand sagt: „Daß die Sonne jetzt scheint, ist Tatsache meines Bewußtseins“, so meint er damit nicht, daß der Sonnenschein ein Vorgang in seinem Bewußtsein sei. Sondern er will damit sagen, daß er einen Gegenstand, (den Sonnenschein,) auf eine bestimmte Weise erkennt, nämlich so, daß ihm der Besitz dieser Erkenntnis unmittelbar gewiß ist. Will man hier den (ursprünglich räumlichen Verhältnissen entnommenen) Ausdruck „in“ anwenden und von einem Inhalt des Bewußtseins sprechen, so kann man, wenn man sich klar ausdrücken will, nur das Erkennen des Sonnenscheins, nicht aber den Sonnenschein selbst, einen „Inhalt“ des Bewußtseins nennen.

Der Satz also, daß alles, was *für* ein Bewußtsein da ist, nur ein Vorgang *in* dem Bewußtsein sei, *dieser* Satz ist so wenig tautologisch, daß er vielmehr eine rein dogmatische Behauptung

---

[1] Grenzen d. n. B., S. 166 f.

ausspricht, die sich nur *scheinbar*, nämlich nur durch Verwechslung
mit jenem als tautologisch erwiesenen und daher allerdings unbezweifelbaren Satze rechtfertigen läßt.     Diese Verwechslung aber
ist keine andere als die von *Gegenstand* und *Inhalt* der Erkenntnis.

43. Hat man einmal diese Verwechslung begangen, so drängt
die Konsequenz freilich sogleich zu dem folgenden weiteren Schritte.
Auch die psychischen Vorgänge sind ja, soweit wir sie erkennen,
*für unser Bewußtsein* da.     Sind aber auch sie, wie nach der Annahme alles, was Objekt der Erkenntnis werden kann, nur *Inhalt*
des Bewußtseins, so folgt, daß die Möglichkeit der Erkenntnis des
Psychischen ein erkennendes Subjekt voraussetzt, das selbst nicht
ein Psychisches sein kann.     Denn dasjenige Bewußtsein, dessen
Inhalt die als Objekt erkennbare Welt ist, kann nicht selbst dieser
als Objekt erkennbaren Welt angehören.     Es kann daher weder
durch physische noch durch psychische Prädikate bestimmt werden;
und so bleibt schließlich kein noch so leerer Begriff zur Bestimmung des „erkenntnistheoretischen Subjekts" oder des „Bewußtseins überhaupt" im Gegensatze zum *Objekt* oder „Bewußtseins-
Inhalt" übrig.     Die einzige Konsequenz hieraus ist aber die, daß
der Begriff dieses erkenntnistheoretischen Subjekts überhaupt
keinen Inhalt haben kann, daß also, deutlicher gesprochen, der
Ausdruck „erkenntnistheoretisches Subjekt" oder „Bewußtsein überhaupt" gar kein Ausdruck für einen Begriff, sondern ein sinnloses
*Wort* ist.

44. Rickerts Formulierung des „Grundproblems der Erkenntnistheorie": mit welchem Rechte man einen Gegenstand der Erkenntnis annimmt, „der nicht Bewußtseinstatsache oder Bewußtseinsinhalt ist", vereinigt also durch das „oder" zwei ganz *verschiedene* Fragen.     Die erste Frage, die sich nach Rickert auch so
aussprechen läßt: „Mit welchem Rechte nimmt man einen Gegen-

stand an, der nicht *für* ein Bewußtsein Gegenstand ist?" — diese Frage wird man nicht im Ernst als das Grundproblem einer Wissenschaft betrachten wollen, da, wie nicht mehr des näheren gezeigt zu werden braucht, der Satz „einen Gegenstand annehmen" ja bereits dasselbe besagt wie der andere: „etwas zum Gegenstand für ein Bewußtsein machen".

Die andere Frage aber, die von Rickert mit dieser ersten vermengt worden ist, und die man mit ihm auch so aussprechen kann: „Existiert eine vom erkennenden Bewußtsein unabhängige Wirklichkeit?"[1] — diese Frage bedarf, wenn man nur Inhalt und Gegenstand der Erkenntnis zu unterscheiden weiß, ebensowenig einer besonderen Wissenschaft zu ihrer Beantwortung wie die erste. Die Beziehung auf etwas, was nicht selbst Inhalt der Erkenntnis ist, sondern von dem Erkanntwerden unabhängig existiert, diese Beziehung ist dem Begriff des Erkennens wesentlich, und das Recht ihrer Annahme leugnen wollen, hieße: die *Tatsache* des Erkennens selbst leugnen. Allerdings, *beweisen* läßt sich dieses Recht nicht; aber es ist ein dogmatisches Vorurteil, daß der Beweis ein notwendiges, oder auch nur, daß er ein hinreichendes Kriterium der Wahrheit sei, — ein Vorurteil, das freilich überall da unvermeidlich ist, wo man von der Annahme ausgeht, Erkenntnis könne nur in Urteilen bestehen. In dem Rickertschen „Prinzipe", „nach dem die Erkenntnistheorie nichts unbewiesen hinnehmen darf"[2], spricht sich dieses widersinnige Vorurteil unzweideutig aus. „Widersinnig" deshalb, weil jeder Beweis zu seiner Möglichkeit unbeweisbare Prämissen voraussetzt, so daß, wenn nur das wahr wäre, was sich beweisen läßt, überhaupt nichts wahr wäre, also auch nicht der Satz, daß nur das wahr sei, was sich beweisen läßt.

---

[1] Gegenstand d. E. S. 3.　　[2] Ebenda S. 132.

Übrigens giebt ja gerade RICKERT die Unabhängigkeit der Existenz der erkannten Gegenstände für das Erkennen des individuellen Bewußtseins zu und bestreitet sie nur für das überindividuelle Bewußtsein. Wir haben aber bereits gesehen, daß er nur durch Mißverständnisse und Verwechslungen veranlaßt worden ist, dieses überindividuelle Bewußtsein überhaupt einzuführen.[1] —

45. Ganz ähnlich finden wir es bei LIPPS. LIPPS untersucht die Frage, wie die logischen Gesetze (zu denen er das Kausalgesetz rechnet) „gefunden" werden[2], und er giebt die Antwort, die logischen Gesetze werden nicht in „denkender Betrachtung", sondern durch „unmittelbares Erleben" gefunden[3]. Diese Antwort führt ihn zu der weiteren Frage, wie es überhaupt möglich sei, Gesetze zu erleben. „Jedes Erlebnis ist ein einzelnes; und Gesetze sind etwas Allgemeines. Wie nun kann das in einem Momente Erlebte etwas Allgemeines sein oder allgemeine Giltigkeit haben? Ich mache auf die Wichtigkeit dieser Frage aufmerksam. Ohne ihre Beantwortung giebt es keine Logik."[4] Diese Frage nun soll gelöst werden durch die Einführung des „reinen" oder „überindividuellen" Ichs. Die Erlebnisse des individuellen Ichs sollen nichts weiter sein als eine Stelle der „Selbstentfaltung oder Selbstobjektivierung" des überindividuellen Ichs oder „Weltbewußtseins".[5] LIPPS sagt:

„Giebt es nun aber nichts außer diesem Ich, dann sind auch die Gegenstände, die es setzt, nicht außerhalb seiner gesetzt, sondern

---

[1] Auf eine weitere in der Rickertschen Problemstellung enthaltene folgenreiche Verwechslung gehe ich hier nicht ein. Vgl. darüber E. BLUMENTHAL: „Über den Gegenstand der Erkenntnis" in den Abhandlungen der Friesschen Schule, Bd. 1, S. 346 ff., 367 f.

[2] „Inhalt und Gegenstand; Psychologie und Logik", S. 541.

[3] Ebenda S. 542.     [4] Ebenda S. 542.     [5] Ebenda S. 667.

es setzt sie in sich. ..... Hiermit ist die Frage, was Denkgesetze seien, wie sie Gesetze der Gegenstände und zugleich Gesetze des Geistes sein können, erst eigentlich beantwortet. Sie sind Gesetze des überindividuellen Ich, das als solches alle Gegenstände in sich faßt. *Darum* sind sie zugleich Gesetze der Gegenstände. Meint man, es sei nicht so, die Identität von Gegenständen und ‚Bewußtsein‘, die ich damit statuiere, finde nicht statt, dann beantworte man die Frage, wie das Gesetz der Gegenstände mit den Gesetzen des Geistes identisch sein, und wie der Geist über die Natur entscheiden oder der Gesetzgeber der vom individuellen Bewußtsein unabhängigen Wirklichkeit sein könne."[1]

Mit diesen Erklärungen scheint uns überaus wenig zur Lösung der aufgeworfenen „Frage" geleistet zu sein. Wir finden als *Tatsache* die Erlebnisse unseres individuellen Ichs vor, und unter diesen Erlebnissen auch solche von Gesetzen. Ein *Problem* vermögen wir in diesem Sachverhalt nicht zu erblicken. Sieht man indessen in dem Erleben von Gesetzen ein Rätsel, will man seine Möglichkeit zum Thema eines wissenschaftlichen Problems machen, so ist es gewiß kein geringeres Rätsel oder Problem, wie es möglich sei, daß durch Selbstentfaltung eines überindividuellen Ichs das zu stande kommt, was uns als das Erleben eines Gesetzes erscheint. Die Frage, wie das überindividuelle Ich der vom individuellen Ich unabhängigen Wirklichkeit Gesetze vorschreiben könne, mag immerhin (wenn man überhaupt eine derartige Frage aufwerfen will) damit beantwortet werden, daß diese Wirklichkeit mit dem überindividuellen Ich *identisch* sei. Durch eine solche Antwort wird das Rätsel, wie die Gesetze dieser Wirklichkeit vom *individuellen* Ich erkannt werden können, nicht im mindesten

---

[1] Ebenda S. 664 f.

begreiflich; denn die Wirklichkeit hört *darum*, weil sie mit einem *überindividuellen* Ich *identisch* ist, nicht auf, vom *individuellen* Ich *unabhängig* zu sein. Und gerade die Erkenntnis des individuellen Ichs war die Tatsache, die zu der ursprünglichen Fragestellung Anlaß gegeben hatte und deren Möglichkeit erklärt werden sollte.[1]

---

[1] Vgl. auch S. 645,

Es ist vielleicht nicht ohne Interesse, darauf hinzuweisen, daß der Begriff des „erkenntnistheoretischen Subjekts" (wie schon der mit ihm identische des „reinen Ich" bei FICHTE) von dem Typus der paradoxen Begiffsbildungen RUSSELLS ist und daß sich daher die aufgewiesenen, in seinem Gefolge auftretenden Sinnlosigkeiten und Widersprüche auf jene allgemeine Form von Widersprüchen zurückführen lassen. (Vgl. K. GRELLING und L. NELSON: „Bemerkungen zu den Paradoxieen von RUSSELL und BURALI-FORTI" in den Abhandlungen der Fries'schen Schule, Bd. II, S. 301 ff., S. 314 Anmerkung.) Das erkenntnistheoretische Subjekt ist nämlich definiert als dasjenige Subjekt, das alle Subjekte erkennt, die sich nicht selbst erkennen. Angenommen also, es *erkennt* sich selbst: dann gehört es, nach der Definition, zu den Subjekten, die sich nicht selbst erkennen; es erkennt sich also *nicht* selbst. Angenommen aber, es erkennt sich *nicht* selbst: dann gehört es, nach der Definition, zu den Subjekten, die es erkennt; es *erkennt* sich also selbst.

Ich verdanke diese „artige Bemerkung" einem mündlichen Hinweis meines Freundes GRELLING.

# Zweiter Teil

# Das Problem der Vernunftkritik.

,,In philosophia pura, qualis est Metaphysica, in qua usus intellectus circa principia est realis, h. e. conceptus rerum et relationum primitivi atque ipsa axiomata per ipsum intellectum purum primitive dantur, et, quoniam non sunt intuitus, ab erroribus non sunt immunia, Methodus antevertit omnem scientiam et quidquid tentatur ante huius praecepta, probe excussa et firmiter stabilita, temere conceptum et inter vana mentis ludibria reiiciendum videtur.''

KANT, De mundi sensibilis atque intelligibilis forma et principiis, § 23.

## VII.

### Der Satz des Grundes.
### (Erkenntnistheorie und Dogmatismus.)

46. Das Ergebnis des ersten Teiles legt uns zwei Fragen nahe. Erstens die Frage, welches der Umstand ist, der immer von neuem in der Geschichte der Philosophie zu der erkenntnistheoretischen Fragestellung Anlaß gegeben hat und noch giebt. Und zweitens die Frage, welche Konsequenzen sich für die Philosophie aus unserer Ablehnung der Erkenntnistheorie ergeben. Die Antwort auf die zweite Frage scheint sich von selbst aufzudrängen. Bedeutet die Ablehnung der Erkenntnistheorie nicht die Proklamierung des offenbaren Dogmatismus? Es ist in der Tat höchst charakteristisch, daß von derjenigen Seite, von der gegenwärtig am lebhaftesten an der traditionellen erkenntnistheoretischen Behandlung der Philosophie gerüttelt wird, bereits ganz unbedenklich die Rückkehr zur dogmatischen Spekulation als einzig konsequentes Verfahren gefordert wird.[1] Diese so naheliegende und scheinbar unabwendbare Konse-

---

[1] Vgl. Ludwig Busse, Philosophie und Erkenntnistheorie, 1. Abteilung, Leipzig, 1894.

quenz führt uns sogleich zur Beantwortung der ersten der eben
aufgeworfenen Fragen. Die durch die gesamte Geschichte des
menschlichen Denkens bestätigte Erfahrungstatsache der Trüglich-
keit aller dogmatischen Spekulation ist es, was immer wieder die
Berechtigung eines allgemeinen Mißtrauens gegen die Baulust einer
ohne Selbstkritik philosophierenden Vernunft zur Evidenz bringt
und die Erkenntnistheorie als ein unentbehrliches wissenschaftliches Erfordernis erscheinen läßt. Und diese Forderung erscheint
so natürlich, daß sie den Widerspruch, den sie in sich birgt, übersehen läßt. Was bleibt uns also, wenn wir diesen Widerspruch
einmal erkannt haben, übrig, als in die Arme des Dogmatismus
zurückzukehren, so wenig dieser auch zu größeren Hoffnungen berechtigt als sein Widerpart, die Erkenntnistheorie?

47. Revidieren wir noch einmal die Disjunktion, auf die sich
diese Alternative gründet. Was ist es, ganz allgemein gesagt, was
den Dogmatismus unannehmbar macht? Offenbar die keiner Diskussion unterliegende Möglichkeit des Irrtums. Und wie will uns
die Erkenntnistheorie gegen den Irrtum schützen? Offenbar indem
sie keine Erkenntnis zuläßt, ohne sie zu begründen. Und so beruft
sich von jeher die Erkenntnistheorie gegen den Dogmatismus auf
den Satz des Grundes und das aus ihm fließende Postulat der Begründung aller Urteile. Der Dogmatiker aber beruft sich hier-
gegen auf die unwiderlegliche Behauptung, daß die Forderung, alle
Erkenntnis zu begründen, auf einen Regreß führt, dessen Unvollendbarkeit die Möglichkeit aller Begründung aufheben muß.
Worauf beruht also der Widerspruch beider Maximen? Auf nichts
anderem als auf der von beiden Seiten stillschweigend gemachten
Annahme der Identität von *Erkenntnis* und *Urteil*, einer Annahme,
deren Irrigkeit wir wiederholt dargetan haben. Diese Annahme

führt zu einer Verkennung der eigentlichen Bedeutung des Satzes vom Grunde, indem sie den Geltungsbereich dieses Satzes über die Urteile hinaus auf die Erkenntnis überhaupt ausdehnt. Das Urteil ist eine mittelbare Erkenntnis, setzt also eine andere Erkenntnis als seinen Grund voraus: das liegt im Begriff des Urteils. Identifiziert man jedoch Erkenntnis und Urteil, so bleibt nur übrig, den letzten Grund aller Urteile im *Gegenstande* zu suchen, und man erhält an Stelle der Aufgabe der Zurückführung der Urteile auf die unmittelbare Erkenntnis das Problem des Verhältnisses der Erkenntnis zum Gegenstande.

Berichtigen wir diese Mißdeutung des Satzes vom Grunde, so gewinnen wir die Möglichkeit eines Verfahrens, das uns gestattet, kein Urteil ohne Begründung anzunehmen, ohne uns doch in den unmöglichen unendlichen Regreß der Begründung zu verwickeln. Denn mit der Zurückführung der Urteile auf die ihnen zu Grunde liegende unmittelbare Erkenntnis ist dem Postulat der Begründung Genüge geleistet; unser Verfahren wird also von dem dogmatischen Bedenken ebensowenig getroffen wie von dem erkenntnistheoretischen.[1]

Am übersichtlichsten läßt sich der logische Zusammenhang dieser verschiedenen methodischen Maximen durch das folgende Schema darstellen.

---

[1] Sieht man nicht sowohl auf die methodische Forderung als auf die Ausführung der Erkenntnistheorie, prüft man sie also an ihren *Leistungen*, so ist klar, daß alle Erkenntnistheorie selbst nur ein verkappter Dogmatismus sein kann. Denn da die Erkenntnistheorie die Annahme der Identität von Erkenntnis und Urteil mit dem Dogmatismus teilt, die aus dieser Annahme entspringende Forderung eines unendlichen Regressus der Begründung aber unmöglich erfüllen kann, so muß sie, wenn auch ohne Bewußtsein, jederzeit irgend welche Urteile *ohne* Begründung voraussetzen, d. h. sie muß allemal auf, wenn auch versteckten, dogmatischen Annahmen, beruhen.

Dogmatische Prämisse:
Jede Erkenntnis ist ein Urteil.

Richtige Prämisse:
Jedes Urteil muß einen Grund haben.

Richtige Prämisse:
Nicht jede Erkenntnis kann einen
Grund haben

Falsche Konsequenz:
Jede Erkenntnis muß einen Grund haben
(Erkenntnistheorie)

Falsche Konsequenz:
Nicht jedes Urteil kann einen
Grund haben
(Dogmatismus)

Richtige Konsequenz:
Nur die mittelbare Erkenntnis besteht in Urteilen.

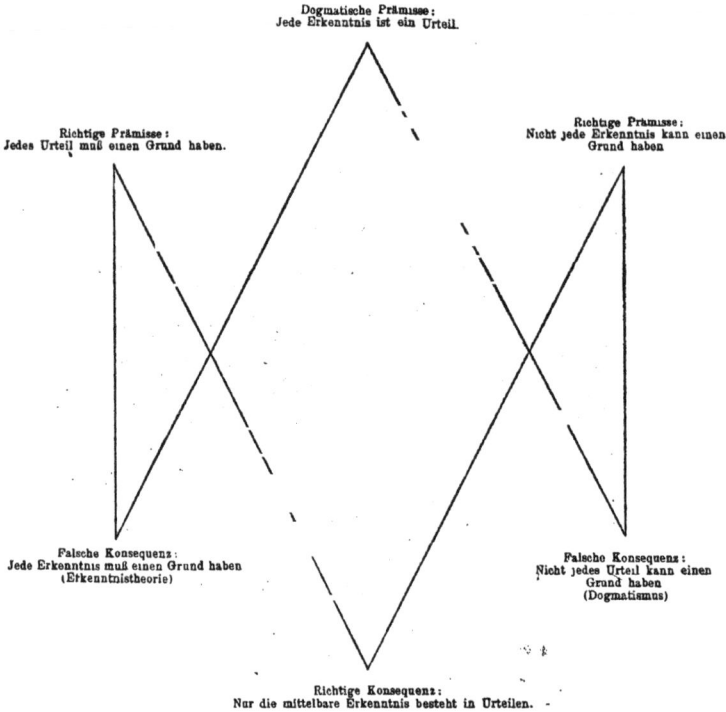

48. Bezeichnen wir die unmittelbare Erkenntnis kurz als Vernunfterkenntnis, die mittelbare Erkenntnis durch Urteile als Reflexions- oder Verstandeserkenntnis,[1] und entsprechend die Über-

---

[1] Diese Terminologie rechtfertigt sich durch den Sprachgebrauch. Jedermann, der ein einigermaßen gebildetes Sprachgefühl besitzt, macht einen Unterschied im Gebrauche der Worte „Vernehmen" und „Verstehen"; er wendet das erste an, um den Akt eines *unmittelbaren* Auffassens von Gegenständen zu bezeichnen, einen Akt, den er bestimmt von jeder begrifflichen Verarbeitung des Aufgefaßten unterscheidet. Man spricht von „Verstandesbildung", um damit einen höheren oder geringeren Grad der Kunst dieser begrifflichen Verarbeitung zu be-

einstimmung der unmittelbaren Erkenntnis mit dem Gegenstande als *Vernunftwahrheit*, die Übereinstimmung der mittelbaren Erkenntnis mit der unmittelbaren Erkenntnis als *Verstandeswahrheit*, so können wir den gemeinschaftlichen Fehler der erkenntnistheoretischen und der dogmatischen Methode auch so bezeichnen: er beruht auf der Verwechslung der Verstandeswahrheit mit der Vernunftwahrheit. Das Kriterium, das uns zur Kritik unserer Erkenntnisse zur Verfügung steht, liegt in letzter Linie in der unmittelbaren Erkenntnis; diese kann nicht mit dem Gegenstande verglichen werden. Aller Rede über Irrtum und Wahrheit liegt die unmittelbare Erkenntnis als letzte Voraussetzung zu Grunde; alle Versuche, diese unmittelbare Erkenntnis des Irrtums zu verdächtigen oder ihre objektive Gültigkeit zu begründen, sind daher gleich unmöglich. Denn aller Zweifel sowohl wie alle Begründung ist selbst nur auf Grund der unmittelbaren Erkenntnis möglich. Das *Faktum* des Selbstvertrauens der Vernunft ist die entscheidende Instanz gegen allen Skeptizismus, die selbst einer *Begründung* nicht nur nicht fähig, sondern auch gar nicht bedürftig ist.

Die Unterscheidung von Reflexion und Vernunft befreit uns somit von dem Fehler der Erkenntnistheorie, ohne uns in den anderen des Dogmatismus zurückfallen zu lassen.

---

zeichnen; Vernunft hingegen schreibt man einem Wesen schlechthin zu oder spricht sie ihm schlechthin ab, ohne ein Mehr oder Weniger derselben anzunehmen. „Vernunft" hat jeder Mensch und unterscheidet sich eben dadurch von dem „unvernünftigen Tiere", „Verstand" dagegen „ist stets bei wenigen nur gewesen". Man sagt: jemand habe „den Verstand verloren", wenn man ihm das Vermögen des klaren Denkens absprechen will; niemals aber: jemand habe „die Vernunft verloren". (Die *Richtigkeit* der hier als Beispiele angeführten Sätze kommt für uns natürlich nicht in Frage, es handelt sich allein darum, den verschiedenen *Sinn* festzustellen, in dem die Worte „Verstand" und „Vernunft" tatsächlich gebraucht werden.)

## VIII.

### Das Hume-Kantische Problem.
### (Erkenntnistheorie und Vernunftkritik.)

49. Fassen wir nunmehr die so gestellte Aufgabe der Begründung der Verstandeswahrheit näher ins Auge, so muß sogleich auffallen, daß es gerade diese Aufgabe ist, deren Bearbeitung
von jeher das Thema *aller* menschlichen Wissenschaft gebildet hat.
Wissenschaft, sei es mathematische oder empirische oder sonst eine,
ist ja nichts anderes als systematische Begründung von Urteilen,
d. h. Zurückführung der einem Wissensgebiet angehörigen Urteile
auf Grundurteile und, vermittelst dieser, auf unmittelbare Erkenntnis. Eine Begründung dieser unmittelbaren Erkenntnis selbst
aber kann, wie wir dargetan haben, kein Thema irgend einer
Wissenschaft bilden. Was bleibt also für die Philosophie übrig?

Soviel steht nach unseren bisherigen Betrachtungen von vornherein fest: einen höheren Grad von Gewißheit, von „Voraus-
setzungslosigkeit" als irgend eine Einzelwissenschaft kann auch
Philosophie nicht beanspruchen, und wenn sie sich nicht bescheidet,
innerhalb des allgemeinen Bereiches der Verstandeswahrheit ebenfalls nur den Rang einer Einzelwissenschaft einzunehmen, so wird
sie auf den Titel einer Wissenschaft verzichten müssen. Wo läßt
sich aber innerhalb des Bereiches der Einzelwissenschaften ein
Sondergebiet ausfindig machen, das die Philosophie für sich in Anspruch nehmen könnte?

Die Geschichte der Philosophie kann uns diese Frage beant-

worten. Die ältere Philosophie wenigstens, die noch nicht von
der Anmaßung der Erkenntnistheorie erfüllt war, alle Wissenschaft zu meistern, hatte jederzeit ein gesondertes Teilgebiet unter
den Wissenschaften für sich in Anspruch genommen. Dieses Gebiet, das von jeher den Namen *Metaphysik* geführt hat, existiert
auch heute noch und bedarf der wissenschaftlichen Bearbeitung,
so wenig auch hinsichtlich der begrifflichen Formulierung und Ab-
grenzung seines Inhalts Einigkeit bestehen mag. Der Name zwar
ist heute allgemeiner Mißachtung verfallen, aus dem alleinigen
Grunde jedoch, daß man mit ihm den Begriff einer dogmatischen
Wissenschaft zu verbinden sich gewöhnt hat und dabei die Vollständigkeit der Alternative zwischen dogmatischer und erkenntnistheoretischer Spekulation nicht in Zweifel zog. Indessen, der
Name „Metaphysik" bezeichnet ursprünglich gar nicht eine methodische Maxime, sondern den *Inhalt* einer Wissenschaft; und ehe
nicht eine bessere Bezeichnung für diesen Inhalt vorgeschlagen
wird, wird man gut tun, sich des alten Namens zu bedienen.
Dieser *Inhalt* nun ist zu verschiedenen Zeiten verschieden beschrieben worden. Die präziseste Definition, die historisch vorliegt, ist ohne Zweifel die von KANT herrührende: *Metaphysik ist
das System der synthetischen Urteile a priori aus reinen Begriffen.*
Das Merkmal „synthetisch" unterscheidet die Metaphysik von der
formalen Logik (dem System der analytischen Urteile), das Merkmal „a priori" von der Erfahrungswissenschaft, und das Merkmal
„aus reinen Begriffen" von der Mathematik (dem System der synthetischen Urteile aus der *Konstruktion* der Begriffe). Diese
Kantische Definition bedarf hier um so weniger einer ausdrücklichen Rechtfertigung, als gerade die Erkenntnistheorie, solange
sie nicht selbst ihre wissenschaftliche Selbständigkeit preisgeben
will, sich ihrem Inhalte nach weder der formalen Logik, noch der

Erfahrungswissenschaft, noch auch der Mathematik unterordnen lassen kann, mithin sich notwendig der durch Ausschließung dieser Wissenschaften definierten Disziplin beizählen muß, sie mag den Namen „Metaphysik" billigen oder nicht.

50. Wenden wir das Postulat der Begründung der Urteile auf den so bestimmten Inhalt der Metaphysik an, so erhalten wir die Aufgabe: den Grund der den Inhalt dieser Wissenschaft bildenden Urteile aufzuweisen. Es ist dies das von HUME gestellte Problem, das von KANT in die Formel gebracht worden ist: *Wie sind synthetische Urteile aus reinen Begriffen möglich?* Dies Problem hat denn auch mehr oder weniger deutlich im Mittelpunkte des Interesses aller neueren Spekulation gestanden, und es ist nur durch Mißverständnis mit der Aufgabe einer Begründung der objektiven Gültigkeit der Erkenntnis, dem sogenannten „Erkenntnisproblem", verwechselt worden.

Die eigentümliche Bedeutung dieser Kantischen Fragestellung und die Schwierigkeit ihrer Auflösung ist leicht deutlich zu machen. Das Problem fordert, recht verstanden, die Zurückführung der metaphysischen Urteile auf eine unmittelbare Erkenntnis. Als unmittelbare Erkenntnis gilt im allgemeinen die Anschauung. Die anschauliche Erkenntnis hat den Vorzug unmittelbarer Klarheit und Evidenz, und diese unmittelbare Klarheit und Evidenz sichert den mathematischen und empirischen Wissenschaften alle die Vorteile, die ihnen jederzeit der Metaphysik gegenüber zugestanden worden sind. Denn die Metaphysik kann sich für die Begründung ihrer Urteile auf keine Anschauung berufen. Andererseits sollen die Urteile der Metaphysik synthetische sein, d. h. sie sollen eine *Verbindung* von Begriffen enthalten, können also ihren Grund nicht in bloßen *Begriffen* haben. Denn Urteile, die ihren *Grund* in bloßen Begriffen haben, sind analytische, und aus analytischen Urteilen lassen sich synthetische nicht ableiten.[1] Die eigentümliche Schwierigkeit, mit deren Auflösung die Möglichkeit der Metaphysik als Wissenschaft steht und fällt, liegt also in der Aufgabe, eine Erkenntnis aufzuweisen, die nicht anschaulich und doch unmittelbar ist. — Eine solche Erkenntnis würde zum Unterschiede von der unmittelbaren Erkenntnis der Anschauung und von der mittelbaren Erkenntnis der Reflexion eine *unmittelbare Erkenntnis der reinen Vernunft* heißen können. Da sie den letzten Grund alles metaphysischen Wissens enthalten muß, bedarf sie selbst keiner weiteren Begründung; vielmehr würde mit ihrer *faktischen* Aufweisung das Geschäft der Begründung aller metaphysischen Erkenntnis abgeschlossen sein.

Die Begründung metaphysischer Urteile hat von KANT den Namen „Kritik der reinen Vernunft" erhalten. Wir wollen diesen Namen der kürzeren Bezeichnung wegen beibehalten, obgleich er unserer Unterscheidung von Vernunft und Reflexion keine Rechnung trägt.

51. Der Fehler, der der erkenntnistheoretischen Problemstellung zu Grunde liegt, läßt sich jetzt vollständig aufklären. Er besteht in dem Vorurteil, alle Erkenntnis entspringe entweder der Reflexion oder der Anschauung. In der Tat entzieht sich der

---

[1] Der *Grund* der metaphysischen Urteile liegt also *weder in der Anschauung noch in Begriffen.* Es scheint daher kein anderes bestimmendes Prinzip dieser Art von Urteilen übrig zu bleiben als die *Willkürlichkeit* der Begriffsverbindung. Auf dieser Schwierigkeit beruht eigentlich der philosophische Skeptizismus. Seine Konsequenz ist, daß es überhaupt keine metaphysische Wahrheit giebt, daß vielmehr, was sich als solche ausgiebt, lediglich ein Produkt willkürlicher Satzung (Konvention) ist, — eine Konsequenz, die bekanntlich schon von den griechischen Sophisten gezogen worden ist.

Die hier zu Grunde liegende Schwierigkeit ist in der Tat dieselbe, die dem Hume-Kantischen Problem zu Grunde liegt. Wir können dieses Problem geradezu so formulieren: Die Begriffsverbindung im Urteil ist willkürlich. Was aber Erkenntnis sein soll, kann nicht von unserer Willkür abhängen. *Wie ist also durch willkürliche Begriffsverbindung Erkenntnis möglich?* Dies ist die Formulierung, die FRIES in seiner Vernunftkritik dem Problem gegeben hat.

Grund der metaphysischen Urteile infolge seiner ursprünglichen Dunkelheit dem unmittelbaren Bewußtsein. Wer nun davon ausgeht, alle unmittelbare Erkenntnis müsse auch unmittelbar bewußt sein, muß notwendig die den Grund der metaphysischen Urteile bildende · unmittelbare Erkenntnis verfehlen, und es schiebt sich ihm daher an die Stelle der Aufgabe der Kritik der Vernunft (d. h. der Aufgabe der Zurückführung der metaphysischen Urteile auf die unmittelbare Erkenntnis der reinen Vernunft) die Aufgabe einer *objektiven* Begründung der metaphysischen Urteile.

52. Wir können das Ergebnis unserer bisherigen Untersuchungen in die folgenden beiden, einander gegenseitig ergänzenden Maximen zusammenfassen, deren Befolgung das Kennzeichen der richtigen philosophischen Methode ausmacht:

    1) die Maxime eines grundsätzlichen Mißtrauens gegenüber der Reflexion,

    2) die Maxime eines grundsätzlichen Vertrauens zur Vernunft.

Aus der Verwechslung von Reflexion und Vernunft entspringen die einander entgegengesetzten Fehler der dogmatischen und der erkenntnistheoretischen Spekulation: indem entweder die Maxime des Vertrauens auf die Urteile der Reflexion ausgedehnt wird und dadurch zu der dogmatischen Behauptung unmittelbar gewisser Erkenntnisse aus reinen Begriffen führt oder die Maxime des Mißtrauens auf die unmittelbare Erkenntnis der Vernunft übertragen wird und dadurch zu der erkenntnistheoretischen Forderung einer Begründung der Objektivität des Erkennens überhaupt Anlaß giebt. In der richtigen *Vereinigung* beider Maximen besteht die Schwierigkeit und das eigentümliche Wesen des Kritizismus.

## IX.

## Die Modalität der kritischen Erkenntnis.

53. Welcher Erkenntnisart wird nun die Kritik der Vernunft selbst angehören?

Der Anlaß zur Kritik fand sich in der ursprünglichen Dunkelheit des Grundes der metaphysischen Urteile. Die unmittelbare Erkenntnis, die den mathematischen und empirischen Urteilen zu Grunde liegt, ist anschaulich; wir sind uns unmittelbar, d. h. unabhängig von der Reflexion bewußt sie zu besitzen und können deshalb ihren Inhalt, sobald sie gegeben ist, mit dem Urteil vergleichen, um dieses zu begründen. Die unmittelbare Erkenntnis der reinen Vernunft dagegen ist keine Anschauung, d. h. sie kommt uns nicht unmittelbar, sondern *nur* durch Reflexion zum Bewußtsein. Wenn es sich also darum handelt, metaphysische Grundurteile zu begründen, so kann dies nicht dadurch geschehen, daß wir sie geradezu mit der ihnen zu Grunde liegenden unmittelbaren Erkenntnis vergleichen; sondern wir müssen diese unmittelbare Erkenntnis erst künstlich zum *Gegenstande* einer Untersuchung machen, um uns von dem Vorhandensein eines Grundes der fraglichen Urteile zu überzeugen. Wie ist nun eine solche Untersuchung möglich? Nicht anders als wie überhaupt eine Erkenntnis des faktischen Vorhandenseins von Erkenntnissen möglich ist, d. h. nicht anders als durch *innere Erfahrung*. Durch innere Erfahrung also gelangen wir zur Begründung der metaphysischen Grundurteile. —

54. Metaphysische Urteile sind Urteile a priori. Wie kann aber Erfahrung zur Begründung von Urteilen a priori dienen?

Hierin liegt nichts Paradoxes, wenn nur gehörig zwischen der *Begründung* der metaphysischen Urteile und ihrem *Grunde* unterschieden wird. Der Grund einer Erkenntnis a priori kann in der Tat nur wieder in einer Erkenntnis a priori liegen. Und so liegt auch der Grund der metaphysischen Urteile nicht in der Erfahrung, sondern in einer Erkenntnis a priori, nämlich in der unmittelbaren Erkenntnis der reinen Vernunft. Die Begründung der metaphysischen Grundurteile enthält diesen Grund nicht in sich, sondern sie weist nur sein Vorhandensein auf. Und diese Aufweisung ist nur durch innere Erfahrung möglich.

Die metaphysische Erkenntnis ist eine Erkenntnis allgemeiner Gesetze, und allgemeine Gesetze werden a priori erkannt. Die *Erkenntnis* der allgemeinen Gesetze ist aber nicht selbst wieder ein allgemeines Gesetz, sondern ein individuelles Faktum. Individuelle Fakta aber werden a posteriori erkannt. Also wird auch das Faktum der unmittelbaren metaphysischen Erkenntnis nicht a priori, sondern a posteriori —- und zwar als ein *inneres* Faktum nur durch *innere* Erkenntnis a posteriori, d. h. durch innere Erfahrung — erkannt.

# X.

## Das transzendentale und das psychologistische Vorurteil.

55. Nach diesen Feststellungen sind wir im Stande, den in der heutigen Philosophie herrschenden Streit um die transzendentale und die psychologische Methode zu beurteilen und zu entscheiden.

Eine empirische Begründung rationaler Erkenntnisse, so hatten wir eben gesehen, ist in der *Kritik der Vernunft* darum möglich, weil die Kritik den Grund der zu begründenden Erkenntnisse nicht zum Inhalt, sondern zum Gegenstande hat. Ganz anders stellt sich dies Verhältnis bei der *Erkenntnistheorie* dar. Es folgt notwendig aus dem Begriffe der Erkenntnistheorie, daß diese Wissenschaft den obersten Erkenntnisgrund aller durch sie zu begründenden Erkenntnisse selbst enthalten muß. Angenommen nämlich, die ersten Erkenntnisgründe irgend welcher von der Erkenntnistheorie zu begründenden Erkenntnisse gehörten nicht der Erkenntnistheorie selbst an. Dann wäre es die Aufgabe der Erkenntnistheorie, diese ihr nicht angehörigen Erkenntnisgründe zu begründen. Eine solche Begründung ist aber unmöglich; denn wäre sie möglich, so wären diese Erkenntnisgründe nicht die ersten. Soll also überhaupt eine *Erkenntnistheorie* möglich sein, so *muß* sie auch *die ersten Erkenntnisgründe aller von ihr zu begründenden Erkenntnis enthalten.*

56. Es ist eine unmittelbare Folge dieses Satzes, daß die Erkenntnistheorie, sofern sie die Begründung von Erkenntnissen a priori enthalten soll, selbst eine Wissenschaft aus Erkenntnissen a priori sein muß. Denn Erkenntnis und Erkenntnisgrund müssen hinsichtlich der Modalität gleichartig sein.[1] Ist aber die Erkenntnistheorie eine Wissenschaft aus Erkenntnissen a priori, so kann ihre Quelle nicht in der inneren Erfahrung liegen. Verwechselt man also Kritik mit Erkenntnistheorie, so wird man schließen müssen, daß die Kritik keine Wissenschaft aus innerer Erfahrung sein könne. („Transzendentales Vorurteil.")

---

[1] Dieser Satz folgt analytisch aus dem Begriff der Modalität. Die Aposteriorität oder Apriorität eines Urteils hängt nach der Definition dieser Begriffe davon ab, ob das Urteil seinen Erkenntnisgrund in der Erfahrung hat oder nicht.

Geht man andererseits von der Erwägung aus, daß die Kritik
Erkenntnisse zum Gegenstande hat, so wird man nicht umhin
können, ihr den Charakter einer Erkenntnis aus innerer Erfahrung
zuzuschreiben. Man wird daher, die Kritik mit der Erkenntnistheorie verwechselnd, den Grund der zu begründenden philosophischen Erkenntnis in innerer Erfahrung suchen. Liegt aber der
Grund einer Erkenntnis in der inneren Erfahrung, so kann diese
Erkenntnis nicht selbst eine rationale Erkenntnis sein. Die gesamte Philosophie verwandelt sich daher nach dieser Schlußweise
in empirische Psychologie. („Psychologistisches Vorurteil.")

57. Hiermit haben wir den eigentlichen Ursprung des Streits
um den „Psychologismus" aufgedeckt. Es ist der Nachweis erbracht, daß dieser Streit seine letzte Wurzel im Begriff der Erkenntnistheorie selbst hat. Und es ist damit zugleich der Nachweis erbracht, daß der Widerspruch zwischen Transzendentalismus
und Psychologismus eine auf dem Boden des erkenntnistheoretischen
Vorurteils unauflösbare Antinomie enthält. Wer den inneren
Widerspruch in der Aufgabe der Erkenntnistheorie einmal durch-
schaut hat, den kann das Phänomen dieses nun schon so lange
währenden Streites nicht verwundern, und er begreift zugleich,
daß alle Mühe, ihn zum Austrag zu bringen, vergeblich bleiben
muß, solange die den beiden streitenden Teilen gemeinschaftliche
Grundvoraussetzung nicht aufgegeben wird. Läßt man aber die
fehlerhafte Problemstellung der Erkenntnistheorie fallen, beschränkt
man sich auf die Aufgabe der Kritik der Vernunft, so ist ohne
weiteres ersichtlich, daß die *Kritik* durch die beiderseitigen Schlußfolgerungen gar nicht berührt wird. Denn da die kritische Begründung der philosophischen Urteile den Grund dieser Urteile
nicht selbst enthält, so findet der Satz von der modalischen Gleichartigkeit von Erkenntnis und Erkenntnisgrund auf die Kritik

überhaupt keine Anwendung. Mithin kann ebensowenig von der Apriorität der zu begründenden Sätze auf die Apriorität der Kritik geschlossen werden, wie von der Aposteriorität der Kritik auf die Aposteriorität der zu begründenden Sätze. Und so ist mit der Aufhebung der Verwechslung von Grund und Begründung dem Streite jeder Boden entzogen. —

Wir können die gegebene Ableitung und Auflösung dieser „erkenntnistheoretischen Antinomie" durch das folgende Schema veranschaulichen.

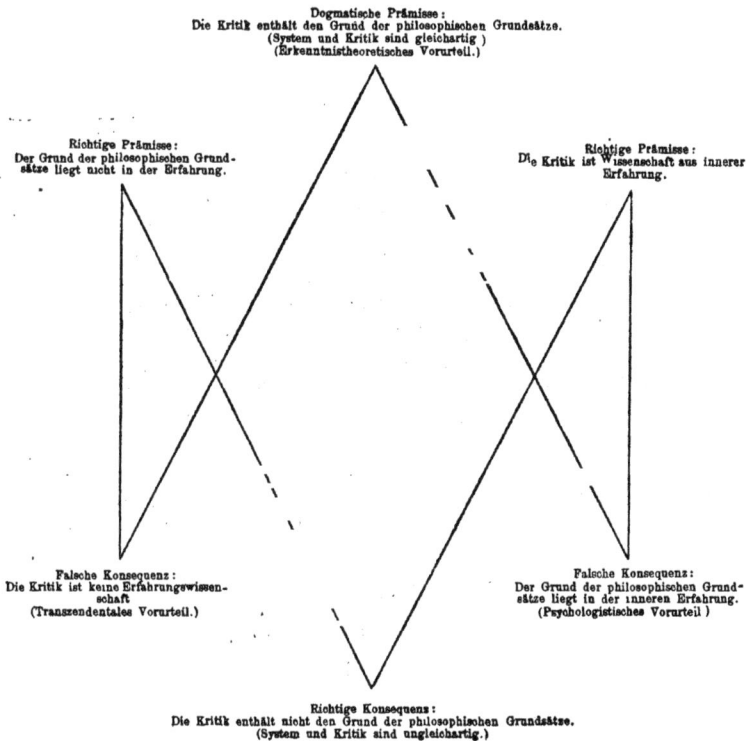

Dogmatische Prämisse:
Die Kritik enthält den Grund der philosophischen Grundsätze.
(System und Kritik sind gleichartig.)
(Erkenntnistheoretisches Vorurteil.)

Richtige Prämisse:
Der Grund der philosophischen Grundsätze liegt nicht in der Erfahrung.

Richtige Prämisse:
Die Kritik ist Wissenschaft aus innerer Erfahrung.

Falsche Konsequenz:
Die Kritik ist keine Erfahrungswissenschaft
(Transzendentales Vorurteil.)

Falsche Konsequenz:
Der Grund der philosophischen Grundsätze liegt in der inneren Erfahrung.
(Psychologistisches Vorurteil.)

Richtige Konsequenz:
Die Kritik enthält nicht den Grund der philosophischen Grundsätze.
(System und Kritik sind ungleichartig.)

58. Zur Verhütung von Mißverständnissen können die folgenden terminologischen Bemerkungen dienen. Versteht man unter „Transzendentalismus" die Maxime einer Begründung der Philosophie von der Art, daß der *Grund* der zu begründenden Urteile nicht in der Psychologie gesucht wird, so ist der Transzendentalismus im Rechte. Aber es ist wichtig, darüber klar zu sein, daß die hiermit gekennzeichnete Maxime nicht, wie bisher allgemein angenommen worden ist, mit der psychologischen Natur der geforderten *Begründung* im Widerspruch steht. Versteht man daher unter „Psychologismus" die Behauptung der psychologischen Natur der Kritik, so sind Transzendentalismus und Psychologismus keine Gegensätze, sondern stehen durchaus im Einklang. — Aber es erscheint ratsam, diese Bezeichnungsweise zu vermeiden, da es heute allgemein üblich ist, die beiden Termini zur Bezeichnung *entgegengesetzter* methodischer Maximen zu benutzen.[1] Wenn wir uns auch in der gegenwärtigen Litteratur vergeblich nach einer präzisen Definition der fraglichen Termini umsehen, so ist doch soviel klar, daß die sich zum Transzendentalismus bekennenden Autoren mit diesem Worte die Behauptung der Unmöglichkeit einer psychologischen Begründung der Philosophie, also die in unserem Schema als „transzendentales Vorurteil" definierte Konsequenz zum Ausdruck bringen

---

[1] Bei KANT ist der Ausdruck „transzendental" mehrdeutig. Von den beiden hier in Betracht kommenden Kantischen Definitionen dieses Terminus geht die eine (Kritik der reinen Vernunft, Einleitung) auf das, was wir durch das Wort „kritisch" bezeichnet haben, ohne über die Modalität dieser kritischen Erkenntnis etwas auszusagen. Die andere (Transzendentale Logik, Einleitung, II) enthält über den Inhalt der ersten hinaus die Behauptung der *Apriorität* der kritischen Erkenntnis und schließt daher die Voraussetzung ein, die wir als „transzendentales Vorurteil" bezeichnet haben. — Näheres hierüber findet man in meiner Schrift „J. F. FRIES und seine jüngsten Kritiker", insbesondere Kapitel V, S. 288 und 297. (Im 2. Heft des I. Bandes der Abhandlungen der Friesschen Schule.) Vgl. auch im dritten Teil dieser Schrift Kapitel XXI.

wollen; während andererseits nach dem herrschenden Sprachgebrauch das Wort „Psychologismus" zugleich die Konsequenz der
Einordnung der gesamten Philosophie in die Psychologie andeuten
soll und infolgedessen von denjenigen, die sich einer klaren Ausdrucksweise befleißigen, nur zur Bezeichnung der in unserem
Schema als „psychologistisches Vorurteil" definierten Konsequenz
verwendet werden sollte.


# XI.

## Beispiele der „dogmatischen Prämisse" in der antipsycho-
## logistischen Argumentation bei Natorp, Frege und Husserl.

59. Das Fehlen der eben gemachten Unterscheidungen ist der
Hauptmangel der gegenwärtigen philosophischen Litteratur, soweit
sich diese überhaupt mit einer Behandlung methodologischer Fragen
befaßt. Dieser Mangel verbirgt sich durch den unverfänglich erscheinenden Gebrauch von Schlagwörtern, deren Zweideutigkeit
dem Leser meist so wenig bemerkbar wird, wie dem Autor. Wir
brauchen, um dies durch Beispiele zu belegen, nur die bereits
kritisierte Abhandlung von Natorp aufzuschlagen. Gleich zu Anfang wird hier diese Zweideutigkeit in die Fragestellung hineingelegt, durch die Formulierung: „ob die Methode jener Grundlegung der Erkenntnis objektiv oder subjektiv sein müsse".[1] Was
wir hier unter „Grundlegung" zu verstehen haben, darüber sagt
uns Natorp nichts. Indessen läßt sich bald aus dem unterschieds-
losen Gebrauch der Worte „Grund" und „Begründung" ersehen,

---

[1] A. a. O, S. 260.

daß wir es hier mit gar keinem irgend wie klaren Begriffe zu
tun haben. Unbestimmte, teils bildliche Ausdrücke, wie „Wurzel"[1],
„Dependenz", „Grundlage"[2], „Prinzip"[3], „Fundament", „Grundwissenschaft"[4], verschleiern diese Unklarheit. Besonders instruktiv
als Beleg für unsere Behauptung erscheint Natorps Äußerung, daß
bei der Beantwortung der „Frage nach dem Grund der Gegenständlichkeit" „jeder Rekurs auf das Subjekt des Erkennens, auf
die Art der Beteiligung des Bewußtseins dabei, ... von vornherein
als μετάβασις εἰς ἄλλο γένος erscheinen" müsse.[5]  Warum Natorp
eine solche μετάβασις für unstatthaft hält, wird sogleich ersichtlich: „Das Begründende muß nicht nur nicht, sondern kann gar
nicht einem anderen γένος angehören, wie das, was begründet
wird."[6]  Was ist hier mit dem „Begründenden" gemeint?  Der
Grund oder die Begründung?  Meint Natorp den Grund, so ist der
Satz zweifellos richtig; denn Grund und Begründetes müssen allerdings demselben γένος der Modalität angehören.  Aber die Konsequenz, die Natorp aus dem Satze zieht, bezieht sich vielmehr auf
die *Begründung*; und sein Beweis, daß diese Begründung nicht
psychologisch verfahren könne, beruht daher auf einer quaternio
terminorum.[7]

---

[1] S. 261.   [2] S. 262.   [3] S. 264.   [4] S. 265.   [5] S. 262.
[6] S. 263.

[7] Es ist beachtenswert, daß Natorp die fragliche μετάβασις, wenn er sie
auch für die erkenntnistheoretische Begründung ablehnt, doch an und für sich
für *möglich* erklärt.  In seiner „Einleitung in die Psychologie" (Freiburg,
1888, S. 119ff.) fordert er eine der „objektiven Grundwissenschaft" oder „Funda-
mentalphilosophie" entsprechende *psychologische* Untersuchung der subjektiven
Grundlagen der in jener „objektiven Grundwissenschaft" abgeleiteten Erkenntnisse.  Ja er geht so weit, von der hiermit geforderten „subjektiven Grundwissenschaft" (S. 124) eine „Bestätigung der durch die objektive Kritik herausgestellten
Grundgestalt des wissenschaftlichen Bewußtseins" zu erwarten. (S. 129.) Die
geforderte „psychologische Nachweisung erbringt eine unverächtliche subjektive

60. Selbst FREGES im allgemeinen einwandfreie Polemik gegen das, was er die „psychologische Logik" nennt, bleibt nicht frei von diesem Fehler.[1] FREGE kommt bei dieser·Polemik folgerichtig zur Proklamierung einer rein dogmatischen Methode, — einer Methode, deren bereits zu Tage getretene Mißerfolge gerade recht geeignet erscheinen, die Unentbehrlichkeit der Kritik (einer notwendigerweise psychologischen Wissenschaft) darzutun.[2] FREGE sagt[3]: „Ich halte es für ein sicheres Anzeichen eines Fehlers, wenn die Logik Metaphysik und Psychologie nötig hat, Wissenschaften,

---

Vergewisserung der Vollzähligkeit der in objektiver Kritik herausgestellten Grundgestalten". (S. 128.) — So nahe NATORP hier dem von uns begründeten methodischen Standpunkt der psychologischen Vernunftkritik kommt, so verhindert ihn doch das oben widerlegte Vorurteil, die Bedeutung und Fruchtbarkeit des ihm vorschwebenden Gedankens zu erkennen. Die Rolle einer_*Begründung* der „objektiven Grundgesetze" soll nach wie vor allein der angeblichen rein objektiven Kritik vorbehalten bleiben (S. 119 f.), wobei er nicht bedenkt, daß ja jede objektive Begründung eines Gesetzes nur in der Angabe eines *allgemeineren* Gesetzes besteht, daß also die Forderung einer. objektiven Begründung von *Grundgesetzen* einen klaren Widerspruch einschließt. Und auf der anderen Seite unterscheidet NATORP wiederum nicht scharf genug zwischen subjektiver und objektiver Begründung, um den Fehlschluß auf die modalische Gleichartigkeit beider zu vermeiden und so wenigstens für die „subjektive Grundwissenschaft" zu einer richtigen Problemstellung zu gelangen. Vielmehr glaubt er, „einen *reinen apriorischen Teil der Psychologie* absondern, und diesen der *Philosophie*, als subjektive Korrelataufgabe zur reinen, objektiven Kritik der Erkenntnis, zuweisen" zu müssen. (S. 124.) Übrigens hat der methodische Vorschlag einer solchen „subjektiven Grundwissenschaft" als einer „Probe" und „Ergänzung" (S. 128) der „objektiven Analyse der faktisch gegebenen wissenschaftlichen Erkenntnisse" (S. 120) nicht die von NATORP angenommene „Neuheit" (S. 124). Vielmehr ist dieser Vorschlag, wie wir im dritten Teile zeigen werden, in weit klarerer Weise von FRIES im Jahre 1798 gemacht und in seiner „Neuen oder anthropologischen Kritik der Vernunft" (1807) auch *ausgeführt* worden.

[1] Grundgesetze der Arithmetik, (Jena, 1893, 1903,) Band I, Vorwort, S. XIV ff.
[2] Man vergleiche das Nachwort zum II. Bande, S. 253 ff.
[3] Band I, Vorrede S. XIX.

die selber der logischen Grundsätze bedürfen. Wo ist denn hier
der eigentliche Urboden, auf dem alles ruht?" — Der Satz: „die
Logik hat Psychologie nötig" ist zweideutig. Denn die Frage ist:
*Wofür* hat die Logik Psychologie nötig? Für die *Begründung*
oder für den *Grund* ihrer Sätze? Diese Zweideutigkeit versteckt
sich hinter dem bildlichen Ausdruck „Urboden".

FREGE sieht offenbar in dem Versuch einer psychologischen
Begründung der Logik einen Zirkel. Und in der Tat setzt die
Psychologie bereits ihrerseits die logischen Grundsätze voraus.[1]
Dieser Umstand würde jedoch nur dann einen Zirkelschluß in der
Begründung zur Folge haben, wenn diese Begründung ein
*Beweis* sein sollte; denn nur in diesem Falle würde der *Grund* der
logischen Sätze in der Psychologie liegen, und die logischen Ge-
setze würden zu Folgesätzen der Psychologie gemacht.

61. Auch in HUSSERLS Polemik gegen den „Psychologismus"
beeinträchtigt das Fehlen dieser Unterscheidung die Strenge der
Beweise. HUSSERL erklärt die „psychologische Begründung der
Logik" für „absurd".[2] Das Hauptargument hierfür entnimmt er
dem Umstande, daß die Sätze der Psychologie empirische sind, die
der Logik aber apodiktische. Es sei eine „Unzuträglichkeit", „daß
Sätze, welche sich auf die bloße Form beziehen, erschlossen werden
sollen aus Sätzen eines ganz heterogenen Gehalts".[3] Aber dieses
Argument träfe nur den, der die logischen Sätze aus psychologischen *beweisen* wollte; denn allerdings würde ein solcher Beweis-
versuch, da er die psychologischen Sätze als *Gründe* der logischen

---

[1] Das hier und im Folgenden über die logischen Grundsätze Gesagte bleibt
auch richtig, wenn man den Terminus „logisch" nicht auf seine formale Bedeutung einschränkt, sondern auch das von uns „metaphysisch" Genannte darunter
befaßt.

[2] Logische Untersuchungen (Halle 1900, 1901) Bd. I, S. 63.

[3] Ebenda S. 166. Vgl. auch S. 169 und 178.

in Anspruch nehmen müßte, an der modalischen Ungleichartigkeit der angeblichen Prämissen und Schlußsätze scheitern. Damit ist jedoch die Möglichkeit einer psychologischen *Begründung* der logischen Grundsätze noch keineswegs ausgeschlossen. Grundsätze können nicht bewiesen werden, das liegt in ihrem Begriff; also ist ein solcher Beweis auch mit psychologischen Mitteln nicht zu führen. Wohl aber giebt es eine kritische Deduktion der logischen Grundsätze, und diese ist, da sie den Grund der zu begründenden Sätze nicht enthält, sehr wohl auf psychologischem Wege möglich.

Man vergleiche hierzu auch die folgende Stelle bei HUSSERL:

„Hier gilt es vielmehr darauf hinzuweisen, daß das sozusagen Tatsächliche der Tatsache zur Sinnlichkeit gehört, und daß der Gedanke, durch Hilfe der Sinnlichkeit rein kategoriale Gesetze zu begründen — Gesetze, die von aller Sinnlichkeit, also Tatsächlichkeit eigens *abstrahieren* und bloß über Vereinbarkeit, bezw. Unvereinbarkeit der kategorialen *Formen* generelle und evidente Aussagen machen — die klarste μετάβασις εἰς ἄλλο γένος darstellt."[1]

Was ist hiermit anderes gesagt, als daß Inhalt und Gegenstand einer empirischen Begründung rationaler Erkenntnisse hinsichtlich der Modalität ungleichartig sind? Eine Widerlegung eines solchen Begründungsverfahrens kann man in dieser Feststellung nur dann suchen, wenn man die stillschweigende Voraussetzung hinzunimmt, daß die Begründung einer Erkenntnis mit dieser Erkenntnis gleichartig sein müsse. Eine Begründung *dieses* Satzes aber ist bei HUSSERL nicht zu finden. Jedenfalls genügt es nicht, sich zur Entscheidung dieser Frage auf Sätze zu berufen wie den, daß „Wahrheiten, die rein im Inhalt" gewisser „Begriffe

---

[1] Band II, S. 671.

gründen, ... ihren Heimatsort nicht haben können in den Wissenschaften vom matter of fact, also auch nicht. in der Psychologie".[1]
Soll. hier unter dem „Heimatsort" der *Grund* verstanden werden,
so ist der Satz völlig einwandfrei, aber er kann in diesem Falle
nicht als Argument gegen die Möglichkeit einer psychologischen
*Begründung* der Logik gelten. Soll aber der „Heimatsort" die
*Begründung* bedeuten, so ist der Satz eine unbegründete Behauptung, die nur die dogmatische Bestreitung der Möglichkeit
einer psychologischen Begründung der Logik mit anderen Worten
wiedergiebt.

## XII.

### Husserls phänomenologische Methode und die intellektuelle Anschauung.

62. Infolge des Fehlens dieser Unterscheidung zwischen Grund
und Begründung einerseits, Beweis und Deduktion andererseits,
bleibt schließlich der Begriff des „Psychologismus" bei Husserl
ziemlich unbestimmt. Warum — so muß man nach den erwähnten
„antipsychologistischen" Darlegungen fragen — warum ist es
*nicht* „Psychologismus", wenn Husserl selbst im zweiten Bande
seiner „Logischen Untersuchungen" eine „Phänomenologie der
Denk- und Erkenntniserlebnisse" als „Voraussetzung für die zu-
verlässige und letzte Festlegung der allermeisten, wo nicht aller
objektiv-logischen Unterscheidungen und Einsichten" in Anspruch
nimmt?[2] Man mag den „Deskriptionen" der Denk- und Erkenntniserlebnisse, die den Inhalt der „Phänomenologie" bilden sollen,[3]

---

[1] Band I, S. 160.    [2] Band II, S. 8f.    [3] Ebenda, S. 18.

den *Namen* „Psychologie" verweigern[1]; hören sie darum auf, der
inneren Erfahrung anzugehören, — also einer Erkenntnisart, die
nach den angeführten Argumentationen Husserls infolge ihrer Ungleichartigkeit mit der rein logischen Erkenntnis für eine Begründung dieser letzteren unbrauchbar sein sollte?

Die „phänomenologische Fundierung der Logik" oder die „Erkenntnistheorie" hat nach Husserl zur Aufgabe eine „deskriptive
Analyse der Erlebnisse nach ihrem reellen Bestande".[2] Woher
also erhalten wir die Sätze der Phänomenologie, wenn nicht aus
der Selbstbeobachtung oder der inneren Wahrnehmung? Husserl
selbst sagt: „Während Gegenstände angeschaut, gedacht, miteinander in Beziehung gesetzt, unter den idealen Gesichtspunkten
eines Gesetzes betrachtet sind u. dgl., sollen wir unser theoretisches Interesse nicht auf diese Gegenstände richten ..., sondern
im Gegenteil auf eben jene Akte, ... und diese Akte sollen wir
nun in neuen Anschauungs- und Denkakten betrachten, sie analy-
sieren, beschreiben, zu Gegenständen eines vergleichenden und
unterscheidenden Denkens machen."[3] — Also die Akte, in denen
sich die logischen Erkenntnisse vollziehen, sollen hier zum *Gegenstande* der Erkenntnis gemacht werden, und zwar hinsichtlich ihres
*„reellen Bestandes"*. Man vergleiche hierzu die andere Erklärung:
„Es ist ein wesentlicher, schlechthin unüberbrückbarer Unterschied
zwischen Idealwissenschaften und Realwissenschaften. Die ersteren
sind apriorisch, die letzteren empirisch."[4] Mögen also auch die
Erkenntnisakte, die den Gegenstand der phänomenologischen Unter-

---

[1] Obgleich dies mit Husserls eigenem Sprachgebrauch schwer zu vereinen
wäre, da er bei seiner Polemik gegen die psychologische Begründung der Logik
unter „Psychologie" „die empirische Wissenschaft von den psychischen Tatsachen
überhaupt" versteht. (Band I, S. 170.)
[2] Bd. II, S. 17, 20 f.    [3] S. 10.    [4] Bd. I, S. 178.

suchung bilden, rein rationaler Natur sein, so sind doch diejenigen
Erkenntnisakte, die den *Inhalt* der phänomenologischen Untersuchung bilden, da sie nicht wie jene auf allgemeine Gesetze, sondern auf individuelle Tatsachen (den „reellen Bestand" gewisser
„Erlebnisse") gerichtet sind, durchaus empirischen Charakters,
nämlich der inneren Wahrnehmung angehörig.

63. Diese Konsequenz der modalischen Ungleichartigkeit
zwischen der logischen Erkenntnis selbst und der „phänomenologischen Fundierung der Logik" ließe sich nur umgehen, wenn man,
wie dies Fichte tat, den empirischen Charakter der inneren Anschauung leugnen und zu der Annahme einer intellektuellen Selbstanschauung greifen wollte. Und in der Tat findet man bei Husserl
die Annahme einer der sinnlichen koordinierten, „kategorialen Anschauung" vertreten.[1] Aber uns ist keine Stelle begegnet, an der
er eine solche intellektuelle Anschauung für die *phänomenologische*,
d. h. auf die Erkenntnisakte gerichtete Erkenntnis in Anspruch
nimmt. Vielmehr sagt er ausdrücklich: „Die Vorstellung als psychisches Erlebnis, gleichgiltig, ob sie sinnlich oder kategorial ist,
gehört in die Sphäre des ‚inneren Sinnes'." Er weist mit klaren
Worten das Vorurteil zurück, daß die innere Anschauung, die einen
nicht-sinnlichen Erkenntnisakt zum Gegenstande hat, selbst eine
nicht-sinnliche Erkenntnis sein müsse: „Das Wahrnehmen eines
wie immer beschaffenen Aktes oder Aktmomentes oder Aktkom-
plexes heißt ein sinnliches Wahrnehmen. ... Die Materie des
Wahrnehmens steht in keinem Notwendigkeitszusammenhang mit
der Materie des wahrgenommenen Aktes. ... Dieselben psychischen
Momente, welche in innerer Wahrnehmung sinnlich gegeben sind,
können .... eine kategoriale Form konstituiren."[2]

---

[1] Bd. II, S. 476 ff., 614 ff., 634.    [2] Bd. II, S. 649 ff.

Diese Worte sprechen den Unterschied von Inhalt und Gegenstand der kritischen Erkenntnis unzweideutig aus. Was Husserl
von der psychologischen Kritik noch trennt, ist lediglich der Umstand, daß bei ihm der Begriff der Deduktion fehlt und daß ihm
infolgedessen in Ermangelung einer dem Beweise koordinierten
Begründungsmethode die bloße Berufung auf die innere Wahrnehmung übrig bleibt. Daß ein solches Verfahren sich nicht selbst
genug ist, ergiebt sich aus der Tatsache, daß der Grund der von
Husserl „logisch" genannten Urteile (zu denen die von uns „metaphysisch" genannten gehören), obgleich eine unmittelbare Erkenntnis, doch ursprünglich dunkel ist, d. h. nicht für sich, sondern nur
durch Vermittelung der *Reflexion* zum *Bewußtsein* kommt und infolgedessen kein Gegenstand direkter Selbstbeobachtung werden
kann. Vielmehr bedarf es einer psychologischen *Theorie*, um die
Existenz und Beschaffenheit jener unmittelbaren philosophischen
Erkenntnis festzustellen. Husserl aber erklärt ausdrücklich, seine
Phänomenologie solle keinerlei *theoretische* Wissenschaft sein[1], und
gerade auf diese Erklärung beruft er sich, um den Verdacht des
Psychologismus abzuwehren: Nicht die Psychologie als theoretische
Wissenschaft, sei das „Fundament der reinen Logik", sondern lediglich gewisse „Deskriptionen, welche die Vorstufe für die theoretischen Forschungen der Psychologie bilden". „Die Notwendigkeit
einer *solchen* psychologischen Fundierung der reinen Logik, nämlich
einer streng deskriptiven, kann uns an der wechselseitigen Unabhängigkeit der beiden *Wissenschaften*, der Logik und Psychologie,
nicht irre machen."[2]

64. Gegen diese Einschränkung der Kritik auf bloße Deskription lassen sich noch weitere Einwendungen erheben.

1) Ich erwähne nur kurz das Bedenken, ob eine solche Ein-

---

[1] S. 20.    [2] S. 18.

schränkung überhaupt durchführbar ist, ob nicht vielmehr jeder
Satz der Phänomenologie bereits eine Anwendung der zu „fundie-
renden" Gesetze auf das bloße Material der inneren Wahrnehmung.
einschließt, und dies um so mehr, wenn die Phänomenologie nicht
nur eine· „Betrachtung", sondern auch eine „Analyse", „Vergleichung" und „Unterscheidung" der Erkenntnisakte enthalten
soll. (Man vergleiche den in § 62 zitierten Satz aus Band II,
Seite 10.)

2) aber bemerken wir, daß die „Unabhängigkeit" der Logik
von der Psychologie, wenn sie im streng logischen Sinne verstanden
wird, durchaus nicht zur Voraussetzung hat, daß die Kritik (oder
Phänomenologie) frei von aller Theorie und auf bloße Deskription
eingeschränkt bleibt. Worauf es, um diese Unabhängigkeit aufrechtzuerhalten, ankommt, ist lediglich dies, daß die allgemeinen
logischen Gesetze nicht selbst als Folgesätze der Kritik (oder
Phänomenologie) abgeleitet werden. Und diese Bedingung ist
auch dann erfüllt, wenn die Kritik die logischen Gesetze aus einer
psychologischen Theorie der Vernunft *deduziert* (nach dem von uns
in den Kapiteln VIII und IX angegebenen Verfahren).

3) Setzt man freilich, wie dies HUSSERL offenbar tut, voraus,
alle psychologische Theorie sei notwendig *genetisch*, so ist allerdings klar, daß eine psychologische Theorie in diesem Sinne für
die Lösung der Aufgabe der Kritik durchaus unbrauchbar sein
muß. Aber diese Voraussetzung ist unbegründet. Warum soll sich
die Theorie aus innerer Erfahrung hierin anders verhalten als die
Theorie aus äußerer Erfahrung? Es mag in der Psychologie
schwieriger sein, aber auch sie vermag sich über eine bloß entwickelungsgeschichtliche Betrachtung der Assoziation und Reflexion
zu einer *Theorie der Vernunft* zu erheben, gerade so wie in der

Astronomie die Gravitationstheorie unabhängig ist von der Entwickelungsgeschichte des Sonnensystems.

4) Husserl sagt:

„Die reine Phänomenologie stellt ein Gebiet neutraler Forschungen dar, in welchem verschiedene Wissenschaften ihre
Wurzeln haben. Einerseits dient sie zur Vorbereitung der
*Psychologie als empirischer Wissenschaft.* Sie analysiert und be-
schreibt die Vorstellungs-, Urteils-, Erkenntniserlebnisse, die in
der Psychologie ihre genetische Erklärung, ihre Erforschung nach
empirisch-gesetzlichen Zusammenhängen finden sollen. Andererseits erschließt sie die ‚Quellen‘, aus denen die Grundbegriffe und die
idealen Gesetze der *reinen Logik* ‚entspringen‘, und bis zu welchen
sie wieder zurückverfolgt werden müssen, um ihnen die für ein er-
kenntniskritisches Verständnis der reinen Logik erforderliche
‚Klarheit und Deutlichkeit‘ zu verschaffen.“[1]

Wird in diesen Sätzen nicht das Wort „Wurzel“ in zwei
ganz verschiedenen Bedeutungen gebraucht? Wie sollen wir den
Ausdruck, die Phänomenologie „erschließe“ die „Quellen“, aus denen
die Prinzipien der reinen Logik „entspringen“, verstehen, wenn
nicht in dem Sinne, daß die Phänomenologie den Erkenntnisgrund
der logischen Prinzipien zum Gegenstande habe? Hat aber die
Phänomenologie diesen Grund der logischen Prinzipien zum *Gegenstande*, so kann sie nicht selbst den Grund der logischen Prinzipien
*enthalten.* Gerade in dieser Beziehung des *Grundes* steht aber die
Phänomenologie zu dem, was Husserl an dieser Stelle Psychologie
nennt. Und gerade und ausschließlich zufolge dieser Beziehung
der Phänomenologie zur Psychologie gilt es, daß die Psychologie
eine *empirische* Wissenschaft ist. Denn eine Wissenschaft ist empirisch, wenn sie ihren *Grund* in der (sinnlichen) Wahrnehmung

---

[1] S. 4.

hat; nicht aber, wenn sie „gesetzliche Zusammenhänge" zu erforschen hat. Denn gesetzliche Zusammenhänge bilden den Gegenstand der Mathematik und Logik so gut wie den der Psychologie.
Nicht also, wie Husserl meint, durch Beschränkung der Kritik auf
bloße Deskription und durch Ausschließung aller Theorie läßt sich
die systematische Unabhängigkeit der Logik von der Empirie mit
der Möglichkeit der Kritik in Einklang bringen, sondern allein durch
den Hinweis, daß die kritische Begründung den Grund der logischen
Prinzipien nicht zum Inhalt hat.

65. Der Umstand aber, der vor allen Dingen gegen die Beschränkung der Kritik auf bloße Deskription entscheidend ist, liegt,
wie schon hervorgehoben, in der Nicht-Anschaulichkeit der den
Grund der philosophischen Urteile bildenden Erkenntnis, d. h. in
ihrer ursprünglichen Dunkelheit. Es ist ein Vorurteil, daß der
Unmittelbarkeit der Erkenntnis die Unmittelbarkeit des Bewußtseins *um* die Erkenntnis entsprechen müsse. Dieses Vorurteil aber
ist kein anderes als die bereits § 50 f. von uns als falsch erkannte
Voraussetzung, alle Erkenntnis entspringe entweder der Reflexion
oder der Anschauung. Diese Voraussetzung wird von Husserl ausdrücklich vertreten.

Husserl erkennt die Unterscheidung zwischen dem Urteil und der
Anschauung (die er mit der „Wahrnehmung" identifiziert) deutlich
an: „Die Wahrnehmung, welche den Gegenstand giebt und die Aussage, die ihn mittelst des Urteils . . . denkt und ausdrückt, sind völlig
zu sondern."[1]  Auch die Mittelbarkeit aller derjenigen Urteile, die
sich nicht auf sinnliche Wahrnehmung gründen, findet bei ihm Anerkennung. Jedes Urteil weist zurück auf eine unmittelbare Erkenntnis, in der es seine „Erfüllung" findet. Soweit besteht volle

---

[1] S. 493.

Übereinstimmung zwischen Husserls Phänomenologie und der psychologischen Kritik: „Wenn ... die neben den stofflichen Momenten vorhandenen, ‚kategorialen Formen' des Ausdrucks nicht in der Wahrnehmung, sofern sie als bloße *sinnliche* Wahrnehmung verstanden wird, terminieren, so ... muß jedenfalls ein Akt da sein, welcher den kategorialen Bedeutungselementen dieselben Dienste leistet, wie die bloße sinnliche Wahrnehmung den stofflichen."[1] Aus dieser Feststellung schließt aber Husserl unmittelbar auf die Existenz einer nicht-sinnlichen, „kategorialen Anschauung":

„In der Tat können wir auf die Frage, was das heißt, die *kategorial geformten Bedeutungen* fänden Erfüllung, ... nur antworten: es heiße nichts Anderes, als ... der Gegenstand mit diesen kategorialen Formen sei ... nicht bloß gedacht, sondern eben *angeschaut*, bezw. *wahrgenommen*."[2] „Wir werden daher ganz allgemein zwischen *sinnlicher* und *kategorialer Anschauung* unterscheiden ... müssen."[3] „In solchen Akten liegt das Kategoriale des Anschauens und Erkennens, in ihnen findet das aussagende Denken, wo es als Ausdruck fungiert, seine Erfüllung; die Möglichkeit vollkommener Anmessung an solche Akte bestimmt die Wahrheit der Aussage als ihre Richtigkeit."[4]

Man sieht ohne weiteres, daß dem in diesen Sätzen ausgesprochenen Schlusse die stillschweigende Voraussetzung zu Grunde liegt, alle unmittelbare Erkenntnis sei Anschauung.

Nun könnte man allerdings geneigt sein, den Widerspruch, in den sich die zuletzt zitierten Sätze mit der Tatsache der Nicht-

---

[1] S. 614.     [2] S. 614 f.     [3] S. 616.
[4] S. 618 f. Vgl. auch S. 634, sowie S. 21 die folgende Formulierung der Aufgabe der Phänomenologie: „Die reinen Erkenntnisformen und Gesetze will sie durch Rückgang auf die adäquat erfüllende Anschauung zur Klarheit und Deutlichkeit erheben."

anschaulichkeit der philosophischen Erkenntnis verwickeln, lediglich im Wortlaut zu suchen. Man könnte versuchen, das in ihnen vorkommende Wort „Anschauung" als ein Synonym für das zu betrachten, was wir „unmittelbare Erkenntnis" nennen, so daß diese Sätze nur auf eine Umschreibung für unsere Behauptung der Existenz einer *nicht-sinnlichen* (intellektuellen) *unmittelbaren Erkenntnis* hinausliefen. Nach einem solchen Sprachgebrauch könnte man mit Recht sagen, jede Erkenntnis sei entweder Urteil oder Anschauung.[1] Dann aber hätte man außer dem Unterschiede sinnlicher und nicht-sinnlicher (oder intellektueller) Anschauung noch den weiteren Unterschied zu berücksichtigen zwischen *unmittelbar bewußten Anschauungen und solchen, die uns nur durch Reflexion* (im Urteil) *zum Bewußtsein kommen.* Leider findet aber dieser letztere, überaus wichtige Unterschied bei HUSSERL, soweit wir sehen, keine Beachtung; und schon dieser eine Umstand, sowie auch seine früher[2] erwähnte Lehre von der *Evidenz* aller wahren Erkenntnis, sprechen gegen diese Auslegung. Was aber diese letztere vollends unannehmbar macht, ist HUSSERLS Beschränkung der Kritik auf bloße Deskription unter Ausschließung aller Theorie. Diese Beschränkung setzt, wie wir (§ 63) gezeigt haben, notwendig die Anschaulichkeit (in dem von uns definierten Sinne) der philosophischen Erkenntnis voraus. Diese Voraussetzung hat aber nicht nur die Entbehrlichkeit eines *theoretischen* Verfahrens der Kritik zur Folge, sondern muß in ihrer Konsequenz *jegliche Kritik der Vernunft überhaupt* illusorisch machen und auf einen uneingeschränkten Dogmatismus zurückführen, da eine Erkenntnis, die uns *unmittelbar* be-

---

[1] In dieser Weise ließe sich z. B. ungezwungen die Äußerung HUSSERLS interpretieren, daß, „wenn wir dem *Denken* das *Anschauen* gegenübersetzen, unter dem Anschauen nicht das bloße sinnliche Anschauen verstanden werden" könne. (S. 638.)

[2] § 23.

wußt ist, nicht einer besonderen Wissenschaft zu ihrer Aufweisung
bedarf. Und endlich müßte sogar die Frage aufgeworfen werden,
ob oder warum denn nicht, wenn alle unmittelbare Erkenntnis
Anschauung sein soll, *die Reflexion überhaupt entbehrlich sei.* Kommt
uns alle Erkenntnis *unmittelbar* zum Bewußtsein, so bedürfen wir
keiner Reflexion mehr, um uns irgend welcher Erkenntnisse bewußt
zu werden.

## XIII.

### Rickerts Transzendentalismus als Beispiel eines versteckten Psychologismus.

66. Wenn ein Forscher wie F<small>REGE</small> aus Abneigung gegen die
psychologische Methode selbst wieder ein rein dogmatisches Verfahren einschlägt, so ist ein solches Vorgehen durchaus folgerichtig. Das Verfahren aber, das gewöhnlich von den Antipsycholo-
gisten eingeschlagen wird: die Möglichkeit psychologischer Kritik
zu bestreiten und dann, statt alle Kritik überhaupt zu verwerfen,
eine *nicht*-psychologische Kritik zu unternehmen,[1] — dieses Verfahren entbehrt durchaus aller logischen Konsequenz. Denn aus
unseren Darlegungen (Kapitel IX) geht hervor, daß es nicht eine
Alternative zwischen psychologischer und nicht-psychologischer
Kritik, sondern nur eine solche zwischen psychologischer Kritik
und Dogmatismus geben kann. Die notwendige Folge hiervon ist,
daß alle Begründungsversuche einer nicht-psychologischen Kritik,
wie sie den sogenannten Transzendentalismus kennzeichnen, genau

---

[1] Dieses Verfahren findet bei H<small>USSERL</small> nur scheinbar statt. Die „phänomenologische" Methode ist, wie wir gesehen haben, seiner eigenen Beschreibung zufolge, eine in unserem Sinne psychologische.

betrachtet stets nur durch *versteckte* Einführung psychologischer
Erkenntnismittel möglich sind, so daß der vorgebliche Antipsycho-
logismus der Transzendentalisten selbst nichts anderes als ein verkappter Psychologismus sein kann. Eine Tatsache, die durch die
kritischen Ausführungen unseres ersten Teiles vollauf bestätigt
wird. Der Nachteil, der mit der Verkennung der psychologischen
Natur solcher „transzendentalen" Argumentationen verbunden ist,
trat in den dort besprochenen Beispielen deutlich zu Tage: Wo
die Beobachtung nicht bewußt als Kriterium anerkannt wird, ihre
Ergebnisse vielmehr mit spekulativen Einsichten vermengt werden,
da wird naturgemäß eine methodische Anwendung dieses Kriteriums
erschwert, wo nicht unmöglich gemacht. Man verliert die Möglichkeit, Fehler der Selbstbeobachtung zu erkennen und zu berichtigen. Unter dem Vorwande, gar nicht psychologisch *gemeint* zu
sein, werden fehlerhafte Sätze eingeführt, die in der Tat nur
*insofern* nicht als psychologisch gelten können, als sie mit den
Tatsachen der Selbstbeobachtung nicht in Einklang zu bringen
sind.

Wir erinnern zum Beweise hierfür nur an die im VI. Kapitel
besprochene Erkenntnistheorie RICKERTS. Dieser verfährt so, daß
er von einem ausgesprochenermaßen das individuelle Bewußtsein
betreffenden und somit offenbar psychologischen — übrigens falschen — Satze ausgeht, daß er dann diesem Satze das Gepräge
einer logischen Notwendigkeit zu geben sucht, um ihn schließlich
mit Berufung auf diese Notwendigkeit auf das überindividuelle
„Bewußtsein überhaupt" zu übertragen und auf solche Weise zu
einer „logischen Voraussetzung" alles Wissens zu stempeln. Wir
wollen, um hierüber jeden Zweifel zu zerstreuen, noch mit einigen
Worten auf RICKERTS Lehre vom Willen als logischer Voraussetzung
aller Wahrheit eingehen.

67. Rickert sagt: „Von dem Begriff der Wahrheit ist der Gedanke, daß das wahr Genannte das ist, was . . . für das erkennende
Subjekt Wert hat, begrifflich nicht loszulösen, und so schließt die
Konstatierung einer jeden Tatsache in einem Urteil, das auf Wahr-
heit Anspruch macht, bereits die Stellungnahme zum Wahrheitswert und seine Anerkennung durch das erkennende Subjekt ein."[1]
Das Richtige, was diesem Satze zu Grunde liegt, besteht in der
Beobachtung, daß die Anerkennung des Wahrheitswertes des Urteils eine psychologische Bedingung für das wirkliche Zustandekommen des Urteils ist.     Aber diese psychologische Bedingung der
Entstehung des Urteils verwechselt Rickert mit einer logischen
Bedingung der Gültigkeit des Urteils.     Für ihn bildet der Begriff
eines „wertenden Subjekts" „die logische Voraussetzung jedes Für-
wahrhaltens".     „Die Anerkennung des Wahrheitswertes ist die
logische Voraussetzung jeder Wissenschaft."     Der Wille zur Wahrheit „ist daher das letzte ‚a priori' jeder Wissenschaft".[2]     „Das
Wort Sein hat nur als Urteilsprädikat einen Sinn, und insofern
ist der Wille, der den Wahrheitswert überhaupt anerkennt, die
logische Voraussetzung aller Existenzialurteile."[3]     Nach Rickert
„zwingt uns eine rein theoretische Untersuchung des Erkennens,
wie des logischen Denkens überhaupt, noch hinter die logische
Notwendigkeit zurückzugehen und in dem ein Sollen anerkennenden
Willen das zu sehen, worin die logische Notwendigkeit selbst
erst ihren ‚Grund' hat."     „Erst in dem das Sollen seiner selbst
wegen anerkennenden Willen" können wir nach Rickert „das letzte
Fundament des Erkennens sehen, für das dann keine Begründung
mehr möglich ist".[4]

---

[1] Die Grenzen der naturwissenschaftlichen Begriffsbildung, S. 665.
[2] S. 669 ff.     [3] S. 683.     [4] S. 698.

Die Trugschlüsse, die diesen Sätzen zu Grunde liegen, sind
offensichtlich. Indem RICKERT die psychologischen Realgründe des
Urteilens mit den logischen Gründen der Wahrheit des Urteils
verwechselt, treibt er selbst *den* Fehler auf die Spitze, den er zu
widerlegen vorgiebt: die Vermengung psychologischer Gesichtspunkte mit logischen. Der Wille zur Wahrheit ist nicht mehr
und nicht weniger eine „logische Voraussetzung jeder Wissenschaft" wie etwa das Essen und Trinken nnd alle übrigen leib-
lichen und seelischen Verrichtungen, deren Ausbleiben die Unmöglichkeit, Urteile zu fällen und Wissenschaft zu treiben, zur Folge
haben würde, weil ohne sie der Mensch überhaupt nicht leben, geschweige denn sich wissenschaftlich betätigen könnte. Wer wird
aber von der Möglichkeit Hunger und Durst zu stillen die Wahrheit irgend welcher Urteile abhängig machen wollen. — Natürlich
sträubt sich RICKERT aufs lebhafteste gegen die Zumutung, seine
Argumentationen hätten es in irgend einer Hinsicht mit psychologischen oder psychophysischen Fragen zu tun. „Der Wille, der
das transzendente Sollen anerkennt" und der selbst der Grund
aller logischen Notwendigkeit sein soll, „hat mit irgend welchem
Wünschen oder individuellen Wollen nichts gemein".[1]  „Es kann
sich hier nicht etwa um die Aufstellung einer psychologischen
Theorie handeln, da jede derartige Theorie bereits das voraussetzen
muß, was durch sie erst begründet werden soll."[2]  Gewiß: jede
psychologische Theorie muß bereits die logische Notwendigkeit
sowie die Möglichkeit des Erkennens überhaupt voraussetzen. Aber
man muß schon sehr gutgläubig sein, um auf RICKERTS Behauptung
einzugehen, daß die „Erkenntnistheorie" oder „Wissenschaftslehre"

---

[1] S. 683.
[2] S. 672. Vgl. auch S. 666 und 685, sowie S. 14: „Wir müssen vor Allem
darauf hinweisen, daß Erkenntnistheorie in unserem Sinne *nicht* Psychologie ist."

dieser Voraussetzung entraten kann. Sagt doch RICKERT selbst:
„Das einzige den Intellekt absolut zwingende Kriterium, das wir
bei dem Versuch einer logischen Deduktion der überempirischen
wissenschaftlichen Voraussetzungen haben, ist die Aufzeigung des
Widerspruchs, der in jeder Leugnung dieser Voraussetzungen
steckt."[1]

Das Kriterium der Rickertschen Erkenntnistheorie soll also
in der Unmöglichkeit des Widerspruchs liegen; d. h. doch wohl
in der logischen Notwendigkeit, also in demjenigen, was durch
diese Theorie erst begründet werden soll. Gerät also nach RICKERT
der „Psychologismus" notwendig in einen Zirkel[2], so tut dies erst
recht der Psychologismus RICKERTS. Denn die Rickertsche Erkenntnistheorie *ist* Psychologismus, wenn man recht hat, die Verwechslung der Realgründe der Entstehung eines Urteils mit den
logischen Gründen seiner Wahrheit „Psychologismus" zu nennen.
Ohne die psychologische Beobachtung der Abhängigkeit des Urteils vom Willen hätte RICKERT nie dazu gelangen können, den
Willen in seine Erkenntnistheorie einzuführen; wenngleich er
natürlich hinterher, um den Schein des Psychologismus zu vermeiden, die psychologische Natur dieser Beobachtung leugnen mußte.
Denn auch der an sich richtige Satz von der Abhängigkeit des
Urteilens vom Willen läßt sich durchaus nicht auf das von RICKERT
angegebene Kriterium gründen, daß „in seiner Leugnung ein Widerspruch steckt". Die Leugnung dieses Satzes ist ohne jeden Widerspruch durchführbar; der Satz läßt sich schlechterdings nicht auf
eine angebliche logische Notwendigkeit, sondern ausschließlich auf
psychologische Beobachtung gründen. Was aber hier die psychologische Beobachtung zeigt, ist nicht eine Abhängigkeit des *Er-*
*kennens überhaupt* vom Willen, sondern nur eine solche des Erkennens

---

[1] S. 693.        [2] S. 685.

durch *Urteile*; und schon aus diesem Grunde ist der Satz von dem Willen als „letztem Fundament des Erkennens" falsch.

RICKERTS Begründung dieses Satzes enthält also eine drei-fache Verwechslung: 1) begeht er die psychologische Verwechslung der Abhängigkeit des Urteils vom Willen mit der angeblichen Abhängigkeit alles *Erkennens* vom Willen; 2) verwechselt er die faktisch-psychologische Natur des Satzes von der Abhängigkeit des Urteils vom Willen mit einer logischen Notwendigkeit; und 3) verwechselt er die Ursache der Entstehung des Urteils mit dem Grunde seiner Gültigkeit.

# XIV.

## Lipps' „Grundwissenschaft". Der Begriff des Denkgesetzes.

68. Schließlich dürfen wir die neuerdings von LIPPS angestellten Betrachtungen über die uns beschäftigende Frage nicht übergehen. In seiner Schrift: „Inhalt und Gegenstand, Psychologie und Logik" stellt sich LIPPS die Aufgabe, den Begriff der Logik zu bestimmen und ihr Verhältnis zur Psychologie klarzulegen. Das Wort „Logik" wird dabei in einem sehr weiten Sinne gebraucht und, wie es scheint, als gleichbedeutend mit dem Ausdruck „Metaphysik". „Logik" soll die „Wissenschaft vom Denken" sein[1], trotzdem aber nicht zur empirischen Psychologie gehören[2]. Logik soll es mit der „Frage nach den Erkenntnisquellen" zu tun haben, sie soll erkennen, „wie Erkenntnis entsteht und was ihr Wesen ist".[3] Wie können wir aber das Denken und Erkennen anders erkennen als durch innere Erfahrung? „Logik", sagt LIPPS, ist „Wissen-

---

[1] Inhalt und Gegenstand, Psychologie und Logik, S. 556.
[2] S. 562.      [3] S. 557.

schaft vom Apriorischen", sie „weist die apriorische Gesetzmäßigkeit auf".[1] Diese Erklärung ist zweideutig: Was soll hier der
Gegenstand der Logik sein? Die a priori erkennbaren *Gesetze*?
Oder die apriorische *Erkenntnis* der Gesetze? Man muß wohl
das letztere vermuten, wenn man liest: „Logik ist die Wissenschaft, die aus allem Denken und Erkennen das Apriorische
herauslöst."[2] Wenn aber die Wissenschaft *vom* apriorischen Erkennen die Logik sein soll, welcher Wissenschaft gehört dann
das apriorische Erkennen selbst an? Ist andererseits die Unterscheidung apriorischen und empirischen Erkennens nicht eine *psychologische*? Geht sie auf den Gegenstand der Erkenntnis oder
nicht vielmehr auf den *Ursprung* oder die *Erkenntnisquelle*? Wie
anders also soll die Herauslösung des Apriorischen aus dem Erkennen vor sich gehen als durch psychologische Untersuchung des
tatsächlich in der inneren Erfahrung vorzufindenden Erkennens?
Oder folgert LIPPS aus der Apriorität der Erkenntnis, die nach
seiner Definition den *Gegenstand* der Logik bildet, die Apriorität
*der* Erkenntnis, die ihren *Inhalt* bildet?

Aber LIPPS hat wiederum mit dem „Denken" und „Erkennen"
gar nicht das im Auge, was nach dem gewöhnlichen Sprachgebrauch unter diesen Ausdrücken zu verstehen ist, sondern vielmehr das Denken und Erkennen des „überindividuellen Ich".[3] Nun
wohl, wird man sagen, dann versteht es sich, daß, da wir durch
innere Erfahrung stets nur unser *individuelles* Ich erkennen, die
Logik, als Wissenschaft vom *über*individuellen Ich, nicht zur
empirischen Psychologie gehören kann. Doch fast scheint es mitunter, als solle der Ausdruck, „überindividuelles Ich" bei LIPPS
nur den Wert einer anderen *Bezeichnung* für das „Apriorische"

---

[1] S. 557.        [2] S. 557.        [3] S. 557.

haben, so daß der Gegensatz des Empirischen und Apriorischen
*identisch* wäre mit dem des Individuellen und Überindividuellen.
Den Satz, daß Logik „aus allem Denken und Erkennen das
Apriorische herauslöst", setzt Lipps fort mit den Worten: „und
damit aus dem denkenden individuellen Ich das überindividuell
und überzeitlich denkende Ich". Und nachdem Lipps erklärt hat,
Logik stelle die apriorischen Quellen und die apriorische Gesetzmäßigkeit der Erkenntnis auf, fährt er fort: „Die Logik, so
können wir dies auch ausdrücken, zeigt den von der Zufälligkeit
des Individuums unabhängigen denkenden Geist oder sie ist die
Darstellung des reinen Verstandes." Hiernach scheinen in der
Tat die Ausdrücke „a priori" und „überindividuell" Synonyma zu
sein, ebenso wie die entsprechenden „empirisch" und „individuell".
Verhält es sich aber so, dann giebt es ja für das, was „überindividuell" ist, gar kein anderes Kriterium als die Apriorität;
und sofern diese ein psychologischer Begriff ist, wird auch die
Wissenschaft vom Überindividuellen eine psychologische sein müssen.
Lipps findet es anders:

> „Die Wissenschaft von dem, was alle Erkenntnis erst zur Er-
> kenntnis macht, dürfen wir die reine Wissenschaft nennen. . . .
> Diese ‚reine' Wissenschaft ist, als solche, zugleich die erste
> Wissenschaft, die ‚πρωτη φιλοσοφια'. Dann sind die Logik und
> weiterhin die reine normative Ästhetik und Ethik Disziplinen
> dieser ‚reinen' oder ‚ersten' Wissenschaft. Ihnen stehen gegenüber
> die empirischen Wissenschaften."[1]

Hier hat Lipps offenbar Folgendes verkannt. Logik soll aus
allem Erkennen das Apriorische „herauslösen". Die „logische"
Erkenntnis, die das Apriorische aus der Erkenntnis *herauslöst*,

---

[1] S. 558.

darf hier nicht verwechselt werden mit der apriorischen Erkenntnis,
die durch die „logische" Erkenntnis herausgelöst *wird*. Die apriorische Erkenntnis bildet nach LIPPS' Definition den *Gegenstand* der
Logik. Offenbar hat er diese apriorische Erkenntnis im Auge, wenn
er von dem spricht, was alle Erkenntnis erst zur Erkenntnis macht.
Und offenbar vermengt er dieses, was alle Erkenntnis erst zur
Erkenntnis macht, mit der Erkenntnis *von* dem, was alle Erkenntnis erst zur Erkenntnis macht, d. h. er verwechselt das, was er
als den Gegenstand der Logik definiert hat, mit dem *Inhalt* dieser
Wissenschaft, wenn er die Wissenschaft „von" dem, was alle Erkenntnis erst zur Erkenntnis macht, als die „reine" und „erste"
Wissenschaft bezeichnet. Er hält die Wissenschaft, die die apriorischen Gründe der Erfahrungswissenschaften zum *Gegenstande*
hat, *selbst* für den apriorischen Grund dieser Wissenschaften.
Diese Verwechslung zeigt sich schon darin, daß er die fragliche
Wissenschaft einerseits als „Logik" und weiterhin auch als „Metaphysik" bezeichnet, während er ihr an anderer Stelle geradezu
den Namen „Kritik der Vernunft" giebt.[1] „Metaphysik" soll die
fragliche Wissenschaft heißen, weil sich ihr Begriff mit dem
Aristotelischen der πρώτη φιλοσοφία decke; weil sie „die Wissenschaft *vor* allen anderen Wissenschaften", weil sie die „*Grundwissenschaft*" sei.[2] In diesem letzten Ausdrucke verrät sich wieder
aufs deutlichste die fehlerhafte Identifizierung von Grund und
Begründung. Wird die kritische Begründung der Erfahrungswissenschaften, d. h. die Aufweisung ihrer apriorischen Gründe,
mit diesen Gründen selbst verwechselt, so muß die Kritik als
eine apriorische Wissenschaft erscheinen und kann daher natürlich
nicht der Psychologie zugerechnet werden. Diese Konsequenz

---

[1] S. 669.     [2] S. 668 f.

zieht Lipps, indem er sagt: „Wie die Grundlage aller Wissenschaften, so ist diese Wissenschaft insbesondere auch die Grundlage der empirischen Psychologie."[1] Wie ist es dann aber möglich, daß die fragliche Wissenschaft, „ausgehend vom individuellen
Bewußtsein" „zum reinen Bewußtsein führt"?[2] Wenn sie vom
individuellen Bewußtsein ausgeht, so geht sie von psychologischen
Feststellungen aus. Was *führt* sie dann aber über das psychologische Ausgangsgebiet *hinaus*? Lipps operiert häufig bei seinen
„psychologischen Untersuchungen" mit „metaphysischen Folgerungen"[3]. Wie ist es aber möglich, aus psychologischen Sätzen
metaphysische zu folgern? Sollte dies geschehen können, so
würde ja umgekehrt die Psychologie zur „Grundwissenschaft" der
Metaphysik gemacht, und es würde nicht die Metaphysik die
Grundwissenschaft der Psychologie sein können.

69. In der Tat finden wir diese umgekehrte — unzweifelhaft
psychologistische — Auffassung in der jüngsten methodologischen
Publikation von Lipps wieder in den Vordergrund gerückt. Hier
wird die „normative Ästhetik", die nach dem vorhin Zitierten
eine Disziplin der Metaphysik sein sollte, ausdrücklich als eine
Disziplin der *Psychologie* in Anspruch genommen. Das haupt-
sächliche Argument hierfür entnimmt Lipps seiner teleologischen
Erkenntnistheorie.[4] Wie nämlich die Wahrheit eines Urteils
darauf beruhen soll, daß das Urteil von uns gefordert sei, so soll
die Schönheit eines Gegenstandes darauf beruhen, daß von uns

---

[1] S. 669.
[2] Man beachte auch den Satz: „Und das *individuelle* Bewustsein ist es, in
dem das *reine gefunden* wird." (S. 669.)
[3] So z. B. Psychologische Untersuchungen, Bd. I, Heft 1, S. 125.
[4] Vgl. das VI. Kapitel des ersten Teils dieser Schrift.

gefordert sei, den Gegenstand auf gewisse Weise zu werten.[1] Ist
also Ästhetik „die Wissenschaft vom Schönen"[2], so hat sie die
Frage zu beantworten, worin das ästhetische Werten bestehe.
Da aber das Werten nur „im Bewußtsein" vorkommt, ·also nur
auf Grund psychologischer Betrachtung erkannt werden kann, so
folgt, daß die Ästhetik zur Psychologie gehört.

Diese Argumentation hat den Fehler, daß sie zu viel beweist.
Denn auf dieselbe Weise ließe sich beweisen, daß *jede* Wissenschaft zur Psychologie gehört. Die Berechnung einer Kometen-
bahn beispielsweise ist nach LIPPS „wahr", wenn sie von uns
gefordert ist. Da aber das Rechnen nur im Bewußtsein vorkommt,
so würde folgen, daß das Berechnen von Kometenbahnen eine
Aufgabe der Psychologie ist.

Der Ursprung des Fehlers läßt sich leicht angeben: Setzen
wir mit LIPPS voraus, die Schönheit eines Gegenstandes bestehe
in der Forderung, von uns auf gewisse Weise gewertet zu werden,
so kommt zwar das *Werten* nur im Bewußtsein vor, ist also „ein
psychisches Vorkommnis und als solches ganz gewiß Gegenstand der
Psychologie"[3], nicht aber gilt dies von der *Forderung*, zu werten,
von *dem* also, was (nach LIPPS) die Schönheit, und mithin den
Gegenstand der Ästhetik, ausmacht.

LIPPS selbst sagt: „An sich gewiß sind diese Forderungen
nichts als eben Forderungen."[4] Aber indem diese Forderungen

---

[1] „Psychologie und Ästhetik", im Archiv für die gesamte Psychologie,
Bd. IX, S. 96.
[2] S. 99. — Wir lassen hier die Frage dahingestellt, ob eine solche Wissenschaft überhaupt möglich ist.      [3] S. 97.
[4] S. 97. Man beachte auf derselben Seite den folgenden Satz: „Das Schöne
ist dasjenige, was fordert, in bestimmter Weise ästhetisch gewertet zu werden.
Und daß es dies fordere, dies sagt nicht, daß die ästhetische Wertung geschehe,
daß diese psychologische Tatsache zustande komme."

„erlebt" werden, sollen sie aufhören, „bloße Forderungen zu sein",
sollen sie zu „Bestimmungsgründen für das tatsächliche ästhetische
Werten" werden, wenn auch „nicht zu den einzigen Bestimmungsgründen".[1] Wir mögen dies — unter Vorbehalt — zugeben,
mögen also immerhin mit LIPPS sagen: „Die Psychologie hat auch
mit den Gegenständen zu tun, freilich nur sofern sie eben das
individuelle Bewußtsein mitbestimmen, oder von dieser Seite her
*betrachtet"*[2], — so ist doch *diese* „Betrachtung" des schönen Gegenstandes eine andere als die der *Ästhetik* zur Aufgabe gemachte.
„Die ästhetische Frage lautet ja: Was macht den schönen Gegenstand schön?"[3] Was aber den Gegenstand schön macht, ist nach
LIPPS die *Forderung*, ihn auf gewisse Weise zu werten; eine
Forderung, die nach LIPPS' ausdrücklicher Erklärung von dem
wirklichen Stattfinden der Wertung unabhängig besteht und an
und für sich das individuelle Bewußtsein *nicht* zu bestimmen
braucht. Den Gegenstand betrachten, *sofern* er das individuelle
Bewußtsein bestimmt, ist also etwas anderes, als den Gegenstand
betrachten, sofern er *schön* ist. Und nur diese letzte Betrachtungsweise sollte die ästhetische, nur jene sollte die psychologische sein.

Die psychologistischen Konsequenzen des dargelegten Fehlers
machen sich bei LIPPS selbst unverkennbar geltend. Indem der
Inhalt des ästhetischen Wertens mit seinem Gegenstande verwechselt wird, wird LIPPS folgerichtig zu der Behauptung geführt,
daß das ästhetische Objekt erst durch die ästhetische Wertung
geschaffen werde, also gar nicht außerhalb des menschlichen Geistes
bestehe.[4] Es ist hier nicht der Ort, das Recht oder Unrecht des
ästhetischen Subjektivismus zu entscheiden, aber wir müssen aus
der vorstehenden Erörterung den Schluß ziehen, daß die ihm von

---

[1] S. 97.    [2] S. 99.    [3] S. 99.    [4] S. 101 ff.

LIPPS gegebene Begründung fehlerhaft ist.[1] Begeht man aber einmal die dargelegte psychologistische Verwechslung von Inhalt und
Gegenstand, so ist die Konsequenz eines uneingeschränkten psychologischen Subjektivismus allerdings unabwendbar.[2]

---

[1] LIPPS versucht übrigens noch eine andere Begründung, die indessen ihr
Ziel ebensowenig erreicht. Er argumentiert hier folgendermaßen:
„Was ist das ästhetische Objekt? Ist es der von mir unterschiedene Gegenstand? Ein solcher ist das mir Gegebene . . . . Wenn eine Melodie schön ist,
ist diese Melodie das von mir Gehörte? Wenn eine Dichtung, ein plastisches
Bildwerk schön ist, ist diese Dichtung, dies plastische Bildwerk das von mir
sinnlich Wahrgenommene? Darauf lautet die Antwort: Gegeben sind mir, wenn
ich eine Melodie höre, die Töne und ihre zeitlichen Intervalle. Aber die Melodie
ist weder die Töne, noch die zeitlichen Intervalle, sondern sie ist das Ganze, das
ich aus dem mir sinnlich gegebenen Material geistig schaffe; zu dem ich die
Töne zusammenfasse und verwebe. Ebenso entsteht das dichterische oder plastische
Kunstwerk in mir durch ein mannigfaches geistiges Tun, in welchem ich das
sinnlich gegebene Material ‚forme‘ . . . . Dieser so geschaffene Gegenstand erst
ist schön. Nicht einen mir gegebenen, sondern einen von mir geschaffenen
Gegenstand . . . . meine ich also, wenn ich von einem ästhetischen Objekt rede."
(S. 101.)
Da LIPPS hier unter „gegeben" „sinnlich-wahrgenommen" versteht, so besagt
die Behauptung, der schöne Gegenstand sei mir nicht gegeben, lediglich: er sei
nicht sinnlich wahrgenommen. Hieraus kann man nicht schließen, daß der schöne
Gegenstand nicht außer mir besteht; es sei denn, daß man die Voraussetzung
macht, daß das ausschließliche Kriterium der Objektivität in der sinnlichen Wahrnehmung liege. Diese Voraussetzung wird in der LIPPSschen Argumentation stillschweigend eingeführt, indem dem Terminus „gegeben" anstelle der erst festgesetzten Bedeutung die der objektiven Existenz substituiert wird. Nur durch diese
unerlaubte Substitution erhält die Entgegensetzung „nicht gegeben, sondern geschaffen" einen Sinn. — Der tiefere Grund dieses Fehlers liegt in einem psychologischen Irrtum, der uns später (§ 75) noch zu beschäftigen haben wird.
[2] LIPPS bleibt daher auf halbem Wege stehen, wenn er, um dem Widersinn
dieser Konsequenz zu entgehen, gewisse realistische Einschränkungen seines
Idealismus festzuhalten sucht. Er will nämlich daran festhalten, daß ein Kunstwerk auch dann weiter besteht, wenn kein Mensch in der Lage ist, es ästhetisch
zu werten. Und dies wird dadurch begründet, daß zur Möglichkeit eines Kunstwerks zweierlei gehöre: erstens das sinnlich Gegebene, und zweitens der menschliche Geist. Das Zusammenwirken beider lasse das Kunstwerk aktuell entstehen.

70. Lipps will die Tragweite der angeführten Argumentationen
nicht auf die Ästhetik beschränken. Diese dient ihm vielmehr nur
als Beispiel; das behauptete Verhältnis, in dem sie zur Psychologie
stehen soll, will er in gleicher Weise für die Logik und für die
Ethik gelten lassen. Betrachten wir daher dies Verhältnis noch
einmal bei der Logik, von der Lipps hier ausdrücklich erklärt, daß
er sie nicht im formalen Sinne verstanden wissen will.[1] Wir lesen:

Die „Existenz des Kunstwerks" soll darin bestehen, „daß etwas gegeben ist, das
fordert zum Kunstwerk gestaltet zu werden . und daß der menschliche Geist da
ist, der fordert, daß aus diesem Gegebenen dies Kunstwerk gestaltet werde."
(S. 103.) — Die Inkonsequenz dieser Argumentation springt in die Augen. Die
Existenz einer *Melodie* besteht in der Forderung einer gewissen Folge von Tönen,
vom menschlichen Geiste auf gewisse Weise gewertet zu werden. Aber wie steht
es mit dem „Gegebensein" dieser *Töne*? Und wie mit dem „Dasein" des *„menschlichen Geistes"*? Besteht die Existenz der Melodie nur in einer Forderung, bestehen dann die Töne und der menschliche Geist auf andere Weise als vermöge
analoger Forderungen? Oder welchen Vorzug haben die Töne und der menschliche Geist in dieser Hinsicht vor der Melodie? Lipps selbst scheint einen solchen
Vorzug keineswegs behaupten zu wollen, wenn er sagt: das Urteil „Die Rose ist
rot, auch wenn ich nicht an sie denke" gebe lediglich „zu verstehen, die Rose
fordere, als rot gedacht zu werden". „Die Tatsächlichkeit des Rotseins einer
Rose . . . besteht . . . in einer Forderung." (S. 102.) Was bleibt aber von der
„Rose", wenn ich von ihrem Rotsein absehe, — was ist also dasjenige, was
„fordert, als rot gedacht zu werden"? Etwa die Gestalt, Masse oder Größe des
Gegenstandes? Aber deren Tatsächlichkeit kann ja nach Lipps auch nichts
anderes bedeuten, als daß die Forderung besteht, sie zu denken. Und nicht anders
steht es mit der Tatsächlichkeit der Töne, und nicht anders mit der des menschlichen Geistes. Entweder also man nimmt Gegenstände an, deren Tatsächlichkeit
unabhängig von dem Gefordertsein gewisser Urteile oder Wertungen besteht:
dann hat Lipps keinen Grund angegeben, warum nicht auch ästhetische Gegenstände von dieser Art sein können. Oder aber Lipps gründet seinen ästhetischen
Subjektivismus auf die allgemeine erkenntnistheoretische Behauptung, Gegenstände
existierten nur vermöge der Erfüllung gewisser Forderungen, so führt dies auf
einen uneingeschränkten Subjektivismus, der keinen Raum läßt für irgend ein
Gegebenes, das im Unterschiede von ästhetischen Gegenständen *objektiv* existieren
könnte. (Daß diese erkenntnistheoretische Lehre auf Widersprüche führt, ist im
VI. Kapitel gezeigt worden.)
[1] S. 108.

„Logik ist die Lehre von den Gesetzen des Denkens, d. h. des
Urteilens. Aber wir wissen von dem, was das Wort Urteilen besagt, nur aus uns, d. h. aus unserem individuellen Bewußtsein. Die
Logik ist demnach nichts ohne die Feststellung, was denn das
einzig im individuellen Bewußtsein auffindbare Urteilen sei. Und
diese Feststellung ist zweifellos eine Aufgabe der Psychologie."

Was sollen wir uns unter diesen „Gesetzen des Denkens" vorstellen, die den Gegenstand der Logik bilden? Etwa Gesetze,
nach denen unser Denken abläuft, so wie die Bewegungen der
Planeten nach den Gesetzen der Himmelsmechanik? Anscheinend
meint es LIPPS nicht so; denn er hebt selbst hervor, daß die
logischen Gesetze „Normen" seien, „wie wir urteilen *sollen*".[1]

Freilich macht LIPPS diese Charakteristik der logischen Gesetze
(und allgemeiner der „Gesetze der reinen Vernunft"[2] überhaupt,
also auch der ethischen und ästhetischen) als „Normen" dadurch
sofort wieder illusorisch, daß er die Behauptung hinzufügt, auch
die Naturgesetze der Physik und Psychologie seien Normen. Er
gründet diese Behauptung auf den Satz: „Solche Naturgesetze
sagen nicht, was in der physischen Welt geschieht oder zu geschehen pflegt. Kein Körper ist je absolut so gefallen, wie es das
Fallgesetz vorschreibt."[3] Diesem Satze liegt eine heute sehr allgemein verbreitete Verwechslung zu Grunde. Ein Naturgesetz
sagt in der Tat nicht aus, was irgend wo oder irgend wann tatsächlich geschieht. Das Fallgesetz bliebe auch dann gültig, wenn
nie und nirgend in der Welt das Fallen eines Körpers stattfände.
Trotzdem aber gilt das Fallgesetz für jeden wirklich vorkommenden Fall, und zwar mit absoluter Genauigkeit. Jedes Naturgesetz
ist ein *hypothetischer* Satz, der aussagt, daß unter bestimmten

---

[1] S. 108.     [2] S. 110.     [3] S. 113.

Bedingungen bestimmte Folgen eintreten. Die Geltung des Gesetzes ist also von dem Eintreten oder Nicht-Eintreten dieser Folgen unabhängig; denn es behauptet nur die Konsequenz des Nachsatzes, der die Folgen angiebt, *aus* dem Vordersatze, der die Bedingungen angiebt. So sagt das Fallgesetz aus, daß der von einem Körper in einem konstanten Kraftfelde zurückgelegte Weg dem Quadrat der Zeit proportional ist; oder, wenn man sich so ausdrücken will, es „schreibt" dies „vor". Und von dieser „Vorschrift" kann, wenn sie überhaupt besteht, kein Körper jemals im mindesten abweichen. — Ob jemals der von einem Körper zurückgelegte Weg dem Quadrat der Zeit proportional ist, das ist eine völlig andere Frage; denn dies hängt davon ab, ob die *Bedingung* (die Konstanz des Kraftfeldes) erfüllt ist, und hierüber sagt das Fallgesetz gar nichts aus.

Indem Lipps auf solche Weise den Unterschied zwischen Naturgesetzen und Normen aufhebt, kommt er schließlich wieder zu der Folgerung, daß die logischen Gesetze als Normen des Denkens (und ebenso die ethischen und ästhetischen Normen) „psychische Naturgesetze" seien.[1] Nun kann man allerdings mit einem gewissen Recht sagen, daß ein Gesetz wie das des Widerspruchs oder auch das Kausalgesetz ein *Naturgesetz des Denkens* sei; in dem Sinne nämlich, in dem *alles* in der Natur — also auch das zur psychischen Natur gehörige *Denken* — diesen Gesetzen unterworfen ist. Keinem Gegenstande kommen widersprechende Merkmale zu: also auch keinem Gedanken. Jede Veränderung hat eine Ursache: also auch jede Veränderung in unserem Denken. Hiervon ist aber eine andere Bedeutung dieses Ausdrucks genau zu unterscheiden; diejenige nämlich, in der man darunter die Behauptung versteht: wir

[1] S, 113.

können keinen Gegenstand denken, dem widersprechende Merkmale zukommen; wir können keine Veränderung denken, die keine Ursache hat. In diesem Sinne sind die logischen Gesetze gewiß *nicht* Naturgesetze des Denkens. Denn wären sie es, so wäre ein Verstoß gegen sie unmöglich, wie er doch in jedem Falle vorkommt, wo ein Mensch Widersprechendes behauptet oder wo jemand an ein Wunder glaubt.

71. Sind also die logischen Gesetze *Normen des Denkens*? Wir haben bereits früher[1] gezeigt, daß die Geltung einer Wahrheit sich nicht auf eine Forderung, wie wir urteilen sollen, reduzieren läßt. Dies gilt ohne weiteres auch von der Geltung der logischen Gesetze. Diese sind also gewiß *nicht* Normen, wie wir urteilen sollen. — Natürlich bestreiten wir damit nicht, daß sich *auf* die logischen Gesetze solche Normen *gründen* lassen, nämlich für denjenigen, der richtig denken *will*. Aber eine solche Norm ist nicht das logische Gesetz selbst, sondern die Vorschrift, nichts zu denken, was dem logischen Gesetze nicht gemäß ist. Und, wie wir bereits betonten, entsprechen Normen in diesem Sinne nicht etwa vorzugsweise den logischen Gesetzen, sondern in völlig gleicher Weise allen Gesetzen überhaupt. Auf jedes mathematische, physikalische, chemische oder sonstige Gesetz läßt sich eine entsprechende Vorschrift für das Denken gründen. Und nicht nur von allen *Gesetzen* gilt dies, sondern ganz allgemein von jeglicher Wahrheit als solcher, also auch von den *Tatsachen*-Wahrheiten. Die Tatsache, daß der Westfälische Friede im Jahre 1648 geschlossen worden ist, darf von keinem Denken, das auf Wahrheit Anspruch erheben will, negiert werden: hierin haben wir eine Norm, die der anderen völlig entspricht, daß ein Denken, das auf Wahrheit Anspruch

---

[1] Im VI. Kapitel.

erheben will, einem Gegenstande nicht widersprechende Merkmale zuschreiben darf.

In dem übertragenen Sinne also, in dem sich der normative Charakter der logischen Gesetze behaupten läßt, ist *jede* Wahrheit eine Norm, ein „Gesetz des Denkens"; denn ein Urteil, das ihr gemäß ist, ist richtig, ein solches, das ihr widerspricht, falsch. Lipps' Beweis für die psychologische Natur der Logik beweist also wieder zu viel: Wäre er richtig, so würde er die Konsequenz einschließen, daß *jede* Wissenschaft ein Zweig der Psychologie sei. Der Satz z. B., daß Quecksilber das spezifische Gewicht 13 hat, ist genau ebenso ein Gesetz des Denkens im Lippsschen Sinne wie der Satz des Widerspruchs oder das Kausalgesetz. Denn jedes Urteil, das ihm widerspricht, ist falsch. Folgt aber daraus, daß man, um den Sinn jenes Satzes zu verstehen oder um sich von seiner Wahrheit zu überzeugen, eine psychologische Untersuchung über das Wesen des Denkens anstellen muß?

72. Aber Lipps will nicht nur beweisen, daß die Logik eine psychologische Untersuchung des Urteilens voraussetze, sondern auch umgekehrt, daß eine psychologische Untersuchung des Urteilens eine Untersuchung der logischen Gesetze voraussetze:

„Die logischen Gesetze sind Normen, wie wir urteilen *sollen.* Aber auch dies ,Sollen' hat in uns zugleich treibende Kraft. Und diese ist die eine der Komponenten in unserem tatsächlich vorkommenden Urteilen. Es ist darum unmöglich, daß diese Seite des psychischen Lebens, die wir das im Individuum vorkommende Urteilen nennen, verstanden werde, ohne daß wir die Gesetze der Logik kennen. Dies heißt: die Psychologie schließt die Logik als notwendigen Bestandteil in sich."[1]

---

[1] S. 108.

Hier gilt derselbe Einwand wie vorher. Was Lipps von den logischen Gesetzen sagt, läßt sich nach derselben Argumentationsweise ohne weiteres auf alle Gesetze der Mathematik und Naturwissenschaft, ja, wie gezeigt, auch auf alle Tatsachenwahrheiten übertragen. Nach dieser Argumentationsweise sind die genannten Tatsachen, daß Quecksilber das spezifische Gewicht 13 hat und daß der Westfälische Friede im Jahre 1648 geschlossen worden ist, „Komponenten in unserem tatsächlich vorkommenden Urteilen". Es wäre also unmöglich, daß die „Seite des psychischen Lebens, die wir das im Individuum vorkommende Urteilen nennen," verstanden werde, ohne daß wir wissen, daß Quecksilber das spezifische Gewicht 13 hat und daß der Westfälische Friede im Jahre 1648 geschlossen worden ist; d. h. die Psychologie schlösse die Chemie und Geschichte als notwendigen Bestandteil in sich.

Mag man übrigens die logischen Gesetze für Normen halten oder nicht, so dürfen wir doch in keinem Falle diesen Gesetzen eine „treibende Kraft" zuschreiben und sie als „Komponenten in unserem tatsächlich vorkommenden Urteilen" betrachten. Einem Gegenstande eine Kraft oder reale Wirksamkeit irgend welcher Art zuschreiben, das heißt: diesen Gegenstand als Ursache der Veränderung eines anderen Gegenstandes denken. Dieser Gedanke schließt die Annahme eines *Gesetzes* ein, dem gemäß die Veränderung des zweiten Gegenstandes von dem ersten abhängt. Ein solcher Gedanke ist daher auf Gesetze selbst nicht anwendbar, denn er führt die widersinnige Konsequenz bei sich, nach der das Gesetz zu einem realen Dinge hypostasiert würde. Das Gesetz ist nicht selbst eine Ursache von Veränderungen, sondern (wenn es ein Naturgesetz im physikalischen Sinne ist) nur die allgemeine *Form* der Wirksamkeit solcher Ursachen.

Auch bei Gesetzen unzweifelhaft normativen Charakters wie

den ethischen verhält es sich nicht anders. Nicht ein ethisches Gebot als solches, sondern allein *unsere Anerkennung* des Gebotes vermag unseren Willen zu bestimmen. Analog ist der Bestimmungs-grund des ästhetischen Wertens nicht der schöne Gegenstand oder die Forderung, ihn auf gewisse Weise zu werten; und ebensowenig liegt der Bestimmungsgrund des logischen Denkens in den logischen Gesetzen oder in irgend welchen Forderungen, logisch zu denken. Sondern dieser Bestimmungsgrund liegt allemal in *unserer Erkenntnis* der Gesetze oder Forderungen. Je nach dem Grade der Deutlich-keit dieser Erkenntnis einerseits und je nach der Zahl und Stärke entgegenwirkender Bestimmungsgründe andererseits wird unser tatsächliches Denken, Wollen und Werten in größerer oder geringerer Übereinstimmung mit den entsprechenden logischen, ethischen und ästhetischen Gesetzen stehen. — Diese Erkenntnis kann, da sie eine Erkenntnis allgemeiner Gesetze ist, nicht der Erfahrung entnommen sein. Als Kriterium der Richtigkeit des tatsächlichen Denkens kann sie andererseits nicht diesem tat-sächlichen Denken entnommen sein. Sie muß also unabhängig von aller Erfahrung sowohl als auch von allem tatsächlichen Denken *ursprünglich* in unserem Vorstellungsvermögen als solchem gegründet sein. D. h. dieses Kriterium ist das, was wir die unmittelbare Erkenntnis der reinen Vernunft nannten.[1]

73. Die logischen Gesetze sind also weder Normen des Denkens, noch sind sie Naturgesetze des Denkens in dem spezifischen Sinne, daß das Denken ihnen in irgend einer anderen Weise unterworfen wäre als die Gegenstände der physischen Natur. Trotz alledem hat die Bezeichnung dieser Gesetze als „Denkgesetze" ihren guten Sinn. Die von LIPPS „logisch" genannten Gesetze — die wir, um

---

[1] Vgl. § 50.

mit unserer Terminologie in Übereinstimmung zu bleiben, lieber „metaphysische" nennen wollen — sind nämlich solche, *deren wir uns nur im Denken* (durch Reflexion) *bewußt werden*, d. h. die nur Gegenstand einer *nicht-anschaulichen Erkenntnis* sein können. Dies und nichts anderes ist die eigentümliche Beziehung der fraglichen Gesetze zum Denken. Haben wir diesen Gesichtspunkt einmal erfaßt, so werden wir auch das Verhältnis der Psychologie zur Metaphysik richtiger beurteilen. Die Erkenntnis, die den Inhalt der metaphysischen Urteile bildet, hat ihren Grund nicht in der Anschauung, ist also hinsichtlich ihrer Gültigkeit auch von aller *inneren* Anschauung und mithin von aller psychologischen Erkenntnis unabhängig. Da aber eine nicht-anschauliche Erkenntnis eine solche ist, die uns nicht unmittelbar zum Bewußtsein kommt, so können die fraglichen Urteile nicht dadurch begründet werden, daß wir sie unmittelbar mit der ihnen zu Grunde liegenden Erkenntnis vergleichen, sondern wir müssen, um eine solche Vergleichung anzustellen, die den Grund der zu begründenden Urteile bildende Erkenntnis erst zum Gegenstande einer wissenschaftlichen Untersuchung machen. Eine wissenschaftliche Untersuchung, die Erkenntnisse zum *Gegenstande* hat, ist aber eine psychologische.

Dieser Umstand allein ist es, der der Psychologie ihre Bedeutung für die Metaphysik (und für die Philosophie überhaupt) giebt: Nicht der Grund, sondern die Begründung der Metaphysik gehört der Psychologie an.

74. Auf diesen Satz geht im Grunde auch Lipps' Darstellung aus, aber infolge der dargelegten Fehler gelingt es ihm nicht, eine klare Formulierung des Sachverhalts zu gewinnen. Die Identifizierung von Erkenntnis und Urteil läßt ihn die unmittelbare Erkenntnis verfehlen und veranlaßt ihn dadurch, den Grund der metaphysischen Urteile im *Gegenstande* (oder in dessen „Forderungen")

zu suchen und so die allgemeinen metaphysischen Gesetze mit der
unmittelbaren Erkenntnis dieser Gesetze zu verwechseln. Daher
die mystische Vorstellung, nach der diesen Gesetzen eine reale,
den Ablauf der psychischen Begebenheiten mitbestimmende Wirksamkeit ("treibende Kraft") zukommen soll. Daher ferner die
mystische Vorstellung von einer "überindividuellen Vernunft" oder
einem "reinen Ich", das einerseits eine dem individuellen Ich
"immanente Tatsache" und als solche ein Gegenstand der Psychologie sein soll[1], andererseits aber zugleich mit dem Inbegriff der
allgemeinen *Gesetze* identisch sein soll, die den Gegenstand der
Metaphysik bilden.[2] Und daher endlich die Bezeichnung der metaphysischen Gesetze als "Gesetze des Geistes"[3] oder als "psychischer
Naturgesetze".[4]

Wie nahe LIPPS trotz dieser Fehler gelegentlich der richtigen
Lösung kommt, kann man aus der Stelle ersehen, an der er den
folgenden Einwand behandelt: "Besteht nicht ein absoluter Unterschied zwischen der Frage nach dem, was ist, und der Frage nach
dem, was sein soll, also zwischen Tatsache und Norm? Wie kann
dann die Psychologie, die doch Wissenschaft von Tatsachen ist,
normative Wissenschaft sein?"[5] LIPPS antwortet: "Gewiß sagt die
Psychologie nicht, was sein soll, in dem Sinne, daß sie selbst
normierte, d. h. daß sie oder daß der Psychologe irgend jemand in
der Welt Vorschriften machte.... Aber ... so gewiß die Psychologie nicht normiert, d. h. Vorschriften giebt, so gewiß *berichtet*
sie von den *Tatsachen*, die den Namen ,Norm' tragen... Das
Normieren überläßt die Psychologie ... der Vernunft. Und die
Psychologie *ist* ja nicht etwa die Vernunft. Aber sie ist eine

---

[1] S. 109, 112.    [2] Ebenda.    [3] S. 107.    [4] S. 113 f. Auch als
"reine" oder "allgemeine" "Tatsachen" werden diese Gesetze bezeichnet. (S. 114.)
[5] S. 112.

Wissenschaft von der Vernunft, obzwar nicht von der Vernunft allein; und eben damit ist sie Wissenschaft von Normen."[1]

Hierzu ist zunächst zu sagen, daß, wenn man zugiebt, daß die Psychologie *nicht* normiert, man die Psychologie nicht „normativ" *nennen* sollte, da diese Benennung nach dem üblichen Sprachgebrauch gerade die hier von Lipps *abgelehnte* Ansicht ausdrückt, nach der die Psychologie „selbst normierte".

Im übrigen aber wird in diesen Worten deutlich die Vernunft als *Gegenstand* der Psychologie bezeichnet und als solcher vom *Inhalt* dieser Wissenschaft unterschieden. Es bleiben nur zwei wesentliche Mängel, die der richtigen Verwertung dieser Einsicht im Wege stehen. *Erstens* fehlt die Unterscheidung zwischen der *Erkenntnis* der „Vernunftgesetze" und diesen Gesetzen selbst, und so bleibt der Gebrauch der Worte „Vernunft" und „Norm" zweideutig. Besonders das letzte Wort kann ebensowohl auf die metaphysischen Gesetze selbst als auch auf die Erkenntnis dieser Gesetze gehen.[2] Nur in dieser zweiten Bedeutung darf man „die Vernunft und ihre Normen" als „Tatsache" bezeichnen und sagen, daß die Psychologie eine „Wissenschaft von der Vernunft" oder eine „Wissenschaft von Normen" sei. Lipps unterscheidet diese beiden Bedeutungen nicht, und so bleibt er trotz der Trennung von Inhalt und Gegenstand der Psychologie in der psychologistischen Verwechslung des Gegenstandes der Psychologie mit dem Gegenstande der Metaphysik befangen.

Damit hängt eng der *zweite* Mangel zusammen, der in dem Fehlen der Unterscheidung von Urteil und Erkenntnis (oder von

---

[1] S. 112.

[2] Auf die „Erkenntnis dieser Gesetze", wenn man diese Erkenntnis als unmittelbare vom Urteil unterschieden und als *Kriterium* oder Erkenntnisgrund der Gültigkeit der Urteile betrachtet.

mittelbarer und unmittelbarer Erkenntnis) besteht. Dieser Mangel
hat zur Folge, daß es LIPPS an jedem Kriterium fehlt, um diejenigen Tatsachen unter den Gegenständen der Psychologie, denen
er den Namen „Norm" giebt, von den anderen zu unterscheiden,
die durch die ersteren normiert werden sollen. Ohne ein solches
Kriterium aber bleibt in der Forderung psychologischer Kritik
(oder, wie LIPPS es nennt, eines psychologischen Berichts über die
Tatsachen, die den Namen Norm tragen,) eine schlechthin unlös-
bare Paradoxie: Einerseits wird gefordert, die Gültigkeit aller
Urteile an der Hand gewisser Normen zu prüfen, die sich unter
den dem individuellen Ich immanenten Tatsachen psychologisch
auffinden lassen sollen; andererseits wird vorausgesetzt, alle Erkenntnis bestehe in Urteilen. Die Normen sollen also einerseits
psychische Tatsachen sein, andererseits aber können sie weder
dem tatsächlichen Erkennen noch dem tatsächlichen Wollen und
Werten angehören, — denn alles dieses soll ja erst durch die
Normen normiert werden, — können also überhaupt nicht unter
den psychischen Tatsachen vorkommen. Die genannte Forderung
und die genannte Voraussetzung schließen sich also gegenseitig
aus. Nur durch Unterscheidung von Reflexion und reiner Vernunft
ist diese Paradoxie zu lösen, nur auf Grund dieser Unterscheidung
besteht die Möglichkeit einer psychologischen Kritik und damit
einer Kritik überhaupt.[1]

75. Diese Unterscheidung wird nicht eher Anerkennung finden,
als bis der heute noch allgemein herrschende Fehler verbessert

---

[1] Auch die Darlegungen STUMPFS über „Psychologie und Erkenntnistheorie"
(Abhandlungen der philologisch-philosophischen Klasse der Königl. Bayerischen
Akademie der Wissenschaften, IX. Band, S. 465 ff.) gründen sich auf die fehlerhafte Identifizierung von Erkenntnis und Urteil. Nach STUMPF ist die „Untersuchung des Ursprungs der *Begriffe*" eine Aufgabe der Psychologie, „die Auf-
suchung der allgemeinsten unmittelbar einleuchtenden *Wahrheiten* dagegen Sache
der Erkenntnistheorie". (S. 501.) Diese unmittelbaren Wahrheiten sollen (nach

sein wird, der in der Verwechslung von Selbsttätigkeit und Willkürlichkeit besteht. Willkürlichkeit ist nur eine besondere Art
der Selbsttätigkeit; freilich diejenige, die am unmittelbarsten ins
Bewußtsein fällt. Der reinen Vernunft gehört die ursprüngliche
Selbsttätigkeit im Erkennen; die Willkürlichkeit im Erkennen
durch Urteile ist das ausschließliche Eigentum der Reflexion. LIPPS
dagegen schließt unmittelbar von der Selbsttätigkeit auf Willkürlichkeit. So sagt er z. B.: „Das überindividuelle Ich an sich weiß
nichts von Rezeptivität. Es ist reine Aktualität, oder reine Tätigkeit. Wir können diese auch, wie alle bewußte Tätigkeit, Willens-
tätigkeit nennen. Dann ist das reine Ich Wille."[1]

---

Seite 503) *Urteile* sein. Folgerichtig erklärt daher STUMPF die „Frage nach den
*Bedingungen der Möglichkeit*" dieser Urteile für unstatthaft:

„Jede weitere Untersuchung könnte sich nur auf die *psychologischen* Bedingungen erstrecken, unter welchen Urteile dieser Art im Bewußtsein auftreten.
Die bezüglichen Vorstellungen müssen da sein, die Fähigkeit der Abstraktion
allgemeiner Begriffe muß vorhanden sein, die Aufmerksamkeit muß die erforderliche Intensität und Richtung haben u. s. w. Aber keine noch so sorgfältige
Beschreibung aller Glieder des psychologischen Mechanismus wird uns die Evidenz
noch evidenter, die unmittelbare Erkenntnis noch unmittelbarer machen, keine
uns auch nur eine Einsicht gewähren, wie und warum sie und zwar gerade diese
und keine anderen als Grundlage unsres Denkens möglich sind. Entweder man
liefert Prämissen zur logischen Begründung des Urteilsinhalts — dann waren jene
Erkenntnisse nicht wirklich unmittelbare — oder man liefert psychologische Bedingungen des Urteilsprozesses, dann hat man das Feld der Erkenntnistheorie
verlassen und ist im eigentlichsten Sinne in ein ἄλλο γένος von Untersuchungen
übergegangen. Ein Drittes giebt es nicht." (S. 503.)

Diese Sätze lassen erkennen, daß STUMPF keine andere Begründung anerkennt
als den *Beweis* und daß er andererseits keine andere psychologische Untersuchung
anerkennt als die *genetische*. Es giebt aber allerdings ein „Drittes", nämlich eine
Untersuchung, die *sowohl* eine Begründung ist *als* auch psychologisch verfährt,
die aber *weder* ein Beweis ist, *noch* genetisch verfährt, nämlich die psychologische
Deduktion, d. h. die Aufweisung einer dem unmittelbaren *Urteil* zu Grunde liegenden
unmittelbaren *Erkenntnis*.

[1] Inhalt und Gegenstand; Psychologie und Logik. S. 664.

Dieser Irrtum hat bei LIPPS sehr wichtige Folgen. Erstens macht er — aus dem angegebenen Grunde — die LIPPSsche Psychologie zu einer Verwertung für die Zwecke der Vernunftkritik von vornherein unfruchtbar. Zweitens aber giebt er noch zu einem weiteren rein psychologischen Fehler Anlaß. Dieser Fehler besteht in der Identifizierung des Gegensatzes von Denken und Wahrnehmen mit dem Gegensatze von Spontaneität und Rezeptivität. Die Selbstbeobachtung zeigt uns in dem „Haben von Empfindungsinhalten" so wenig ein „rezeptives" Verhalten, ein „Affiziert-Sein"[1] wie im „Denken". Der Unterschied ist nur der, daß das Haben von Empfindungsinhalten kein Akt der *Willkür* ist. LIPPS aber setzt von vornherein voraus, daß alle „Tätigkeit" im Erkennen „Tätigkeit der Zuwendung der Aufmerksamkeit" oder, wie er sagt, „Auffassungstätigkeit" ist.[2] Damit ist das Gebiet der „Tätigkeit" natürlich auf die bloße Reflexion eingeschränkt, und der Schluß wird unvermeidlich, daß die Sinneswahrnehmung ein „rezeptives Erlebnis" ist. Denn allerdings „trägt das Haben von Empfindungsinhalten nichts von Aktualität in sich", wenn man unter Aktualität lediglich Willkürlichkeit versteht.[3]

Allerdings müssen wir nach dem Kausalgesetze, wie für jede Veränderung, so auch für das Eintreten der Sinneswahrnehmungen eine *Ursache* voraussetzen. Und da wir diese Ursache nicht nur nicht in unserer Willkür, sondern überhaupt nicht unter den Gegenständen der inneren Erfahrung antreffen, so können wir sie nur in einer äußeren Anregung suchen. Dieses Angeregtwerden

---

[1] Ebenda, S. 617.

[2] Ebenda, S. 521.

[3] Einen besonders deutlichen Ausdruck findet diese fehlerhafte Disjunktion zwischen Passivität und Willkürlichkeit bei WUNDT: „Nicht unmittelbar durch Willensvorgänge beeinflußt werden . . . eben dies ist uns das Kriterium eines passiven Erlebnisses." (Grundriß der Psychologie, § 17, 5. Aufl. S. 301.)

zu der wahrnehmenden Tätigkeit, nicht die Wahrnehmung selbst, ist ein rezeptives Verhalten. Und so setzt allerdings die Möglichkeit der Sinneswahrnehmung eine Rezeptivität des Geistes, eine Empfänglichkeit für äußere Anregungen voraus; aber wir finden diese Rezeptivität nicht in der unmittelbaren Selbstbeobachtung vor, sondern nehmen sie nur im Zusammenhange der Erfahrung auf Grund eines Schlusses aus dem Kausalgesetze an.

Daraus nun, daß LIPPS den Irrtum begeht, einerseits die Wahrnehmung selbst für ein rezeptives Verhalten, für ein „Affiziert-Sein“ durch den „Gegenstand“ zu halten, andererseits die Spontaneität der Erkenntnis a priori auf die Willkürlichkeit der Reflexion einzuschränken, erklärt sich seine (§ 69 besprochene) Annahme von der ausschließlichen Objektivität der sinnlichen Wahrnehmung, eine Annahme, die wir nach KANT kurz als „formalen Idealismus“ bezeichnen können. In der Tat, wenn man von der Voraussetzung ausgeht, alle Erkenntnis a priori sei ein Produkt unserer Willkür, alle Erkenntnis a posteriori hingegen ein Produkt des affizierenden Gegenstandes, so wird der von LIPPS zur Begründung seines ästhetischen Subjektivismus benutzte Schluß von der Apriorität auf die Subjektivität unvermeidlich. Diese Voraussetzung erscheint für LIPPS infolge des dargelegten Irrtums so selbstverständlich, daß er sie geradezu zur *Definition* der Apriorität benutzt: „Das, was in der Erfahrung uns *zuteil* wird, ist das Aposteriorische, das von der Erfahrung Verschiedene, aus dem denkenden Ich oder dem Geiste zu ihr Hinzutretende müssen wir dann das Apriorische nennen.“[1]

---

[1] Ebenda, S. 552.

# Dritter Teil

# Die Geschichte der Erkenntnistheorie.

„Wenn diese Behutsamkeit immer gebraucht wird, wenn man, ehe der Beweis noch versucht wird, zuvor weislich bei sich zu Rate geht, wie und mit welchem Grunde der Hoffnung man wohl eine solche Erweiterung durch reine Vernunft erwarten könne, und woher man, in dergleichen Falle, diese Einsichten, die nicht aus Begriffen entwickelt werden können, denn hernehmen wolle: so kann man sich viel schwere und dennoch fruchtlose Bemühungen ersparen, indem man der Vernunft nichts zumutet, was offenbar über ihr Vermögen geht, oder vielmehr sie, die, bei Anwandlungen ihrer spekulativen Erweiterungssucht sich nicht gerne einschränken läßt, der Disziplin der Enthaltsamkeit unterwirft."

KANT, Kritik der reinen Vernunft. (Die Disziplin der reinen Vernunft in Ansehung ihrer Beweise.)

## XV.

## Die erkenntnistheoretischen
## Voraussetzungen des formalen Idealismus.

76. Wir kommen auf die in der Einleitung aufgeworfene
Frage zurück. Es handelt sich darum, in der Eigentümlichkeit
der Kantischen Philosophie die Erklärungsgründe für die Divergenz
ihrer mannigfachen Fortbildungsversuche zu finden. Diese Gründe
lassen sich insgesamt auf den einen zurückführen, daß KANT, der
Erfinder der Kritik der Vernunft, die Aufgabe dieser Wissenschaft
nicht hinreichend scharf gefaßt hat, um eine Verwechslung mit
der Aufgabe der Erkenntnistheorie (einer Theorie der Möglichkeit
der Erkenntnis überhaupt) auszuschließen. Der Beweis dieser
Behauptung soll den Inhalt der folgenden Kapitel bilden.

Die Hauptlehre der Kantischen Philosophie bildet der „transzendentale Idealismus", d. h. die Lehre von der Unmöglichkeit
einer positiven Erkenntnis der Dinge an sich. Für diese Lehre
hat KANT zwei ganz verschiedene Begründungsmittel. Das *eine*,
das zur eigentlichen Einführung der Lehre dient und von KANT
überall an die Spitze gestellt worden ist, beruht auf dem Gedanken, daß wir „von den Dingen nur das a priori erkennen, was
wir selbst in sie legen".[1] Da nämlich aller Erfahrung gewisse

---

[1] Kritik der reinen Vernunft, Vorrede zur zweiten Ausgabe.

Erkenntnisse a priori als ihre *Form*, d. h. als eine Bedingung ihrer
Möglichkeit, zu Grunde liegen, so folgt unter Voraussetzung des
eben angeführten Satzes, daß die Gegenstände aller möglichen
Erfahrung keine Dinge an sich sein können.

Das *andere* Begründungsmittel, das neben dem ersten oft übersehen worden ist, liegt in der Auflösung der Antinomieen. Die
Antinomieen entstehen durch die Voraussetzung, die Gegenstände
der Erfahrung seien Dinge an sich. Indem nämlich auf Grund
dieser Voraussetzung den Gegenständen der Erfahrung gewisse
Prädikate beigelegt werden, die mit dem Begriffe eines Dinges an
sich notwendig verbunden sind, gerät man in Widersprüche mit denjenigen Eigenschaften der Gegenstände der Erfahrung, die ihnen
auf Grund ihrer rein-anschaulichen oder mathematischen Form
zukommen. Die Auflösung dieser Widersprüche führt daher auf
den Satz, daß die Gegenstände der Erfahrung keine Dinge an sich
sein können.

77. Fassen wir die erste Beweismethode näher ins Auge. Es
leuchtet ohne weiteres ein, daß sie eine bestimmte Theorie über
das Verhältnis der Erkenntnis zum Gegenstande voraussetzt. Diese
Theorie ist, wie man leicht findet, in den Kantischen Sätzen enthalten:

> „Es sind nur zwei Fälle möglich, unter denen synthetische
> Vorstellung und ihre Gegenstände zusammentreffen, sich auf
> einander notwendiger Weise beziehen, und gleichsam einander
> begegnen können. Entweder wenn der Gegenstand die Vor-
> stellung, oder diese den Gegenstand allein möglich macht.
> Ist das Erstere, so ist diese Beziehung nur empirisch, und
> die Vorstellung ist niemals a priori möglich."[1]

---

[1] Kritik der reinen Vernunft, § 14 (Übergang zur transzendentalen Deduktion
der Kategorieen).
Man vergleiche hierzu auch die folgenden Sätze aus dem Briefe an MARCUS

Diese Sätze vorausgesetzt, folgt die zu beweisende Lehre unwiderleglich. Dinge an sich sind Dinge, die unabhängig von jeder Art, wie sie erkannt werden, bestehen. Hängt also bei Erkenntnissen a priori der Gegenstand, seiner Möglichkeit nach, von der Erkenntnis ab, so folgt, daß die Gegenstände von Erkenntnissen a priori keine Dinge an sich sein können.

Aber wie steht es mit diesen Sätzen selbst? Mehrere Voraussetzungen sind in ihnen enthalten. Zunächst die Annahme, daß die Beziehung zwischen Erkenntnis und Gegenstand von der Art ist, daß entweder der Gegenstand die Erkenntnis oder die Erkenntnis den Gegenstand möglich macht. Diese Annahme enthält eigentlich wieder zwei Voraussetzungen:

1) die Voraussetzung, daß das Verhältnis der Erkenntnis zum Gegenstande ein *kausales* ist;

2) die Voraussetzung, daß dieses Kausalverhältnis ein *unmittelbares* ist, d. h. daß *keine gemeinschaftliche Ursache* für die Übereinstimmung von Erkenntnis und Gegenstand möglich ist.

---

HERZ vom 21. Februar 1772:

„Ich frug mich nämlich selbst: auf welchem Grunde beruhet die Beziehung desjenigen, was man in uns Vorstellung nennt, auf den Gegenstand? Enthält die Vorstellung nur die Art, wie das Subjekt von dem Gegenstande affiziert wird, so ist's leicht einzusehen, wie sie diesem als eine Wirkung ihrer Ursache gemäß sei und wie diese Bestimmung unsres Gemüts etwas *vorstellen* d. i. einen Gegenstand haben könne." [KANT schreibt „er" statt „sie" und „seiner" statt „ihrer"; ein offenbares Versehen, wie ich mit O. MEYERHOF (Vierteljahrsschrift für wissenschaftliche Philosophie, 1907, S. 437) annehme.] „Die passiven oder sinnlichen Vorstellungen haben also eine begreifliche Beziehung auf Gegenstände . . . Ebenso: wenn das, was in uns Vorstellung heißt, in Ansehung des Objekts aktiv wäre, d. i. wenn dadurch selbst der Gegenstand hervorgebracht würde, so würde auch die Konformität derselben mit den Objekten verstanden werden können," (KANTS gesammelte Schriften, Akademie-Ausgabe, Band X, S. 124 f.)

Wie kommt nun KANT von diesen beiden Voraussetzungen zu
dem Satze, daß bei Erkenntnissen a posteriori der Gegenstand die
Erkenntnis, bei Erkenntnissen a priori die Erkenntnis den Gegenstand möglich mache? Zu diesem Schritte gehören weitere Voraussetzungen. Wir finden sie in KANTS Lehre vom Verhältnisse der
Sinnlichkeit zum Verstande:

> „Unsre Erkenntnis entspringt aus zwei Grundquellen
> des Gemüts, deren die erste ist, die Vorstellungen zu empfangen
> (die Rezeptivität der Eindrücke), die zweite, das Vermögen,
> durch diese Vorstellungen einen Gegenstand zu erkennen:
> (Spontaneität der Begriffe) . . . Wollen wir die *Rezeptivität*
> unseres Gemüts, Vorstellungen zu empfangen, sofern es auf
> irgend eine Weise affiziert wird, *Sinnlichkeit* nennen, so ist
> dagegen das Vermögen, Vorstellungen selbst hervorzubringen,
> oder die *Spontaneität* des Erkenntnisses, der *Verstand.*"[1]

KANT sieht also in der Sinnesanschauung ein *passives* Verhalten,
eine Vorstellungsweise, die „nur die Art enthält, wie wir von
Gegenständen affiziert werden". Er nennt sie daher „eine Vorstellung, so wie sie unmittelbar von der Gegenwart des Gegenstandes abhängen würde".[2] Erkenntnisse a priori hingegen sind
nach ihm von der Art, daß sie „vor dem Gegenstande selbst vorhergehen".[3] — Die gesuchten, zu den Sätzen (1) und (2) noch
hinzukommenden Voraussetzungen sind also die folgenden beiden:

3) Bei Erkenntnissen a posteriori geht der Gegenstand der
Erkenntnis vorher.

---

[1] Transzendentale Logik, Einleitung, I.
[2] Prolegomena, § 8.
[3] Ebenda. — Für die Kritik der Lehre von der Passivität der sinnlichen
Vorstellungen verweise ich auf § 75.

4) Bei Erkenntnissen a priori geht die Erkenntnis dem Gegenstande vorher.

78. Fragen wir nun zuerst: Wie verhalten sich diese Voraussetzungen zu einander? Offenbar kommt die zweite zu der ersten
und ebenso jede der beiden übrigen zu den vorhergehenden als
etwas völlig Unableitbares hinzu. Wir können ferner feststellen,
daß keine dieser Voraussetzungen sich auf eine analytische Notwendigkeit gründen kann. (1) und (2) enthalten Aussagen über
das Stattfinden eines Kausalverhältnisses, und Kausalverhältnisse
können — nach KANTS eigenen Nachweisungen — niemals durch
analytische Urteile erkannt werden. Ebenso gründet sich (3) auf
das Kausalgesetz.[1] Was (4) betrifft, so kann diese Voraussetzung
deshalb nicht analytisch sein, weil die Erkenntnis a priori lediglich
negativ, als die *nicht-empirische* Erkenntnis definiert ist[2] und sich
aus dieser Definition, die auf die Erkenntnis*quelle* geht, kein Schluß
auf das Verhältnis zum Gegenstande ziehen läßt. — Aber diese
Voraussetzungen können auch keine *empirischen* Urteile sein. Denn
die Allgemeinheit, in der sie aufgestellt werden, und für den
Kantischen Beweis auch in Anspruch genommen werden müssen,
kann — ebenfalls nach KANTS eigenen Nachweisungen — nicht
auf Erfahrung gegründet werden. Alle vier Voraussetzungen sind
also synthetische Urteile a priori. Und zwar müssen sie, da sie
sich offenbar nicht auf Anschauung gründen lassen, *metaphysische*
Urteile sein.

79. Wir wollen nicht den Einwand erheben, daß die Kritik
der Vernunft eine petitio principii begeht, indem sie sich von
vornherein auf metaphysische Urteile stützt, deren Möglichkeit

---

[1] Vergl. § 75.
[2] Kritik der reinen Vernunft, Einleitung, I.

sie doch erst untersuchen will. Aber da es die Aufgabe der
Kritik ist, die metaphysischen Urteile zu begründen, so müssen
wir die Frage aufwerfen, ob denn die fraglichen metaphysischen
Voraussetzungen von der Kritik *begründet* werden. Es bedarf
nur eines Blicks auf die Tafel der von der Kritik begründeten
metaphysischen Urteile, — es sind deren acht, die sogenannten
Grundsätze des reinen Verstandes oder die Prinzipien der Möglichkeit der Erfahrung, — um sich zu überzeugen, daß die Frage
verneint werden muß. Die fraglichen Voraussetzungen sind hiernach unzulässig. — Aber noch mehr: sie führen auf einen *Wider-*
*spruch.* Sie enthalten nämlich Aussagen über das Verhältnis der
Dinge an sich zu unserer Erkenntnis[1], setzen also, da sie sich
nicht auf Erfahrung gründen können, die Möglichkeit voraus, über
Dinge an sich à priori etwas auszusagen. Gerade diese Möglichkeit wird aber durch die Annahmen (1), (2) und (4) ausgeschlossen.[2]

Dieser Widerspruch ist oft bemerkt worden. Die reinen
Verstandesbegriffe oder Kategorieen liegen, als Bedingungen der

---

[1] Dies könnte bei (3) zweifelhaft erscheinen. Daß aber auch hier der
affizierende Gegenstand das Ding an sich bedeutet, geht aus vielen Erklärungen
KANTS hervor. Ich nenne nur die folgenden: „Das sinnliche Anschauungsvermögen
ist eigentlich nur eine Rezeptivität, auf gewisse Weise mit Vorstellungen affiziert
zu werden . . . Die nichtsinnliche Ursache dieser Vorstellungen ist uns gänzlich
unbekannt.“ (Kritik der reinen Vernunft, Kehrbachsche Ausgabe, S. 403.) „Die
Gegenstände, als Dinge an sich, geben den Stoff zu empirischen Anschauungen,
(sie enthalten den Grund, das Vorstellungsvermögen, seiner Sinnlichkeit gemäß zu
bestimmen).“ („Über eine Entdeckung, nach der alle neue Kritik der reinen Vernunft durch eine ältere entbehrlich gemacht werden soll.“ S. 56.) Vgl. ebenda
S. 64, wo die Sinnlichkeit erklärt wird als die „Art, wie wir von einem an sich selbst
uns ganz unbekannten Objekt affiziert werden.“ Ähnlich Prolegomena, § 32 und 36.
Was die Voraussetzung (4) betrifft, so werden wir sie im XVII. Kapitel
einer besonderen Prüfung unterziehen.

[2] Die Annahme (3) ist nur erforderlich, um den Kantischen Idealismus als
„formalen“ einzuschränken und um den Satz zu begründen, daß die Gegenstände
unserer Erkenntnis in transzendentaler Hinsicht Erscheinung und nicht Schein sind.

Möglichkeit aller Urteile, auch jedem Urteile über die Dinge an sich zu Grunde; Sprechen wir von einem Dinge an sich, so wenden wir damit schon die Kategorie der Substanz an; nennen wir es die Ursache unserer Empfindungen, so unterwerfen wir es der Kategorie der Kausalität; schreiben wir ihm Existenz zu, so wenden wir die Kategorie der Existenz an. Die Behauptung, alle Vorstellungen a priori seien nicht auf Dinge an sich anwendbar, führt also notwendig auf Widersprüche.

Zur Beseitigung dieses Widerspruchs scheinen zwei Wege offen zu stehen. Die Annahme des formalen Idealismus hat zur Folge die Unvereinbarkeit der Annahme von Dingen an sich mit dem Satze der Kritik, daß gewisse Prinzipien a priori Bedingungen der Möglichkeit aller Urteile sind. Man hat daher, wenn man diesen Satz der Kritik aufrechterhalten will, die Wahl, entweder die Annahme von Dingen an sich (und damit natürlich, bei Aufrechterhaltung von (3), auch von Erkenntnissen a posteriori[1]) oder aber den formalen Idealismus fallen zu lassen. Die meisten Nachfolger Kants haben den ersten Weg eingeschlagen. Aber aus unseren Untersuchungen geht deutlich hervor, daß auf solche Weise der Kantische Fehler nicht beseitigt, sondern nur in seine Konsequenzen verfolgt wird.[2] Wir werden hierauf im XXV. Kapitel zurückkommen.

----

[1] Hieraus erklärt sich der nachkantische Rationalismus.

[2] Streng genommen müssen wir sagen: Die genannten Sätze (1) bis (4) stehen nicht unter einander in Widerspruch, sondern nur die Annahme unseres *Wissens* um den Inhalt dieser Sätze enthält einen Widerspruch. Nicht daß Dinge an sich a priori unerkennbar seien, sondern nur, daß wir *wissen*, die Dinge an sich seien a priori unerkennbar, widerspricht sich. Denn: hätten wir ein solches Wissen, so besäßen wir in ihm eine Erkenntnis a priori der Dinge an sich, nämlich *die*, daß eine Erkenntnis a priori der Dinge an sich unmöglich sei.

Hieraus ergiebt sich, daß sich aus dem konstatierten Widerspruch nichts

## XVI.

## Die Ausschliessung des Präformationssystems.

80. Von den vier aufgezählten Voraussetzungen des formalen
Idealismus ist die zweite durch den bekannten Streit zwischen
Trendelenburg und Kuno Fischer Gegenstand vielfacher Diskussionen
geworden. Wir wollen ihr einige Betrachtungen widmen, die,
wie uns scheint, zur Beilegung der tatsächlich unausgetragen gebliebenen Streitfrage dienen können.

Der Vorwurf Trendelenburgs, Kant habe bei seiner Begründung
des formalen Idealismus die Möglichkeit einer prästabilierten

---

weiter schließen läßt, als daß es unmöglich ist, zu wissen, die Dinge an sich seien
a priori unerkennbar. Es folgt also aus jenem Widerspruch nichts anderes, als
daß der formale Idealismus ein unbegründbares Dogma ist.

Es verhält sich mit dem hier festgestellten Widerspruch nicht anders als in
den § 5 und § 16 Anmerkung (S. 470 des ersten Teils) erörterten Fällen. Auch
der § 33 aufgedeckte Widerspruch ist von derselben Art. (Das bekannte Paradoxon
des lügenden Kreters gehört ebenfalls hierher.) Wir stoßen in allen diesen Fällen
auf eine besondere Art von Widersprüchen, deren Eigentümlichkeit ich noch
nirgends in der Litteratur hervorgehoben finde, obgleich es, wie die betrachteten
Beispiele zeigen, zur Vermeidung naheliegender und oft wiederholter Irrtümer
äußerst wichtig ist, sie als solche zu erkennen und von dem Sachverhalt, den
man sonst schlechtweg als „Widerspruch" bezeichnet, sorgfältig zu unterscheiden.
Zur Erleichterung dieser Unterscheidung empfiehlt es sich, eine besondere Bezeichnung für die in den genannten Fällen auftretende Art von Widersprüchen
einzuführen. Ich nenne sie, in Ermangelung eines passenderen Namens, „introjizierte
Widersprüche". Eine Aussage $A$ über ein Subjekt $X$ enthält dann und nur dann
einen introjizierten Widerspruch, wenn die Möglichkeit der Aussage $A$ für $X$
einen gewöhnlichen Widerspruch enthält. — Wir werden im Folgenden noch
weiteren Beispielen derartiger introjizierter Widersprüche begegnen.
Man könnte geneigt sein, Widersprüche dieser Art dadurch zu beseitigen,

Harmonie übersehen, war unzutreffend. Sowohl in dem, damals freilich noch wenig bekannten Briefe an Marcus Herz vom 21. Februar 1772 als auch in der Kritik der reinen Vernunft selbst, sowie in den Prolegomenen geht Kant auf diese Möglichkeit ein. Wir wollen zuerst die Stelle aus der Kritik der reinen Vernunft ins Auge fassen. Sie befindet sich im § 27 der zweiten Ausgabe. Dort heißt es von den Kategorieen:

„Nun sind nur zwei Wege, auf welchen eine *notwendige* Übereinstimmung der Erfahrung mit den Begriffen von ihren Gegenständen gedacht werden kann: entweder die Erfahrung macht diese Begriffe, oder diese Begriffe machen die Erfahrung möglich. Das Erstere findet nicht in Ansehung der Kategorieen (auch nicht der reinen sinnlichen Anschauung) statt; denn sie sind Begriffe a priori, mithin unabhängig von der Erfahrung (die Behauptung eines empirischen Ursprungs wäre

---

daß man jedesmal die fragliche Aussage *A* mit einer Einschränkung versieht, wonach die Aussage *A* selbst von den in ihr für unzulässig erklärten Aussagen ausgenommen wird. Z. B.: „Alle allgemeinen Sätze mit Ausnahme dieses Satzes sind unzulässig." Hier entsteht aber die Frage: *welcher* Satz soll hier der ausgenommene sein? Der ursprüngliche, der zu dem Widerspruch Anlaß gab, oder der neue, schon mit der Ausnahme versehene? Im ersten Falle wäre der ursprüngliche Satz *A*, als ausgenommener, richtig, gälte also *ohne* Ausnahme. Es wäre folglich der *neue* Satz falsch, und wir hätten denselben Widerspruch wie vorher. — Im zweiten Falle kämen wir auf einen Satz von der folgenden Form: „Alle Sätze der angegebenen Art mit Ausnahme des Satzes: ,alle Sätze der angegebenen Art mit Ausnahme dieses Satzes sind unzulässig' sind unzulässig." Man sieht hier leicht, daß bei fortgesetzter Einsetzung des auszunehmenden Satzes an stelle des Wortes „dieses" eine *unendliche* Reihe von Ausnahmen zu bilden ist. Die Unvollendbarkeit dieser Reihe beweist die Unmöglichkeit, mit dem in Frage stehenden Einschränkungsverfahren einen Sinn zu verbinden. — (Vgl. K. Grelling und L. Nelson: „Bemerkungen zu den Paradoxieen von Russell und Burali-Forti" § 9 bis 12, in den Abhandlungen der Fries'schen Schule, Band II, S. 318 ff., wo man ähnliche Beispiele introjizierter Widersprüche angegeben findet.)

eine Art von generatio aequivoca). Folglich bleibt nur das
Zweite übrig (gleichsam ein System der *Epigenesis* der reinen
Vernunft): daß nämlich die Kategorieen von Seiten des Verstandes die Gründe der Möglichkeit aller Erfahrung überhaupt
enthalten."

Gleich darauf spricht KANT von dem Vorschlage eines „Mittel-
weges" „zwischen den zwei genannten einzigen Wegen". Nach
diesem Mittelwege, dem *„Präformationssystem* der reinen Vernunft",
wären die fraglichen Prinzipien „subjektive, uns mit unserer
Existenz zugleich eingepflanzte Anlagen zum Denken, die von
unserm Urheber so eingerichtet worden, daß ihr Gebrauch mit
den Gesetzen der Natur, an welchen die Erfahrung fortläuft,
genau stimmte". — Man sieht, daß die Ablehnung dieses Mittel-
weges mit der zweiten der oben von uns formulierten Voraussetzungen der Kantischen Erkenntnistheorie identisch ist.

81. Wer aber hier genauer zusieht, wird finden, daß die zwei
„*genannten*" Wege solche waren, die nicht eine Erklärung des
Verhältnisses der Erkenntnis a priori zum *Gegenstande*, sondern eine
Erklärung ihres Verhältnisses zur *Erfahrung* enthalten, daß also
KANT bei seiner Ausschließung des Präformationssystems, ohne es
zu bemerken, einem wohlbegründeten Urteile über das Verhältnis
der Erkenntnisse untereinander ein dogmatisches Urteil über das
Verhältnis der Erkenntnis zum Gegenstande unterschiebt.

Daß KANT diesen Fehler wirklich begeht, läßt sich noch deutlicher aus einer entsprechenden Stelle der Prolegomena ersehen.
An dieser Stelle (§ 36) heißt es:

„Selbst der Hauptsatz, der durch diesen ganzen Abschnitt
ausgeführt worden, daß allgemeine Naturgesetze a priori erkannt werden können, führt schon von selbst auf den Satz,
daß die oberste Gesetzgebung der Natur in uns selbst, d. i. in

unserm Verstande liegen müsse, und daß wir die allgemeinen
Gesetze derselben nicht von der Natur vermittelst der Erfahrung, sondern umgekehrt, die Natur ihrer allgemeinen
Gesetzmäßigkeit nach, bloß aus den in unserer Sinnlichkeit
und dem Verstande liegenden Bedingungen der Möglichkeit
der Erfahrung suchen müssen; denn wie wäre es sonst möglich,
diese Gesetze, da sie nicht etwa Regeln der analytischen Erkenntnis, sondern wahrhafte synthetische Erweiterungen derselben sind, a priori zu erkennen? Eine solche und zwar
notwendige Übereinstimmung der Prinzipien möglicher Erfahrung
mit den Gesetzen der Möglichkeit der Natur kann nur aus
zweierlei Ursachen stattfinden: entweder diese Gesetze werden
von der Natur vermittelst der Erfahrung entlehnt, oder umgekehrt die Natur wird von den Gesetzen der Möglichkeit
der Erfahrung überhaupt abgeleitet und ist mit der bloßen
allgemeinen Gesetzmäßigkeit der letzteren völlig einerlei. Das
erstere widerspricht sich selbst, denn die allgemeinen Naturgesetze können und müssen a priori (d. i. unabhängig von aller Erfahrung) erkannt und allem empirischen Gebrauche des Verstandes
zum Grunde gelegt werden, also bleibt nur das zweite übrig."

Daraus also, daß es sich widerspricht, daß die Erkenntnis der
allgemeinen Gesetze der Natur aus der Erfahrung entlehnt wird,
wird hier geschlossen, daß die oberste Gesetzgebung der Natur
„in uns selbst" liegen müsse. Es ist klar, daß KANT bei diesem
Schlusse von der *Apriorität* auf die *Idealität* das Verhältnis der
Erfahrung zur Erkenntnis a priori mit dem Verhältnis des Gegenstandes zur Erkenntnis identifiziert hat.

82. Ziehen wir nun die Gründe in Betracht, aus denen KANT
gegen das Präformationssystem entscheidet. Diese Gründe sind:
*erstens,* „daß bei einer solchen Hypothese kein Ende abzusehen ist,

wie weit man die Voraussetzung vorbestimmter Anlagen zu ünftigen Urteilen treiben möchte"; und *zweitens*, „daß in solchem Falle den Kategorieen die *Notwendigkeit* mangeln würde, die ihrem Begriffe wesentlich angehört".[1]

Das *erste* dieser beiden Argumente finden wir noch deutlicher ausgesprochen in der Anmerkung zu der eben zitierten Stelle der Prolegomena:

„Da sich doch oft auch trügliche Grundsätze einmischen, ... so sieht es bei dem Mangel sicherer Kriterien, den echten Ursprung von dem unechten zu unterscheiden, mit dem Gebrauche eines solchen Grundsatzes sehr mißlich aus, indem man niemals sicher wissen kann, was der Geist der Wahrheit oder der Vater der Lügen uns eingeflößt haben möge."

Es ist also die Möglichkeit des Irrtums, auf die sich dieses Kantische Argument stützt. Nun ist allerdings klar, daß die fragliche Annahme, wenn sie nicht die Möglichkeit des Irrtums überhaupt ausschließen will, für sich noch kein Kriterium enthält, um „den echten Ursprung von dem unechten zu unterscheiden". Aber dieser Umstand kann, solange die Annahme nicht den Anspruch erhebt, ein solches Kriterium zu enthalten, kein Grund ihrer Verwerfung sein. Daß übrigens die Kantische Annahme ein solches Kriterium ebensowenig zu liefern vermag, werden wir im XIX. Kapitel zeigen.

Das *zweite* Argument wird folgendermaßen begründet:

„Z. B. der Begriff der Ursache, welcher die Notwendigkeit eines Erfolgs unter einer vorausgesetzten Bedingung aussagt, würde falsch sein, wenn er nur auf einer beliebigen uns eingepflanzten subjektiven Notwendigkeit, gewisse empi-

---

[1] Kritik der reinen Vernunft, 2. Ausgabe, § 27.

rische Vorstellungen nach einer solchen Regel des Verhältnisses zu verbinden, beruhete. Ich würde nicht sagen können:
die Wirkung ist mit der Ursache im Objekte (d. i. notwendig)
verbunden, sondern ich bin nur so eingerichtet, daß ich diese
Vorstellung nicht anders als so verknüpft denken kann . . ."[1]

Hierzu ist Folgendes zu bemerken. Wenn ich, nach der fraglichen Annahme, so organisiert bin, daß ich einen Satz „$A$ ist $B$"
für wahr halten muß, so schließt diese Annahme zugleich ein, daß
ich den Satz „$A$ ist $B$" tatsächlich für wahr halte. Die Kantische
Behauptung: Ich würde nicht sagen können, $A$ sei $B$, sondern ich
sei *nur* so eingerichtet, denken zu müssen, $A$ sei $B$, schließt also
einen Widerspruch ein.

Man vergleiche zu diesem „nur" das „bloß" im Schlußsatze
desselben Paragraphen: „Zum wenigsten könnte man mit niemandem
über dasjenige hadern, was bloß auf der Art beruht, wie sein
Subjekt organisiert ist." Dieses „nur" und „bloß" widerspricht
der vorausgesetzten Annahme, daß der Gebrauch der fraglichen
Prinzipien „mit den Gesetzen der Natur, an welchen die Erfahrung
fortläuft, genau stimmte." Kants Schluß: „Alsdann ist alle unsere
Einsicht, durch vermeinte objektive Gültigkeit unserer Urteile,
nichts als lauter Schein" ist also falsch.

Könnte ich übrigens nicht wissen, wie das Objekt beschaffen
ist, so wäre nicht einzusehen, wie ich wissen könnte, wie ich „eingerichtet" bin; denn auch dieses letztere Wissen enthielte einen
Satz, der auf objektive Gültigkeit Anspruch erhebt. Man müßte

---

[1] Dieses Argument gegen die „Zuflucht zu einer prästabilierten Harmonie"
findet sich übrigens auch schon in der Vorrede zu den „metaphysischen Anfangs-
gründen der Naturwissenschaft" (S. XIX, Anmerkung): „Denn auf diese kommt
doch jene *objektive Notwendigkeit* nicht heraus, welche die reinen Verstandesbegriffe charakterisiert" u. s. w.

vielmehr nach KANTS Argumentationsweise sagen: Ich könnte nicht
sagen: Ich bin so eingerichtet, denken zu müssen, *A* sei *B*, sondern
nur: Ich bin nur so eingerichtet, denken zu müssen, ich sei so
eingerichtet, denken zu müssen, *A* sei *B*. Und so fort in einer
unendlichen Reihe, so daß überhaupt keine Aussage möglich wäre.[1]

Man könnte nun vielleicht noch in KANTS Sinne antworten:
Der bloße Umstand, daß wir genötigt seien, unsere Erkenntnis
als gültig zu *denken*, erlaube nicht den Schluß, daß sie auch
wirklich gültig *sei*, und wenn auch unter den angenommenen Umständen eine objektive Gültigkeit unserer Erkenntnis durchaus
*möglich* sei, so beruhe sie doch, wo sie etwa stattfinde, nur auf
einer *zufälligen* Übereinstimmung unserer Erkenntnis mit den
Gegenständen; KANT habe daher insofern recht, als sich im fraglichen Falle die objektive Notwendigkeit der Kategorieen *nicht
einsehen* ließe. — An dieser Argumentation ist soviel richtig, daß
aus der subjektiven Notwendigkeit, eine gewisse Sache zu denken,
nicht auf die objektive Notwendigkeit dieser Sache *geschlossen*
werden kann. Den Kategorieen würde daher im angenommenen
Falle allerdings eine gewisse Notwendigkeit fehlen; aber diese
vermißte Notwendigkeit ist lediglich die analytische Notwendig-

---

[1] Der Satz: „Ich bin nur so eingerichtet, daß ich nicht anders denken kann,
als *A* sei *B*", enthält einen introjizierten Widerspruch.

Ein besonders charakteristisches Beispiel eines solchen Widerspruchs giebt
KANT selbst in seiner Lehre vom „transzendentalen Schein" der Ideen. Ich führe
nur folgende Stelle aus der Kritik der Urteilskraft (§ 76, Anmerkung) an:

„Man wird bald inne: daß . . . der Verstand . . . die Gültigkeit jener
Ideen der Vernunft nur auf das Subjekt, aber doch allgemein für alle von dieser
Gattung, d. i. auf die Bedingung einschränke, daß nach der Natur unseres (menschlichen) Erkenntnisvermögens oder gar überhaupt nach dem Begriffe, *den wir uns*
von dem Vermögen eines endlichen vernünftigen Wesens überhaupt *machen*
können, nicht anders als so könne und müsse gedacht werden: ohne doch zu
behaupten, daß der Grund eines solchen Urteils im Objekt liege."

keit des *Beweises*. Die objektive Notwendigkeit der Kategorieen wäre damit durchaus nicht aufgehoben; ihre Geltung wäre zwar eine *logisch-zufällige*, könnte aber nichtsdestoweniger eine *meta-physisch-notwendige* sein und als solche auch ohne Beweis, *unmittelbar* eingesehen werden. Wir werden im XIX. Kapitel zeigen, daß diese metaphysische Notwendigkeit der Kategorieen in der Tat die einzige ist, die „ihrem Begriffe wesentlich angehört". Die Einsicht in die objektive Notwendigkeit der Kategorieen wäre unmöglich nur unter der Voraussetzung des *empirischen* Ursprungs derselben. Mehr als dieser negative Satz vom *nicht-empirischen* Ursprung der Kategorieen läßt sich aus der Berufung auf jene Notwendigkeit nicht gewinnen; für die *positive* Bestimmung dieses Ursprungs bedarf es anderer Kriterien.

83. Die Annahme, daß unserer Erkenntnis, wenigstens teilweise, transzendentale Wahrheit zukommt, muß in einem bestimmten Umfange jeder Erkenntnistheorie zu Grunde liegen. Und so muß auch die idealistische Erkenntnistheorie Kants diese Voraussetzung machen, um nur ihren ersten Ausgangspunkt festhalten zu können. Denn, wenn Kant den formalen Bedingungen der Erfahrung transzendentale Realität abspricht, so muß er, zwar nicht für die formalen Bedingungen der Erfahrung, wohl aber für die diesem Urteil *über* die formalen Bedingungen der Erfahrung zu Grunde liegenden erkenntnistheoretischen Voraussetzungen uneingeschränkte transzendentale Wahrheit in Anspruch nehmen. Bezeichnet man die Annahme der transzendentalen Wahrheit solcher Voraussetzungen als „Präformationssystem", so liegt also das Präformationssystem dem formalen Idealismus selbst zu Grunde.[1]

----

[1] Die Bestreitung des Präformationssystems schließt daher (nach dieser Bedeutung des Wortes) einen introjizierten Widerspruch ein.

Etwas anderes freilich als diese unvermeidliche Inanspruchnahme transzendentaler Wahrheit für irgend welche Annahmen ist
das Unternehmen, diese Behauptung der transzendentalen Wahrheit auf den Satz zu gründen, „daß ein Geist, der nicht irren
noch betrügen kann," uns diese Annahmen „ursprünglich eingepflanzt habe".[1] Bezeichnet man — nicht die Inanspruchnahme
transzendentaler Wahrheit für unsere Erkenntnis, sondern diese
*Begründungsweise* der transzendentalen Wahrheit als „Präformationssystem", so muß das Präformationssystem allerdings zurückge-
wiesen werden. Denn dies System bewegt sich in einem offenbaren Zirkel. Woher anders sollen wir von dem Geiste, der uns
die Erkenntnis ursprünglich eingepflanzt hat, sowie von seiner
Unfehlbarkeit wissen, wenn nicht vermöge unserer Erkenntnis,
deren Verläßlichkeit also schon von dem Präformationssystem
*vorausgesetzt* werden muß und nicht erst durch dieses System *begründet* werden kann.

Dieses Argumentes bedient sich auch Kant in dem mehrfach
erwähnten Briefe an Marcus Herz, um die theologische Begründung
der Erkenntnistheorie zu widerlegen. Er spricht hier von Crusius'
Annahme „gewisser eingepflanzter Regeln zu urteilen und Begriffe,
die Gott schon so, wie sie sein müssen, um mit den Dingen zu
harmonieren, in die menschliche Seele pflanzte, von welchen
Systemen man . . . das letzte die harmoniam praestabilitam
intellectualem nennen könnte", und er fügt hinzu: „Allein der
Deus ex Machina ist in der Bestimmung des Ursprungs und der
Gültigkeit unsrer Erkenntnisse das Ungereimteste was man nur
wählen kann, und hat außer dem betrüglichen Zirkel in der
Schlußreihe unsrer Erkenntnisse noch das Nachteilige, daß er jeder

---

[1] Prolegomena, § 36, Anmerkung.

Grille oder andächtigem oder grüblerischem Hirngespinst Vorschub giebt."

So richtig diese Bemerkung ist, so beweist sie doch für KANTS Zwecke zu viel. Wer sich die Darlegungen unseres I. Kapitels zu eigen gemacht hat, wird nämlich leicht bemerken, daß der von KANT hervorgehobene Zirkel der theologischen Begründung der Erkenntnistheorie seinen Grund nicht, wie KANT meint, in der theologischen Form dieser Begründung hat, sondern aus der Natur der Aufgabe einer erkenntnistheoretischen Begründung überhaupt entspringt. Nicht sowohl eine besondere Form der Erkenntnistheorie, sondern vielmehr jede Erkenntnistheorie als solche, also auch die von KANT versuchte, muß an diesem Zirkel scheitern.[1]

---

[1] Diese *allgemeine* Bedeutung des erkenntnistheoretischen Zirkels und also die Unmöglichkeit der Erkenntnistheorie als solcher scheint KANT später selbst bemerkt zu haben. Man lese die folgende Stelle aus der „Logik" (Einleitung VII) :

„Wahrheit, sagt man, besteht in der Übereinstimmung der Erkenntnis mit dem Gegenstande. Dieser bloßen Worterklärung zufolge soll also mein Erkenntnis, um als wahr zu gelten, mit dem Objekt übereinstimmen. Nun kann ich aber das Objekt nur mit meinem Erkenntnisse vergleichen, *dadurch daß ich es erkenne.* Meine Erkenntnis soll sich also selbst bestätigen, welches aber zur Wahrheit noch lange nicht hinreichend ist. Denn da das Objekt außer mir und die Erkenntnis in mir ist, so kann ich immer doch nur beurteilen: ob meine Erkenntnis vom Objekt mit meiner Erkenntnis vom Objekt übereinstimme. Einen solchen Zirkel im Erklären nannten die Alten *Dialele.* Und wirklich wurde dieser Fehler auch immer den Logikern von den Skeptikern vorgeworfen, welche bemerkten: es verhalte sich mit jener Erklärung der Wahrheit ebenso, wie wenn jemand vor Gericht eine Aussage tue und sich dabei auf einen Zeugen berufe, den niemand kenne, der sich aber dadurch glaubwürdig machen wolle, daß er behaupte, der, welcher ihn zum Zeugen aufgerufen, sei ein ehrlicher Mann. — Die Beschuldigung war allerdings gegründet. Nur ist die Auflösung der gedachten Aufgabe schlechthin und für jeden Menschen unmöglich."

Auf den ersten Blick scheint es, als hätten wir hier einen klaren Beweis für die Unmöglichkeit der Erkenntnistheorie vor uns. Und es erscheint rätselhaft, wie KANT die Konsequenz, die sich aus dieser Unmöglichkeit für seine eigenen erkenntnistheoretischen Spekulationen ergiebt, übersehen konnte. Allein, bei

Unterscheiden wir also genau zwischen jenen beiden Begriffen des Präformationssystems, — der Behauptung transzendentaler Wahrheit einerseits und der theologischen Begründung dieser Behauptung andererseits, — so zeigt sich, daß wir nicht aus der Ungereimtheit des zweiten auf die Verfehltheit des ersten schließen dürfen. Denn man kann — ohne allen Widerspruch — die transzendentale Wahrheit irgend welcher Erkenntnisse behaupten und zugleich jeden Versuch einer *Begründung* dieser transzendentalen Wahrheit abweisen. Und dies Verhalten ist nicht nur widerspruchsfrei, sondern erweist sich als unumgänglich notwendig, sobald man sich nur darüber klar ist, daß die transzendentale Wahrheit eine erste und notwendige Voraussetzung alles Erkennens überhaupt ist.

näherer Prüfung hinterlassen diese Kantischen Sätze doch eine gewisse Unklarheit über den Inhalt dessen, was KANT eigentlich als das thema probandi betrachtet wissen wollte. Der Zirkel einer jeden erkenntnistheoretischen *Begründung*, d. h. eines jeden Beweisversuchs für die *Übereinstimmung* der Erkenntnis mit dem Gegenstande, wird in ihnen zwar deutlich anerkannt: es ist hingegen nicht bestimmt ersichtlich, welchen Schluß KANT aus der Feststellung dieses Zirkels ziehen will. Er scheint den Ursprung des Zirkels in „jener Erklärung der Wahrheit" selbst zu suchen, während er doch in der Tat nur in der Verwechslung jener *Erklärung* (Definition) mit einem *Kriterium* der Wahrheit zu finden ist. KANT scheint, selbst noch in dieser Verwechslung befangen, aus der Untauglichkeit jener Erklärung *als* eines erkenntnistheoretischen Kriteriums auf die Unstatthaftigkeit der Erklärung zu schließen. Er scheint den Fehler jener „Skeptiker" zu wiederholen, die aus der *Unbeweisbarkeit* der Übereinstimmung von Erkenntnis und Gegenstand auf ihr *Nicht-Vorhandensein* schlossen. Während der aufgewiesene Zirkel in Wahrheit die Bedeutung hat, die Unlösbarkeit des erkenntnistheoretischen Problems überhaupt zu beweisen, benutzt KANT ihn nur, um die Unmöglichkeit einer *positiven* Entscheidung des Problems, einer „*Bestätigung*" der Erkenntnis durch sich selbst, zu beweisen. Und gerade, weil KANT hier die volle Tragweite seiner eigenen Sätze nicht erkennt und also zu *wenig* beweist, bekommt seine Argumentation auf der anderen Seite den Fehler, zu *viel* zu beweisen, indem sie die Unmöglichkeit, die Realität des aufgestellten Begriffs der transzendentalen Wahrheit zu beweisen, schon für die Nichtigkeit dieses Begriffs selbst nimmt und so zum erkenntnistheoretischen Idealismus führt, in diesem aber selbst eine — nämlich *negative* — *Lösung* des Problems zu geben beansprucht.

Dadurch, daß KANT es unterließ, diese beiden Lehrbegriffe des
Präformationssystems zu unterscheiden, ist er veranlaßt worden,
auf Grund des Widersinns des zweiten den ersten ungeprüft mit
zu verwerfen. TRENDELENBURGS Behauptung der Lückenhaftigkeit
der Kantischen Beweisführung besteht also zu Recht, so sehr auch
sein eigener Versuch, diese Behauptung zu rechtfertigen, als miß-
lungen zu betrachten ist.

84. Die Unvollständigkeit der Kantischen Disjunktion, daß
„nur zwei Fälle möglich" seien, indem „entweder der Gegenstand
die Vorstellung oder diese den Gegenstand allein möglich mache",
ist übrigens schon lange vor TRENDELENBURG von FRIES erkannt
worden. FRIES sagt in der Vorrede zur zweiten Auflage seiner
„Neuen Kritik der Vernunft":

> „Woher wissen wir denn, ob nicht irgend eine dritte höhere
> Ursache möglich sei, welche die Übereinstimmung zwischen Vor-
> stellung und ihrem Gegenstand bestimmt, indem sie beide möglich
> macht? Wäre aber dies, so könnten allerdings die Dinge a priori
> so angeschaut werden, wie sie an sich sind. Dieser Kantische
> Beweisgrund für die Idealität von Raum und Zeit wird also
> wohl verworfen werden müssen."

Und im § 102 der Neuen Kritik heißt es:

> „KANT setzt in seinem ersten Beweise, daß wir durch Sinnes-
> anschauungen die Dinge nicht erkennen, wie sie an sich sind,
> voraus: die Unmöglichkeit, Dinge an sich durch reine Anschauung,
> oder überhaupt durch Erkenntnisse a priori zu erkennen, weil
> wir damit Ansprüche darauf machen, den Gegenstand zu be-
> stimmen, ohne daß er uns als gegenwärtig in der Erkenntnis
> gegeben ist. Wir müssen aber vielmehr sagen, wenn es Dinge
> giebt, deren Existenz an sich selbst allgemeinen Gesetzen unter-
> worfen ist, wie wir es in der Natur finden, so kann es ja auch

wohl eine Vernunft, wie die unsrige, geben, welche dieses Gesetz antizipiert, ehe sie alle Fälle der Anwendung kennt."

GRAPENGIESSER, ein Schüler von FRIES, hat versucht, in dieser Frage für die Kantische Beweisführung einzutreten und die Einwürfe von FRIES zu widerlegen. Es lohnt sich, mit einigen Worten auf diesen Versuch einzugehen, weil er das Bestechende des Kantischen Gedankens in besonders hellem Lichte erscheinen läßt. GRAPENGIESSERS Argumentation stellt sich nämlich bei. näherer Betrachtung als eine bloße Wiederholung des Kantischen Fehlers heraus. Über die eben an erster Stelle zitierten Sätze von FRIES äußert er sich folgendermaßen:

„Hier erscheint mir die Ansicht von FRIES nicht zutreffend...
KANT meint nämlich, um über die Beschaffenheit eines Dinges an sich oder über sein Verhältnis zu anderen Dingen etwas zu bestimmen, dazu sei seine Gegenwart, seine Existenz nötig. Diese erkennen wir aber nicht a priori." „Dies, meine ich, kann ihm doch nicht bestritten werden."[1]

In dieser Argumentation ist offenbar der entscheidende Satz „Diese erkennen wir aber nicht a priori" eine petitio principii. GRAPENGIESSER argumentiert weiter:

„Was für eine dritte höhere Ursache sollte denn das sein? Wo sollten wir sie suchen? In uns oder außer uns? Wenn außer uns, so wäre unsere Bestimmung nicht a priori und notwendig; wenn aber in uns, so bliebe die Sache dieselbe, denn wir wären es wieder, welche die Beschaffenheit des Gegenstandes bestimmten. Aber möchte jemand sagen: die dritte Ursache könnte *über uns* sein. Über uns? Wie ist das zu verstehen? Wird damit nur

---

[1] KANTs Lehre von Raum und Zeit; KUNO FISCHER und ADOLF TRENDELENBURG. Jena, 1870, S. 61.

eine andere Stelle im Raum, in der Außenwelt gemeint, dann
ist das ‚über uns‘ nichts Anderes, als ‚außer uns‘. Ist das ‚über
uns‘ aber im idealen Sinne gemeint, soll die dritte, höhere
Ursache die göttliche sein: so erwidere ich: diese Annahme
gehört nicht hierher; wir wollen hier eine natürliche Erscheinung auch natürlich erklären; aus göttlicher Ursache können
wir gar nichts erklären, wir dürfen hier nicht gleichsam den
deus ex machina herbeirufen. Die Annahme einer solchen dritten
höheren Ursache käme auf den sogenannten Occasionalismus oder
des Leibniz prästabilierte Harmonie hinaus; aber diese beiden
Hypothesen hat Fries selbst anderer Orten verworfen."[1]

Hier wird wieder in dem Satze „Wenn außer uns, so wäre
unsere Bestimmung nicht a priori und notwendig" das zu Beweisende vorweggenommen. Wenn aber Grapengiesser sagt: „Wir
wollen hier eine natürliche Erscheinung auch natürlich erklären",
so ist darauf zu erwidern, daß zuvor die Frage zu erwägen gewesen wäre, ob eine solche Erklärung des Verhältnisses der Erkenntnis zum Gegenstande überhaupt möglich ist. Legt man einmal mit Kant die Voraussetzung der kausalen Natur dieses Verhältnisses zu Grunde, so bleibt jedenfalls die Annahme einer
*gemeinschaftlichen* Ursache der Übereinstimmung von Erkenntnis
und Gegenstand eine den beiden anderen Fällen *logisch* gleichwertige Möglichkeit; und ehe nicht die Entscheidbarkeit dieser
Disjunktion überhaupt feststeht, kann daher auch nicht von der
Unerkennbarkeit einer gemeinschaftlichen Ursache auf ihr Nicht-
Vorhandensein geschlossen werden. Wenn Fries „anderer Orten"
einen idealen Erklärungsgrund für die Übereinstimmung von Erkenntnis und Gegenstand verworfen hat, so hat er dies nicht getan,

---

[1] A. a. O., S. 63.

um einen natürlichen Erklärungsgrund an seine Stelle zu setzen, sondern weil er das Verhältnis von Erkenntnis und Gegenstand überhaupt nicht als ein kausales betrachtet wissen wollte.

Zu der zweiten der vorhin zitierten Stellen der Friesschen Kritik bemerkt GRAPENGIESSER:

„Aber dies wäre ja der Weg der Induktion, den wir mit Recht in Erforschung der Naturgesetze verfolgen. Die Induktion führt für sich doch nicht zur Notwendigkeit und Allgemeinheit."[1]

Auch dieses Argument beruht auf einer petitio principii. Denn welchen Grund haben wir, anzunehmen, daß allgemeine Gesetze, unter denen das Dasein der Dinge an sich stände, nicht a priori erkannt werden könnten? Diese Behauptung galt es ja gerade zu beweisen.

# XVII.

## Form und Gegenstand.

85. Die Kantischen Voraussetzungen (1) und (2) enthalten für sich noch kein Kriterium, um zu entscheiden, ob im besonderen Falle die Erkenntnis Ursache des Gegenstandes oder der Gegenstand Ursache der Erkenntnis ist. Nach dem metaphysischen Grundsatze der Kausalität kann dies Kriterium nur im *Zeitverhältnis* liegen. In der Tat bedient sich KANT, ohne hiervon aus-

---

[1] A. a. O., S. 64.

drücklich Rechenschaft abzulegen, dieses Kriteriums. Seine Art, dieses Kriterium anzuwenden, haben wir in den Voraussetzungen (3) und (4) formuliert. Für den Beweis der Idealität des Raumes und der Zeit, wie er in der transzendentalen Ästhetik geführt wird, ist hier die Voraussetzung (4) entscheidend. Um ein Urteil über die Gründe zu gewinnen, die Kant zu dieser Voraussetzung geführt haben, wollen wir die Erklärung der Möglichkeit der Mathematik betrachten, wie sie in den Paragraphen 8 und 9 der Prolegomena dargestellt wird. Um uns aber diese Beurteilung zu erleichtern, wird es gut sein, einige Bemerkungen vorauszuschicken.

Der Unterschied des Empirischen und Rationalen geht auf den *Erkenntnisgrund* der Urteile und betrifft nicht das Verhältnis zum *Gegenstande*. Man sagt wohl: Eine Erkenntnis a priori ist eine solche, die wir haben, auch *ohne* daß uns der Gegenstand gegeben ist. Aber dieses „Gegebensein" des Gegenstandes darf nur so verstanden werden, daß es das *Wahrgenommenwerden* bedeutet, und die Erklärung besagt daher nichts anderes, als daß Erkenntnisse a priori solche seien, die uns unabhängig von der Wahrnehmung zukommen oder die nicht auf Wahrnehmung gegründet sind.

Es ist hier wichtig, die Erkenntnisse rein a priori von ihrer Anwendung auf den einzelnen, empirisch gegebenen Fall zu unterscheiden, um sich durch eine gewisse Zweideutigkeit des Wortes „Gegenstand" nicht irreführen zu lassen. Dieses Wort bezeichnet nämlich einmal das empirisch bestimmte Einzelding, dann aber auch, in allgemeinerer Bedeutung, das in einer Vorstellung Vorgestellte überhaupt, was also, im Falle der Erkenntnisse a priori, auch ein allgemeines Gesetz sein kann. Nehmen wir das Wort in der ersten Bedeutung, so ist die Erkenntnis a priori in der Tat eine solche, die uns *vor* der Vorstellung des Gegenstandes zukommt;

nehmen wir es aber in der zweiten Bedeutung, so hat auch jede
Erkenntnis a priori unmittelbar ihren Gegenstand bei sich.

Nach der ersten Bedeutung des Wortes hat das Problem:
Wie ist es möglich, Gegenstände a priori zu erkennen? die Bedeutung der Frage: Wie ist es zu verstehen, daß die Einzeldinge,
die wir a posteriori erkennen, den Gesetzen gemäß sind, die wir
unabhängig von der Erfahrung (a priori) erkennen? Und auf
diese Frage kann nur die Antwort erteilt werden: Darum, weil
die Erkenntnis a priori selbst erst Erfahrung möglich macht.
Jeder Gegenstand möglicher Erfahrung steht unter den Bedingungen
der Gesetze, die wir a priori erkennen, weil er, ohne diesen Bedingungen gemäß zu sein, gar nicht Gegenstand der Erfahrung
werden könnte. Dies können wir auch so ausdrücken: Die Erkenntnis a priori kann sich darum auf Gegenstände der Erfahrung
beziehen, weil wir durch sie in der Tat nichts anderes erkennen,
als die notwendige *Form* der Gegenstände der Erfahrung.

Was wir hier die Form eines Gegenstandes nennen, das ist
nach der zweiten Bedeutung des Wortes „Gegenstand" *selbst* ein
Gegenstand, nämlich der Gegenstand der Erkenntnis a priori. Es
kann also sehr wohl etwas, was in der einen Bedeutung des Wortes
ein *Gegenstand* ist, in der anderen Bedeutung des Wortes die bloße
*Form* eines Gegenstandes sein.

Kant hat bei der Erörterung seiner Frage: „Wie ist Erkenntnis
a priori möglich?" diese beiden Bedeutungen des Wortes „Gegenstand" nicht scharf genug auseinandergehalten und ist dadurch
veranlaßt worden, den vorhin (§ 81) dargelegten Fehler zu begehen und eine Frage, die im Grunde nur das Verhältnis der
Erkenntnisse untereinander betrifft, mit einer Frage zu verwechseln,
die auf das Verhältnis der Erkenntnis zum Gegenstande geht.
Ohne es zu bemerken, schiebt er der Auflösung der einen Frage

die der anderen unter. Auf die Frage: Wie ist die Übereinstimmung der Erfahrung mit der Erkenntnis a priori möglich? antwortet er richtig: Dadurch, daß die Erkenntnis a priori den Grund der Möglichkeit der Erfahrung enthält. Aber die in diesem Satze festgestellte Abhängigkeit der *Erfahrung* von der Erkenntnis a priori verwechselt KANT mit der Abhängigkeit der Natur, d. h. des *Gegenstandes* der Erfahrung, von der Erkenntnis a priori.

86. Daß dieser Fehler in der Tat nur durch die Zweideutigkeit des Wortes „Gegenstand" veranlaßt worden ist, läßt sich deutlich aus der schon erwähnten Stelle der Prolegomena ersehen. Auf die Frage: Wie ist reine Mathematik möglich? antwortet KANT hier mit der Aufweisung der reinen Anschauung, in der die mathematischen Begriffe konstruiert werden. Er fährt dann fort:

„Allein die Schwierigkeit scheint bei diesem Schritte eher zu wachsen, als abzunehmen. Denn nunmehr lautet die Frage: *wie ist es möglich, etwas a priori anzuschauen?* Anschauung ist eine Vorstellung, so wie sie unmittelbar von der Gegenwart des Gegenstandes abhängen würde. Daher scheint es unmöglich, a priori *ursprünglich* anzuschauen, weil die Anschauung, alsdann ohne einen weder vorher, noch jetzt gegenwärtigen Gegenstand, worauf sie sich bezöge, stattfinden müßte, und also nicht Anschauung sein könnte. Begriffe sind zwar von der Art, daß wir uns einige derselben, nämlich die, so nur das Denken eines Gegenstandes überhaupt enthalten, ganz wohl a priori machen können, ohne daß wir uns in einem unmittelbaren Verhältnisse zum Gegenstande befänden... Allein wie kann *Anschauung* des Gegenstandes vor dem Gegenstande selbst vorhergehen?

„Müßte unsere Anschauung von der Art sein, daß sie Dinge
vorstellte, *so wie sie an sich selbst sind*, so würde gar keine Anschauung a priori stattfinden, sondern sie wäre allemal empirisch.
Denn was in dem Gegenstande an sich selbst enthalten sei,
kann ich nur wissen, wenn er mir gegenwärtig und gegeben
ist. . . . so würde doch dergleichen Anschauung nicht a priori
stattfinden, d. i. ehe mir noch der Gegenstand vorgestellt würde;
denn ohne das kann kein Grund der Beziehung meiner Vorstellung auf ihn erdacht werden. . .“[1]

Versteht man hier unter dem „Gegenstande" das empirisch
bestimmte Einzelding, so ist es allerdings richtig, daß die reine
Anschauung sich in keinem „unmittelbaren Verhältnisse zum Gegenstande" befindet, sie muß vielmehr, „vor dem Gegenstande selbst
vorhergehen", sie findet statt, „ehe mir noch der Gegenstand
vorgestellt" wird. „Was in dem Gegenstande an sich selbst enthalten sei", kann ich daher nach dieser Bedeutung des Wortes
„Gegenstand" in der Tat nicht durch reine Anschauung wissen.
Hiermit ist aber die Frage, wie unsere Anschauung beschaffen
sein müßte, um die Dinge vorzustellen, „so wie sie an sich selbst
sind", gar nicht berührt. Diese Frage betrifft das Verhältnis der
Erkenntnis zum Erkannten als solchem. Bezeichnet man dieses
in einer Erkenntnis Erkannte als den Gegenstand der Erkenntnis,
so befindet sich auch die reine Anschauung „in einem unmittelbaren Verhältnisse zum Gegenstande", sie muß durchaus nicht „vor
dem Gegenstande vorhergehen", sie findet keineswegs statt, „ehe
mir noch der Gegenstand vorgestellt" wird, und es liegt daher in
ihrer Apriorität kein Grund, die Beziehung auf den Gegenstand
anders zu beurteilen als im Falle der empirischen Erkenntnis.

---

[1] Prolegomena, § 8 f.

Diese Zweideutigkeit überträgt sich bei KANT auf den Terminus „Form". Einerseits bezeichnet KANT den Raum als die *Form* der äußeren Erscheinungen oder als den „Grund der Möglichkeit aller äußeren Erscheinungen ihrer Form nach"[1], andererseits aber heißt ihm auch die reine Anschauung des Raumes eine „Form der Sinnlichkeit" oder eine „formale Anschauung"[2]. Indem nun diese beiden Begriffe der „Form", der objektive und der subjektive, nicht genügend unterschieden werden, entsteht der Schein, als beweise die Abhängigkeit aller äußeren Erscheinungen von einem „formalen" Grunde ihrer Möglichkeit (den a priori erkannten allgemeinen Gesetzen der Mathematik und reinen Naturwissenschaft) eine Abhängigkeit der Natur von den subjektiven Bedingungen unseres Erkennens, und die Apriorität erscheint als ein Kriterium der Idealität.[3]

---

[1] Prolegomena, § 13.     [2] Ebenda.

[3] Daß die speziellen geometrischen Argumente, die ¦KANT zur Bestätigung seines formalen Idealismus hinzufügt, (Prolegomena, § 12 f.) in der Tat nur Beweise für die Anschaulichkeit, nicht aber für die Idealität der mathematischen Erkenntnis enthalten, ist schon von GAUSS bemerkt worden. (Vgl. GAUSS' Werke, Bd. II, S. 177.)

Trotzdem übrigens GAUSS die Kantische Lehre von der Idealität des Raumes ablehnt, so ist er doch selbst auch ein Anhänger des formalen Idealismus. In einem Briefe an BESSEL (vom 9. April 1830, Briefwechsel, S. 497) schreibt er: „Nach meiner innigsten Überzeugung hat die Raumlehre zu unserm Wissen a priori eine ganz andere Stellung wie die reine Größenlehre; es geht unserer Kenntnis von jener durchaus *diejenige* vollständige Überzeugung von ihrer Notwendigkeit (also auch von ihrer absoluten Wahrheit) ab, die der letzteren eigen ist; wir müssen in Demut zugeben, daß wenn die Zahl *bloß* unseres Geistes Produkt ist, der Raum auch außer unserm Geiste eine Realität hat, der wir a priori ihre Gesetze nicht vollständig vorschreiben können."

Indem GAUSS hier den geometrischen Idealismus ablehnt, bekennt er sich doch zugleich zu der Lehre von der Idealität der Zahl. Er lehnt aber jenen ab, weil wir, wie er meint, dem Raume seine Gesetze nicht vollständig a priori vorschreiben können; er nimmt diese an, weil sich die reine Größenlehre vollständig a priori begründen lasse. Er ist also geometrischer Realist nur darum, weil er

## XVIII.

## Die dogmatische Disjunktion der Wahrheitskriterien.

87. Der Fehler, der KANT zu seinem formalen Idealismus geführt hat, hat aber noch einen anderen und tieferen Grund. Um diesen
zu verstehen, muß man die historische Stellung KANTS zu seinen
Vorgängern berücksichtigen. Diese hatten — wenn wir die
Kantische Terminologie anwenden wollen — sämtlich angenommen,
daß alle Urteile a priori analytisch, also alle synthetischen Urteile
empirisch seien.[1] Sie hatten somit die Disjunktion zwischen Logik
und Empirie als Kriterien der Wahrheit für eine vollständige
gehalten. Der entscheidende Schritt KANTS über seine Vorgänger
hinaus war nun die Entdeckung, daß sich die Urteile der Mathematik diesem überlieferten Schema nicht einordnen lassen, die Ent-

---

geometrischer *Empirist* ist, und er ist arithmetischer Idealist nur darum, weil er
arithmetischer *Apriorist* ist. Das Kriterium der Idealität liegt also für ihn, gerade
wie für KANT auch, in der Apriorität; d. h. er übernimmt den formalen Idealismus
als solchen.

[1] Es ist dies der wissenschaftliche Ausdruck für die Annahme, die seit der
Aristotelischen Einteilung der Erkenntnisse in solche des $\nu o \tilde{v} \varsigma$ und solche der
$\alpha \tilde{\iota} \sigma \vartheta \eta \sigma \iota \varsigma$ die Geschichte der Philosophie beherrscht. Es ist dieselbe Annahme,
die in der Leibnizschen Klassifikation der Wahrheiten in *vérités de raison* und
*vérités de fait* ihren klassischen Ausdruck gefunden hat und die auch der
Humeschen Unterscheidung von *relations of ideas* und *matters of fact* zu Grunde liegt.
Man vergleiche KANTS Brief an REINHOLD vom 12. Mai 1789: „Es wird
mehrmalen von den Gegnern gesagt: die Unterscheidung synthetischer Urteile
von analytischen sei sonst schon bekannt gewesen. Mag es doch! Allein, daß
man die Wichtigkeit derselben nicht einsahe, kam daher, weil man alle Urteile
a priori zu der letzteren Art und bloß die Erfahrungsurteile zu den ersteren
gerechnet zu haben scheint; dadurch denn aller Nutze verschwand."

deckung also, daß es synthetische Urteile a priori giebt.[1] Er
fand ferner, daß solche synthetischen Urteile a priori aller Erfahrung
als Bedingungen ihrer Möglichkeit zu Grunde liegen, blieb
aber bei dieser Entdeckung stehen, ohne bestimmt genug aus
ihr die Konsequenz auf die Unvollständigkeit der überlieferten
Disjunktion der Wahrheitskriterien zu ziehen. Dies hatte zur
unmittelbaren Folge, daß er den — weder auf Empirie noch auf
Logik zurückführbaren — synthetischen Prinzipien a priori die
Anwendbarkeit auf Dinge an sich abstreiten mußte. Andererseits
aber zwang ihn die Tatsache der in aller wirklichen Erfahrung
stattfindenden Unterscheidung zwischen Schein und Wahrheit zu
dem Versuche, diese Unterscheidung von der Beziehung auf den
Begriff des Dinges an sich loszulösen und auf eine nur immanente
Beziehung der Erkenntnisse auf einander zu gründen. Die dieser
Unterscheidung zu Grunde liegenden Kriterien fand er nun in
den von ihm entdeckten synthetischen Prinzipien a priori.[2] „Alsdann sagen wir: wir erkennen den Gegenstand, wenn wir in
dem Mannigfaltigen der Anschauung synthetische Einheit bewirkt
haben."[3]

---

[1] Für die Würdigung dieser Entdeckung verweise ich auf meine „Bemerkungen über die Nicht-Euklidische Geometrie und den Ursprung der mathematischen Gewißheit". (Abhandlungen der Fries'schen Schule, Neue Folge, Band I,
Heft 2 und 3.)

[2] Man vergleiche etwa den Satz der Prolegomena: „... daß, da Wahrheit
auf allgemeinen und notwendigen Gesetzen, als ihren Kriterien beruht, die Erfahrung bei BERKLEY keine Kriterien der Wahrheit haben könne, weil den Erscheinungen derselben (von ihm) nichts als a priori zum Grunde gelegt ward, woraus
denn folgte, daß sie nichts als lauter Schein sei, dagegen bei uns Raum und
Zeit (in Verbindung mit den reinen Verstandesbegriffen) a priori aller möglichen
Erfahrung ihr Gesetz vorschreiben, welches zugleich das sichere Kriterium ab-
giebt, in ihr Wahrheit von Schein zu unterscheiden." (Reclamsche Ausgabe, S. 166.)

[3] Kritik der reinen Vernunft, Kehrbachsche Ausgabe, S. 119.

88. Hieraus ergiebt sich, daß man sorgfältig zwischen zwei ganz verschiedenen Betrachtungsweisen der Erkenntnis bei KANT unterscheiden muß, die in seinen Schriften ohne deutliche Scheidung neben einander hergehen. Dies zeigt sich vielleicht am klarsten in der Doppeldeutigkeit, mit der er Ausdrücke wie „subjektiv“ und „objektiv“, besonders aber den Terminus „Erscheinung“ gebraucht. Auf der einen Seite haben die formalen Bedingungen der Erfahrung, und mit ihnen die Erfahrungsurteile selbst, „nur subjektive“ Gültigkeit und erstrecken sich „nur“ auf „Erscheinungen“, insofern sie keine Anwendung auf Dinge an sich zulassen. Auf der anderen Seite aber sind es dieselben formalen Bedingungen der Erfahrung, „welche es eben machen, daß das Erfahrungsurteil *objektiv gültig* ist.“[1] Von *dieser* Seite betrachtet, bedeutet der Terminus „Erscheinung“ nicht wie vorher einen Gegensatz zum Dinge an sich; sondern „der unbestimmte Gegenstand einer empirischen Anschauung heißt Erscheinung“[2], im Gegensatze zu dem durch synthetische Prinzipien a priori bestimmten Gegenstande der Erfahrung. Wir haben also bei KANT zwei ganz verschiedene und einander entgegengesetzte Kriterien der Objektivität zu unterscheiden. Einerseits die Beziehung der Vorstellungen auf die der Empfindung zu Grunde liegenden Dinge an sich, andererseits die Bestimmung der Vorstellungen durch die formalen Bedingungen der Erfahrung. Was von dem einen Gesichtspunkte als das eigentlich Subjektive zu betrachten ist, gerade das ist es, was von dem anderen aus betrachtet Objektivität ermöglicht. Und umgekehrt.

---

[1] Prolegomena, § 18, S. 77.    [2] Kritik der reinen Vernunft, S. 48.

## XIX.

### Der transzendentale Beweis.

89. Wir wollen auf diese Verhältnisse noch etwas näher eingehen. KANTS eigentliches Problem ist die Möglichkeit synthetischer
Urteile a priori. Dieses Problem hat zwei ganz verschiedene
Seiten. Einmal handelt es sich dabei um die Möglichkeit im
Sinne der objektiven Gültigkeit. Andererseits handelt es sich
um die subjektive Möglichkeit im psychologischen Sinne. Dementsprechend unterscheidet KANT selbst[1] bei der Auflösung seines
Problems eine objektive und eine subjektive Deduktion. Bleiben
wir zunächst bei der objektiven.

Welches ist für KANT das Kriterium der „objektiven Möglichkeit"? Das einzige Kriterium der Objektivität synthetischer
Vorstellungen ist ihm auf Grund der übernommenen Disjunktion
die Empirie. „Was in dem Gegenstande an sich selbst enthalten
sei, kann ich nur wissen, wenn er mir gegenwärtig und gegeben
ist."[2] Dieses „könnte aber nur empirisch geschehen".[3] Der einzig
bündige Schluß aus dieser Voraussetzung ist die Verneinung der
Möglichkeit synthetischer Urteile a priori — das Wort „Möglichkeit" im objektiven Sinne genommen. Und so schließt auch KANT:
„Die ganze reine Vernunft enthält in ihrem bloß spekulativen

---

[1] K. d. r. V., Vorrede zur ersten Ausgabe.     [2] Prolegomena, § 9.
[3] K. d. r. V., S. 126.

Gebrauche nicht ein einziges direkt synthetisches Urteil aus Begriffen."[1]

Wenn nun KANT dennoch eine objektive Begründung seiner synthetischen Prinzipien a priori unternimmt, so kann dieses Unternehmen bei ihm nur auf den Versuch hinauslaufen, die Geltung· der zu begründenden Prinzipien auf das *logische* Kriterium zurückzuführen. Die Gültigkeit der fraglichen Prinzipien soll nach KANT darauf beruhen, daß nur vermittelst ihrer Erfahrungsurteile möglich sind. Von dem Erkenntniswert dieser Erfahrungsurteile wird dabei abgesehen: unsere gesamte Erfahrung hat — eben zufolge ihrer Abhängigkeit von synthetischen Prinzipien a priori — keine Gültigkeit für Dinge an sich, wohl aber· ist innerhalb des Erfahrungsgebietes eine Scheidung zwischen Wahrheit und Schein möglich. Die zu dieser Scheidung erforderlichen Kriterien liefern uns gerade die synthetischen Urteile a priori, als „Prinzipien der Möglichkeit der Erfahrung". Diese können· also deshalb nicht als Schein verworfen werden, weil vermittelst ihrer allein der Begriff der wissenschaftlichen Wahrheit definiert werden kann. „Erkenntnis a priori hat nur dadurch Wahrheit,

---

[1] K. d. r. V., S. 564.
In demselben Sinne ist es, wenn KANT (K. d. r. V., S. 580) sagt, HUME habe von dem Grundsatze der Kausalität *„ganz richtig"* bemerkt, „daß man seine Wahrheit auf gar keine Einsicht, d. i. Erkenntnis a priori fuße, daß daher auch nicht im Mindesten die Notwendigkeit dieses Gesetzes, sondern eine bloße allgemeine Brauchbarkeit desselben in dem Laufe der Erfahrung und eine daher entspringende subjektive Notwendigkeit, die er Gewohnheit nennt, sein ganzes Ansehen ausmache." Vgl. auch Prolegomena § 27, wo es heißt, HUME behaupte *„mit Recht",* „daß wir die Möglichkeit der Kausalität durch Vernunft auf keine Weise einsehen". Die reinen Verstandesbegriffe und Grundsätze sind „für sich gar keine Erkenntnisse, sondern bloße Gedankenformen" (K. d. r. V., S. 217), „willkürliche Verbindungen, ohne objektive Realität" und ohne „die mindeste Bedeutung". (Prolegomena, § 30 ff.)

daß sie nichts weiter enthält, als was zur synthetischen Einheit der Erfahrung überhaupt notwendig ist."[1] „Die Möglichkeit der Erfahrung ist also das, was allen unseren Erkenntnissen a priori objektive Realität giebt."[2] Und so sind die synthetischen Grundsätze des reinen Verstandes „nicht allein a priori wahr, sondern sogar der Quell aller Wahrheit".[3]

90. Dies ist der Grundgedanke, auf dem KANTS „transzendentaler Beweis" der metaphysischen Grundsätze beruht. Wir haben bereits im III. Kapitel eine allgemeine Kritik dieses Verfahrens gegeben. Wir entnehmen den dortigen Ausführungen das Resultat, daß der „transzendentale Beweis" nur als eine *regressive Aufweisung*, nicht aber als eine *Begründung* der metaphysischen Grundsätze betrachtet werden darf, daß er vielmehr, wenn er mit dem Anspruch einer solchen auftritt, auf einen Zirkel hinausläuft. Nehmen wir den Terminus „Möglichkeit" in dem Ausdruck „Bedingungen der Möglichkeit der Erfahrung" im *logischen* Sinne, so liegt das Kriterium dieser Möglichkeit in der Definition des Erfahrungsbegriffs, und das Resultat des Beweises kann lediglich in einer analytischen Wiedergabe dieser Definition gefunden werden. In der Fassung dieser Definition muß daher schon die petitio principii des Beweises liegen. Nehmen wir aber den Terminus „Möglichkeit" im synthetischen Sinne, d. h. im Sinne der *Kategorie* der Möglichkeit, so liegt das Kriterium der Möglichkeit in den Erkenntnissen a priori, zu denen die abzuleitenden metaphysischen Grundsätze selbst gehören. Diese müssen also für den Beweis schon vorausgesetzt und können nicht erst durch ihn abgeleitet werden. — In keinem Falle liefert der Beweis mehr als den analytischen

---

[1] K. d. r. V., S. 155.     [2] K. d. r. V., S. 154.
[3] K. d. r. V., S. 222.

Satz, daß gewisse Prinzipien in einem Gebiet gelten, das selbst erst durch diese Prinzipien *definiert* ist.[1]

Diese Verlegenheit scheint übrigens KANT selbst gefühlt zu haben; ja er spricht sie geradezu aus, wenn er von dem metaphysischen Grundsatze der Kausalität sagt:

> „Er heißt aber *Grundsatz* und nicht *Lehrsatz*, ob er gleich bewiesen werden muß, darum, weil er die besondere Eigenschaft hat, daß er seinen Beweisgrund, nämlich Erfahrung, selbst zuerst möglich macht und bei dieser immer vorausgesetzt werden muß."[2] —

91. Nehmen wir — unter Vorbehalt — einmal an, es gäbe ein einwandfreies Verfahren, von gewissen Grundsätzen zu beweisen, daß sie Bedingungen der Möglichkeit der Erfahrung sind. Was würde aus einem solchen Beweise für den Geltungswert dieser Sätze folgen? KANT sagt von ihnen, sie seien

> „sichere Grundsätze, aber gar nicht direkt aus Begriffen, sondern immer nur indirekt durch Beziehung dieser Begriffe

---

[1] In dieser Weise ist auch die charakteristische Darstellung zu beurteilen, die KANT selbst in einem Brief an GARVE (vom 7. August 1783) von seiner Methode giebt. Es sei, sagt er hier, der Kritik eigentümlich,

„aus dem bloßen Begriffe eines Erkenntnisvermögens (wenn er genau bestimmt ist) auch alle Gegenstände, alles was man von ihnen wissen kann, ja selbst was man über sie auch unwillkürlich, obzwar trüglich zu urteilen genötigt sein wird, a priori entwickeln zu können."

Eine solche Entwickelung wird allerdings a priori möglich sein, „wenn" zuvor der „Begriff des Erkenntnisvermögens" hinreichend „genau bestimmt ist". Ist nämlich diese Bedingung einmal erfüllt, so ist jene Entwickelung auf rein *logischem* Wege möglich; denn sie beschränkt sich auf die analytische Wiederholung dessen, was durch Definition schon in den „Begriff des Erkenntnisvermögens" hineingelegt war. In dieser Definition sind ja bereits alle Entscheidungen der Kritik antizipiert; wir würden also, wollten wir das Geschäft der Kritik auf jene Entwickelung a priori beschränken, das eigentliche Problem schon vor Beginn unserer Arbeit als gelöst annehmen.

[2] K. d. r. V., S. 564.

auf mögliche Erfahrung; da sie denn, wenn diese vorausgesetzt wird, allerdings apodiktisch gewiß sein, an sich selbst aber (direkt) a priori gar nicht einmal erkannt werden können. So kann niemand den Satz: alles, was geschieht, hat seine Ursache, aus diesen gegebenen Begriffen allein gründlich einsehen. Daher ist er kein Dogma, ob er gleich in einem anderen Gesichtspunkte, nämlich dem einzigen Felde seines möglichen Gebrauchs, d. i. der Erfahrung, ganz wohl und apodiktisch bewiesen werden kann."[1]

In diesen Worten verrät sich aufs deutlichste die Tendenz, die metaphysischen Urteile dem traditionellen Schema von Logik und Empirie als Wahrheitskriterien einzuordnen. Die Empirie versagt als Kriterium gegenüber der Apodiktizität der metaphysichen Sätze. Und so versucht KANT das andere, logische Kriterium zu ihrer Begründung nutzbar zu machen. In der Tat, wenn es gelingt, die metaphysischen Grundsätze als logische Bedingungen der Erfahrung zu erweisen, so ist der hiermit bewiesene Satz: „Die metaphysischen Grundsätze sind logische Bedingungen der Erfahrung" ein apodiktisch gewisser Satz. Aber *dieser* Satz ist ein analytischer, nicht selbst ein metaphysischer Satz. Durch seinen Beweis werden also auch nicht, wie KANT sich ausdrückt, die metaphysischen Grundsätze „apodiktisch gewiß". Die Gewißheit der metaphysischen Sätze wird durch diesen Beweis gar nicht berührt; nur ihre „Beziehung auf mögliche Erfahrung" wird durch den Beweis „gewiß", nur das Stattfinden dieser „Beziehung" wird „apodiktisch bewiesen", nicht die Grundsätze selbst. — Der Satz „Alles, was geschieht, hat seine Ursache" kann freilich „aus diesen gegebenen Begriffen allein" nicht „gründlich eingesehen" werden.

---

[1] Ebenda.

Aber nicht deshalb, weil er eines Beweises bedürfte, um gewiß zu sein, sondern darum, weil er ein *synthetischer* Satz ist, synthetische Sätze aber niemals aus den in ihnen enthaltenen Begriffen allein eingesehen werden können. Kants Argumentation schließt offenbar die logizistische Voraussetzung ein, nur analytische Urteile könnten ohne Beweis a priori gewiß sein. Wäre aber diese Voraussetzung richtig, so könnten synthetische Urteile a priori auch durch einen Beweis niemals Gewißheit erlangen. Denn dieser Beweis müßte irgend welche erste Prämissen haben, deren Gewißheit nicht wieder auf Beweisen beruhen könnte. Sind nun diese Prämissen, als unbeweisbare und doch gewisse Sätze, nicht synthetisch, so können es auch nicht die aus ihnen zu beweisenden Schlußsätze sein. Denn aus bloß analytischen Sätzen folgen niemals synthetische.[1]

----

[1] Vgl. Kritik der Urteilskraft, § 55 Anmerkung, wo Kant seine logizistische Voraussetzung geradezu ausspricht:

„Ein vernünftelndes Urteil (judicium ratiocinans) kann ein jedes heißen, das sich als allgemein ankündigt; denn sofern kann es zum Obersatze in einem Vernunftschlusse dienen. Ein Vernunfturteil (judicium ratiocinatum) kann dagegen nur ein solches genannt werden, welches als der Schlußsatz von einem Vernunftschlusse, folglich als a priori gegründet, gedacht wird."

Hiermit ist unzweideutig Folgendes gesagt: Ein Vernunfturteil unterscheidet sich von einem vernünftelnden dadurch, daß es „gegründet" ist. Da nun analytische Urteile ihren Grund jederzeit in ihrem eigenen Subjektsbegriffe bei sich führen, so kann der Unterschied nur bei synthetischen Urteilen in Betracht kommen. Sofern diese nun auf Allgemeinheit Anspruch machen, können sie nicht empirisch gegründet sein. Sollen sie also, als Vernunfturteile, überhaupt gegründet sein, so ist dies nur dadurch möglich, daß sie *bewiesen* werden. D. h. sie können keine Grundurteile sein, sondern müssen „als Schlußsatz in einem Vernunftschlusse" gedacht werden.

## XX.

## Die subjektive Deduktion.

92. Nun bleibt es freilich richtig, daß wir metaphysische Urteile niemals „für unmittelbar gewiß ausgeben" dürfen. „Wenn
zu dem Begriffe eines Dinges eine Bestimmung a priori synthetisch
hinzukommt, so muß von einem solchen Satze, wo nicht ein Beweis,
doch wenigstens eine Deduktion der Rechtmäßigkeit seiner Behauptung unnachlaßlich hinzugefügt werden,"[1] „weil der Satz sonst
gleichwohl den größten Verdacht einer bloß erschlichenen Behauptung auf sich haben würde".[2] Denn einem synthetischen Urteile
kann „an ihm selbst weder die Wahrheit, noch der Irrtum angesehen werden".[3] Es entsteht also die Frage:

> „Wo ist hier das Dritte, welches jederzeit zu einem syn-
> thetischen Satze erfordert wird, um in demselben Begriffe, die
> gar keine logische (analytische) Verwandtschaft haben, mit
> einander zu verknüpfen?"[4]

Auf diese Frage (die den eigentlichen Inhalt des Humeschen
Problems ausmacht) können wir nicht antworten: Dieses Dritte
ist die Möglichkeit der Erfahrung.[5] Denn wenn es wahr ist, daß
die metaphysischen Grundsätze den Grund der Möglichkeit der
Erfahrung enthalten, so kann nicht umgekehrt die Möglichkeit
der Erfahrung den Grund der metaphysischen Grundsätze enthalten. — Nach unseren Untersuchungen kann der fragliche Grund

---

[1] K. d. r. V., S. 215 f.    [2] S. 150.    [3] S. 153.    [4] S. 238.
[5] S. 155, 221.

oder das „*Dritte*", das jederzeit zur Möglichkeit synthetischer
Sätze erfordert wird, nur eine unmittelbare Erkenntnis, und zwar,
als Grund *metaphysischer* Sätze, eine nicht-anschauliche unmittelbare
Erkenntnis sein.[1] Diese nicht-anschauliche unmittelbare Erkenntnis
mußte KANT verfehlen, da er an der Disjunktion, alle Erkenntnis
sei entweder Anschauung oder Urteil, festhielt. Er mußte auf
Grund dieser Disjunktion die metaphysische Erkenntnis, da sie
als metaphysische sich nicht auf Anschauung gründen ließ, auf
die bloße Reflexion zu gründen suchen und so zu seinem transzendentalen Beweisversuche kommen.

93. Hieraus erklärt sich zugleich eine gewisse Zweideutigkeit,
die dem Terminus „synthetisches Urteil aus bloßen Begriffen" bei
KANT anhaftet. Unterscheidet man nicht scharf zwischen der Er-

---

[1] Am nächsten scheint dieser Auflösung des Problems unter KANTS unmittelbaren Schülern SIGISMUND BECK gekommen zu sein. Der „Standpunkt des ursprünglichen Vorstellens", den BECK als letztes Kriterium aller philosophischen
Wahrheit geltend macht, ist in der Tat recht verstanden der Standpunkt der
unmittelbaren Erkenntnis. Aber so klar auch BECK seinen „Standpunkt des ursprünglichen Vorstellens" von dem Standpunkte der Reflexion zu unterscheiden
weiß, so hindern ihn doch zwei Fehler, diese Einsicht für eine wirkliche Fortbildung der Vernunftkritik fruchtbar zu machen. Erstens nämlich verfällt er, in
der traditionellen Disjunktion der Erkenntnisquellen befangen, dem dem Logizis-
mus entgegengesetzten Fehler: er übersieht die ursprüngliche *Dunkelheit* der unmittelbaren Erkenntnis der reinen Vernunft, er behandelt sie wie eine Art *Anschauung*, auf deren Standpunkt man sich nur zu „versetzen" brauche, um nach
Belieben dieses oder jenes philosophische Urteil einzusehen. Er bleibt also an
dem Punkte stehen, wo die schwierigste Aufgabe der Kritik erst anfängt, nämlich
die Aufgabe, den Bestand jener unmittelbaren Erkenntnis vermittelst einer Theorie
der Vernunft abzuleiten. — Zweitens aber fehlt ihm die strenge Trennung der
Sätze, die dem philosophischen *System* angehören, von den Sätzen der *Kritik*; so
daß es bei ihm zu keiner Klarheit darüber kommt, ob sein „ursprüngliches Vorstellen" den Grund der Prinzipien des Systems oder den der Prinzipien der Kritik
enthalten soll. (Vgl. S. BECK: „Einzig möglicher Standpunkt, aus welchem die
kritische Philosophie beurteilt werden muß" und „Grundriß der kritischen Philosophie", 1796.)

kenntnis selbst und dem Bewußtsein *um* die Erkenntnis, so scheint
ein synthetisches Urteil aus bloßen Begriffen ein solches zu sein,
das seinen Grund in bloßen Begriffen hat, was einen offenbaren
Widerspruch einschlösse, da alle Urteile, deren Grund in bloßen
Begriffen liegt, analytische sein müssen. In der Tat bedeuten die
Worte „aus bloßen Begriffen" recht verstanden lediglich, daß die
metaphysischen Urteile ihren Grund *nicht in der Anschauung* haben,
d. h. daß uns die metaphysische Erkenntnis *nur durch Begriffe*,
nämlich nur im Urteil, zum *Bewußtsein* kommt.

Aus dieser bei KANT nicht aufgeklärten Zweideutigkeit erklären sich die gewöhnlichen Mißverständnisse, auf Grund deren
noch gegenwärtig gegen den Kantischen Begriff des synthetischen
Urteils aus bloßen Begriffen polemisiert wird.[1] Es ist, wie man
aus dem hier Dargelegten ersieht, nichts weiter nötig, als diesen
Begriff von seiner Zweideutigkeit zu befreien, um die Tatsache
einer nicht-anschaulichen unmittelbaren Erkenntnis als die Bedingung der Möglichkeit metaphysischer Urteile sicher zu stellen.

Die Aufgabe der Zurückführung der metaphysischen Grundurteile auf die unmittelbare Erkenntnis der reinen Vernunft weist
uns offenbar auf das Problem der „subjektiven Deduktion" zurück.
Diese subjektive Deduktion, die bei KANT nur eine mehr vor-
bereitende und untergeordnete Rolle spielt, rückt somit in den
eigentlichen Mittelpunkt der Vernunftkritik.[2]

---

[1] Man vergleiche z. B. L. BUSSE: „Philosophie und Erkenntnistheorie"
S. 148 ff.: „Synthetische Urteile a priori sind, weil in sich widerspruchsvoll, unmöglich." (S. 154.)

[2] Eine ausführlichere Kritik der Kantischen Deduktionenlehre habe ich in
meiner Schrift „J. F. FRIES und seine jüngsten Kritiker" gegeben. Ich verweise,
um Wiederholungen zu vermeiden, auf das dort Ausgeführte. (Abhandlungen der
Fries'schen Schule, Neue Folge, Band I, S. 276 bis S. 313, insbesondere S. 279
—297 und S. 307—313.)

## XXI.

### Der Begriff der transzendentalen Logik.

94. Unter der Voraussetzung, die Kritik enthalte einen *Beweis* der metaphysischen Grundsätze, wird die Annahme unvermeidlich, die Kritik enthalte zugleich den *Grund* der metaphysischen Grundsätze. Diese Annahme aber zieht die weitere nach sich, daß die Kritik hinsichtlich der Modalität mit den durch sie begründeten Prinzipien gleichartig, also selbst eine rationale Wissenschaft sein müsse. Der Unterschied von Kritik und System wird dadurch verwischt, und Erkenntnisse, die tatsächlich der inneren Erfahrung entstammen, selbst also nur einer der Philosophie in systematischer Hinsicht untergeordneten Sphäre angehören, werden als die höchsten Gründe des philosophischen Wissens in Anspruch genommen.

95. Dieser Fehler, der auf die Gestaltung der nachkantischen Philosophie bestimmend gewirkt hat, mußte durch KANTS transzendentale Beweisversuche veranlaßt werden. Er kommt bereits in dem Kantischen Terminus der „transzendentalen Logik" zum Ausdruck. Diese Wissenschaft soll sich hinsichtlich ihrer Aufgabe in zweifacher Weise von der formalen — oder, wie KANT sagt, „allgemeinen reinen" Logik unterscheiden. Einmal, insofern sie nicht wie diese „von allem Inhalt der Erkenntnis abstrahiert"[1], und ferner, insofern sie „auch auf den Ursprung" der Erkenntnis geht, „dahingegen die allgemeine Logik mit diesem Ursprunge der

---

[1] K. d. r. V., S. 79.

Erkenntnis nichts zu tun hat".[1] Diese beiden unterscheidenden Merkmale werden in dem Ausdruck „transzendental" zusammen-gefaßt.

Hiermit kommt in den Terminus der transzendentalen Logik eine verhängnisvolle Zweideutigkeit. Auf der einen Seite soll die transzendentale Logik eine „Wissenschaft des reinen Ver-standes- und Vernunfterkenntnisses, dadurch wir Gegenstände völlig a priori denken," sein[2] und die „Elemente der reinen Ver-standeserkenntnis" vortragen[3]. Sie soll also, wie die formale Logik, eine rationale Wissenschaft sein, mit dem Unterschiede jedoch, daß die formale Logik lediglich analytische, die transzen-dentale aber nur synthetische Urteile aus reinen Begriffen enthält. Die transzendentale Logik wäre hiernach identisch mit der *Meta-physik*. — Auf der anderen Seite aber soll die transzendentale Logik den *Ursprung* „des reinen Verstandes- und Vernunfterkennt-nisses" bestimmen. „Nur die Erkenntnis, daß diese Vorstellungen gar nicht empirischen Ursprungs sein, und die Möglichkeit, wie sie sich gleichwohl a priori auf Gegenstände der Erfahrung beziehen können, kann transzendental heißen."[4] Hiernach wäre die transzendentale Logik eine Wissenschaft, die metaphysische Erkenntnisse nicht zum *Inhalt*, sondern zum *Gegenstande* hat. Sie enthielte eine Erkenntnis nicht der metaphysischen Gesetze, sondern der *Erkenntnis* der metaphysischen Gesetze, wäre selbst also eine Wissenschaft aus *innerer Erfahrung*.

Daß KANT die Heterogeneität dieser Begriffsbestimmungen seiner transzendentalen Logik verkannt hat, geht schon daraus hervor, daß er bei der Einführung des Terminus „transzendental" die Erkenntnis, „daß und wie gewisse Vorstellungen lediglich

---

[1] S. 80.    [2] S. 80.    [3] S. 84.    [4] S. 80.

a priori angewandt werden oder möglich seien", selbst als eine
„Erkenntnis a priori" bezeichnet.[1]

96. Es ist leicht einzusehen, daß dieser Fehler in seinen Konsequenzen auf eine völlige Preisgabe aller Vorteile der kritischen
Methode führen muß. Diese Methode ist dadurch charakterisiert,
daß sie nicht von der Aufstellung der Grundsätze der gesuchten
Wissenschaft ausgeht, sondern ein vorbereitendes Verfahren einschlägt, das sich die Auffindung und Begründung der Grundsätze
des Systems erst zum Ziele macht. Die Kritik ist daher der
*systematischen* Darstellung der kritisierten Wissenschaft gerade
entgegengesetzt. Wird nun die Kritik, indem man ihre Methode
mit einem Beweisverfahren verwechselt, selbst für eine rationale
Wissenschaft gehalten, die sich von der kritisierten nur dadurch
unterscheidet, daß sie deren höhere logische Gründe enthält, so
tritt unvermerkt der Inhalt der Kritik an die Spitze des Systems;
es wird die Aufgabe der Kritik, aus einem „obersten Grundsatz"
den Inhalt des Systems nach dogmatischer Methode abzuleiten.

97. Daß durch ein solches Verfahren der eigentliche Zweck
der Kritik durchaus verfehlt werden muß, hat KANT selbst gelegentlich ausgesprochen. In der „Einleitung" zur „Untersuchung
über die Deutlichkeit der Grundsätze der natürlichen Theologie
und der Moral" findet sich die merkwürdige, bisher, wie es scheint,
wenig beachtete Stelle:

„Welche Lehrart wird aber diese Abhandlung selber haben
sollen, in welcher der Metaphysik ihr wahrer Grad der Gewißheit, samt dem Wege, auf welchem man dazu gelangt, soll ge-
wiesen werden? Ist dieser Vortrag wiederum Metaphysik, so
ist das Urteil desselben ebenso unsicher als die Wissenschaft bis

―――――――――――

[1] S. 80.

dahin gewesen ist, welche dadurch hoffet, einigen Bestand und Festigkeit zu bekommen, und es ist alles verloren. Ich werde daher sichere Erfahrungssätze und daraus gezogene unmittelbare Folgerungen den ganzen Inhalt meiner Abhandlung sein lassen."

Man wird diese Stelle nicht mit der Bemerkung für abgetan halten, daß sie einer „vorkritischen" Schrift angehört. Denn gerade in dieser Schrift wird zum ersten Male die kritische Methode gegen die dogmatische ins Feld geführt, und man wird sogar finden, daß KANT erhebliche Partieen aus ihr mit fast wörtlicher Übereinstimmung in die entsprechenden Kapitel der transzendentalen Methodenlehre herübergenommen hat. Gerade vom Jahre 1763 an sollte man die kritische Periode der Kantischen Schriften datieren.

Es erhebt sich aber die Frage, welche Gründe KANT bewogen haben mögen, die an der zitierten Stelle ausgesprochene und begründete Überzeugung wieder fallen zu lassen. (Denn an der Tatsache dieser Meinungsänderung kann kein Zweifel sein.) Die Antwort auf diese Frage ergiebt sich, wenn man beachtet, daß in der Preisschrift vom Jahre 1763 als wesentliches Merkmal der kritischen Methode nur das regressive Verfahren der logischen Zergliederung beschrieben wird, — ein Verfahren also, das über die *faktische* Aufweisung der metaphysischen Grundsätze nicht hinauszugehen gestattet. Daß durch eine solche regressive Aufweisung die quaestio juris der fraglichen Grundsätze nur mehr vorbereitet als beantwortet wird, daß also die Aufgabe, den Grund der Gewißheit dieser Sätze zu ermitteln, noch eine andere Methode erfordert, dieser Einsicht konnte sich KANT auf die Dauer nicht verschließen. Insbesondere mögen es die Angriffe HUMES gegen die Metaphysik gewesen sein, aus deren Studium KANT die Überzeugung geschöpft hat, den Empiristen einen *Beweis* der metaphysischen Grundsätze schuldig zu sein. Denn da er an der von

Hume vorausgesetzten Disjunktion festhielt, alle Erkenntnis sei entweder Anschauung oder Urteil, so mußte er offenbar den Grund der Gewißheit einer Erkenntnis, deren nicht-anschaulichen Ursprung er erkannt hatte, in der Reflexion, und dementsprechend ihr Begründungsmittel im Beweise suchen. Die Einsicht aber, daß Erkenntnisse a posteriori nicht Prinzipien eines solchen Beweises werden können, zwang ihn dazu, die Ansicht von der empirischen Natur der Kritik fallen zu lassen.

## XXII.

### Zusammenfassende Kritik der von Kant versuchten Auflösung des Humeschen Problems.

98. Legen wir uns, um das Bisherige zusammenzufassen, die Frage vor: Worin besteht eigentlich die Kantische „Auflösung des Humeschen Problems"? Diese Frage ist keineswegs einfach zu beantworten. Wir haben nämlich gesehen, daß Kant unbedenklich an der traditionellen Disjunktion der Wahrheitskriterien festgehalten hat. In dieser Disjunktion sind aber die Prämissen des Humeschen metaphysischen Skeptizismus so vollständig enthalten, daß Kant, ohne eine Inkonsequenz zu begehen, nicht zu einer Ablehnung dieses Skeptizismus gelangen konnte. Der Humesche Skeptizismus besteht nämlich, auf die Form eines logischen Schlusses gebracht, in dem folgenden Argument:

Alle Wahrheit beruht entweder auf empirischen oder auf logischen Kriterien.

Nun lassen sich aber metaphysische Urteile weder auf Empirie noch auf Logik gründen.

Folglich sind alle metaphysischen Urteile grundlos. —

Wenn also KANT, der den Obersatz stillschweigend von HUME übernimmt und den Untersatz durch seine Einführung des Begriffs des „synthetischen Urteils a priori" nur noch schärfer formuliert, trotzdem „weit entfernt" ist, HUME „in Ansehung seiner Folgerungen Gehör zu geben", wenn er vielmehr die Humesche Folgerung für „übereilt und unrichtig" erklärt[1], so erscheint diese paradoxe Stellungnahme zunächst als ein psychologisch schwer verständliches Rätsel.[2] Die Lösung dieses Rätsels liegt in dem bereits (§ 91) erörterten Irrtum KANTS, als habe man es nach der Reduktion der Allgemeingültigkeit der metaphysischen Grundsätze auf ihre Gültigkeit *für Gegenstände möglicher Erfahrung* in den so entstehenden reduzierten Sätzen noch mit *metaphysischen* Urteilen zu tun. Durch diesen Irrtum veranlaßt konnte er beispielsweise glauben, in dem Satze: „Der Grundsatz der Kausalität ist eine Bedingung der Möglichkeit der Erfahrung" oder: „Jede Veränderung, als Gegenstand möglicher Erfahrung beurteilt, hat eine Ursache" ein hinreichendes Äquivalent für den metaphysischen Grundsatz der Kausalität zu finden. Und er konnte so zu der paradoxen Vorstellungsweise kommen, wonach ein und derselbe Satz in der einen Hinsicht als grundlos und willkürlich, in der anderen als notwendig wahr und apodiktisch bewiesen gilt. In Wahrheit haben wir es hier mit zwei ganz *verschiedenen* Urteilen zu tun. Das eine, nach dem Prinzip der Möglichkeit der Erfahrung reduzierte Urteil ist, *als analytisches*, allerdings apodiktisch beweisbar, kann aber, wie wir gesehen haben, eben darum nicht als ein Äqui-

---

[1] Prolegomena, Einleitung.
[2] Der Widerspruch in dieser Stellungnahme KANTS tritt dadurch noch schärfer hervor, daß KANT wiederholt ausdrücklich das Recht und die Unvermeidlichkeit der Humeschen Schlußfolgerung anerkennt. (Vgl. die in § 89 Anmerkung S. 612 angeführten Stellen.)

valent des metaphysischen Urteils gelten. Das andere, metaphysische Urteil, auf das allein sich die Humesche Argumentation
bezog, bleibt auch bei KANT dem Skeptizismus preisgegeben; die
Folgerung HUMES ist also keineswegs aufgehoben, sie kann vielmehr auch nach KANT weder als „übereilt" noch als „unrichtig"
gelten.

Betrachten wir, zur Bestätigung dieser Darstellung, KANTS
ausführliche Auseinandersetzung mit HUME in der Kritik der
praktischen Vernunft.[1] Der entscheidende Satz ist hier der
folgende[2]:

„Aus meinen Untersuchungen aber ergab es sich, ... daß,
obgleich bei Dingen an sich selbst gar nicht abzusehen ist, ja
unmöglich ist einzusehen, wie, wenn A gesetzt wird, es widersprechend sein solle, B, welches von A ganz verschieden ist,
nicht zu setzen, (die Notwendigkeit der Verknüpfung zwischen
A als Ursache und B als Wirkung,) es sich doch ganz wohl
denken lasse, daß sie als Erscheinungen *in einer Erfahrung* auf
gewisse Weise (z. B. in Ansehung der Zeitverhältnisse) notwendig verbunden sein müssen und nicht getrennt werden können,
ohne derjenigen Verbindung zu *widersprechen*, vermittelst deren
diese Erfahrung möglich ist, in welcher sie Gegenstände und
uns allein erkennbar sind."

Der Gegensatz, der hier zwischen dem Grundsatze der Kausalität als einem Gesetze für Dinge an sich und demselben Grundsatze als einem Gesetze für Erscheinungen festgestellt werden
soll, ist nur den Worten nach vorhanden. Im ersten Falle, heißt
es, enthalte die Annahme der Ungültigkeit des Gesetzes keinen
Widerspruch; im zweiten aber widerspreche sie einer Bedingung

---

[1] S. 61 ff.    [2] S. 64 f.

der Möglichkeit der Erfahrung. Dies ist kein Gegensatz; denn das Kriterium der Unmöglichkeit der fraglichen Annahme ist in beiden Fällen ein verschiedenes: das eine Mal wird es in den Satz des Widerspruchs gesetzt, das andere Mal in die Möglichkeit der Erfahrung. Es ist also nichts weiter gesagt, als daß das Kausalgesetz, auf Dinge an sich bezogen, nicht logisch notwendig, auf Erscheinungen bezogen aber eine Bedingung der Möglichkeit der Erfahrung sei. Bei dieser Fassung des Satzes fällt aber sofort in die Augen, daß die Worte „bei Dingen an sich selbst" und „als Erscheinungen" ganz belanglos sind; denn der Satz bleibt auch richtig, wenn man diese Worte wegläßt.

Sehen wir aber näher zu, welches die Bedingung ist, der, nach dem zweiten Teile des Satzes, die Annahme der Ungültigkeit des Kausalgesetzes widersprechen soll, so zeigt sich, daß es keine andere sein kann als das positive Kausalgesetz selber. Denn nur sofern dieses selbst zu den Bedingungen der Möglichkeit der Erfahrung gehört, ist keine Erfahrung möglich, die ihm widerspräche. Der zweite Teil des Satzes sagt also im Grunde nur aus, daß die Annahme der Ungültigkeit des Kausalgesetzes der Annahme seiner Gültigkeit widerspreche. Dieser Satz ist analytisch und als solcher nach dem Satze des Widerspruchs einzusehen. Wollen wir also den Inhalt des Kantischen Gedankens auf einen logisch korrekten Ausdruck bringen, so müssen wir dem metaphysischen Grundsatze der Kausalität den nach dem Prinzip der Möglichkeit der Erfahrung reduzierten Satz gegenüberstellen und können dann mit Recht behaupten, daß nur der erste, nicht aber der zweite ohne Widerspruch verneint werden könne. Und da ist denn klar, daß durch diese Feststellung die Humesche Schlußfolgerung in keiner Weise erschüttert wird.

Der von KANT gegen HUMES schottische Gegner gerichtete

Vorwurf, daß sie „den Punkt seiner Aufgabe verfehlten", muß
daher in dem dargelegten Sinne auch gegen Kant selbst erhoben
werden. Es läßt sich Wort für Wort als eine Kritik auf seinen
eigenen Lösungsversuch anwenden, wenn wir bei ihm lesen:
„Es war nicht die Frage, ob der Begriff der Ursache ...
in Ansehung der ganzen Naturerkenntnis unentbehrlich sei, denn
dieses hatte Hume niemals in Zweifel gezogen." „Es war ja
nur die Rede von dem Ursprunge dieses Begriffs, nicht von der
Unentbehrlichkeit desselben im Gebrauche; wäre jener nur aus-
gemittelt, so würde es sich wegen der Bedingungen seines Ge-
brauches und des Umfangs, in welchem er gültig sein kann,
schon von selbst gegeben haben."[1]
Die Kantische Auflösung beschränkt sich, wie wir gesehen
haben, auf den Beweis des Satzes, von dem Kant hier erklärt,
daß Hume ihn niemals in Zweifel gezogen habe. Der transzendentale Beweis bezieht sich ja ausschließlich auf die „Unentbehrlichkeit in Ansehung der ganzen Naturerkenntnis" und läßt die Frage
„von dem Ursprunge" völlig unberührt.[2] — Die Ansätze zu einer

---

[1] Prolegomena, Einleitung.

[2] Eine klare Einsicht in diesen noch heute so vielfach verkannten Sachverhalt
findet sich schon bei Salomon Maimon. Maimon, der sich selbst einen „kritischen
Skeptiker" nennt, erkennt die Sätze der reinen Mathematik als synthetische Urteile
a priori an, hält aber den metaphysischen Grundsätzen der reinen Naturwissenschaft gegenüber die Position Humes aufrecht. Ich führe einige Stellen an:
„Wenn auch Herr Kant bewiesen hat, daß wir diese Formen nicht von
der Erfahrung haben abstrahieren können, weil nämlich Erfahrung erst dadurch
möglich wird: so kann ihm David Hume (oder sein Stellvertreter) dieses alles
gerne zugeben. Er wird sagen: der Begriff von Ursache ist nicht in der Natur
unsers Denkens überhaupt, ... auch nicht in der Erfahrung ... gegründet;
folglich giebt es auch keine eigene Erfahrungssätze (die Notwendigkeit ausdrücken)." (Versuch über die Transzendentalphilosophie, 1790, S. 73. Vgl.
ebenda S. 42 und 47, sowie S. 418: „Gesetzt, daß eine synthetische Regel über-

wirklichen Auflösung des Problems befinden sich vielmehr an der
Stelle, wo KANT selbst sie am wenigsten suchte, nämlich in der

haupt in den Wahrnehmungen zu ihrer objektiven Realität notwendig wäre, so
ist doch keine bestimmte Regel dazu notwendig.")

„Die kritische Philosophie kann also hier nichts mehr tun, als zeigen,
daß zur *Möglichkeit* der Erfahrung überhaupt, in dem Sinne worin sie das
Wort Erfahrung nimmt, allgemeine synthetische Grundsätze und hinwiederum
zur *Realität* (Beziehung auf ein Objekt) dieser Grundsätze, Erfahrung als Faktum vorausgesetzt werden müsse. D. h. sie muß sich im beständigen Zirkel
herumdrehen." („Über die Progressen der Philosophie", 1793, S. 51.)

„KANT legt in seiner Philosophie die *Möglichkeit der Erfahrung* überhaupt
zum Grunde. Die *Prinzipien der Transzendentalphilosophie* haben nur als *Bedingungen des Erfahrungsgebrauchs* ihre *Realität*. Er setzt also Erfahrung als
*Faktum* voraus. Ein *Skeptiker* aber, der Erfahrung selbst in Zweifel zieht,
wird auch die *Realität* dieser *Prinzipien* bezweifeln." (Philosophischer Briefwechsel, S. 191.)

„KANT setzt *Erfahrung* (den Gebrauch synthetischer Sätze, die Notwendigkeit und Allgemeingültigkeit ausdrücken) von Gegenständen der Wahrnehmung
voraus, und beweist die Realität der reinen Begriffe und Sätze als *Bedingungen
der Erfahrung*. Diese haben also bloß eine *hypothetische Realität*." (Ebenda,
S. 203.)

„Durch alles, was Sie aufgestellt und bewiesen haben, haben Sie nichts
mehr getan, als daß Sie die *Merkmale des Begriffs* von objektiver *Erfahrungserkenntnis*, wodurch sie von subjektiver *Erfahrungserkenntnis* unterschieden
wird, bestimmt angegeben haben. Ob aber dieser *bestimmte Begriff* objektive
*Realität*, d. h. einen *Gebrauch* hat? ist eine andere Frage, die Sie ganz unberührt gelassen haben. ... Sie zeigen z. B. daß eine *Veränderung* in der *Erscheinung*, nur dem *Gesetze der Kausalität* gemäß gedacht, *objektiv* heißen kann.
Dieses hat allerdings seine Richtigkeit. Aber die Frage ist: giebt es eine solche
*Veränderung*? Ja, sagen Sie, weil wir im Denken die *objektive* von der *subjektiven* Veränderung, durch das *Prädikat der Kausalität* (was in jener gedacht
wird, in dieser aber nicht) unterscheiden. Aber damit ist die von mir aufgeworfene Frage ganz und gar nicht beantwortet. Wir haben noch immer mit
einem bloß *gedachten Objekte* und der sich darauf beziehenden *Erkenntnis* zu
tun." (Kritische Untersuchungen über den menschlichen Geist, 1797, S. 153 f.)

„... so bestehet Alles, was Herr KANT bewiesen hat, also bloß darin, daß
sich diese beide wechselweise *voraussetzen*, d. h. um ein wirkliches Entstehen zu
denken, muß man das zu entstehende Ding in Ansehung eines andern Dinges
in einer Folge nach einer Regel denken, und auch umgekehrt, und dieses wird

„subjektiven Deduktion", von der er erklärt, sie „gehöre nicht wesentlich zu seinem Hauptzwecke".[1]

99. Durch diese Betrachtung rückt auch die Kantische Lehre von der zweifachen Objektivität in ein helleres Licht. KANT unterscheidet „transzendentale" und „empirische" Realität Die formalen Bedingungen der Erfahrung haben transzendentale Idealität, aber empirische Realität. Sie gelten, wie KANT es darstellt, nicht für „Dinge an sich", wohl aber für „Erscheinungen". Jenes habe HUME eingesehen, dieses aber verkannt und daher fälschlich auf die Ungültigkeit der fraglichen Prinzipien überhaupt geschlossen. Gehen wir dem Gedanken, den KANT hier zum Ausdruck bringen wollte, auf den Grund, so läßt er sich auf eine andere, sehr viel einfachere Formel bringen, wobei allerdings seine Tragweite eine wesentliche Einschränkung erfährt. Wir haben es nämlich hier zunächst gar nicht mit zwei Bereichen von Objekten zu tun, die sich, als Erscheinung und Ding an sich, durch ihren Realitätswert unterschieden und in deren einem ein Satz wahr sein könnte, der im anderen falsch wäre. Sondern wir haben es mit zwei inhaltlich verschiedenen *Sätzen* zu tun, von denen der eine schlechthin grundlos ist, der andere aber schlechthin objektiv gilt. Dies ist KANT

---

ihm Niemand streitig machen. Die Frage ist aber hier nicht nach der logischen Beziehung dieser Gedanken aufeinander, sondern nach ihrem reellen Gebrauche, und dieses ist eben, was nicht zugegeben werden kann. Und da also der Begriff von Ursache in Beziehung auf bestimmte Gegenstände der Erfahrung keine Realität hat, so hat auch der Begriff von Ursache überhaupt, als eine Abstraktion davon keine Realität." (Philosophisches Wörterbuch, 1791, S. 167. Vgl. auch „Philosophisches Journal", 1797, S. 167 ff.)

Es muß als ein entschiedenes Verdienst MAIMONS um den Fortschritt der kritischen Metaphysik bezeichnet werden, zuerst mit Schärfe und Nachdruck auf diesen wesentlichen Mangel in der Kantischen Behandlung des Problems hingewiesen zu haben.

[1] K. d. r. V., Vorrede zur ersten Ausgabe.

nicht klar geworden. Nicht zwei verschiedene Begriffe der Objektivität sind es, nach denen ein Urteil bewertet wird, sondern zwei Urteile sind es, die nach einem und demselben Objektivitätsbegriff bewertet werden. Und zwar hat diese Objektivität ihr Kriterium nach wie vor in der dogmatischen Disjunktion von Logik und Empirie. Nach diesem Kriterium ist das *metaphysische* Urteil *ungültig*, das nach dem Prinzip der Möglichkeit der Erfahrung *reduzierte* Urteil aber *logisch-notwendig*.

Man kann zwar, um der Kantischen Darstellung einen möglichst klaren Sinn unterzulegen, den Ausdruck „empirische Realität" überall, wo er in dem hier erörterten Zusammenhange vorkommt, im Sinne der folgenden Festsetzung interpretieren: Von einem *metaphysischen* Prinzip, das als solches schlechthin *ungültig* ist, soll gesagt werden, es habe „empirische Realität", wenn das entsprechende, nach dem Prinzip der Möglichkeit der Erfahrung *reduzierte* Urteil gültig, nämlich *logisch-notwendig* ist. Aber es ist wohl zu beachten, daß wir hiermit lediglich eine terminologische Festsetzung getroffen, nicht aber etwa einen neuen Begriff der Objektivität eingeführt oder gar ein von den Dingen an sich verschiedenes Gebiet der Realität entdeckt haben. Um einem solchen Mißverständnisse vorzubeugen, empfiehlt es sich, die Anwendung der Ausdrücke „Idealismus" und „Realismus" — obgleich wir ihnen den eben angegebenen zulässigen Sinn unterlegen können — in diesem Zusammenhange lieber völlig zu vermeiden.

# XXIII.
## Die Antinomieen- und Ideenlehre.

100. Im XV. Kapitel hatten wir zwei verschiedene Kantische Beweise für den transzendentalen Idealismus angeführt. Es bleibt uns daher noch die Aufgabe, unsere Kritik der ersten Beweisart mit dem Inhalt der zweiten Beweisführung zu vergleichen.

Fassen wir zunächst die Aufgabe eines solchen Beweises in ihrer Allgemeinheit ins Auge. Diese Aufgabe betrifft das Verhältnis unserer Erkenntnis zu den Dingen an sich. Nun ergab sich aus dem ersten Teil unserer Untersuchungen, daß die Annahme von Dingen an sich nicht wissenschaftlich *begründet* werden kann. Aber aus unseren Untersuchungen ging zugleich hervor, daß eine solche Begründung gar nicht *erforderlich* ist, da vielmehr die Voraussetzung einer Beziehung unserer Erkenntnis auf Dinge an sich eine aller Erkenntnis als solcher zu Grunde liegende *faktische* Voraussetzung ist. Wissenschaftlich diskutierbar bleibt allein die Frage, ob diese Beziehung unserer Erkenntnis auf Dinge an sich von der Art ist, daß wir nicht nur über die *Existenz*, sondern auch über die *Beschaffenheit* der Dinge an sich positive Aussagen zu machen vermögen. Freilich läßt sich diese Frage, so wenig wie irgend eine andere, durch Vergleichung unserer Erkenntnis mit den Dingen entscheiden, sondern auch für ihre Beantwortung sind wir auf eine nur innere Vergleichung unserer Erkenntnisse untereinander angewiesen. Die in dieser Frage gestellte Aufgabe scheint hiernach die paradoxe Forderung einzuschließen, durch eine nur innere Vergleichung der *Erkenntnisse*

etwas über das Verhältnis des Erkenntnis zum *Gegenstande* auszumachen, also auf kritischem Wege eine Frage zu beantworten, die
gänzlich außerhalb des Bereichs der Kritik der Vernunft liegt.

Wenn nun aber auch eine Kritik unserer Erkenntnis-über-
haupt unmöglich ist, so ist doch die Gültigkeit einer Erkenntnis
insofern einer Begründung fähig, als diese Erkenntnis auf eine
andere, unmittelbare Erkenntnis zurückgeführt werden kann, deren
Objektivität unabhängig von aller Begründung *vorausgesetzt* wird.
Wenn es also möglich sein soll, irgend ein Urteil über das Verhältnis unserer Erkenntnis zu den Dingen an sich zu fällen, so
muß es in unserer unmittelbaren Erkenntnis irgend eine wenn
auch noch so allgemeine Vorstellung von dem, was ein Ding an
sich ist, geben. Eine solche Vorstellung giebt es in der Tat: es
ist die Vorstellung von der vollständigen Bestimmtheit alles
Mannigfaltigen der empirischen Anschauung durch synthetische
Einheit. Diese für sich ganz formale und allgemeine Vorstellung
ist die Grundvorstellung der reinen Vernunft selbst. Sie enthält
daher das oberste Kriterium der Objektivität für alle anderen
möglichen Vorstellungen. Dieses Kriterium dient daher auch zur
kritischen Entscheidung unserer Frage; wir sind also für die Beantwortung dieser Frage nicht auf die unmögliche Vergleichung
mit dem Gegenstande angewiesen. Auch zur Auflösung des
scheinbar höchsten *objektiven* Problems vergleichen wir nur unsere
Vorstellungen untereinander; wobei allerdings diejenige Vorstellung, die uns bei dieser Vergleichung als oberstes Kriterium
dient, selbst jeder weiteren Begründung entbehren muß, aber,
kraft des *Faktums* des Selbstvertrauens der Vernunft, auch entbehren *kann*.

Die kritisch gestellte Frage lautet also: Ist eine vollständige

Bestimmung des Gehalts unserer Erkenntnis durch die Grundvorstellung der reinen Vernunft möglich?

101. In § 88 hatten wir zwei Bedeutungen des Worts „Objekt" bei KANT unterschieden: den Begriff des der Empfindung zu
Grunde liegenden affizierenden Objekts, und den Begriff des durch
synthetische Einheitsprinzipien bestimmten Gegenstandes der Erfahrung. Legen wir den zweiten dieser Begriffe zu Grunde, so
erhalten wir, je nachdem wir die „Bestimmung" des Gegenstandes
als eine mehr oder weniger fortgeschrittene betrachten, verschiedene *Stufen* der Objektivität der Erkenntnis. Diese Stufen
können wir uns in eine Reihe gebracht denken, derart, daß wir
von dem noch durch keinerlei synthetische Einheitsprinzipien bestimmten Material der Sinnesanschauung ausgehend zu immer
weitergehender Bestimmtheit dieses Materiales fortschreiten. Der
Begriff des Endgliedes dieser Reihe wäre der Begriff einer *vollständigen* Bestimmung des Gegenstandes. Ob sich dieser Begriff
realisieren läßt, d. h. ob eine vollständige Bestimmung des Gegenstandes durch unsere Erkenntnis möglich ist, das ist eine Frage,
die durch die bloße Widerspruchslosigkeit des *Begriffs* eines solchen
Endgliedes noch keineswegs entschieden ist. Eine Erkenntnis, die
bis zu dieser vollständigen Bestimmung des Gegenstandes durch-
gedrungen wäre, hätte die höchste denkbare Stufe der Objektivität
erreicht, sie wäre die einzige keinerlei subjektiven Beschränkungen
mehr unterworfene, sondern unbeschränkte oder „absolute" Erkenntnis. Der Gegenstand, *als* Gegenstand einer solchen *absoluten*
Erkenntnis, kann im engeren und eigentlichen Sinne „Gegenstand"
heißen und im Unterschiede von allem, was sich als Gegenstand
einer irgend wie subjektiv beschränkten Erkenntnis darstellt,
„Ding an sich" genannt werden. Die eben aufgeworfene Frage

ist daher identisch mit der Frage, ob uns eine Erkenntnis von Dingen an sich möglich sei.

102. Die Beantwortung dieser Frage ist in dem zweiten Kantischen Beweise des transzendentalen Idealismus enthalten, der in der Auflösung der Antinomieen besteht. Die *Antinomieen* sind Widersprüche, die dadurch entstehen, daß man, unter der Voraussetzung, eine positive Erkenntnis der Dinge an sich zu besitzen, die Gegenstände der Erfahrung nach Prinzipien beurteilt, die nur auf Dinge an sich Anwendung finden. Diese Prinzipien, die „Ideen", sind keine anderen als die der *unbeschränkten* synthetischen Einheit. Jeder Gegenstand möglicher Erfahrung ist, als solcher, an die reinanschaulichen mathematischen Formen des Raumes und der Zeit gebunden und steht dadurch in einer Reihe von Bedingungen, deren Unendlichkeit die Möglichkeit einer Vollendung des empirischen Regressus ausschließt. In diesem Widerspruch zwischen der durch die mathematische Form der Sinnesanschauung geforderten Unvollendbarkeit der Reihe der Bedingungen und der durch die Grundvorstellung der reinen Vernunft geforderten Vollendung der Reihe besteht die Antinomie. Und so kann die Auflösung der Antinomie nur dadurch erfolgen, daß man die ihr zu Grunde liegende Voraussetzung einer positiven Erkenntnis der Dinge an sich aufhebt.[1]

---

[1] Wir können hier die von KANT für die einzelnen Thesen und Antithesen gegebenen Beweise außer Betracht lassen. Man erkennt nämlich leicht, daß der angegebene allgemeine Grund der Antinomie von der Schlüssigkeit dieser Beweise unabhängig ist und daß daher auch seine Beurteilung nicht von einer Prüfung dieser Beweise abhängig gemacht werden darf. Die hinreichende Voraussetzung für das Zustandekommen der Antinomie liegt in der dem unkritischen Denken geläufigen Verwechslung der Begriffe „Natur" und „Welt". *Natur* ist der Inbegriff der Gegenstände möglicher Erfahrung; *Welt* ist das absolute Ganze aller existierenden Dinge. Durch die Verwechslung dieser Begriffe entsteht die An-

Diese Lösung hat KANT gegeben, wenngleich er den Ursprung der Antinomie nicht bis auf ihre letzten, hier angedeuteten Gründe verfolgt hat.[1] KANTS zweiter Beweis des transzendentalen Idealismus bleibt also frei von dem erkenntnistheoretischen Fehler des ersten, oder er läßt sich wenigstens von diesem Fehler befreien, und es bleibt zu bedauern, daß er diesen Beweis nicht *allein* ge-

---

nahme einer „Sinnenwelt" als eines absoluten Ganzen aller existierenden Dinge in Raum und Zeit. Aus dieser Annahme entspringen notwendig eine Reihe einander widersprechender Aussagen, jenachdem man die Folgerungen aus der im Naturbegriffe enthaltenen Voraussetzung der *Unendlichkeit* oder aus der im Weltbegriffe enthaltenen Voraussetzung der *Totalität* zieht. Der Ursprung der Antinomie liegt also weder, wie es häufig dargestellt wird, in dem mathematischen Begriffe der Unendlichkeit, noch, wie andere mißverständlich meinen, in der Idee der Welt, sondern allein in der Anwendung dieser beiden Begriffe auf einen und denselben Gegenstand. Läge der Widerspruch wirklich in einem jener Begriffe, so würde er allerdings nicht dadurch gelöst werden können, daß wir mit KANT annehmen, die Natur sei nur Erscheinung. Da er aber in der Tat nur in der *Verwechslung* jener Begriffe liegt, so wird er durch diese Kantische Annahme nicht etwa nur (wie man in den Darstellungen und Kritiken der Kantischen Antinomieenlehre zu lesen pflegt) „aus den Dingen in deren Erscheinung verlegt", sondern wirklich *aufgehoben*; denn diese Annahme *ist* nichts anderes als die Aufhebung jener Verwechslung.

[1] Da KANT die reine Vernunft nicht bestimmt von der Reflexion unterscheidet, so scheint es nach seiner Darstellung zuweilen, als seien die Antinomieen Widersprüche in der reinen Vernunft selbst. Aber schon die Tatsache ihrer Auflösung durch die Kantische Kritik beweist, daß dem nicht so sein kann; denn für die Auflösung eines Widerspruchs in der unmittelbaren Erkenntnis der reinen Vernunft selbst besäßen wir gar kein Kriterium. Und so entscheidet schließlich auch KANT selbst, daß bei den Antinomieen „kein wirklicher *Widerspruch der Vernunft* mit ihr selbst" vorliege. (K. d. r. V., S. 567.) Vgl. auch S. 568: „Auf solche Weise giebt es eigentlich gar keine Antithetik der reinen Vernunft" und S. 520: „Die Ideen der reinen Vernunft können nimmermehr an sich selbst dialektisch sein, sondern ihr bloßer Mißbrauch muß es allein machen, daß uns von ihnen ein trüglicher Schein entspringt; denn sie sind uns durch die Natur unserer Vernunft aufgegeben und dieser oberste Gerichtshof aller Rechte und Ansprüche unserer Spekulation kann unmöglich selbst ursprüngliche Täuschungen und Blendwerke enthalten."

braucht, daß er ihm vielmehr nur die Rolle einer für das Ganze seiner Lehre unwesentlichen Bestätigung des anderen, falschen Beweises zuerteilt hat.[1] Es ist wichtig, sich dies vor Augen zu halten, da, genau zugesehen, die Beweisgründe der beiden Beweisarten einander gegenseitig ausschließen, so daß die erste Beweisart in ihren Konsequenzen den Grundgedanken der zweiten aufheben muß, wie sich dies auch bei den meisten Nachfolgern KANTS gezeigt hat. Ist nämlich, wie die erste Beweisart annimmt, Apriorität ein Kennzeichen der transzendentalen Idealität, so muß diese Idealität auch von den der Antinomieenlehre zu Grunde liegenden idealen Prinzipien behauptet werden, womit das für die zweite Beweisart erforderliche Kriterium hinfällig wird.

103. In der Tat fehlt es bei KANT an einer kritischen Begründung der Ideen. „Ideen" sind notwendige Vorstellungen, deren Gegenstände in keiner möglichen Erfahrung gegeben werden können. Wollen wir nun den Ursprung der Ideen richtig beurteilen, so müssen wir genau unterscheiden zwischen der metaphysischen Grundvorstellung der synthetischen Einheit, wie sie der unmittelbaren Erkenntnis angehört, und der Art, wie wir uns dieser Vorstellung vor der Reflexion bewußt werden. Jene Grundvorstellung erscheint vor dem Bewußtsein unter der Form der metaphysischen Grundbegriffe oder Kategorieen. Der positive Gebrauch dieser Kategorieen in der Erfahrung ist aber beschränkt

---

[1] Wie sehr bei KANT der falsche erkenntnistheoretische Gesichtspunkt vorwaltet, kann man aus der Stelle der Prolegomena ersehen, an der er seinen Idealismus als den „formalen" dem des BERKELEY gegenüberstellt und von ihm sagt, er sei „lediglich dazu, um die Möglichkeit unserer Erkenntnis a priori von Gegenständen der Erfahrung zu begreifen, welches ein Problem ist . . .“ (S. 166.) „Der Idealismus . . . war nur als das einige Mittel, jene Aufgabe aufzulösen, in den Lehrbegriff aufgenommen worden (wiewohl er denn auch noch aus andern Gründen seine Bestätigung erhielt)." (S. 168.)

durch die Unvollendbarkeit der mathematischen Form der Erfahrung. Wollen wir uns daher der metaphysischen Grundvorstellung selbst, so wie sie unabhängig von der Beschränktheit
ihres empirischen Gebrauchs in der Vernunft liegt, bewußt werden,
so kann das nur dadurch geschehen, daß wir die Schranken, die
in der mathematischen Form des empirischen Gebrauchs der Kategorieen bestehen, aufgehoben denken. Die Begriffe, die wir dadurch erhalten, sind die Ideen.

104. Aus dem Fehlen der für eine richtige Begründung der
Ideen unentbehrlichen Unterscheidung zwischen Reflexion und
unmittelbarer Erkenntnis erklären sich die Mängel der Kantischen
Ideenlehre. Wir müssen zunächst zwischen der von KANT versuchten Ableitung der Ideen aus der Form der Vernunftschlüsse
und seiner Kritik des Geltungsanspruchs der durch diese Ableitung
gewonnenen Begriffe unterscheiden. Was das erste betrifft, so
wird KANT durch die Analogie mit dem Parallelismus der Tafeln
der Urteilsformen und der Kategorieen geleitet. Wie er das
System der Kategorieen durch ein regressives Verfahren an der
Hand des Systems der Urteilsformen auffindet, so will er durch
ein analoges Verfahren das System der Ideen vermittelst des
Systems der Schlußformen ableiten. Gegen diesen Versuch muß
von vornherein geltend gemacht werden, daß der Schluß nur eine
besondere Form des Urteils darstellt, nämlich das analytische
hypothetische Urteil, und daß deshalb der Leitfaden der Schlußformen auf keine Begriffe führen kann, die nicht bereits im System
der Kategorieen durch den Leitfaden der Urteilsformen aufgewiesen
sind. Wenn dennoch eine solche Aufweisung bei KANT zu gelingen
scheint, so beruht dies, wie man bei näherer Betrachtung findet,
vielmehr auf dem selbständigen Hinzukommen eines neuen Prinzips.

Dieses Prinzip, das „oberste Prinzip der reinen Vernunft"[1], ist der Grundsatz von der *Totalität der Reihe der Bedingungen*[2] oder von der Unmöglichkeit eines unendlichen Regressus.

Was aber die objektive Gültigkeit der Ideen betrifft, so kann diese nach KANT nur vermöge eines Schlusses behauptet werden, der sich als dialektisch erweist und seinerseits aus einem unvermeidlichen „transzendentalen Schein" entspringen soll. Diese Darstellung ist fehlerhaft. Beruhte nämlich die Annahme der objektiven Gültigkeit der Ideen wirklich auf einem transzendentalen Schein, so besäßen wir ja gar kein Mittel, diesen Schein aufzudecken. KANTS Lehre vom transzendentalen Schein und seine darauf gegründete Kritik der Ideen enthält daher einen introjizierten Widerspruch.[3]

105. Ich will mich hier auf den Abschnitt der transzendentalen Dialektik beziehen, der „Kritische Entscheidung des kosmologischen Streits der Vernunft mit sich selbst" überschrieben ist. KANT argumentiert dort[4] folgendermaßen:

Gegenstände der Sinne sind uns als bedingt gegeben; mithin ist die regressive Reihe der Bedingungen zum gegebenen Bedingten der Erfahrung aufgegeben. Der Schluß hieraus auf das Gegebensein der Reihe der Bedingungen und somit auf die Realität der Idee der absoluten Totalität des Regressus ist unzulässig; denn er würde voraussetzen, daß die Gegenstände der Sinne als Dinge an sich gegeben sind, was gegen den in der transzendentalen Ästhetik aus der Apriorität von Raum und Zeit geführten Beweis der Idealität der Sinnenwelt ist.

Diesen Beweis der transzendentalen Ästhetik müssen wir

---

[1] K. d. r. V., S. 271.     [2] S. 270, 286, 341 f., 346 f.
[3] Vgl. § 82, letzte Anmerkung.     [4] K. d. r. V., S. 405 ff.

aber verwerfen; wir können nicht eine Vergleichung unserer Erkenntnis mit dem Gegenstande anstellen, um etwas über dessen
Realität oder Idealität auszumachen, sondern wir können nur
durch Vergleichung unserer Erkenntnis mit *unserem Begriff* von
einem Dinge an sich entscheiden, ob dieser Begriff auf unsere
Erkenntnis Anwendung findet oder nicht. Diesen Begriff von
einem Dinge an sich haben wir aber nur durch die Idee; wir
haben also gar kein von der Idee unabhängiges Kriterium dafür,
ob wir es in der Erfahrung mit Dingen an sich zu tun haben
oder nicht, um nach Anwendung dieses Kriteriums — wie Kant
will — erst die Anwendbarkeit der Idee auf unsere Erkenntnis
zu entscheiden. Kant schließt so: Die Gegenstände der Erfahrung
sind nur Erscheinungen; folglich ist die regressive Reihe der
Bedingungen nicht gegeben, sondern nur aufgegeben; es findet
also keine Totalität des Regressus statt. Wir müssen aber vielmehr umgekehrt schließen: In der Erfahrung findet keine Totalität
des Regressus statt; also ist in der Erfahrung die regressive
Reihe der Bedingungen nicht gegeben, sondern nur aufgegeben,
und folglich hat es die Erfahrung nur mit Erscheinungen zu tun.

106. Kant ist bei dieser negativen Kritik der Ideen nicht
stehen geblieben. In seiner Lehre vom *regulativen* Gebrauch
der Ideen versucht er, ihnen eine positive Bedeutung für die
Erfahrungserkenntnis wiederzugeben. Aber das Verkennen des
Unterschiedes der Reflexion von der unmittelbaren Erkenntnis
hat ihn hier wieder zu einem eigentümlichen Fehler verleitet.
Indem er nämlich die positive Grundlage der Ideen in der unmittelbaren Erkenntnis, wie sie in der Tat der Möglichkeit der
Naturwissenschaft zu Grunde liegt, mit den Ideen selbst verwechselte, wie sie lediglich der Reflexion angehören und zufolge
ihres negativen Ursprungs aller Naturwissenschaft entgegengesetzt

sind, geriet er auf seine Darstellung der Ideen als regulativer Prinzipien der Naturwissenschaft. Kant giebt hier dem „Grundsatz der reinen Vernunft" die Bedeutung einer „Regel, welche in der Reihe der Bedingungen gegebener Erscheinungen einen Regressus gebietet, dem es niemals erlaubt ist, bei einem schlechthin Unbedingten stehen zu bleiben".[1] Die Synthesis in der Reihe der Erscheinungen ist unvollendbar, und die Annahme, den Ideen der vollendeten Synthesis entspreche ein Objekt, entsteht für die spekulative Vernunft nur durch einen „transzendentalen Schein". Aber es ist die Aufgabe der Wissenschaft, so zu forschen, „als ob" die Synthesis in der Reihe der Erscheinungen vollendbar wäre, und unsere Naturerkenntnis der Vollständigkeit (in der Bestimmung des Gegenstandes), die die Idee fordert, „so nahe wie möglich zu bringen".[2] — Der Grundsatz der reinen Vernunft erscheint schließlich bei Kant als eine *logische* Maxime, zu gegebenen Urteilen die Prämissen zu suchen und auf diese Weise systematische Vollständigkeit hinsichtlich der Prinzipien in der Wissenschaft anzustreben.

Hierbei hat Kant offenbar die metaphysischen Prinzipien der synthetischen Einheit der unmittelbaren Erkenntnis mit den logischen Prinzipien der analytischen Einheit des Systems verwechselt. So vereinigt seine Lehre von den Ideen als Prinzipien der systematischen Einheit ganz Heterogenes und einander Widersprechendes. Die Regel, die gebietet, die empirische Synthesis der Vollständigkeit „so nahe wie möglich" zu bringen, fordert etwas Widersinniges, da die Form dieser empirischen Synthesis die Vollständigkeit geradezu ausschließt, so daß sich gar kein Abschluß der empirischen Synthesis denken läßt, dem man mehr

---

[1] K. d. r. V., S. 413.　　　　[2] Prolegomena, S. 116, 136.

oder weniger nahe kommen könnte. Die Regel aber, die gebietet, den Regressus über jede empirische Grenze hinaus fortzusetzen, entspringt gerade aus der Unvollendbarkeit der mathematischen Form der Erfahrung und ist also der Idee gerade entgegengesetzt.

Die Metaphysik bedarf der Ideen, wie Kant selbst einmal bemerkt, „nicht zum Behufe der Naturwissenschaft, sondern um über die Natur hinauszukommen".[1] Für die unmittelbare Erkenntnis liegt allerdings der positive Grundgedanke der durchgängigen objektiven synthetischen Einheit der Möglichkeit seines beschränkten Gebrauchs in der Naturwissenschaft zu Grunde: die Beschränkung der Kategorie durch das mathematische Schema wäre nicht möglich ohne Voraussetzung der unbeschränkten Kategorie selbst. Für die Reflexion gilt aber gerade das umgekehrte Verhältnis: die Bildung der spekulativen Idee ist nur möglich durch den Gedanken der Negation der Schranken der wissenschaftlichen Erkenntnis. Vor der Reflexion muß deshalb die Wissenschaft der Möglichkeit der Idee schon zu Grunde liegen. Kant nun, der den der unmittelbaren Erkenntnis angehörigen Grund der metaphysischen Prinzipien gleichsam selbst in die Reflexion verlegte, mußte beides vermengen und erhielt so ideale Prinzipien an die Spitze der Naturwissenschaft; eine logische Teleologie mußte sich in sein System einschleichen. Zu dem ursprünglichen Grund und der von aller Reflexion unabhängigen Selbständigkeit der idealen Überzeugungsweise konnte er sich nicht hindurchfinden. Dadurch aber verfehlte er zugleich den Mittelpunkt der ganzen Kritik der Vernunft. Seine Lehre führte so nur auf einen *kritisch* unauflösbaren Zwiespalt; es steht bei ihm der Anspruch der spekulativen Vernunft an naturgesetzliche Bedingtheit dem der praktischen Vernunft an

---

[1] K. d. r. V., S. 290, Anmerkung.

Freiheit gegenüber, ein Zwiespalt, den er nur dogmatisch, durch den Machtspruch vom Primat der praktischen Vernunft, entscheiden kann.


## XXIV.

## Die möglichen Fortbildungen der Kantischen Philosophie.

107. Überblicken wir die dargelegten Mängel der Kantischen Kritik, so finden wir, daß es eigentlich drei Fehler sind, die einer Verbesserung bedürfen: erstens, *logisch*, die mangelhafte Durchbildung der Methode, zweitens, *psychologisch*, die falsche Beurteilung der Reflexion, und drittens, *metaphysisch*, die fehlerhafte Begründung des transzendentalen Idealismus und die damit zusammenhängenden Fehler der Ideenlehre. Der erste Fehler beruht auf der ungenügenden Durchführung der Trennung des kritischen vom systematischen Gesichtspunkt, der zweite auf der dogmatischen Disjunktion der Erkenntnisquellen, der dritte auf dem Vorurteil des formalen Idealismus. Eine richtige Fortbildung der Kantischen Philosophie hat daher zur Aufgabe erstens die strenge Durchführung der kritischen Methode im Sinne der subjektiven oder psychologischen Deduktion, zweitens, für diese Deduktion selbst, eine befriedigendere Auflösung des Humeschen Problems durch eine erfahrungsmäßig begründete Theorie der Vernunft, und drittens die Beseitigung des formalen Idealismus und seine Ersetzung durch die Lehre von der nur schrankenverneinenden Bedeutung der Ideen.[1]

---

[1] In der Tat betraf der Anstoß, den schon unter KANTS Zeitgenossen die Tieferblickenden an seinem Philosopheme nahmen, gerade die hier gekennzeich-

Die angeführten Fehler lassen sich, wie aus unserer Zergliederung der Voraussetzungen der Kantischen Spekulation hervorgeht, zuletzt alle auf den einen zurückführen, daß Kant die Reflexion nicht von der unmittelbaren Erkenntnis zu unterscheiden wußte. Und doch führt gerade der Verfolg seiner eigenen Entdeckung, der Entdeckung der synthetischen Urteile a priori aus reinen Begriffen, notwendig auf diese Unterscheidung. Vor dieser Entdeckung könnte man mit Recht meinen, mit der Disjunktion der Erkenntnisquellen in Anschauung und Reflexion auszukommen. Ist aber einmal die Möglichkeit synthetischer Urteile a priori aus reinen Begriffen festgestellt, so führt die Frage nach dem *Grunde* dieser Möglichkeit von selbst auf die Annahme einer weder der Reflexion noch der Anschauung gehörenden Erkenntnisart, d. h. auf die Annahme einer unmittelbaren Erkenntnis der reinen Vernunft.

108. Dieser Schluß auf die Existenz einer nicht-anschaulichen unmittelbaren Erkenntnis ruht, genau betrachtet, auf drei von einander unabhängigen Voraussetzungen. Diese Voraussetzungen, deren jede eine psychologische Tatsache ausspricht, lassen sich kurz in folgender Weise formulieren:

1) Wir sind im Besitz metaphysischer Urteile.

---

neten Momente. Wir haben schon (§ 92 und 98 Anmerkung) auf die Verdienste Maimons und Becks hingewiesen, von denen der erste die Unzulänglichkeit der Methode des transzendentalen Beweises klar erkannte und auf diese Erkenntnis seine Fortbildungsbestrebungen gründete, während der zweite die Kantische Theorie der Synthesis durch die Lehre vom „ursprünglichen Vorstellen" zu ergänzen suchte und damit in der Tat den Punkt traf, hinsichtlich dessen die Kritik einer psychologischen Fortbildung bedurfte. Was das dritte, metaphysische Moment betrifft, so war es Jacobi, der zuerst die Unhaltbarkeit des formalen Idealismus durchschaute. Wir werden auf die Argumentation Jacobis noch ausführlich einzugehen haben.

2) Die reflektierte Erkenntnis ist mittelbar. (Die Reflexion enthält nicht den Grund synthetischer Urteile.)

3) Das Bewußtsein um die metaphysische Erkenntnis ist nur durch Reflexion möglich. (Wir besitzen keine intellektuelle Anschauung.)

Aus Satz (2) folgt, daß die Reflexion nicht den Grund der metaphysischen Urteile enthalten kann. Aus Satz (3) folgt, daß die in den metaphysischen Urteilen ausgesprochene Erkenntnis keine Anschauung sein kann. Steht also, nach Satz (1), die Tatsache metaphysischer Urteile fest, so folgt, daß dieselben ihren Grund nur in einer weder reflektierten noch anschaulichen Erkenntnis haben können. Es folgt also der Satz

4) Der Grund der metaphysischen Urteile liegt in einer nicht-anschaulichen unmittelbaren Erkenntnis.

Die Sätze (1), (2) und (3) sind von KANT bestimmt anerkannt worden. Dies ergiebt sich für (1) aus seiner Lehre von den Grundsätzen der reinen Naturwissenschaft[1], für (2) aus seinem Beweise der Unmöglichkeit eines logischen Kriteriums materialer Wahrheit[2], für (3) aber aus seiner ausdrücklichen Leugnung einer intellektuellen Anschauung.[3] Wenn KANT dennoch bei der Disjunktion, alle Erkenntnis sei entweder Anschauung oder Urteil, stehen

---

[1] „Wir sind wirklich im Besitz synthetischer Erkenntnis a priori, wie dieses die Verstandesgrundsätze, welche die Erfahrung antizipieren, dartun." (K. d. r. V., S. 581.)

[2] K. d. r. V., S. 81 f.; Logik, Einleitung VII. Vgl. auch die Streitschrift gegen EBERHARD („Über eine Entdeckung" u. s. w.) S. 108: „Die Aufgabe wird nie aufgelöset, wenn man die Bedingungen der Erkenntnis, wie die Logik tut, bloß von Seiten des Verstandes in Anschlag bringt." Und K. d. r. V., S. 266: „Synthetische Erkenntnisse aus Begriffen kann der Verstand also gar nicht verschaffen."

[3] Man sehe z. B. K. d. r. V., S. 661, 663 f.; 685 f.; die Streitschrift gegen EBERHARD, S. 54 („Alle unsere Anschauung ist sinnlich"); die Preisschrift über die Fortschritte der Metaphysik seit LEIBNIZ, S. 28 f.

geblieben ist, so hat dies, wie wir gesehen haben, seinen Grund
lediglich darin, daß er nicht streng genug an dem Satze (2) festgehalten hat. Neben den faktischen Voraussetzungen (1) bis (3)
,steht also bei KANT die dogmatische Voraussetzung:

4 a) Alle Erkenntnis ist entweder Anschauung oder Urteil.[1]

Von den Sätzen (1), (2), (3), (4 a) führen je drei auf eine Konsequenz, die mit dem jeweils vierten in Widerspruch steht, wie
dies durch das folgende Schema veranschaulicht wird. Der Versuch,
das historisch vorliegende Kantische Lehrgebäude von seinen
inneren Widersprüchen zu befreien und aus seinen eigenen Voraussetzungen heraus weiter zu entwickeln, ist daher nur unter Verzicht auf irgend einen dieser vier Sätze möglich.

109. Will man also an der dogmatischen Disjunktion (4 a)
festhalten, so ist es notwendig, eine der drei faktischen Voraussetzungen aufzugeben. Man muß also entweder KANTS eigentliche
Entdeckung (1) preisgeben und zu dem vorkantischen *Empirismus*
zurückkehren. Oder aber man sucht den Empirismus zu vermeiden
und hat dann die Wahl, einen der Sätze (2) oder (3) fallen zu
lassen: d. h. man muß entweder den Versuch des *logischen Dog-*

---

[1] Man vergleiche die in § 77 zitierte Stelle: „Unsere Erkenntnis entspringt
aus zwei Grundquellen des Gemüts" u. s. w. Und noch deutlicher K. d. r. V.
S. 88: „Es giebt aber, außer der Anschauung, keine andere Art zu erkennen, als
durch Begriffe" und: „Da keine Vorstellung unmittelbar auf den Gegenstand geht,
als bloß die Anschauung". Vgl. auch K. d. r. V., S. 261: „Weil wir nun außer
diesen beiden Erkenntnisquellen [Sinn und Verstand] keine andere haben". Ebenso
in der Preisschrift über die Fortschritte der Metaphysik seit LEIBNIZ S. 31:
„Weil es schlechterdings unmöglich ist, sein Erkenntnis über den gegebenen Begriff
zu erweitern, ohne irgend eine Anschauung unterzulegen." Und in der Streitschrift
gegen EBERHARD S. 106: „Das Prinzip synthetischer Urteile überhaupt, welches
notwendig aus ihrer Definition folgt, ... nämlich: *Daß sie nicht anders möglich
sind, als unter der Bedingung einer dem Begriffe ihres Subjekts untergelegten
Anschauung.*"

*matismus*, aus bloßer Logik Metaphysik zu machen, erneuern oder aber mit dem *Mystizismus* den Besitz intellektueller Anschauung behaupten.

Will man sich jedoch mit den Tatsachen (1), (2), (3) nicht in Widerspruch setzen, so ist es notwendig, die dogmatische Disjunktion (4a) aufzugeben; d. h. man ist gezwungen, die Existenz einer nicht-anschaulichen unmittelbaren Erkenntnis als konstitutiven Prinzips der Metaphysik anzuerkennen. — Es leuchtet ein, daß das Schicksal der *Kritik der Vernunft* an diese vierte Möglichkeit gebunden ist.

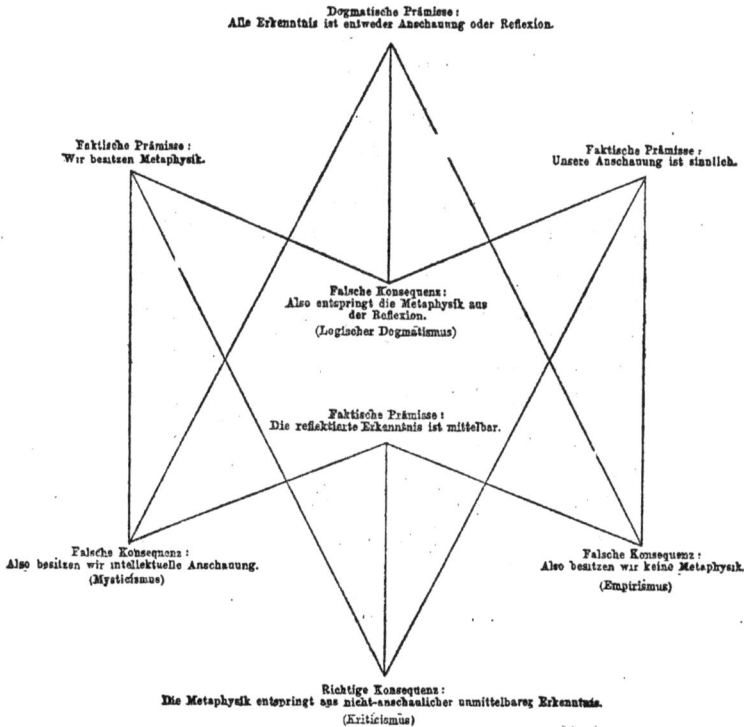

Dogmatische Prämisse:
Alle Erkenntnis ist entweder Anschauung oder Reflexion.

Faktische Prämisse:
Wir besitzen Metaphysik.

Faktische Prämisse:
Unsere Anschauung ist sinnlich.

Falsche Konsequenz:
Also entspringt die Metaphysik aus der Reflexion.
(Logischer Dogmatismus)

Faktische Prämisse:
Die reflektierte Erkenntnis ist mittelbar.

Falsche Konsequenz:
Also besitzen wir intellektuelle Anschauung.
(Mysticismus)

Falsche Konsequenz:
Also besitzen wir keine Metaphysik.
(Empirismus)

Richtige Konsequenz:
Die Metaphysik entspringt aus nicht-anschaulicher unmittelbarer Erkenntnis.
(Kriticismus)

Hiermit haben wir die logisch möglichen und damit zugleich auch die historisch aufgetretenen Fortbildungsversuche der Kantischen Philosophie abgeleitet. Es ist bekannt, daß der erste, empiristische von G. E. Schulze, Beneke und ihren Nachfolgern, der zweite logizistische, in seiner reinsten Form von Hegel, der dritte, mystische, von Schelling, und endlich der vierte, kritische, von Fries und seinen Schülern ausgebildet worden ist.

## XXV.

### Das Missverständnis Jacobis.

110. Es war natürlich, daß der erste Anstoß zu einer Umbildung der Kantischen Philosophie von einer Kritik desjenigen Bestandteils derselben ausging, der sowohl in der litterarischen Erscheinungsform dieser Philosophie am augenfälligsten zur Geltung kam als auch der Weltansicht des Philosophen ihr charakteristisches Gepräge aufgedrückt hatte und daher am unmittelbarsten die Aufmerksamkeit der Zeitgenossen auf sich ziehen mußte.

Das Verdienst, die Unzulänglichkeit des formalen Idealismus zuerst erkannt zu haben, gebührt Friedrich Heinrich Jacobi. In seiner Abhandlung „Über den transzendentalen Idealismus"[1] setzt Jacobi an der Hand einer vergleichenden Erörterung verschiedener Stellen aus der Kritik der reinen Vernunft mit unübertrefflicher Klarheit auseinander, daß es dem „Geiste des Kantischen Systems zuwider" sei, Dinge an sich als Ursachen unserer Empfindungen

---

[1] Beilage zu der Schrift „David Hume über den Glauben, oder Idealismus und Realismus", 1787.

vorauszusetzen. „Ich frage:", sagt er, „wie ist es möglich, die Voraussetzung von Gegenständen, welche Eindrücke auf unsere Sinne machen, und auf diese Weise Vorstellungen erregen, mit einem Lehrbegriffe zu vereinigen, der alle Gründe, worauf diese Voraussetzung sich stützt, zu nichte machen will?"[1] Das Gewicht dieser Frage ist von den meisten Kantianern damaliger und gegenwärtiger Zeit unterschätzt worden. Man hat gewöhnlich geantwortet: Wenn KANT von den Eindrücken der Dinge auf das Gemüt spreche, so sei dies lediglich eine an die populäre Auffassungsweise anknüpfende Ausdrucksweise, die für den philosophischen Gehalt seiner Lehre belanglos bleibe; übrigens seien diese Dinge nicht die „Dinge an sich", denn auf diese sei die Kategorie der Kausalität allerdings nicht anwendbar, sondern die Gegenstände der physischen Natur, die, im Zusammenhange der Erfahrung beurteilt, allerdings als Ursachen unserer Empfindungen zu betrachten seien.[2] Wie sehr diese Antwort das Triftige des Jacobischen Einwandes verfehlt, ist aus den Erörterungen unseres XV. Kapitels ersichtlich. Wie haben dort gezeigt, daß die Annahme einer kausalen Beziehung der Dinge an sich zu unseren Vorstellungen eine integrierende Voraussetzung der Kantischen Beweisführung bildet, so daß ohne die buchstäbliche Geltung dieser Voraussetzung dem formalen Idealismus eine wesentliche Prämisse fehlen würde.

JACOBI behält also recht mit seiner Behauptung, der von ihm aufgedeckte Widerspruch sei für den Kantischen Philosophen un-

---

[1] Werke, Band II (1815), S. 307.

[2] So schon J. SCHULTZ: „Prüfung der Kantischen Kritik der reinen Vernunft" (2. Teil, 1792, S. 288), S. MAIMON: „Versuch über die Transzendentalphilosophie" (1790, S. 419), „Versuch einer neuen Logik oder Theorie des Denkens" (1794, S. 346 f., 354 f., 377) und S. BECK (im Brief an KANT vom 20. Juni 1797; KANTS Schriften, Akademie-Ausgabe, Bd. XII, S. 164). Ähnlich auch APELT: „ERNST REINHOLD und die Kantische Philosophie" (1840, S. 16).

vermeidlich, weil man „*ohne* jene Voraussetzung in das System nicht hineinkommen, und *mit* jener Voraussetzung darin nicht bleiben" könne[1]; — er behält recht mit dieser Behauptung, *voraus-gesetzt*, daß man mit ihm als den eigentlichen „Geist" des Kantischen „Systems" den formalen Idealismus betrachtet. Gerade an dieser stillschweigenden Voraussetzung Jacobis haben die Anhänger Kants fast ohne Ausnahme festgehalten.

111. Was bleibt also übrig, wenn man an dem formalen Idealismus festhalten will? Es bleibt nichts übrig, als diese Lehre von der Kantischen Begründung unabhängig aufzustellen, d. h. sie nicht mit Kant als einen *Lehrsatz* der Kritik zu betrachten, sondern als selbständigen Ausgangspunkt, als *Axiom*, dem ganzen Lehrgebäude *zu Grunde zu legen*. Läßt man aber die jener Begründung wesentliche Voraussetzung der Dinge an sich als Ursachen der Empfindung fallen, so fällt zugleich die Voraussetzung jeglicher Beziehung unserer Erkenntnis auf Dinge an sich. Eine solche Beziehung darf nicht einmal mehr *problematisch* angenommen werden, will man nicht mit dem zu Grunde gelegten Satze in Widerspruch geraten. Der Idealismus hört damit auf, ein lediglich *formaler* zu sein; er muß sich auch auf die gesamte *Materie* der Erkenntnis erstrecken. Auf diese Konsequenz hat Jacobi bereits aufmerksam gemacht: „Der transzendentale Idealist muß also den Mut haben, den kräftigsten Idealismus, der je gelehrt worden ist, zu behaupten."[2]

112. Worin die wirkliche Schwäche der Jacobischen Argu-

---

[1] S. 304.

[2] S. 310. — Es bedarf wohl kaum der Erwähnung, daß Jacobi selbst mit der Hinweisung auf diese Konsequenz nur eine argumentatio ad hominem gegen den Kantischen Idealismus beabsichtigte, und nicht etwa eine Aufforderung, diese Konsequenz wirklich durchzuführen.

mentation liegt, kann nach unseren früheren Darlegungen nicht
zweifelhaft sein. Sie liegt in Jacobis Ansicht von dem, was er
als den eigentlichen „Geist“ der Kantischen Philosophie bezeichnet.
Dieser „Geist“ einer Philosophie liegt niemals in einem einzelnen,
wenn auch noch so wichtigen und für die Weltansicht entscheidenden *Resultate*, sondern zunächst ausschließlich in der methodischen Grundansicht, die der Einzelne von der Aufgabe des
Philosophierens überhaupt hat und die ihn bei diesem Philosophieren
leitet. Und mehr als bei irgend einem anderen Philosophen gilt
dies bei Kant. Der leitende Grundgedanke und der wahre „Geist“
der Kantischen Kritik ist die von Kant erfundene *Methode* des
Philosophierens. Jacobi aber sucht diesen „Geist“ in einem einzelnen — rücksichtlich der Methode zufälligen — *Resultat* des
Kantischen Philosophierens. Und indem er die Konsequenzen aus
diesem Resultate entwickelt, gelangt er zu einer Wendung, die
dem wahren Geiste der Kritik der reinen Vernunft ganz zuwider
ist. Diese Wendung kommt, wir wir sahen, auf die Forderung
zurück, von einem bestimmten Satze axiomatisch auszugehen, auf
eine Forderung also, die der Kantischen Forderung des kritischen
Verfahrens gerade entgegengesetzt ist.

113. Indessen liegt hier noch ein besonderer Grund vor, der
schon viele verleitet hat, den von Jacobi beschriebenen Weg zu
betreten, und der wohl auch für Jacobi selbst der Anlaß seines
Mißverständnisses geworden ist. Der Kritizismus der Kantischen
Methode schließt nämlich die Forderung ein, die Wahrheit der zu
begründenden Erkenntnisse niemals in ihrem Verhältnisse zum
Gegenstande zu suchen; er fordert eine durchaus subjektive Begründung, in dem Sinne, daß die Kritik sich auf eine Vergleichung
der Erkenntnisse untereinander zu beschränken habe. Diese ausschließliche Subjektivität des der Kritik eigentümlichen Stand-

punktes der Beurteilung verleitet nun leicht zu der Meinung, als
sei der Idealismus der Kantischen Weltansicht nicht ein rücksichtlich der Kantischen Methode zufälliges Ergebnis ihrer Anwendung, sondern eine bereits in der Forderung der kritischen
Methode eingeschlossene Voraussetzung. Man verwechselt die
methodische Forderung, den Grund der Wahrheit einer Erkenntnis nicht in der Realität ihres Gegenstandes zu suchen, mit dem
idealistischen Satze, daß den Gegenständen die von der Erkenntnis unabhängige Realität abzusprechen sei. Und so muß auf
Grund dieser Verwechslung von Methode und Weltansicht die
Annahme von Dingen an sich von vornherein mit der Befolgung
eines kritischen Verfahrens unvereinbar erscheinen. Aus dieser
Verwechslung erklären sich im letzten Grunde alle die Angriffe,
die — auch unabhängig von den Einwendungen Jacobis — wieder
und wieder gegen den Kantischen Begriff des Dinges an sich
gerichtet worden sind und die insgesamt darauf hinauslaufen, die
Zulassung dieses Begriffs als eine Inkonsequenz und einen Abfall
von dem wahren Geiste der Kritik darzustellen.

Wer sich einmal von der diesen Angriffen zu Grunde liegenden
Verwechslung von Methode und Weltansicht befreit hat, wird
leicht einsehen, daß die beliebte Bestreitung der Dinge an sich
so weit entfernt ist, eine Konsequenz des kritischen Verfahrens
zu bedeuten, daß sie vielmehr umgekehrt mit ihrer axiomatischen
Postulierung einer idealistischen Weltansicht nur auf die Proklamierung des offenbarsten Dogmatismus hinausläuft. Wenn dieser
den Namen des Kritizismus usurpierende Idealismus vor irgend
einem sonstigen Dogma etwas vorauszuhaben scheint, so hat dieser
Anschein schlechterdings keine andere Ursache als die von uns
dargelegte Verwechslung.

114. Wenngleich also Jacobi einen von Kant begangenen Wider-

spruch richtig erkannt hat, so hat er doch den Ursprung dieses
Widerspruchs an einer falschen Stelle gesucht. Der eigentliche
Grund des Kantischen Fehlers liegt, wie wir im XV. Kapitel
gezeigt haben, darin, daß KANT sein kritisches Verfahren mit einer
falschen erkenntnistheoretischen Problemstellung bemengt hat und
dadurch auf das Vorurteil des formalen Idealismus geführt worden
ist. ˗ Wollen wir also den Kantischen Fehler beseitigen, so dürfen
wir nicht nach JACOBIS Forderung den formalen Idealismus in seine
Konsequenzen verfolgen, sondern wir müssen vielmehr diesen
formalen Idealismus selbst verwerfen. Zu dieser Verbesserung
hat uns KANT selbst das Mittel an die Hand gegeben: wir brauchen
nur seine kritische Methode ˗ rein anzuwenden, um zu erkennen,
daß einerseits nicht die Annahme der Dinge an sich den Widerspruch erzeugt, sondern vielmehr die Annahme des verschiedenartigen kausalen Verhältnisses der Dinge an sich zur Form und
zur Materie unserer Erkenntnis, und daß andererseits die Verwerfung *dieser* Annahme durchaus nicht die Aufhebung der Lehre
des transzendentalen Idealismus, sondern nur die Aufhebung eines
falschen Begründungsmittels dieser Lehre zur Folge hat.


# XXVI.

## Das Reinholdsche Missverständnis.

115. Ich wende mich nun zu einer Betrachtung derjenigen
Schrift, die neben der eben besprochenen Jacobischen mehr als
irgend eine andere die Gestaltung der nachkantischen Philosophie
entscheidend beeinflußt hat. Es ist dies die Schrift KARL LEONHARD
REINHOLDS „Über das Fundament des philosophischen Wissens"

aus dem Jahre 1791. Sehr zu unrecht ist der Verfasser dieser
Schrift von denjenigen Geschichtsschreibern, die in den Lehren
FICHTES, SCHELLINGS und HEGELS den Höhepunkt der Entwickelung
der deutschen Philosophie erblicken, in den Hintergrund des
historischen Interesses gedrängt worden. Denn man mag über
den Wert dieser Lehren denken, wie man wolle, so steht doch
so viel fest, daß sie insgesamt nur die Ausführung einer methodischen Idee enthalten, die zuerst von REINHOLD in der genannten
Schrift aufgestellt und begründet worden ist. Ja es dürfte
schwerlich zu viel behauptet sein, wenn wir sagen, daß der eigentlich leitende Grundgedanke, der die gesamte gegenwärtige Erkenntnistheorie beherrscht, bereits in dieser Reinholdschen Schrift
seine erste und gleichsam klassische Ausprägung gefunden hat.
Wollen wir daher diesen leitenden Grundgedanken, auf den die
gesamte nachkantische Erkenntnistheorie in sachlicher wie in
historischer Hinsicht zurückgeht, an seiner wahren Quelle kennen
lernen, so müssen wir uns zu einer Betrachtung jener Reinholdschen Abhandlung wenden.

116. Der Gedankengang dieser Abhandlung hebt mit einer
Erörterung der Ergebnisse der Kantischen Kritik an. Das
Charakteristische der Kritik findet REINHOLD in ihrem „analytischen"
Verfahren, und er bezeichnet es als den Zweck dieses Verfahrens,
durch eine fortgesetzte Zergliederung der Voraussetzungen philosophischer Urteile deren allgemeinste und höchste Voraussetzungen
zu finden, die dann ihrerseits schließlich, wie er meint, in einem
einzigen obersten Grundsatze zusammenhängen müssen.[1] Bis zu
diesem obersten Grundsatze, dem wahren „Fundament des philosophischen Wissens", hat nun, so argumentiert REINHOLD weiter,

---

[1] S. 68.

die Kantische Kritik der reinen Vernunft die Analysis nicht
fortgeführt. Das „Prinzip der Möglichkeit der Erfahrung", auf
das KANT die Grundsätze der spekulativen Metaphysik zurückgeführt hat, muß vielmehr selbst erst als Folgesatz aus einem
noch allgemeineren und höheren Prinzipe abgeleitet werden.¹
Dieses höchste Prinzip muß nicht nur der spekulativen, sondern
auch der praktischen Metaphysik zu Grunde liegen, ja es muß
den gemeinschaftlichen obersten Grundsatz für *Metaphysik und
Logik* zugleich enthalten.² Die Wissenschaft, die das Fundament
des philosophischen Wissens aufstellt, kann daher auch nicht, wie
die Kantische Kritik, bloße „Wissenschaft des Erkenntnisvermögens"
sein, sondern sie muß die Wissenschaft von demjenigen Allgemeineren sein, was dem Erkenntnisvermögen zu Grunde liegt
und dieses sowie das Begehrungsvermögen gemeinschaftlich umfaßt. Diese philosophische Fundamentalwissenschaft ist die „Wissenschaft des Vorstellungsvermögens" oder die „Elementarphilosophie".³
Sie muß vom „Begriffe der bloßen Vorstellung" ausgehen.⁴ Dieser
Begriff aber „kann allein aus dem *Bewußtsein* geschöpft werden,
einer *Tatsache*, die *als solche* allein das Fundament der Elementarphilosophie, das sich ohne Zirkel auf keinen philosophisch erweis-
lichen Satz stützen kann, *begründen* muß. Durch keinen Ver-
nunftschluß, sondern durch bloße *Reflexion* über die Tatsache des
Bewußtseins, das heißt, durch Vergleichung desjenigen, was im
Bewußtsein vorgeht, wissen wir: daß die Vorstellung im Bewußtsein durch das Subjekt vom Objekt und Subjekt unterschieden,
und auf beide bezogen werde." „Der Begriff von *Vorstellung*, in
wieferne er diesem Satze *zum Grunde liegt*, ist *unmittelbar* aus dem
Bewußtsein geschöpft.... Seine Quelle ist eine *Tatsache*, die *als*

---

¹ S. 62, 129.    ² S. 71 f., 117 f.    ³ S. 71 f.    ⁴ S. 74.
42*

*solche* keine Erklärung zuläßt, durch sich selbst einleuchtet, und
eben in dieser Eigenschaft geschickt ist, das *letzte* angebliche
Fundament alles Erklärens abzugeben."[1] — Vermöge dieses Fun-
damentes soll es denn auch möglich werden, „die Übereinstimmung
der Vorstellungen mit den realen Objekten" streng zu beweisen.
Der in der Kantischen Kritik versuchte „Beweis der objektiven
Wahrheit" bedarf nämlich der Ergänzung, da er von dem Prinzip
der Möglichkeit der Erfahrung ausgeht, dieses Prinzip aber
seinerseits einer Zurückführung auf höhere Prinzipien bedarf.
So ist die „Wissenschaft des Vorstellungsvermögens" nicht allein
„die wissenschaftliche Quelle der Prinzipien für alle Teile der
abgeleiteten Philosophie", der reinen und angewandten, der spekulativen und praktischen, der formalen und der materialen,[2] sondern
es erscheinen unter ihren streng erwiesenen Lehr- und Folgesätzen
auch „die Kantischen Begriffe von der *Erfahrung* und ihrer *Möglichkeit* und dem *synthetischen Urteile a priori*", „und die *Grundsätze* der Kritik werden zu wissenschaftlichen *Folgesätzen* der
Elementarphilosophie".[3] —

117. Die Fehler in der hier skizzierten Idee der „Elementarphilosophie" treten bei der Klarheit der Reinholdschen Darstellung
deutlich zu Tage. Ein solcher Fehler ist zunächst die Forderung
eines gemeinschaftlichen Grundsatzes der Logik und der Metaphysik. Ein solcher Grundsatz müßte entweder analytisch oder
synthetisch sein. Analytisch kann er nicht sein; denn aus einem
analytischen Urteile lassen sich keine synthetischen ableiten und

---

[1] S. 78. — Man vgl. auch REINHOLDS „Versuch einer neuen Theorie des
menschlichen Vorstellungsvermögens", S. 258: „Nachdem ich meinen Satz aus der
in der Theorie des Vorstellungsvermögens einzig gültigen Prämisse, nämlich dem
*Bewußtsein*, erwiesen habe...."
[2] S. 117 f.		[3] S. 136.

folglich auch nicht die Grundsätze der Metaphysik. Er kann aber auch nicht synthetisch sein; denn jeder Folgesatz, unter dessen Prämissen auch nur *ein* synthetisches Urteil vorkommt, ist selbst synthetisch; die Grundsätze der Logik sollen aber analytische sein. *Es kann also keinen gemeinschaftlichen Grundsatz der Logik und der Metaphysik geben.*

Auch ist die Forderung eines einzigen Grundsatzes der Philosophie schon aus dem einfachen Grunde nichtig, daß jeder Schluß *zwei* Prämissen erfordert, aus einem einzigen Grundsatze sich also gar nichts ableiten, geschweige denn eine ganze Wissenschaft entwickeln läßt.

118. Es giebt aber nicht nur keinen gemeinschaftlichen Grundsatz der Metaphysik und der Logik, sondern es ist überhaupt keine Zurückführung der Grundsätze der Metaphysik auf logisch höhere Prinzipien möglich. Freilich kommt es vor, daß ein Satz, der in einer bestimmten Wissenschaft ein Grundsatz ist, im Gebiete einer *anderen* Wissenschaft bewiesen werden kann. Aber bei den Grundsätzen der Metaphysik findet diese Möglichkeit nicht statt. Denn von welcher Art sollten die Prämissen sein, aus denen ein Beweis metaphysischer Grundsätze geführt werden könnte? Diese Prämissen wären entweder analytische oder synthetische Urteile. Analytisch können sie nicht sein; denn aus analytischen Urteilen folgen nur wieder analytische, die Grundsätze der Metaphysik sollen aber synthetische Urteile sein. Die fraglichen Prämissen müßten also (wenigstens zum Teil) selbst synthetische Urteile sein. Als solche wären sie entweder rational oder empirisch. Rational können sie nicht sein; denn unter den rationalen synthetischen Urteilen sind die metaphysischen Grundsätze selbst die allgemeinsten. Empirisch können die Prämissen aber auch nicht sein; denn kein Folgesatz aus empirischen

Prämissen kann ein rationales Urteil sein. *Die Grundsätze der Metaphysik sind also auch in keiner anderen Wissenschaft beweisbar.*[1]

119. Wie ist nun aber REINHOLD auf die widersprechende Forderung seiner „Elementarphilosophie" gekommen? Der Grund hierzu liegt in seinem Mißverständnis dessen, was er das „analytische" Verfahren der Kritik nennt. Allerdings gehört es zur Aufgabe der Kritik, durch eine logische Zergliederung die höchsten und allgemeinsten Voraussetzungen aller philosophischen Sätze aufzufinden, derart, daß *nach* dieser Auffindung das System der Philosophie nach progressiver Methode, d. h. vom Allgemeinsten zum Besonderen fortschreitend, aufgestellt werden kann. Versteht man daher unter dem Ausdruck „Fundament der Philosophie" den Inbegriff derjenigen Grundsätze, die die allgemeinsten Voraussetzungen bilden, von denen alle übrigen philosophischen Sätze logisch abhängen, so kann man mit Recht sagen, die Kritik habe auf analytischem Wege zu dem Fundamente der Philosophie aufzusteigen. Der Ausdruck „Fundament der Philosophie" hat aber noch eine andere Bedeutung, die auch bei REINHOLD eine Rolle spielt, von ihm aber mit der eben angegebenen verwechselt worden ist. Der Ausdruck bedeutet nämlich nicht nur den Inbegriff der höchsten logischen Voraussetzungen philosophischer Urteile, —

---

[1] Es mag immerhin, wie REINHOLD annahm, möglich sein, diejenigen Sätze, die KANT als Grundsätze der Metaphysik aufgestellt hat, aus höheren Prinzipien abzuleiten. Gelänge dies, so wäre jedoch nicht ein Beweis der metaphysischen Grundsätze geliefert, sondern es hätte sich nur gezeigt, daß die bewiesenen Sätze *fälschlich* für metaphysische Grundsätze gehalten worden sind.

Man erkennt übrigens leicht, daß die dargestellten methodischen Fehler und Rückschritte bei REINHOLD nur auf Grund eines völligen Nichtverstehens des Unterschieds der analytischen und synthetischen Urteile möglich waren. Vergleicht man die von REINHOLD in seiner „Theorie des Vorstellungsvermögens" (S. 439 f.) gegebene Darstellung dieses Unterschieds, so zeigt sich in der Tat, daß er das synthetische Urteil mit der synthetischen Begriffsbildung verwechselt.

welche Voraussetzungen nichts anders sind als die philosophischen
Grundurteile selbst, — sondern auch den Grund der Gewißheit philosophischer Urteile überhaupt. Dieser Grund der Gewißheit philosophischer Urteile überhaupt kann natürlich nicht selbst in philosophischen Urteilen bestehen, er muß vielmehr den allgemeinsten
philosophischen Urteilen schon zu Grunde liegen. Nach § 118
kann er auch nicht unter den Urteilen einer anderen Wissenschaft
zu suchen sein. Er muß daher der unmittelbaren Erkenntnis
angehören. Nach dem so verstandenen „Fundament" des philosophischen Wissens kann deshalb bei der Aufgabe des vorhin
betrachteten logischen Regressus der Kritik gar nicht die Frage
sein. Denn dieser Regressus ist mit der Auffindung der allgemeinsten
philosophischen Urteile abgeschlossen, und erst wenn nach dem
Grunde der Gewißheit dieser letzteren gefragt wird, kommt das
„Fundament" in der zweiten, eben erklärten Bedeutung des Wortes
in Betracht. In der *logischen* Bedeutung des Wortes gehört das
Fundament der Metaphysik selbst zum *System* der Metaphysik,
und ebenso das Fundament der Logik zum *System* der Logik. In
der anderen Bedeutung aber, in der man es passend zur Unterscheidung von dem logischen Fundament das *konstitutive* nennen
kann, gehört das Fundament der Metaphysik nicht selbst zum
*System* der Metaphysik, das der Logik nicht selbst zum *System*
der Logik. Denn das „Fundament" einer Wissenschaft liegt
in *dieser* Bedeutung des Wortes überhaupt in keiner *Wissenschaft*,
sondern jederzeit nur in der unmittelbaren Erkenntnis. Und nur
in dieser Bedeutung des Wortes ist die Frage nach einem Fundamente
metaphysischer Grundsätze statthaft; denn der Begriff eines
*logischen* Fundaments metaphysischer Grundsätze schließt (nach
§ 118) einen Widerspruch ein.

In der Tat ist die Frage nach dem konstitutiven Fundament

des philosophischen Wissens das eigentliche Problem der Kritik der Vernunft; sie ist nichts anderes als die Kantische Frage nach dem Grunde der Möglichkeit synthetischer Urteile a priori. Aber es ist wohl zu beachten, daß *weder* das logische *noch* das konstitutive Fundament der Metaphysik *in der Kritik* liegt. Das logische gehört, wir wir gesehen haben, dem System der Metaphysik selbst an, das konstitutive aber liegt in gar keiner *Wissenschaft*, sondern gehört der *unmittelbaren* Erkenntnis an.

120. Dieser Unterschied des logischen und des konstitutiven Fundaments ist von REINHOLD übersehen worden, und dieses Übersehen ist der wesentliche Grund aller der fehlerhaften Problemstellungen, die sein Begriff der Elementarphilosophie in sich vereinigt. Die erste und wichtigste Folge dieses Fehlers ist das Verkennen der Ungleichartigkeit des Verhältnisses, in dem die beiden Aufgaben der Kritik: die Aufweisung des logischen und die des konstitutiven Fundaments der Metaphysik, zum System der Metaphysik stehen. Die Lösung der ersten dieser beiden Aufgaben geschieht in der Tat durch eine Umkehrung der logischen Ordnung, die den Sätzen im System der Metaphysik zukommt. Die Lösung der zweiten aber unterscheidet sich vom System nicht sowohl durch die andersartige Richtung des Fortschreitens im Zusammenhang der einzelnen Sätze, als vielmehr hinsichtlich des Gehalts der Sätze selbst. Das erste Verfahren nimmt seinen Ausgang von einzelnen gegebenen philosophischen Gesetzen und geht von diesen zu den allgemeinen logischen Bedingungen ihrer Gültigkeit fort. Das zweite Verfahren hingegen setzt nicht etwa den logischen Regressus über die durch das erste aufgefundenen allgemeinsten philosophischen Gesetze hinaus fort, (denn wäre eine solche Fortsetzung des logischen Regressus möglich, so wären jene Gesetze ja noch nicht die allgemeinsten,) sondern es fragt

nach dem Grunde der Möglichkeit der *Urteile*, die die *Erkenntnis* jener allgemeinsten Gesetze enthalten. Der Übergang von dem ersten Verfahren zum zweiten ist daher zugleich ein Übergang in das Gebiet einer ganz anderen Erkenntnisart. Während nämlich die erste Untersuchung philosophische *Gesetze* zum Gegenstande hat, hat die zweite Untersuchung die *Erkenntnis* dieser Gesetze zum Gegenstande, gehört also selbst nicht einer philosophischen Erkenntnisart, sondern der inneren Erfahrung an. Die Sätze der inneren Erfahrung aber sind nicht den philosophischen Grundurteilen *übergeordnete*, sondern, in systematischer Hinsicht, weit *untergeordnete* Sätze, da sie, wie alle Erfahrungssätze, selbst erst einem Anwendungsgebiete der philosophischen Grundsätze angehören.

Das Übersehen der Ungleichartigkeit dieser beiden Untersuchungsarten mußte Reinhold zu dem Vorurteil verleiten, als hätte es die Kritik bei ihrer Begründung der Möglichkeit der synthetischen Urteile a priori mit einer Fortsetzung des logischen Regressus über die Grundsätze der Metaphysik und Logik hinaus zu tun. Durch dieses Mißverständnis der Aufgabe der Kritik aber mußte er veranlaßt werden, den Begriff einer neuen Wissenschaft zu bilden, die in systematischer Hinsicht noch über den Systemen der Metaphysik und der Logik steht; und die metaphysischen und logischen Grundsätze mußten ihm als logische Folgesätze dieser gemeinschaftlichen Fundamentalwissenschaft oder „Elementarphilosophie" erscheinen. Er mußte den Fehler begehen, *in* der *Wissenschaft*, die das konstitutive Fundament der Philosophie zum *Gegenstande* hat, und deren Erkenntnisart tatsächlich der inneren Erfahrung angehört, das konstitutive Fundament der Philosophie zu suchen.

121. Um sich davon zu überzeugen, daß Reinhold diesen Fehler

wirklich begeht, braucht man nur die Erklärung anzusehen, die
er selbst von seiner Elementarphilosophie giebt. Da heißt es:

„Diese durch KANT nicht aufgestellte Wissenschaft müßte sich
von der durch ihn aufgestellten *Metaphysik* dadurch unterscheiden, daß diese die Wissenschaft der a priori bestimmten Merkmale *eigentlicher Objekte*; jene aber Wissenschaft der a priori
bestimmten Merkmale *bloßer Vorstellungen* wäre."[1]

Hier wird ganz deutlich eine Wissenschaft, die Vorstellungen
zum Gegenstande hat, also der inneren Erfahrung angehört, als
eine Erkenntnis a priori beschrieben. Es wird völlig übersehen,
daß die „bloßen Vorstellungen" nur eine besondere Art „eigentlicher Objekte" bilden, selbst also der Klasse dieser Objekte nicht
übergeordnet, sondern vielmehr untergeordnet sind. Am deutlichsten aber geht das Verkennen dieser μετάβασις εἰς ἄλλο γένος
aus Folgendem hervor. REINHOLD erklärt, man habe früher immer
den Begriff des Dinges, inwiefern man darunter das Denkbare
überhaupt verstand, für den allgemeinsten gehalten. Diese Annahme
sei jedoch irrig; denn der Begriff des Denkens sei ein zusammen-
gesetzter Begriff, das Denken sei nur eine besondere Art des
Vorstellens, der allgemeinste Begriff sei daher vielmehr der einer
Vorstellung oder eines Bewußtseins.[2] Es ist offenbar, daß hier
eine Verwechslung von Inhalt und Gegenstand vorliegt, eine Verwechslung, die durch die Zweideutigkeit des Wortes „Vorstellung"
begünstigt wird. Das Denken mag nur eine besondere Art des
Vorstellens sein; ist nicht das Vorstellen selbst wieder nur eine
Art psychischer Tätigkeit, also nur ein der Sphäre des Denkbaren
oder der Dinge überhaupt ganz untergeordnetes Ding? In dem
Übergang vom Begriffe eines Dinges zu dem einer Vorstellung

---

[1] S. 70.    [2] S. 92 f.

findet nicht, wie REINHOLD meint, ein Rückgang zum Allgemeineren
statt, sondern umgekehrt eine wesentliche Einschränkung der
Allgemeinheit des Begriffs auf einen engen Teil seiner Sphäre.
Es wird dabei nicht ein philosophischer Begriff auf einen allgemeineren zurückgeführt, sondern, durch die unvermerkte Verwechslung von Inhalt und Gegenstand, ein allgemeiner philosophischer Begriff auf einen besonderen empirischen.

Daß auf diese Weise das „Fundament" der Philosophie in das
Gebiet der inneren Erfahrung verlegt wird, findet sich implicite
anerkannt in REINHOLDS Behauptung, das Fundament der Elementarphilosophie liege in einer „Tatsache des Bewußtseins", die
„durch sich selbst einleuchtet" und die „durch Vergleichung desjenigen, was im Bewußtsein vorgeht," erkannt werde.[1] Berücksichtigt man dies, so stellt sich die Reinholdsche Idee der Elementarphilosophie als ein unzweideutiger *Psychologismus* dar, — ein
Psychologismus, dessen empiristischen Konsequenzen man nur
solange auszuweichen hoffen kann, als man die empirische Natur
der inneren Anschauung verkennt, d. h. als man die mystische
Voraussetzung einer intellektuellen Anschauung macht.[2]

122. Daß der tiefere und eigentliche Grund der aufgedeckten
Reinholdschen Fehler in der Verwechslung der Aufgabe der Kritik
mit der unmöglichen Aufgabe der Erkenntnistheorie zu suchen

---

[1] S. 78. — Ganz unzweideutig äußert sich REINHOLD hierüber in seinen
„Briefen über die Kantische Philosophie" (Bd. II, 1792, S. 25): Der kritische
Philosoph halte sich „an die bloße Zergliederung der notwendigen und allgemeinen
Gesetze der vorstellenden Kraft, die er durch Reflexion über die zur *innern
Erfahrung* gehörigen Tatsachen des Bewußtseins kennt."
[2] Auf diese Voraussetzung werden wir später (§ 133 f.) genauer eingehen.
REINHOLD selbst verfährt insofern noch ganz naiv, als er sich keinerlei Bedenken
über die genannten Konsequenzen seines Verfahrens hingibt.

ist, läßt sich aus seiner eigenen Darstellung leicht nachweisen.[1]
In dieser Beziehung ist sehr charakteristisch, was REINHOLD im
Anschluß an HUME sagt. Er erkennt hier an, daß „jeder mögliche
Beweis der objektiven Wahrheit eine Vergleichung der Vorstellung
mit dem von ihr verschiedenen Objekte voraussetzen würde, die
gleichwohl nur durch Vorstellungen geschehen müßte" und die
„folglich nie zwischen Vorstellung und einem solchen Objekte,
das keine Vorstellung ist, angestellt werden könnte".[2] Aber was
schließt REINHOLD aus diesem richtig erkannten Widerspruch eines
solchen Beweises? Nicht etwa, wie man erwarten sollte, auf die
Verkehrtheit der *Forderung* eines „*Beweises* der objektiven Wahrheit", d. h. auf die Unmöglichkeit der Erkenntnistheorie, sondern
vielmehr auf die Unmöglichkeit der objektiven Wahrheit selbst.
D. h. er stellt selbst eine Erkenntnistheorie auf, die von der Unmöglichkeit, die Annahme eines vom Vorstellen unabhängigen
Objekts zu beweisen, auf die Falschheit dieser Annahme schließt.
Er fährt nämlich fort:

> „In wieferne also unter Wissen das Bewußtsein der Über-
> einstimmung der Vorstellung mit den von bloßen Vorstellungen
> verschiedenen Objekten verstanden wird, in soferne ist kein
> Wissen möglich."[3]

Dieser Schluß setzt offenbar stillschweigend als zweite Prämisse die Annahme voraus, daß ein Wissen um etwas Unbeweis-
bares unmöglich ist; es liegt ihm also die widersinnige Voraussetzung des logischen Dogmatismus zu Grunde, daß nur das wahr

---

[1] Daß die Aufgabe der Erkenntnistheorie die Forderung einschließt, die
Erkenntnistheorie müsse das konstitutive Fundament aller zu begründenden Urteile in sich *enthalten,* ist in § 55 bewiesen worden.

[2] S. 45 f.

[3] S. 47. Vgl. auch die Formuliehung des Problems der Kritik S. 63.

sei, was sich beweisen läßt. Berücksichtigt man diese methodische Voraussetzung, so stellt sich die Idee der Elementarphilosophie als der Versuch dar, aus bloßer Logik Metaphysik zu machen. Nun ist das Wissen eine *Tatsache* der inneren Erfahrung und mithin etwas auf logischem Wege Unableitbares. Eine logizistische Metaphysik muß daher, wenn sie konsequent verfährt, die Möglichkeit jeglichen Wissens bestreiten und also notwendig idealistisch ausfallen. Und so sieht sich Reinhold in der Tat durch seine methodische Voraussetzung zu der eigentümlichen Konsequenz gedrängt, den Begriff des Wissens oder des Erkennens als einen in sich widerspruchsvollen Begriff darzustellen. Nur durch willkürliche Umdeutungen des Ausdrucks wird es möglich, diese Konsequenz zu verschleiern. Sie liegt bestimmt anerkannt in dem Reinholdschen Satze: „Durch die sinnliche Vorstellung, den Begriff und die Idee ist *nicht darum* kein Ding an sich erkennbar, weil die sinnliche Vorstellung, der Begriff und die Idee ihrer *Eigentümlichkeiten* wegen zur Erkenntnis des Dinges an sich untauglich sind, sondern weil durch *keine Vorstellung*, in wieferne sie eine Vorstellung überhaupt ist, ein Ding an sich erkennbar ist."[1]

123. Zusammenfassend können wir sagen, daß die Reinholdsche Elementarphilosophie sich als der erste Versuch einer Systematisierung des bei Kant stehen gebliebenen Vorurteils (4a) erweist.[2] Bei Kant selbst steht dieses Vorurteil noch im Hintergrunde seiner Untersuchungen, ohne daß der Widerspruch, in dem es zu den großen Entdeckungen der Kritik steht, klar hervortritt. Bei

---

[1] S. 75. — Vgl. „Theorie des Vorstellungsvermögens" § XVII (S. 244): „Dem Begriffe einer Vorstellung überhaupt widerspricht die Vorstellung eines Dinges an sich; d. h. kein Ding an sich ist vorstellbar." Und S. 433: „Das Ding an sich ist dasjenige außer uns, ... das sich weder anschauen noch denken läßt."

— [2] Vgl. § 108.

REINHOLD kommt zwar dieser Widerspruch auch noch nicht deutlich zum Bewußtsein, macht sich aber bereits als treibendes Moment seiner Spekulation geltend, indem in seiner Elementarphilosophie nicht mehr, wie bei KANT, ein Widerstreit kritischer und dogmatischer Spekulation stattfindet, sondern nur noch ein solcher der verschiedenen Formen des Dogmatismus untereinander; eines Dogmatismus, der, als methodisches Prinzip, den bei KANT neu hervortretenden Kritizismus bereits wieder völlig verdrängt hat. Ist also bei REINHOLD die Systematisierung des dogmatischen Vorurteils soweit fortgeschritten, daß das eigentliche Unternehmen der Kritik der Vernunft wieder rückgängig gemacht worden ist, so zeigt uns die Geschichte bei seinen Nachfolgern das weitere Fortschreiten dieser Systematisierung in ihren verschiedenen möglichen Einzelformen, die — als Empirismus, Mystizismus und logischer Dogmatismus — von der „Elementarphilosophie", in der sie alle im Keime enthalten sind, wie einzelne Fäden von einem Verknotungspunkte auslaufen.

Wie sich diese Entwickelung in ihren verschiedenen Stadien übersehen läßt, soll im Folgenden näher gezeigt werden.

## XXVII.

### Die Konsequenzen des Reinholdschen Missverständnisses.

124. Der Widerspruch in der methodischen Grundidee der Reinholdschen Elementarphilosophie, der ihrem Erfinder selbst entgangen war, konnte seinen Nachfolgern nicht verborgen bleiben. Die Beseitigung dieses Widerspruchs konnte, solange man an jener Grundidee überhaupt festhalten wollte, — allgemein betrachtet —

auf zwei Wegen versucht werden. Unter der Voraussetzung, die
Elementarphilosophie enthalte den Grund der von ihr zu begründenden Erkenntnisse, kann man, nach dem Prinzip der
modalischen Gleichartigkeit von Erkenntnis und Erkenntnisgrund,
entweder von der Feststellung der Apriorität der abzuleitenden
metaphysischen Grundsätze ausgehen und von hier aus die
Konsequenz auf die Apriorität der Elementarphilosophie weiter
entwickeln. Oder aber man kann von der Feststellung der
psychologischen Natur der „Wissenschaft des Vorstellungsvermögens"
ausgehen und von hier aus die Konsequenzen auf die Aposteriorität
der durch sie zu begründenden Sätze weiter entwickeln. Der
erste Weg ist der von FICHTE in seiner „Wissenschaftslehre"
betretene; den zweiten haben besonders BENEKE, der jüngere
REINHOLD und ihre Nachfolger eingeschlagen. Die Verfolgung des
ersten Weges führt uns auf die Geschichte des transzendentalen
Vorurteils, die des zweiten auf die Geschichte des Psychologismus.
*Beiden einander entgegengesetzten Fortbildungsversuchen aber liegt als*
*gemeinschaftliche Voraussetzung die Reinholdsche Problemstellung einer*
*Elementarphilosophie als Erkenntnistheorie zu Grunde, d. h. die Idee*
*einer Wissenschaft, die das konstitutive Fundament der Philosophie*
*zum Inhalt hat.* [1]

125. Vergleichen wir hiermit die im XXIV. Kapitel gegebene
Übersicht der Fortbildungsmöglichkeiten der Kantischen Philosophie
hinsichtlich ihrer psychologischen Voraussetzungen. Die eben
genannte erkenntnistheoretische Problemstellung hatten wir (in
§ 51) auf das Verkennen der unmittelbaren Erkenntnis der reinen
Vernunft zurückgeführt und somit auf die psychologische Hypothese, alle Erkenntnis sei entweder Anschauung oder Urteil. Wir

---

[1] Man vergleiche das Schema in § 57.

hatten drei verschiedene mit dieser Hypothese (4 a) vereinbare Fortbildungsweisen der Kantischen Philosophie unterschieden. Die eine, empiristische, deckt sich mit dem zweiten eben angegebenen Wege, dem des Psychologismus. Der andere eben angegebene Weg, der in der Verfolgung des transzendentalen Vorurteils besteht, läßt zwei verschiedene Formen zu, die in der Tat in der Fichteschen Wissenschaftslehre noch ungetrennt neben einander hergehen und erst von FICHTES Nachfolgern in ihrer Eigenart ausgebildet worden sind. Das transzendentale Vorurteil besteht nämlich nur in der Behauptung der Apriorität der die metaphysischen (und logischen) Grundsätze begründenden Wissenschaft und läßt es daher für sich noch unbestimmt, welcher der nach der Disjunktion (4 a) zulässigen Erkenntnisquellen (der Anschauung oder der Reflexion) diese Wissenschaft zugewiesen werden soll. Die Entscheidung hierüber kann daher auf dem Boden des transzendentalen Vorurteils entweder nach der Maxime des Mystizismus oder nach der Maxime des logischen Dogmatismus getroffen werden. Dieser zweifachen Möglichkeit entsprechen die Fortbildungen, die die Fichtesche Philosophie einerseits bei SCHELLING, andererseits bei HEGEL gefunden hat.[1]

---

[1] Wir können daher an der Hand der in § 57 und § 108 aufgestellten Schemata den Stammbaum der von KANT ausgehenden Philosopheme in folgender Weise darstellen.

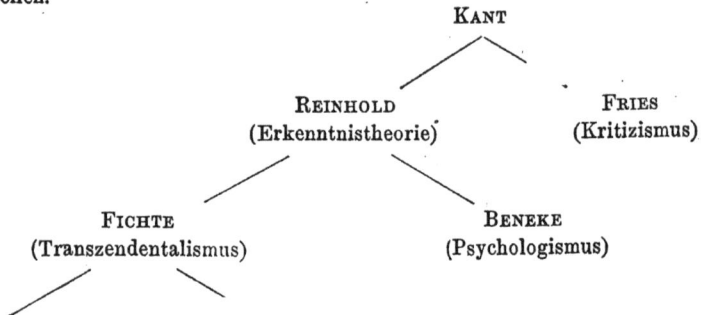

# XXVIII.

## Die Systematisierung des transzendentalen Vorurteils bei FICHTE.

126. Bei dem erneuten Ansehen, zu dem die Fichtesche Philosophie bei den Transzendentalisten unserer Tage gelangt ist, erscheint es nicht überflüssig, das im Vorangehenden über diese Philosophie ausgesprochene Urteil im einzelnen zu begründen.

Es bedarf nur einer geringen Kenntnis der Schriften FICHTES, um zu erkennen, daß seine Lehren, die er selbst überall als die Durchführung des recht verstandenen Kantianismus bezeichnet[1] vielmehr nur auf eine Entwickelung der Konsequenzen aus dem von REINHOLD übernommenen Mißverständnis hinauslaufen. Das Selbständige liegt bei ihm lediglich in dem Bemühen, den naiven Psychologismus des Reinholdschen Ausgangspunktes zu verschleiern und transzendental zu verkleiden. Kritiklos nimmt er die Reinholdsche Forderung eines obersten Grundsatzes der gesamten Philosophie auf[2] sucht aber den analytischen Rückgang zu demselben noch über den von REINHOLD aufgestellten „Satz des Bewußtseins" hinaus fortzusetzen. Mit Recht bemerkt er nämlich,

---

[1] „Ich habe von jeher gesagt, und sage es hier wieder, daß mein System kein anderes sei als das Kantische." (Werke, Bd. I, S. 420. Vergl. auch S. 419).

[2] „Nach KANT machte REINHOLD sich das unsterbliche Verdienst, die philosophierende Vernunft darauf aufmerksam zu machen, daß die gesamte Philosophie auf einen einzigen Grundsatz zurückgeführt werden müsse." (Werke, Bd. I, S. 20.)

daß der Begriff der Vorstellung „nicht der höchste Begriff aller
in unserm Gemüte zu denkenden Handlungen sei".[1] Er sucht
daher das fragliche Prinzip noch höher, nämlich im Begriffe einer
„Tathandlung" überhaupt, die jedoch, da von der „Wissenschaftslehre" die Kategorieen erst abzuleiten, nicht aber schon vorauszusetzen sind, nur als ein bloßes Tun ohne Tuendes, als ein
Handeln ohne Handelndes, also ohne alle Beziehung auf ein zu
Grunde liegendes Subjekt, verstanden werden soll. Dieses „Tun"
identifiziert FICHTE mit dem „Ich". Im Ich aber fallen Subjekt
und Objekt der Erkenntnis zusammen. Aus dieser Identität von
Subjekt und Objekt im Ich „geht die ganze Philosophie hervor;
durch sie wird die Frage vom Bande des Subjekts und Objekts
auf einmal für immer beantwortet, indem sich zeigt, daß sie gleich
ursprünglich in der Ichheit verbunden sind."[2] Der oberste
Grundsatz ist daher der Satz „Ich = Ich".[3] Vermöge dieses
höchsten Prinzips soll es der Wissenschaftslehre gelingen, „allen
möglichen Wissenschaften" „nicht die Form allein, sondern auch
den Gehalt" zu geben.[4] Und so erscheint, wie schon bei
REINHOLD, auch die Logik als eine erst aus der Wissenschaftslehre abzuleitende Disziplin: „Es muß jeder logische Satz, und
die ganze Logik aus der Wissenschaftslehre bewiesen werden. . .
Also entlehnt die Logik ihre Gültigkeit von der Wissenschaftslehre."[5] — Und wie FICHTE sich in methodischer Hinsicht durch
das Reinholdsche Postulat eines obersten Grundsatzes der gesamten Philosophie bestimmen läßt, so wird andererseits das

---

[1] Ebenda, S. 9.    [2] Bd. II, S. 442.

[3] „Durch den soeben aufgestellten Grundsatz aller Philosophie ist die
ganze Philosophie selbst gegeben: die letztere ist nichts anderes als eine vollständige Analyse des ersteren." (II, S. 443.)

[4] I, S. 66.    [5] I, S. 68.

*Resultat* seiner Philosophie durch die blinde Unterwerfung unter
das idealistische Postulat JACOBIS bestimmt. Aus der Vereinigung
dieser beiden Postulate erklärt sich die Gestaltung der „Wissenschaftslehre“ hinsichtlich ihrer Methode und ihres Inhalts. Dies
ergiebt sich am einfachsten aus einer Betrachtung der ersten
„Einleitung in die Wissenschaftslehre“ aus dem Jahre 1797.

127. FICHTE geht hier von folgendem Gedanken aus. Die
„Selbstbeobachtung“ läßt uns einen Unterschied zwischen zweierlei
Vorstellungsarten „wahrnehmen“. Es giebt Vorstellungen, die
von unserer Freiheit abhängig erscheinen, und es giebt solche, die
vom Gefühle der Notwendigkeit begleitet sind. Die zweiten sind
diejenigen, die wir auf eine von uns unabhängige *Wahrheit* beziehen.
Die ersten sind von dieser Beziehung frei; zu ihnen gehören z. B.
die Phantasievorstellungen. Es erhebt sich nun die Frage:

„Welches ist der Grund des Systems der vom Gefühle der
Notwendigkeit begleiteten Vorstellungen, und dieses Gefühls der
Notwendigkeit selbst? Diese Frage zu beantworten ist die
Aufgabe der Philosophie.“ „Das System der von dem Gefühle
der Notwendigkeit begleiteten Vorstellungen nennt man auch
die Erfahrung.“ „Die Philosophie hat sonach den Grund aller
Erfahrung anzugeben.“ [1]

Bleiben wir zunächst bei diesen Sätzen stehen. Es ist ohne
weiteres klar, daß das Wort „Erfahrung“ hier in einem sprachwidrigen Sinne gebraucht wird. Nach dem üblichen Sprachgebrauch
wird die Erfahrung der apodiktischen oder notwendigen Erkenntnis
entgegengesetzt. *Die* Notwendigkeit aber, von der FICHTE an der
angeführten Stelle spricht, bedeutet lediglich den Gegensatz zur
Willkür und sagt über die *Modalität* der Erkenntnis gar nichts

---

—  [1] I, S. 423.

aus. Was er „Erfahrung" nennt, umfaßt daher alle Erkenntnis
überhaupt, die apodiktische so gut wie die empirische. Dieser
Umstand wäre für die Richtigkeit der Resultate belanglos, wenn
sich nicht bald aus dem weiteren Fortgange der Untersuchung
zeigte, daß FICHTE wirklich diese verschiedenen Wortbedeutungen
verwechselt. Während nämlich nach der sprachüblichen Wortbedeutung Apriorität und Aposteriorität kontradiktorische Gegensätze sind, findet FICHTE es durchaus nicht anstößig, eine und
dieselbe Erkenntnis sowohl a priori als auch a posteriori zu
nennen.[1] Vorläufig haben wir nur zu beachten, daß nach FICHTES
bisherigen Festsetzungen der Begriff der Erfahrung alle Vorstellungen umfaßt, deren Inhalt nicht willkürlich bestimmbar,
sondern auf Wahrheit bezogen ist, kurz alle *Erkenntnis als solche.*
Das von FICHTE der Philosophie gestellte Problem ist also: *den
Grund aller Erkenntnis anzugeben.*

„Der Grund", so argumentiert nun FICHTE weiter, „fällt
außerhalb des Begründeten; beides, das Begründete und der
Grund, werden, wiefern sie dies sind, einander entgegengesetzt,
an einander gehalten, und so das erstere aus dem letzteren
erklärt."[2]

Sehen wir hier ab von der Zweideutigkeit des Ausdrucks
„erklären", der es unbestimmt läßt, ob die Ableitung aus dem
„Grunde" kausal oder logisch verstanden werden soll, so ist doch
jedenfalls an dieser Bemerkung soviel richtig, daß der Grund
einer Erkenntnis von dieser Erkenntnis selbst unterschieden
werden muß. Was folgt aber hieraus für unsere Frage? Offenbar
dies, daß der anzugebende Grund *aller* Erkenntnis nicht selbst

---

[1] I, S. 447. Vergl. auch II, S. 474 ff.
[2] I, S. 424 f.

eine Erkenntnis sein kann. Diesen Schluß zieht aber Fichte keineswegs, sondern er schließt aus dem *Worte* „Erfahrung": „Nun hat die Philosophie den Grund aller Erfahrung anzugeben; ihr Objekt liegt sonach notwendig *außer aller Erfahrung*"; wobei er, ohne es zu bemerken, der von ihm definierten Wortbedeutung die sprachübliche unterschiebt, so daß sein Schluß vielmehr auf die *Modalität* der philosophischen Erkenntnis geht.[1]

Aber selbst wenn wir von der Fehlerhaftigkeit dieser quaternio terminorum absehen, so würde doch für die Modalität *der* Erkenntnis, die nach Fichtes Definition der Philosophie eigentümlich ist, noch gar nichts folgen. Es würde vielmehr nur folgen, daß das *Objekt* der philosophischen Erkenntnis (der anzugebende „Grund") nicht in einer empirischen Erkenntnis gesucht werden darf. Fichte aber schließt auf die Apriorität der philosophischen Erkenntnis selbst:

„Der Weg dieses Idealismus geht von einem im Bewußtsein Vorkommenden zu der gesamten Erfahrung. Was zwischen beiden liegt, ist sein eigentümlicher Boden. Es ist nicht Tatsache des Bewußtseins, gehört nicht in den Umfang der Erfahrung; wie könnte so etwas je Philosophie heißen, da ja

---

[1] Daß dem so ist, ergiebt sich unzweideutig aus den unmittelbar folgenden Worten:

„Dieser Satz gilt für alle Philosophie und hat auch, bis auf die Epoche der Kantianer und ihrer Tatsachen des Bewußtseins, und also der inneren Erfahrung, wirklich allgemein gegolten."

Offenbar will Fichte hier den Kantianern nicht vorwerfen, daß ihre Philosophie *Erkenntnis* (im Gegensatze zu willkürlicher Erdichtung), sondern daß sie *empirische* Erkenntnis (im Gegensatze zu rationaler) ist. — Vgl. auch S. 428, wo vom „System des Idealismus" gesagt wird, daß es nicht „einen Teil der Erfahrung" bilde.

diese den Grund der Erfahrung aufzuweisen hat, aber der Grund notwendig außerhalb des Begründeten liegt."[1]

Die in diesen Worten hervortretende Vermengung des *Objekts* der Philosophie mit ihrem *Inhalt* ist die zweite quaternio terminorum des für die Fichtesche Methode entscheidenden Fehlschlusses. Die Wurzel des transzendentalen Vorurteils, die Verwechslung von Grund und Begründung, tritt in ihr offen zu Tage.

128. Zur Lösung des gestellten erkenntnistheoretischen Problems stehen nun nach Fichte zwei Wege offen. „In der Erfahrung ist *das Ding*, dasjenige, welches unabhängig von unserer Freiheit bestimmt sein, und wonach unsere Erkenntnis sich richten soll, und die *Intelligenz*, welche erkennen soll, unzertrennlich verbunden."[2] Je nachdem wir nun von dem einen oder dem anderen abstrahieren, erhalten wir eine „Intelligenz an sich" oder ein „Ding an sich" als Erklärungsgrund der „Erfahrung". Nach diesen beiden Erklärungsarten unterscheidet Fichte „Idealismus" und „Dogmatismus". „Nach dem ersten Systeme sind die von dem Gefühle der Notwendigkeit begleiteten Vorstellungen Produkte der ihnen in der Erklärung vorauszusetzenden Intelligenz; nach dem letzteren, Produkte eines ihnen vorauszusetzenden Dinges an sich."[3] Man sieht deutlich, daß hier der methodische Begriff des Kritizismus völlig verloren gegangen und durch die Postulierung eines bestimmten philosophischen „Systems" verdrängt worden ist. Daß dieses „System" nur axiomatisch postuliert und nicht kritisch begründet werden kann, führt Fichte selbst des weiteren aus: Zwischen den beiden genannten Erklärungsweisen

---

[1] I, S. 448.    [2] I, S. 425.    [3] S. 426.

„ist kein Entscheidungsgrund aus der Vernunft möglich; denn es
ist nicht von Anknüpfung eines Gliedes in der Reihe, wohin allein
Vernunftgründe reichen, sondern von dem Anfange der ganzen
Reihe die Rede, welches, als ein absolut erster Akt, lediglich von
der Freiheit des Denkens abhängt. Er wird daher durch Willkür,
und da der Entschluß der Willkür doch einen Grund haben soll,
durch *Neigung* und *Interesse* bestimmt." [1]

129. Indessen, bei dieser Erklärung bleibt FICHTE nicht stehen,
sondern er sucht *doch* nach einer theoretischen Begründung des
„Idealismus". Er beruft sich hier zuerst auf einen „merkwürdigen
Unterschied", der zwischen dem „idealistischen" und dem „dogmatischen" Erklärungsgrunde bestehen soll [2]:

„Alles, dessen ich mir bewußt bin, heißt Objekt des
Bewußtseins. Es giebt dreierlei Verhältnisse dieses Objekts
zum Vorstellenden. Entweder erscheint das Objekt als erst
hervorgebracht durch die Vorstellung der Intelligenz, oder, als
ohne Zutun derselben vorhanden: und, im letzteren Falle, entweder als bestimmt auch seiner Beschaffenheit nach; oder als
vorhanden lediglich seinem Dasein nach, der Beschaffenheit nach
aber bestimmbar durch die freie Intelligenz."

Das erste Verhältnis soll stattfinden bei lediglich erdichteten
Gegenständen, das zweite bei „einem Gegenstande der Erfahrung",
das dritte bei dem „Ich an sich".

In dieser Bestimmung kommen wieder mehrere Fehler vor.
Erstens sind hier von neuem die vorhin unterschiedenen Be-

---

[1] S 432 f.     [2] S. 427.

deutungen des Wortes Erfahrung verwechselt. Verstehen wir,
nach Fichtes ursprünglicher Erklärung, unter „Erfahrung" alle
Erkenntnis als solche, so ist auch das „Ich an sich", sofern es
„Objekt des Bewußtseins" oder der „Vorstellung" ist, entweder
eine Erdichtung oder ein Gegenstand der Erfahrung. Soll es also
keine Erdichtung sein, so kann das Verhältnis des Ich an sich
zur Vorstellung nicht ein anderes sein als bei Gegenständen der
Erfahrung überhaupt. Wenn Fichte dies dennoch annimmt, so
liegt der Grund dafür nur in einem zweiten Fehler, und zwar
einem Fehler der Selbstbeobachtung. Er beruft sich nämlich für
diese Annahme darauf, daß ich „mich mit Freiheit bestimmen
kann, dieses oder jenes zu denken."

„Daß ich mir gerade so bestimmt erscheine und nicht
anders, gerade als denkend, und unter allen möglichen Gedanken
gerade das . . . denkend, soll . . . abhangen von meiner Selbstbestimmung: ich habe zu einem solchen Objekte mit Freiheit
mich gemacht. Mich selbst an sich aber habe ich nicht
gemacht. . . Ich selbst also bin mir Objekt, dessen Beschaffenheit unter gewissen Bedingungen lediglich von der Intelligenz
abhängt, dessen Dasein aber immer vorauszusetzen ist."[1]

Man sieht ohne weiteres, daß, was Fichte hier die Freiheit
der Selbstbestimmung nennt, nichts anderes ist als die *Willkürlichkeit*. Die Willkürlichkeit der Reflexion erlaubt mir, bald
dieses, bald jenes zu denken; ich bestimme mich also z. B. durch
Willkür zu dem Gedanken *A*. Stelle ich mich nun vor als eine
den Gedanken *A* denkende Intelligenz: welches der drei nach
Fichte möglichen Verhältnisse des Objekts zur Vorstellung liegt

---

[1] S. 427.

dann vor? Das Objekt der Vorstellung ist die den Gedanken $A$ denkende Intelligenz. Ist hier die vorgestellte Beschaffenheit des Objekts, nämlich der Gedanke $A$, durch die Vorstellung hervorgebracht, deren Objekt sie ist? Offenbar so viel oder so wenig, wie die Viereckigkeit des mir vor Augen liegenden Papiers, auf dem ich schreibe, durch mein Vorstellen seiner Viereckigkeit hervorgebracht wird. Fichte hat sich hier durch die Unbestimmtheit des Ausdrucks „Abhängigkeit von der Intelligenz" verleiten lassen, die Abhängigkeit einer inneren Beschaffenheit vom Willen mit einer Abhängigkeit derselben vom Vorgestelltwerden zu verwechseln.

130. Aus allediesem zieht nun Fichte den Schluß, daß das „Objekt des Idealismus", nämlich das „Ich an sich", vor dem Objekt des „Dogmatismus" (dem Dinge an sich) den Vorzug habe, „als etwas Reales wirklich im Bewußtsein" vorzukommen, daß es „im Bewußtsein nachzuweisen ist"[1], aber „nicht als Gegenstand der Erfahrung", sondern „als etwas über alle Erfahrung Erhabenes". Unter dem Ausdruck „Gegenstand der Erfahrung" kann hier nur der Gegenstand der *äußeren* Erfahrung gemeint sein; die Entgegensetzung von „Intelligenz" und „Ding" wäre sonst unverständlich, da die Intelligenz so gut wie jedes äußere Ding zum Gegenstand der Vorstellung gemacht werden kann und z. B. in Fichtes Ausführungen wirklich gemacht wird. Und in der Tat substituiert Fichte bald der Entgegensetzung von Ich und Ding die von „Geist" und „Materie", und er zieht den Schluß: „Der konsequente Dogmatiker ist notwendig auch Materialist."[2] Was ist also der eigentümliche „Vorzug"[3], den Fichte

---

— [1] S. 428.     [2] S. 431.     [3] S. 428.

dem „idealistischen" Erklärungsgrunde gegenüber dem „dogmatischen" nachrühmt? Es bleibt an diesem „Vorzug" nichts anderes,
als daß der idealistische Erklärungsgrund in der Intelligenz, der
andere nicht in der Intelligenz, sondern in der Materie liegt.
Die Behauptung des *Vorzugs* des idealistischen Erklärungsgrundes
giebt also, genau zugesehen, nur die *Behauptung* dieses Erklärungsgrundes selbst mit anderen Worten wieder und fügt ihr nicht
das Geringste an Gründen hinzu. — In der Tat ist der Satz von
der Nachweisbarkeit des idealistischen Erklärungsgrundes „im
Bewußtsein" in jeder anderen als *tautologischen* Bedeutung *falsch.*
Daß Fichte diesem Satze eine höhere Bedeutung beimessen zu
dürfen glaubt, hat keinen anderen Grund als die Verwechslung
des Gegensatzes zwischen Intelligenz und Materie mit dem Gegensatze zwischen Erkenntnis und Gegenstand. Man beachte die Art
seiner Begründung des Satzes „Das Ding an sich ist eine bloße
Erdichtung" :

> „Es kommt nicht etwa in der Erfahrung vor: denn das
> System der Erfahrung ist nichts Anderes als das mit dem
> Gefühle der Notwendigkeit begleitete Denken."[1]

Was besagt dieser Satz anderes als die Trivialität, daß dasjenige, was *Gegenstand* eines gewissen Denkaktes ist, nicht *Inhalt*
dieses selben Denkaktes sein kann? Verhält es sich denn in
dieser Hinsicht mit dem „Ich an sich" irgend wie anders? Das
„Ich an sich" ist ein gewisser Gegenstand unseres Denkens, es
ist also *nicht Inhalt* dieses Denkens und folglich, wenn man unter

---

[1] S. 428. — „Das Ding an sich", heißt es weiter, „wird zur völligen
Chimäre; es zeigt sich gar kein Grund mehr, warum man eins annehmen sollte;
und mit ihm fällt das ganze dogmatische Gebäude zusammen." (S. 431.)

„Bewußtsein" dieses Denken versteht, ebenso wenig „im Bewußtsein nachzuweisen" wie das „Objekt des Dogmatikers". Wenn
also nach FICHTES Annahme alles nicht „im Bewußtsein" Nach-
weisbare „bloße Erdichtung" ist, so ist auch das „Ich an sich"
bloße Erdichtung.

131. Aber es soll noch einen weiteren Grund geben, weshalb
der „Idealismus" dem „Dogmatismus" vorzuziehen ist. Wer nämlich nur einmal den richtigen philosophischen Standpunkt ein-
genommen hat, der „findet" nach FICHTE „nichts weiter, *als daß er*
*sich vorstellen müsse,* er sei frei und es seien außer ihm bestimmte
Dinge".[1] Bei diesem Gedanken der „bloßen Vorstellung" könne
man aber nicht stehen bleiben, es müsse vielmehr etwas vom Vorstellen Unabhängiges hinzugedacht werden. Dieses sei der „Grund
der Vorstellungen" oder „das ihnen Entsprechende". Nun könne
dieser Grund entweder im „Ich" oder im „Dinge" gesucht werden,
immer aber nur in *einem* dieser beiden. Eine Begründung dieser
Behauptung ist bei FICHTE nicht zu finden. Nach ihrer dogmatischen
Aufstellung wird nun weiter der Versuch gemacht, zu zeigen, daß
„der Dogmatismus gänzlich unfähig ist, zu erklären, was er zu
erklären hat". „Und dies entscheidet über seine Untauglichkeit."[2]
FICHTE beruft sich hier auf das, „was das unmittelbare Bewußtsein" über die Vorstellung „aussagt", auf das, „was sich nur
innerlich anschauen läßt", auf das, „was jeder, der nur einen festen
Blick in sich geworfen, schon längst gefunden haben muß". Und
was ist dieses?

„Die Intelligenz, als solche, *sieht* sich selbst zu; und dieses
sich selbst Sehen ist mit allem, was ihr zukommt, unmittelbar
vereinigt, und in dieser *unmittelbaren* Vereinigung des Seins und

---

— [1] S. 432.     [2] S. 435.

des Sehens besteht die Natur der Intelligenz." „Bestimmungen"
„sind in mir nur, inwiefern ich ihnen zusehe: Zusehen und Sein
sind unzertrennlich vereinigt."[1]

Also die innere Anschauung soll uns lehren, daß alle Bestimmungen, die der Intelligenz zukommen, auch unmittelbar von
der Intelligenz angeschaut werden. — Nun ist klar, daß sich der
inneren Anschauung niemals andere Bestimmungen der Intelligenz
zeigen können als solche, die, indem sie sich ihr zeigen, angeschaut
werden. Aber dies besagt nicht, daß es keine anderen Bestimmungen
der Intelligenz *giebt* als solche, die unmittelbar dadurch, daß sie der
Intelligenz zukommen, angeschaut werden. Gerade diese unbegründete und durch innere Anschauung unbegründbare Annahme aber ist
der Inhalt der Fichteschen Behauptung. Aber diese Annahme ist nicht
nur unbegründbar durch innere Anschauung, sondern sie ist nachweis-
lich falsch, weil in sich widersinnig. Das innere Anschauen soll mit
allem, was der Intelligenz zukommt, unmittelbar vereinigt sein; Bestimmungen sollen nur in mir sein, wiefern ich ihnen zusehe. Nun
ist aber offenbar dieses innere Anschauen oder Zusehen selbst
eine der Intelligenz zukommende Bestimmung; das innere Anschauen fände also nur unter der Bedingung statt, daß es selbst
innerlich angeschaut würde. Und da von diesem wie von jedem
inneren Anschauen wieder dasselbe gilt, so müßte eine unvollendbare Reihe von Anschauungsakten, deren jeder seiner Möglichkeit
nach durch das Stattfinden des nächstfolgenden bedingt wäre,
vollzogen sein, ehe auch nur die Möglichkeit einer einzigen der
Intelligenz zukommenden Bestimmung realisierbar wäre. Unter
der Fichteschen Voraussetzung wären folglich überhaupt keine
der Intelligenz zukommenden Bestimmungen möglich.

_____

[1] S. 435 f.

132. Diese Fiktion von der Einerleiheit des Seins und des Angeschautwerdens in der Intelligenz drückt FICHTE so aus, daß die Intelligenz, was sie sei, *„für sich selbst"* sei.[1] Von einem „Dinge" dagegen könne man nicht sagen, daß es „für sich selbst" sei, was es sei, „sondern es muß noch eine Intelligenz hinzugedacht werden, *für* welche es sei; dahingegen die Intelligenz notwendig für sich selbst ist, was sie ist, und nichts zu ihr hinzugedacht zu werden braucht."[2]

Diese Begründung ist wiederum nichts als eine Erschleichung. Die Frage, *„für wen"* ein Ding sei, kann dem Zusammenhange nach nur den Sinn der Frage haben, für *wessen Erkenntnis* das Ding da sei, d. h. wem es *erkennbar* sei. Natürlich kann auf diese Frage nur geantwortet werden: „Für Erkennende", oder: „Nur für Intelligenzen". Um aber hieraus mit FICHTE schließen zu können, daß Dinge nicht unabhängig von Intelligenzen existieren können, müßte zuvor gezeigt sein, daß jedes Ding notwendig *für* irgend etwas sein müsse, d. h. daß nichts existieren könne, ohne erkannt zu werden. Diese Nachweisung *fehlt* bei FICHTE. Sein Satz, Dinge seien nur für Intelligenzen da, sagt also nur insofern etwas Richtiges aus, als er den Sinn der Tautologie hat: Dinge können erkannt werden nur von Erkennenden. FICHTE jedoch meint mit dieser nichtsbesagenden Tautologie einen Beweis für den idealistischen Satz geliefert zu haben, daß alle Dinge hinsichtlich

---

[1] S. 435.

[2] S. 436. — „Den Gedanken", sagt FICHTE an anderer Stelle (I, S. 19), „von einem Dinge, das nicht nur von dem menschlichen Vorstellungs-Vermögen, sondern von aller und jeder Intelligenz unabhängig, Realität und Eigenschaften haben soll, hat noch nie ein Mensch gedacht, so oft er es auch vorgeben mag, und es kann ihn keiner denken; *man denkt allemal sich selbst als Intelligenz, die das Ding zu erkennen strebt, mit hinzu.*"

ihrer *Existenz* von dem Vorgestelltwerden durch eine Intelligenz
*abhängig* seien oder daß es keine Dinge an sich giebt.[1]

133. Überblicken wir die hier beurteilten Fichteschen Lehren
hinsichtlich ihrer methodischen Voraussetzungen, so finden wir in

---

[1] Man vergleiche auch die „Zweite Einleitung in die Wissenschaftslehre",
wo es (I, S. 500 f.) von den „Dingen" heißt:

„Wie sollen sie denn für sich selbst sein; da es im Begriffe des Dinges
liegt, daß es bloß sei, nicht aber *für dasselbe* sei?" „Man kann vom Ich nicht
abstrahieren ... Zu allem, was im Bewußtsein vorkommend gedacht wird, muß
das Ich notwendig hinzugedacht werden; in der Erklärung der Gemütsbe-
stimmungen darf nie vom Ich abstrahiert werden, oder, wie KANT es ausdrückt:
alle meine Vorstellungen müssen begleitet sein können, als begleitet gedacht
werden von dem: Ich denke ... Hätte man ihn [diesen Satz] nur eher bestimmt
gedacht, so würde man des Dinges an sich längst entledigt sein; denn man
würde gesehen haben, daß, was wir auch denken mögen, wir in ihm das Denkende
sind, daß sonach nie etwas unabhängig von uns vorkommen könne, sondern
alles notwendig sich auf unser Denken beziehe."

Der erste der eben zitierten Sätze enthält nichts weiter als eine willkürliche
Einschränkung des Gebrauchs des Wortes „Ding" auf den Umfang desjenigen,
was nicht von sich selbst erkannt wird; so daß sowohl die Behauptung, das Ich
sei kein Ding, als auch die andere, Dinge seien „nur für ein Ich" da, lediglich
eine terminologische Festsetzung wiedergeben. Der Rest des Zitierten macht den
Grundfehler FICHTES, die Verwechslung von Inhalt und Gegenstand, besonders
deutlich: Daraus, daß alles *im* Bewußtsein Vorkommende nur durch Beziehung
auf ein Ich möglich sei, wird geschlossen, daß alle *Gegenstände* des Bewußtseins
nur durch Beziehung auf ein Ich möglich seien. — In noch plumperer Gestalt
tritt derselbe Trugschluß in der „Bestimmung des Menschen" zu Tage (II, S. 239):

„Von *dir* also habe ich keine Einwendungen zu fürchten gegen die ent-
schlossene Aufstellung des Satzes, *daß das Bewußtsein eines Dinges außer uns
absolut nichts weiter ist als das Produkt unsers eignen Vorstellungsvermögens*."

„Keine Einwendungen gegen den kühneren Ausdruck desselben Satzes: daß wir
bei dem, was wir Erkenntnis und Betrachtung der Dinge nennen, immer und
ewig nur uns selbst erkennen und betrachten, und in allem unserm Bewußtsein
schlechterdings von nichts wissen, als von uns selbst, und unsern eignen Bestimmungen."

Der erste, „entschlossen" aufgestellte Satz ist eine leere Tautologie. Der
zweite dagegen ist nicht ein „kühnerer Ausdruck desselben Satzes", sondern entsteht aus dem ersten lediglich durch das Wortspiel, daß an Stelle des „Bewußtseins eines Dinges außer uns" das „Ding außer uns" selbst gesetzt wird.

ihnen zunächst einen unverkennbaren logischen Dogmatismus. Dieser äußert sich schon in dem Postulat, aus einem einzigen, und zwar analytischen Satze das gesamte Wissen abzuleiten; sodann aber auch besonders deutlich darin, daß die dem logischen Dogmatismus unvermeidliche Konsequenz, nach der der *Willkür* der Reflexion die letzte Entscheidung über die Grundsätze des Systems überlassen bleibt[1], von FICHTE ausdrücklich anerkannt und vertreten wird.[2] Aber, wie wir gesehen haben, bleibt er doch bei dieser Konsequenz nicht stehen. Schon die Einsicht in diese alles Wissen aufhebende Konsequenz selbst nötigt ihn, sich alsbald nach einer *unmittelbaren* Erkenntnis umzusehen, als nach einem Begründungsmittel, ohne dessen Vorweisung er auch nicht zu seinen ersten Voraussetzungen den Eingang finden könnte.[3] Weit

---

[1] Vgl. § 50 Anmerkung.

[2] Man vergleiche hierzu außer dem in § 128 Zitierten auch die „Zweite Einleitung" (I, S. 508 f.), wo ausdrücklich als einziges Begründungsmittel der Beweis hingestellt und alle Möglichkeit einer Verständigung über die ersten Prämissen des Beweises abgelehnt wird, sowie die „Bestimmung des Menschen" (II, S. 253 ff.), wo aus der Unbeweisbarkeit dieser ersten Prämissen geschlossen wird, daß „im bloßen Wissen kein Grund liegt, unsere Vorstellungen für mehr zu halten, als für bloße Bilder", und daß der Grund, warum wir sie dennoch für mehr halten und „ihnen etwas unabhängig von aller Vorstellung Vorhandenes zu Grunde legen," nicht in „Vernunftgründen", sondern nur in einem „Interesse" liegen könne. Es „ist kein Wissen, sondern ein Entschluß des Willens, das Wissen gelten zu lassen."

[3] FICHTE geht in diesem Gedankenzusammenhange so weit, die Leerheit der Reflexion unzweideutig anzuerkennen:

„Ich weiß, daß jede vorgebliche Wahrheit, die durch das bloße Denken herausgebracht, nicht aber auf den Glauben gegründet sein soll, sicherlich falsch und erschlichen ist, indem das durchaus durchgeführte bloße und reine Wissen lediglich zu der Erkenntnis führt, daß wir nichts wissen können; weiß, daß ein solches falsches Wissen nie etwas Anderes findet, als was es erst durch den Glauben in seine Vordersätze gelegt hat." (II, S. 254.)

Da aber FICHTE, wie aus diesen Worten hervorgeht, das „Denken" (oder „Wissen", als welches er es hier, der Jacobischen Darstellungsweise folgend, dem „Glauben" entgegensetzt,) auf den Umfang der *beweisbaren* Urteile einschränkt,

entfernt, den von ihm selbst geforderten logischen Dogmatismus
durchzuführen, muß er sich gleich zu Beginn auf die „Selbstbeobachtung" berufen, die uns einen bestimmten Unterschied
zwischen zweierlei Vorstellungsarten „wahrnehmen" lassen soll.

---

so gelangt er auch mit seiner Lehre vom „Glauben" nicht über die Willkürlichkeit
der Reflexion hinaus.  Denn da dieser Glaube das Gebiet der „Vordersätze" des
beweisenden „Denkens" umfaßt, kann er keine unmittelbare Erkenntnis enthalten,
sondern bleibt ein Produkt der Willkür; wir kommen mit ihm nur auf die widersinnige Fiktion, nach der ein Satz wahr wäre, weil wir wünschen, er möchte wahr
sein. (Vgl. II, S. 256: „Ich nehme es nicht an, weil ich muß, sondern ich glaube
es, weil ich will" oder IV, S. 26: „Ich *will* selbständig sein, darum halte ich
mich dafür.")

Zwar sucht FICHTE den relativistischen Konsequenzen dieser Lehre dadurch
auszuweichen, daß er den Willen, von dem jener „Glaube" abhängt, durch allgemeine praktische Gesetze bestimmt sein läßt:

„Die praktische Vernunft ist die Wurzel aller Vernunft.  Die Handelsgesetze für vernünftige Wesen sind *unmittelbar* gewiß : ihre Welt ist gewiß nur
*dadurch, daß jene gewiß sind."* (II, S. 263.)

„Ohne was es überhaupt keine Pflicht geben könnte, ist absolut wahr;
und es ist Pflicht, dasselbe für wahr zu halten ... Das Kriterium aller theoretischen Wahrheit ist nicht selbst wieder ein theoretisches, sondern es ist ein
praktisches, bei welchem zu beruhen Pflicht ist ... Die einzige feste und letzte
Grundlage aller meiner Erkenntnis ist meine Pflicht." (IV, 165 ff.)

Aber er bemerkt nicht, daß mit diesem Schritte alle vorhergegangenen Bemühungen seiner Erkenntnistheorie wieder illusorisch gemacht werden und das
ursprüngliche Problem nur verschoben wird.  An die Stelle der Frage: Wie
kommen wir zum Wissen um das Dasein von *Dingen?* tritt nunmehr die Frage:
Wie kommen wir zum Wissen um Handelsgesetze ? Es ist somit durch alle
Bemühung nichts weiter gewonnen, als daß an die Stelle einer spekulativen Kategorie eine praktische gesetzt ist.  Das *Problem* lag nach FICHTE gar nicht im
Begriffe des „Dinges", oder dies doch nur insofern, als das Ding etwas *außer*
unserer Vorstellung sein, das Wissen jedoch auf den Bereich der Vorstellungen
eingeschränkt sein sollte.  Dieses „außer unserer Vorstellung" findet aber bei den
„Handelsgesetzen" ebenso statt wie vorher bei den Dingen, und es ist daher
keinerlei Grund vorhanden, weshalb von jenen eher als von diesen ein *unmittel-*
*bares* Wissen möglich sein soll.  Das eigentliche Problem steht also am Ende der
Untersuchung genau so ungelöst da wie am Anfang.

(§ 127.) Und auch im weiteren Fortgange trägt er kein Bedenken, sich auf das Zeugnis des „unmittelbaren Bewußtseins" zu berufen, auf das, „was sich nur innerlich anschauen läßt", auf das, „was jeder, der nur einen festen Blick in sich geworfen, schon längst gefunden haben muß". (§ 131.) Wie ist es aber möglich, der Philosophie die geforderte Apriorität (§ 127) zu wahren, wenn gleich die ersten Sätze, von denen sie ausgeht, der „Selbstbeobachtung" oder der „inneren Anschauung" entnommen werden müssen? Offenbar kann FICHTE der Konsequenz eines radikalen Psychologismus und Empirismus auf keinem anderen Wege zu entgehen hoffen, als indem er die empirische Natur jener Selbstbeobachtung bestreitet; d. h. nur durch die mystische Fiktion einer *intellektuellen Anschauung*. Diese Fiktion führt FICHTE mit Entschlossenheit durch in seiner „Zweiten Einleitung in die Wissenschaftslehre".[1]

134. Achtet man hier auf die Begründungsweise, mit der FICHTE seine Behauptung des „Faktums"[2] einer intellektuellen Anschauung einführt, so wird man unsere Darstellung des Weges, der ihn auf diese Fiktion führen mußte, bestätigt finden. Die *Anschaulichkeit* der fraglichen Erkenntnisweise wird nämlich überall ohne weiteres als die der unmittelbaren Selbsterkenntnis eigentümliche vorausgesetzt,[3] ebenso wie andererseits die Behauptung ihres *intellektuellen* Charakters ohne weiteres als durch den Begriff einer philosophi-

---

[1] „Diese intellektuelle Anschauung ist der einzige feste Standpunkt für alle Philosophie. . . Meine Philosophie wird hier ganz unabhängig von aller Willkür." (S. 466 f.)     [2] S. 465.

[3] „Dieses dem Philosophen angemutete Anschauen seiner selbst im Vollziehen des Aktes, wodurch ihm das Ich entsteht, nenne ich intellektuelle Anschauung. . . Jeder, der sich eine Tätigkeit zuschreibt, beruft sich auf diese Anschauung." (S. 463.)

schen Erkenntnis bedingt angenommen wird.[1] Der ganzen Argumentation, die die Vereinigung des Anschaulichen mit dem Intellektuellen in *einer* Erkenntnisweise bezweckt, liegt also die
stillschweigende Voraussetzung des transzendentalen Vorurteils
zu Grunde, daß die philosophische Erkenntnis ihr konstitutives
Prinzip in der Selbsterkenntnis hat. Ist dieses Vorurteil einmal
zu Grunde gelegt, so bedarf es in der Tat nur der Hinweisung
auf die tatsächliche Anschaulichkeit der unmittelbaren Selbsterkenntnis einerseits und auf die tatsächlich intellektuelle Natur
der philosophischen Erkenntnis andererseits, um eine intellektuelle
Anschauung als das konstitutive Prinzip der Philosophie geltend
zu machen. Das Resultat widerspricht freilich den psychologischen
Tatsachen. Denn diese lehren, daß die anschauliche Selbsterkenntnis eine *sinnliche*, und das Bewußtsein um die unmittelbare philosophische Erkenntnis kein unmittelbares, sondern ein durch *Reflexion* vermitteltes ist. Aber durch das zu Grunde liegende
transzendentale Vorurteil werden diese Tatsachen der Beobachtung
des Philosophen entrückt, und an ihrer Stelle erscheint die Fiktion einer besonderen die Anschaulichkeit der Selbsterkenntnis
mit der intellektuellen Natur der philosophischen Erkenntnis ver-
einigenden Erkenntnisart.[2]

---

[1] So z. B. wenn FICHTE sich (S. 465) darauf beruft, daß *sinnlich* nur die
zeitliche Folge der Vorstellungen, nicht aber die reale Abhängigkeit der einen
von der anderen erkennbar sei, oder wenn er sich (S. 467 f.) auf den rationalen
Ursprung der Begriffe von Tugend und Recht beruft und auf die Unmöglichkeit,
die „Unterlage der Konstruktion dieser Begriffe" in einer anderen als rationalen
Erkenntnis zu suchen. Die „unmittelbare" Erkenntnis, die die Unterlage jener
Begriffe bilden soll, denkt er sich aber sofort als eine „unmittelbare *Anschauung*".
— Ebenso, wenn er von dem Bewußtsein um den kategorischen Imperativ sagt:
„Dieses Bewußtsein ist ohne Zweifel ein unmittelbares, aber kein sinnliches"
(S. 472), um dieses „Bewußtsein" als eine intellektuelle Anschauung zu erweisen.

[2] Was FICHTE anführt, um zu zeigen, daß seine Annahme einer intellek-

135. Die erkenntnistheoretische Fragestellung, durch die dieses Vorurteil zuletzt veranlaßt ist, tritt bei FICHTE klar zu Tage. Auf sie wollen wir noch etwas näher eingehen. Sie zeigt sich gleich zu Anfang in seiner Formulierung der Aufgabe der Wissenschaftslehre:

---

tuellen Anschauung mit der Kantischen Verwerfung dieser Annahme durchaus im Einklang stehe, und um so die Behauptung der Identität seiner Philosophie mit der Kantischen aufrechterhalten zu können, ist durchaus sophistisch. Er behauptet, daß „in beiden Systemen mit demselben Worte ganz verschiedene Begriffe ausgedrückt werden":

„In der Kantischen Terminologie geht alle Anschauung auf ein Sein; intellektuelle Anschauung wäre sonach das unmittelbare Bewußtsein ... des Dinges an sich ... Die intellektuelle Anschauung, von welcher die Wissenschaftslehre redet, geht gar nicht auf ein Sein, sondern auf ein Handeln." (S. 471 f.)

Woraus folgt denn aber, daß das „Handeln" nicht auch ein „Sein" im Kantischen Sinne sein kann? Wenn FICHTE freilich die Worte „Sein" und „Ding" willkürlich auf die Bedeutung eines *äußeren* Seins und eines *äußeren* Dinges einschränkt, so geht die von ihm behauptete intellektuelle Anschauung allerdings nicht auf ein Sein und auf Dinge. Dadurch hört diese intellektuelle Anschauung aber nicht auf, unter den von KANT mit demselben Ausdruck bezeichneten Begriff zu fallen. KANT sagt:

„Das Bewußtsein seiner Selbst (Apperzeption) ist die einfache Vorstellung des Ich, und, wenn dadurch allein alles Mannigfaltige im Subjekt selbsttätig gegeben wäre, so würde die innere Anschauung intellektuell sein." (Allgemeine Anmerkungen zur transzendentalen Ästhetik, II.)

Gerade dies aber, daß durch die einfache Vorstellung des Ich allein alles Mannigfaltige im Subjekt selbsttätig gegeben werde, gerade dies ist es, was FICHTE behauptet. Er sagt z. B.:

„Welches ist denn der Inhalt der Wissenschaftslehre in zwei Worten? Dieser: die Vernunft ist absolut selbständig. Alles sonach, was sie ist, muß in ihr selbst begründet sein und nur aus ihr selbst ... erklärt werden." (S. 474.) Die Wissenschaftslehre giebt „eine systematische Ableitung des gesamten Bewußtseins vom reinen Ich." Nur was der Philosoph „so als Bewußtsein *abgeleitet* hat, ist für ihn Bewußtsein, und alles übrige ist und bleibt nichts. Sonach *bestimmt* ihm die Ableitbarkeit vom Selbstbewußtsein den Umfang dessen, was ihm als Bewußtsein gilt." (S. 477.)

44*

„Die Frage, die die Wissenschaftslehre zu beantworten hat,
ist folgende: woher das System der vom Gefühle der Notwendigkeit begleiteten Vorstellungen? oder: wie kommen wir dazu,
dem, was doch nur subjektiv ist, objektive Gültigkeit beizumessen? ... Wie kommen wir dazu, ein Sein anzunehmen?"
„Sie fragt nach dem Grunde des Prädikats vom Sein überhaupt." [1]

Eine Fragestellung, der offenbar die fehlerhafte psychologische
Annahme zu Grunde liegt, als seien uns unmittelbar nur unsere
eigenen Vorstellungen gegeben, zu denen die Objektivität erst
mittelbar durch die Reflexion hinzugebracht werde.[2] Und nichts
als ein weiterer psychologischer Fehler ist die Weise, in der
FICHTE das gestellte Problem aus einer Betrachtung des Verhältnisses der Erkenntnis zum Gegenstande in der Selbsterkenntnis
zu lösen unternimmt. In der Selbsterkenntnis nämlich soll die
dem Problem zu Grunde liegende Schwierigkeit wegfallen, da, wie
er meint, hier *Identität* zwischen Erkenntnis und Gegenstand
bestehe:

Wer sich selbst denkt, „wird *dieses* Handeln hoffentlich
von dem *entgegengesetzten*, wodurch er Objekte außer sich denkt,
unterscheiden können und finden, daß in dem letzteren das
Denkende und das Gedachte entgegengesetzt sein, sonach seine
Tätigkeit auf etwas von ihm selbst verschiedenes gehen soll,
da hingegen in dem Geforderten das Denken und das Gedachte
dasselbe sein, und sonach seine Tätigkeit in sich selbst zurückgehen soll." [3]

Allerdings sind in der Selbsterkenntnis Subjekt und Objekt,
Denkendes und Gedachtes, identisch; der Akt des *Denkens* aber
ist von dem Gedachten (die Erkenntnis von ihrem Objekt) ebenso

---

[1] S. 455 f.        [2] Man vgl. das Zitat zu Anfang des § 131.        [3] S. 462.

verschieden wie im Falle einer äußeren Erkenntnis. Einzig und
allein durch die Verwechslung des Verhältnisses des *Denkenden*
zum Gedachten mit dem Verhältnis des *Denkens* zum Gedachten
entsteht für FICHTE der Schein, als sei das Verhältnis der Erkenntnis zum Gegenstande im Falle der Selbsterkenntnis ein anderes
und begreiflicheres als in irgend einem anderen Falle.[1]

136· Diese Verwechslung ist zugleich der Grund der schon
erörterten Identifizierung des Verhältnisses der Erkenntnis zum
Gegenstande mit dem Verhältnis der Intelligenz zur Materie oder
des Ich zum Nicht-Ich. Das Ich kann Gegenstand der Erkenntnis
werden so gut wie jedes Außending, und es ist daher unrichtig,
wenn FICHTE behauptet, daß wenn von allen Gegenständen der
Erkenntnis abstrahiert werde, das Ich als ein „Nicht-Objekt"
übrig bleibe.[2] Diese Fichtesche Behauptung selbst macht ja das
Ich zu ihrem Gegenstande und widerlegt sich daher selbst.[3]

Dieser Fehler äußert sich schon darin, daß FICHTE seine erkenntnistheoretische Fragestellung, ohne den Unterschied zu bemerken, bald auf das Verhältnis der Vorstellung zu ihrem Objekt,

---

[1] Die hier von FICHTE begangene Verwechslung ist dieselbe, die wir (§ 34)
bei RICKERT gefunden haben. Während aber FICHTE aus der Identität des
Denkenden und Gedachten in der Selbsterkenntnis auf die Identität von Erkenntnis und Gegenstand schließt, macht RICKERT den entgegengesetzten Fehlschluß,
indem er aus der Verschiedenheit von Erkenntnis und Gegenstand auf die Unmöglichkeit der Selbsterkenntnis schließt.

[2] „Das, was nach dieser Abstraktion übrig bleibt, ist das Ich überhaupt,
d. h. das Nicht-Objekt." „Wenn gesagt wird: ich bin das Denkende in diesem
Denken; setze ich mich dann etwa nur anderen Personen außer mir entgegen;
setze ich mich nicht vielmehr allem Gedachten entgegen? ... Indem ich mich als
das Vorstellende vom Vorgestellten unterscheide, unterscheide ich mich dann bloß
von anderen Personen, oder unterscheide ich mich von allem Vorgestelltem, als
solchem? (S. 502 f.)

[3] Die Behauptung enthält einen introjizierten Widerspruch.

bald auf das Verhältnis des Ich zu den „Dingen außer uns" bezieht. Man vergleiche z. B. mit den schon zitierten Stellen die folgende:

„Meines Erachtens ist die Frage, welche die Philosophie zu beantworten hat, folgende: wie hangen unsere Vorstellungen mit ihren Objekten zusammen? ... In jeder Wissenschaft wird vorausgesetzt, daß unseren Vorstellungen Dinge außer uns entsprechen; und diese Voraussetzung ist die Bedingung der Möglichkeit aller Wissenschaft: die Philosophie soll diese Voraussetzung erhärten; durch sie sonach wird unser *Vorstellen* erst ein *Wissen*.[1] „Welches ist der Grund unserer Behauptung, daß unseren Vorstellungen etwas außer uns entspreche? Diese Aufgabe, die eigentliche Aufgabe aller Philosophie, nimmt die Wissenschaftslehre auf."[2]   „*Das Ding* soll etwas sein außer mir dem Wissenden. *Ich* bin das Wissende selbst, Eins mit dem Wissenden. — Es entsteht über das Bewußtsein des erstern die Frage: wie kann, da das Ding nicht von sich weiß, ein Wissen vom Dinge entstehen; wie kann, da ich nicht selbst das Ding bin, noch irgend eine seiner Bestimmungen, da alle diese Bestimmungen desselben lediglich in den Umkreis seines eigenen Seins fallen, keineswegs aber in den des meinigen, ein Bewußtsein des Dinges *in mir* entstehen? Wie kommt das Ding herein in mich? Welches ist das Band zwischen dem Subjekte, Mir, und dem Objekte meines Wissens, dem Dinge? Diese Frage findet in Absicht *meiner* nicht statt. Ich habe das Wissen in mir selbst, denn ich bin Intelligenz... Es bedarf hier keines Bandes zwischen Subjekt und Objekt; ... ich bin Subjekt und Objekt."[3]

---

[1] II, S. 435.     [2] II, S. 440.     [3] II, S. 225.

137. Wie löst nun FICHTE das gestellte Problem?· Diese Lösung liegt in dem Satze:

„Das Bewußtsein *des Gegenstandes* ist nur ein nicht dafür erkanntes *Bewußtsein meiner Erzeugung einer Vorstellung vom Gegenstande.*" [1]

Der Begründung dieses Satzes wollen wir noch etwas genauer nachgehen. Wir finden sie am deutlichsten dargestellt im „zweiten Buche" der „Bestimmung des Menschen". Die für diese Begründung wesentlichen Sätze sind die folgenden:

(1) „Du hast ein Bewußtsein deines Sehens, Fühlens u. s. w. und dadurch nimmst du den Gegenstand wahr."

(2) „Könntest du ihn nicht wahrnehmen auch ohne dieses Bewußtsein? — Keinesweges ... du weißt etwas, nur in wiefern du weißt — daß du dieses etwas weißt: — es kann in dem letzteren nichts vorkommen, was nicht in dem ersteren liegt." [2]

(3) „Ich fühle mich affiziert auf diejenige Weise, die ich rot, blau, glatt, rauh, nenne; du solltest ... nicht für Eigenschaften des Gegenstandes ausgeben, was doch nur deine eigene Modifikation ist." „Ich empfinde sonach nur mich selbst, und meinen Zustand, nicht aber den Zustand des Gegenstandes."

(4) „Wenn es ein Bewußtsein des Gegenstandes giebt, so ist dasselbe wenigstens nicht Empfindung, oder Wahrnehmung; so viel ist klar." [3]

(5) „Fassen wir daher gleich diese Frage ...: wie magst du überhaupt dazu kommen, mit deinem Bewußtsein, das doch unmittelbar nur Bewußtsein deiner selbst ist, aus dir heraus-zugehen, und zu der Empfindung, die du wahrnimmst, ein Em-

---

— [1] II, S. 221.     [2] II, S. 201.     [3] II, S. 204.

pfundenes und Empfindbares hinzuzusetzen, das du nicht wahrnimmst?"

(6) „Ich bin affiziert, dies weiß ich schlechthin: diese meine
Affektion muß einen Grund haben: in mir liegt dieser Grund
nicht, sonach außer mir. So schließe ich schnell, und mir unbewußt; und setze einen solchen Grund, *den Gegenstand.*"[1]

(7) „Aber woher die Notwendigkeit und Allgemeinheit, mit
der du deine Sätze, so wie hier den Satz vom Grunde, aus-
sagst?" „Alles Zufällige, dergleichen hier meine Affektion war,
hat einen Grund, heißt: *ich habe von jeher einen Grund hinzu-*
*gedacht, und jeder, der nur denken wird, wird gleichfalls genötigt*
*sein, einen Grund hinzuzudenken.*"

(8) „Du siehst sonach ein, daß alles Wissen lediglich ein
Wissen von dir selbst, ... und daß dasjenige, was du für ein
Bewußtsein des Gegenstandes hältst, nichts ist als ein *Bewußt-*
*sein deines Setzens eines Gegenstandes.*"[2] —

Satz (1) ist zweideutig, indem das Wort „dadurch" sowohl
auf „Bewußtsein", als auch auf „Sehen, Fühlen u. s. w." bezogen
werden kann. In der Tat nehme ich den Gegenstand wahr, indem
ich ihn sehe, fühle u. s. w., nicht aber durch das Bewußtsein *um*
das Sehen, Fühlen u. s. w.

Satz (2) schließt den bereits in § 131 widerlegten Fehler ein.
Wenn ich etwas nur weiß, inwiefern ich weiß, daß ich dieses etwas
weiß, so kann ich auch das Wissen, daß ich dieses etwas weiß,
nur haben, inwiefern ich weiß, daß ich weiß, daß ich dieses etwas
weiß, und so fort; so daß ich überhaupt zu keinem Wissen gelangen könnte, weil diese Reihe kein Ende hat.

Satz (3) widerspricht der Selbstbeobachtung. Ich fühle nicht

---

[1] II, S. 212.     [2] S. S. 221 f.

*mich* rot, blau, glatt oder rauh, sondern den Gegenstand draußen.
Mich selbst fühle ich dabei entweder gar nicht, oder aber, im
Falle, daß ich das Bewußtsein auf mich selbst lenke, finde ich
mich dabei beteiligt lediglich als *wahrnehmend*, nämlich den roten,
blauen, glatten oder rauhen Gegenstand wahrnehmend, nicht aber
als „affiziert". Hinterher, wenn ich mich als wahrnehmend gefunden habe, kann ich, da ich den Zustand der Wahrnehmung als
einen ohne mein Zutun eingetretenen erkenne, diesen Zustand als
einen von außen her bewirkten *denken*, und dadurch zum Begriffe
des Affiziert-Seins kommen. Die bloße Wahrnehmung des Roten,
Blauen, Glatten oder Rauhen enthält von alledem nichts.[1]

Die Behauptung (4) beruht folglich auf ungenügender Selbstbeobachtung.

Die in (5) ausgesprochene Frage läßt sich daher gar nicht
stellen; denn die Voraussetzung, von der sie ausgeht, ist lediglich
Fiktion.

Satz (6) soll nun erklären, wie wir zu der Vorstellung des
Gegenstandes außer uns kommen. Diese Erklärung begeht aber
eine petitio principii, indem sie durch die Annahme, der Grund
der angeblich vorgefundenen Affektion liege „außer mir", das
Abzuleitende vorwegnimmt.

Satz (7) soll die idealistische Behauptung (8) rechtfertigen,
nach der der angeblich erschlossene Gegenstand kein Ding an sich
ist. Dieser Zweck wird aber nicht erreicht. Denn *entweder* ich
(und ebenso „jeder" andere)[2] bin wirklich genötigt, den Grund
der Affektion zu denken: dann *denke* ich (und jeder andere) diesen

---

[1] Vgl. § 75.

[2] Woher *weiß* dies FICHTE, wenn er nur den Zustand seines eigenen Bewußtseins wahrnehmen kann? Wir haben hier wieder einen introjizierten Widerspruch vor uns.

Grund *tatsächlich*, und denke nicht etwa nur, ich sei *genötigt*, diesen Grund zu denken. Das in (6) beschriebene Denkverfahren läßt sich also auch von dem Philosophen nicht umgehen, und dieser wird wohl oder übel das Dasein äußerer Gegenstände denken müssen und sich nicht über die Annahme des verhaßten Dinges an sich erheben können. — *Oder* aber der Satz in (6) „Diese meine Affektion muß einen Grund haben" „*heißt*" wirklich nichts anderes als „Ich habe von jeher einen Grund hinzugedacht u. s. w.", ich denke also, indem ich *jenen* Satz denke, wirklich nur das in *diesem* Ausgesagte: dann führt der in (6) beschriebene Prozeß nicht zu dem Resultat des „Setzens" eines Gegenstandes außer mir. Dieser Denkprozeß würde vielmehr folgendermaßen ausfallen: „Ich bin affiziert, dies weiß ich schlechthin. Ich habe von jeher einen Grund zu meinen Affektionen hinzugedacht und habe schnell und unbewußt geschlossen, daß diesen Affektionen ein Gegenstand außer mir entspreche. Jetzt, wo ich einsehe, daß ich nur vorschnell so geschlossen habe, — wo ich weiß, daß mein Bewußtsein des Gegenstandes nur ein nicht dafür erkanntes Bewußtsein meiner Erzeugung einer Vorstellung vom Gegenstande war, werde ich nicht mehr für Eigenschaften des Gegenstandes halten, was doch nur meine eigene Modifikation ist. Ich weiß also schlechthin: ich bin affiziert, aber diese Affektion hat ihren Grund *nicht* in einem Gegenstande außer mir." [1]

---

[1] Man vergleiche hierzu die folgende Stelle aus der „Zweiten Einleitung in die Wissenschaftslehre" (S. 491):

„Es ist ohne Zweifel unmittelbares Faktum des Bewußtseins: ich fühle *mich* so und so bestimmt. Wenn nun die oft belobten Philosophen dieses Gefühl *erklären* wollen, sehen sie denn nicht ein, daß sie dann etwas daran hängen wollen, das nicht unmittelbar im Fakto liegt; und wie können sie dies, ohne durch Denken, und zwar durch Denken nach einer Kategorie; hier nach dem Satze des Realgrundes? Wenn sie nun nicht etwa eine unmittelbare

138. Die Nichtigkeit der idealistischen Lösung des erkenntnistheoretischen Problems läßt sich übrigens ganz allgemein durch
eine höchst einfache Betrachtung einsehen. Unter dem „reinen
Ich", als dessen Erzeugnis das Sein gelten soll, dürfen wir nach
FICHTE nicht das persönliche Ich des Individuums verstehen. Ganz
natürlich, denn die sonst unvermeidliche psychologistische Konsequenz mit ihren solipsistischen Absurditäten liegt offen zu Tage.
Auch der Gedanke der „Persönlichkeit", auch der Gedanke
„*meines* Seins" entsteht also nach dieser Lehre auf keinem anderen

---

Anschauung des Dinges an sich und seiner Verhältnisse haben, was wissen sie
denn über diesen Satz anderes, als daß *sie* genötigt sind, nach ihm zu denken?
Sie sagen sonach nichts weiter aus, als daß sie genötigt sind, ein Ding als
Grund hinzuzudenken... Ihr Ding ist durch ihr Denken hervorgebracht...:"
        Ist denn das „Tun" und „Handeln" des Ich *nicht* etwas durch Kategorieen
Gedachtes? Steht sonach FICHTES Erklärung der vom Gefühle der Notwendigkeit
begleiteten Vorstellungen aus dem Handeln des Ich nicht ganz auf einer Stufe
mit der von ihm verspotteten Annahme des Dinges an sich? Dann kann auch er
seine Erklärung nicht für wahr halten, sondern er dürfte nur sagen, er sei *ge-*
*nötigt*, sie für wahr zu halten. Vielmehr nicht einmal dies, sondern er müßte
sagen, er sei nur *genötigt*, zu denken, er sei genötigt, so zu denken. Und so fort
ohne Ende, so daß überhaupt keine Aussage zulässig wäre. (FICHTES Behauptung
enthält den in § 82 erörterten introjizierten Widerspruch.)
        Wenn FICHTE Einwänden dieser Art dadurch zu entgehen hofft, daß er sein
Ich als ein bloßes Tun ohne Tuendes, als ein Handeln ohne Handelndes erklärt,
so übersieht er, daß diese Erklärung nicht, wie er will, ein Denken des Ich *ohne*
Kategorieen ist, sondern der widersinnige Versuch, das Ich nach einer Kategorie
zu denken, die in eben diesem Gedanken aufgehoben gedacht werden soll. Ein
Versuch, der sich wohl in *Worte* fassen und *hinschreiben*, bei dem sich aber
schlechterdings nichts *denken* läßt. Der Begriff des Tuns enthält die Kategorie
des Accidens, und diese Kategorie gehört dem Moment der *Relation* an und
schließt analytisch die Beziehung auf ein Subjekt ein. Entweder also man bestimmt das Ich überhaupt nicht durch Kategorieen, dann ist man gezwungen, bei
der bloßen Anschauung stehen zu bleiben; oder aber man *denkt* es durch den
Begriff des „Tuns", dann hat man es eo ipso durch einen Relationsbegriff als
„Tätiges" bestimmt: man täuscht sich also mit Worten, wenn man nach Aufhebung dieser Relation noch einen Gedanken übrig zu behalten glaubt.

Wege als der einer *äußeren* Realität[1], und es folgt, daß „der Zusammenhang dieses Außer-uns *mit uns selbst* nur ein Zusammenhang
in unseren Gedanken ist".[2]  Im Gesamtgebiete des durch das
„reine Ich" erzeugten „Seins" haben wir sonach gewisse „denkende
Wesen"[3] von gewissen nicht-denkenden Wesen oder „Dingen" zu
unterscheiden.[4]  Nicht von diesen selbst erst durch das Denken
des reinen Ich erzeugten individuellen denkenden Wesen hängen
sonach die äußeren „Dinge" ab, sondern allein von jenem nicht-
individuellen „reinen" Ich. — Macht man sich dies klar, so ist
ohne weiteres ersichtlich, daß das ursprüngliche Problem, das zur
Aufstellung dieser idealistischen Lehre Anlaß gegeben hatte und
durch sie gelöst werden sollte, sich nunmehr in anderer Form
von neuem erhebt.  Es erhebt sich nämlich die Frage: Wie
hängen die Vorstellungen des durch das reine Ich erzeugten
„denkenden Wesens" mit ihren Objekten, den außer ihnen
befindlichen Dingen, zusammen?  Das Ding soll etwas sein außer
dem Vorstellenden; es entsteht über das Bewußtsein des ersteren
die Frage: wie kann, da das Ding nicht von sich weiß, ein
Wissen vom Dinge in dem vorstellenden Wesen entstehen; wie
kann, da das vorstellende Wesen nicht selbst das vorgestellte
Ding ist noch irgend eine seiner Bestimmungen, ein Bewußtsein
des Dinges *in* dem vorstellenden Wesen entstehen? wie kommt
das Ding in das vorstellende Wesen herein?[5] — Die Schwierigkeit
ist hier dieselbe wie im Falle der ursprünglichen Problemstellung.

---

[1] II, S. 244 f.        [2] II, S. 238.        [3] II, S. 243.

[4] „Jenes denkende, geistige Wesen, jene Intelligenz, ... was kann sie selbst
nach diesen Grundsätzen sein, als ein Produkt meines Denkens, etwas bloß und
lediglich Erdachtes." (II, S. 242.)

[5] Vgl. die in § 136 zitierte Formulierung des Fichteschen Problems.

Nach der Schlußweise des erkenntnistheoretischen Idealismus ließe sich dies „Problem" nicht anders lösen als durch den Satz, daß das Bewußtsein des vom vorstellenden Wesen vorgestellten Dinges nur ein nicht dafür erkanntes Bewußtsein der *Erzeugung* einer *Vorstellung* vom Dinge ist.[1] Der Zusammenhang des vorgestellten Dinges mit dem vorstellenden Wesen erwiese sich also als ein Zusammenhang innerhalb der Gedanken des vorstellenden Wesens; und wir hätten wieder im Gesamtgebiete des durch das denkende Wesen Erzeugten denkende Wesen höherer Ordnung und nicht-denkende Dinge höherer Ordnung zu unterscheiden.

Diese Lösung unseres Problems aber giebt sofort wieder Anlaß zu dem weiteren Problem: Wie hangen die Vorstellungen des durch das denkende Wesen erzeugten denkenden Wesens höherer Ordnung mit ihren Objekten, den außer ihnen befindlichen Dingen höherer Ordnung, zusammen? Wie kann, da das Ding höherer Ordnung nicht von sich weiß, ein Wissen von diesem Dinge in dem vorstellenden Wesen höherer Ordnung entstehen? Wie kommt das Ding höherer Ordnung in das vorstellende Wesen höherer Ordnung herein?

Man sieht, daß die Lösung dieses Problems auf die Annahme eines durch das denkende Wesen höherer Ordnung erzeugten denkenden Wesens *dritter* Ordnung führt, dessen Verhältnis zu den von ihm verschiedenen Dingen wieder dasselbe Problem einschließt. Und so muß jede „Lösung" eines derartigen „Problems" zu der Erneuerung desselben Problems in dem durch die Lösung definierten Gebiete höherer Ordnung Anlaß geben. Es ist nicht nötig, diese Reihe von „Lösungen" hier weiter zu verfolgen. Jede dieser Lösungen giebt uns das zu lösende Problem rein zurück, und es

---

[1] Vgl. FICHTES Lösung § 137.

ist nichts als Inkonsequenz, wenn der Erkenntnistheoretiker bei irgend einem Gliede der Reihe stehen bleibt und glaubt, damit irgend etwas zu einer wirklichen und wissenschaftlichen Auflösung seines ursprünglichen Problems geleistet zu haben.

FICHTE aber giebt sich nicht allein dieser Selbsttäuschung hin, sondern er ist in dem Maße Opfer seines eigenen Wortspiels, daß er in diesem sogar einen Beweis für die Freiheit des Willens entdeckt zu haben glaubt. An die angeführten idealistischen Sätze in der „Bestimmung des Menschen" schließt sich unmittelbar die folgende Stelle:

„Und mit dieser Einsicht, Sterblicher, sei, frei, und auf ewig erlöset von der Furcht, die dich erniedrigte und quälte. Du wirst nun nicht länger vor einer Notwendigkeit zittern, die nur in deinem Denken ist, nicht länger fürchten von Dingen unterdrückt zu werden, die deine eigenen Produkte sind, nicht länger dich, das Denkende, mit dem aus dir selbst hervorgehenden Gedachten in Eine Klasse stellen. So lange du glauben konntest, daß ein solches System der Dinge, wie du es dir beschrieben, unabhängig von dir außer dir wirklich existiere, und daß du selbst ein Glied in der Kette dieses Systems sein möchtest, war diese Furcht gegründet. Jetzt nachdem du eingesehen hast, daß alles dies nur in dir selbst und durch dich selbst ist, wirst du ohne Zweifel nicht vor dem dich fürchten, was du für dein eigenes Geschöpf erkannt hast. Von dieser Furcht nur wollte ich dich befreien. Jetzt bist du von ihr erlöst und ich überlasse dich dir selbst." [1]

Diese Worte sind, wie ihr Inhalt besagt, an einen „Sterblichen" gerichtet, der „von Furcht gequält" „zittert". Ich frage nun:

---

[1] II, S. 240.

Wer ist dieser von Furcht gequälte, zitternde Sterbliche, — das „reine Ich" oder eine individuelle Persönlichkeit, ein „denkendes Wesen"? Ohne Zweifel, auch nach FICHTES Absicht, das letztere. Nun war aber vorher von FICHTE ausdrücklich dargelegt worden, daß auch die individuelle Persönlichkeit, das „denkende Wesen" lediglich ein Erzeugnis des reinen Ich sei und insofern mit den äußeren Dingen ganz auf einer Stufe der Realität stehe. Hier aber werden diese äußeren Dinge plötzlich zu Erzeugnissen des individuellen Ich, „Produkte" des von Furcht gequälten, zitternden Sterblichen, die mit diesem *nicht* „in eine Klasse" der Realität zu stellen seien. Kurz, wir haben hier wieder dieselbe Verbalmethode der Erschleichungen vor uns, die auch sonst die Fichtesche Beweisart charakterisierte.

139. Das Geheimnis dieser Methode[1] läßt sich leicht aussprechen. Unter dem Titel einer unbezweifelbaren Wahrheit wird ein Satz aufgestellt, der in Wirklichkeit nur die Bedeutung einer leeren Tautologie hat, dessen tautologischer Charakter aber durch einen sprachwidrigen Ausdruck verschleiert wird. Alsdann wird unvermerkt der definitorisch festgesetzten Bedeutung des Ausdrucks, nach der der Satz zwar richtig, aber lediglich tautologisch ist, die andere, sprachübliche Bedeutung untergeschoben, und es erscheint der gesuchte synthetische Satz, scheinbar abgeleitet auf rein logischem Wege.

Es handle sich z. B. um die Aufgabe, zu beweisen, daß dem Objekt der Philosophie Apriorität zukomme. Als Objekt der Philosophie wird der Grund der vom Gefühle der Notwendigkeit

---

[1] Derselben Methode, die uns bereits in den kritischen Betrachtungen des ersten Teils als die dem erkenntnistheoretischen Dogmatismus eigentümliche begegnet ist. Vgl. z. B. § 14, 18, 41 f.

begleiteten Vorstellungen bezeichnet. Um nun die gestellte Aufgabe zu lösen, wird festgesetzt, daß das System der vom Gefühle der Notwendigkeit begleiteten Vorstellungen „Erfahrung" genannt werden soll. Da nun offenbar der Grund außerhalb des Begründeten liegt, so ist nichts weiter nötig, als der durch Definition festgesetzten Bedeutung des Wortes „Erfahrung" die von ihr gänzlich verschiedene sprachübliche Bedeutung zu substituieren, um den gesuchten Satz zu erhalten, daß dem Objekt der Philosophie Apriorität zukomme.

Oder es sei der idealistische Satz zu beweisen, daß es keine Dinge an sich geben könne. Zu diesem Beweise genügt die Voraussetzung, daß ein Ding nur dann *erkannt* werden kann, wenn eine erkennende Intelligenz vorhanden ist. Diesen keinem Zweifel unterliegenden analytischen Satz kann man nämlich in der Form aussprechen, daß ein Ding nur „für" eine Intelligenz dasein könne. Nun verbindet der Sprachgebrauch mit dem Ausdruck „nur für eine Intelligenz dasein" den Begriff der *Abhängigkeit von* einer Intelligenz. Die Substitution dieser sprachüblichen Bedeutung des Ausdrucks an Stelle der vorher eingeführten genügt, um ohne weiteres aus dem vorausgesetzten Satze den zu beweisenden hervorgehen zu lassen, daß es keine Dinge an sich geben könne.

Oder schließlich, es handle sich darum, zu beweisen, daß die Persönlichkeit *frei*, d. h. nicht von der Natur abhängig ist. Nun war vorher der Satz abgeleitet worden, daß die Natur kein Ding an sich, sondern ein bloßes Produkt der Intelligenz ist, ein Satz, in dem der Ausdruck „Intelligenz" als etwas *Nicht-Persönliches* definiert war. Da nun nach dem Sprachgebrauch derselbe Ausdruck die *Persönlichkeit* bezeichnet, ist es nur erforderlich, von der festgesetzten Bedeutung des Ausdrucks zu der sprachüblichen überzugehen, um den gewünschten Beweis zu erhalten, daß die Natur

lediglich ein Produkt der Persönlichkeit, diese letztere also von
der Natur unabhängig oder *frei* ist. —

140. Ich würde mich bei diesen Wortspielen nicht aufhalten,
wenn nicht die Tatsache bestünde, daß ihnen noch heutigen-
tages von hochgeachteten Männern eine „vollendete Klarheit"[1]
und „eine überragende und für absehbare Zeit unvergängliche Bedeutung" zugeschrieben wird.[2] Die Rücksicht auf diese Tatsache
ließ es angezeigt erscheinen, dem Gegenstande dieses Kapitels eine
ausführlichere Behandlung zu widmen als seinem wahren Werte
angemessen wäre. Das Ergebnis unserer Prüfung rechtfertigt es,
wenn wir über diejenigen, die auf der von FICHTE eingeschlagenen
Bahn weiter fortgeschritten sind, desto kürzer hinweggehen und
unsere Betrachtungen über die Geschichte des transzendentalen
Vorurteils abbrechen, auch ohne dasselbe in seine weiteren' Aus-
prägungen zu verfolgen. Die Willkürlichkeit der Dialektik, die
schon das Fichtesche Philosophieren in so hohem Maße charakterisiert, steigert sich bei den Nachfolgern zu solcher Schrankenlosig-
keit, daß diese ein *wissenschaftliches* Interesse nicht mehr bieten
und eine auf die fortschreitende Klärung der Probleme gerichtete

---

[1] W. WINDELBAND, Geschichte der Philosophie, 2. Aufl. 1900, S. 472.

[2] H. RICKERT, S. 124 des 2. Bandes der Festschrift für KUNO FISCHER:
„Die Philosophie im Beginn des zwanzigsten Jahrhunderts".

In der Tat beruht z. B. RICKERTs vielbewunderte Widerlegung des Natura-
lismus ausschließlich auf einer Wiederholung des zuletzt dargelegten Fichteschen
Sophismus. Man vergleiche z. B. die eben genannte Schrift oder auch seine
„Grenzen der naturwissenschaftlichen Begriffsbildung". Hier heißt es S. 681:
„Uns Individuen muß jedes Naturgesetz als etwas von uns schlechthin Unabhängiges erscheinen, das so wenig in seiner Geltung an uns gebunden ist, daß
wir vielmehr von ihm abhängen, und wir denken in keiner Weise daran, das
Recht dieser Überzeugung in Frage zu stellen. Im Gegenteil, diese Voraussetzung
soll die erkenntnistheoretische Deduktion begründen." Das *Resultat* der „erkenntnistheoretischen Deduktion" lautet: „Unter philosophischen Gesichtspunkten ist
die ‚Natur' selbst nur ein Ergebnis menschlicher Kulturarbeit." (S. 692.)

Geschichtsschreibung an ihnen vorübergehen darf.[1] — Was aber
die anfänglich im Gegensatze gegen diese Dialektik erfolgte sogenannte Rückkehr zur Kantischen Philosophie betrifft, so läuft
dieselbe auf nichts weiter als eine Wiederholung des Reinholdschen
Mißverständnisses hinaus und schließt daher (infolge der Beibe-
haltung des erkenntnistheoretischen Vorurteils) bei einer konsequenten Entwickelung alle jene dialektischen Lehren in sich, von
denen sie uns zu befreien vorgiebt. Was also den angeblichen
„Neukantianismus" von der nachkantischen Dialektik unterscheidet,
ist nichts weiter als Inkonsequenz. In der Tat hat dieser „Neukantianismus" längst einer Erneuerung des schon einmal abgehan-
delten Streits zwischen Transzendentalismus und Psychologismus
Platz machen müssen, und sein Name hat heute keine andere
Bedeutung mehr, als die Unsicherheit auch des *historischen* Urteils
seiner Vertreter an den Tag zu legen. Diese Schule hat nichts
geleistet als längst verworfene Scheinlösungen zu erneuern und
längst erkannte Wahrheiten zu verschleiern. Sie hat keine Stelle
in der Geschichte der Klärung der Probleme, sondern nur in der
Geschichte ihrer Verdunkelung. Die durch sie eingeleitete Bewegung bietet nichts grundsätzlich Neues, sie gleicht vielmehr
einer Kreisbewegung, in der jeder scheinbare Fortschritt nur dazu
dient, uns wieder auf den Ausgangspunkt zurückzuführen.[2]

---

[1] Ich freue mich, in diesem Punkte mit einem der enthusiastischsten Verehrer
dieser Dialektik, A. DREWS, übereinzustimmen, der in der Einleitung zur Neu-
ausgabe von SCHELLINGS Werken (Leipzig, 1908) ausführlich erklärt, daß hier an
die Stelle einer „rein verstandesmäßigen" Bearbeitung der Philosophie das Ideal
getreten sei, „die Philosophie als Kunst zu üben".

[2] Man vergleiche zur näheren Erläuterung dieses Urteils meine „kritische
Methode", § 27 und Anhang, sowie meine Rezension von COHENS „Logik" in den
Göttingischen gelehrten Anzeigen, 1905, Nr. 8. Da bisher noch keine Gegengründe
gegen die dort mitgeteilten ausführlichen Beweise vorgebracht worden sind, so
kann ich darauf verzichten, dieselben hier um neue zu vermehren.

## XXIX.

## Die Systematisierung des psychologistischen Vorurteils bei BENEKE.

141. Den dem transzendentalen Vorurteil entgegengesetzten Versuch einer psychologistischen Fortbildung der Kantischen Philosophie hat am konsequentesten F. E. BENEKE ausgeführt. Bei ihm tritt zugleich auf das deutlichste der mit der psychologischen Erkenntnistheorie notwendig verbundene Empirismus hervor. Dieser Gedankenzusammenhang läßt sich am übersichtlichsten und unmittelbarsten aus derjenigen Schrift BENEKES erkennen, in der er sich bemüht, seine Lehre als die einzig mögliche Form einer widerspruchsfreien Weiterbildung der Kantischen Philosophie zu entwickeln.[1]

Als die Grundtendenz der Kantischen Kritik bezeichnet BENEKE hier die Geltendmachung der Leerheit der Reflexion.[2] Dieser Tendenz erteilt er seine unbedingte Zustimmung: „Alles menschliche Denken kann nur *aufklären*, was in den ihm anderswoher zur Verarbeitung gegebenen Materialien als Teil schon enthalten ist, aber keinen Vorstellungs*inhalt* aus sich selber schaffen."[3]

---

[1] „KANT und die philosophische Aufgabe unserer Zeit. Eine Jubeldenkschrift auf die Kritik der reinen Vernunft." (Berlin, Posen und Bromberg, 1832.)

[2] „Erfassen wir aber KANTS Unternehmen in seiner ganzen Tiefe: so ergiebt sich augenscheinlich als die *Grundtendenz* desselben die Feststellung und Durchführung des Satzes: daß *aus bloßen Begriffen* keine Erkenntnis des *Seienden* oder keine Erkenntnis der *Existenz* des in diesen Begriffen Gedachten möglich sei." (S. 12. Vgl. auch S. 18, 38.)

[3] S. 62. — Vgl. auch BENEKES „Lehrbuch der Logik als Kunstlehre des

Aus dieser Anerkennung der Leerheit der Reflexion ergiebt sich
für BENEKE unmittelbar, daß, wie jede wahre Wissenschaft, so
auch die Spekulation, „weil aus nichts auch nichts werden kann",
„zuletzt *aus der Erfahrung schöpfen*" müsse und „daß eine Philosophie a priori, in der Form von Begriffen wie in der Form von
Anschauungen, ein *leeres Phantom*" sei.[1] Eine Schlußweise, die,
wie man leicht bemerkt, die Vollständigkeit der Disjunktion
zwischen Empirie und Reflexion als Erkenntnisquellen zur stillschweigenden Voraussetzung hat.

Diese Schlußweise wiederholt sich mehrfach. So wird z. B.
in der „Logik"[2] ausdrücklich aus der Unmöglichkeit, einen neuen
Inhalt des Vorstellens durch bloßes *Denken* zu gewinnen, gefolgert,
ein solcher Inhalt müsse „in einer *unmittelbaren Anschauung oder
Wahrnehmung* gegeben sein". Hier haben wir also unzweideutig
neben den beiden richtigen Voraussetzungen der Mittelbarkeit der
Reflexion und der sinnlichen Natur der Anschauung die dogmatische Disjunktion zwischen Reflexion und Anschauung, und als
Konsequenz aus der Vereinigung dieser dogmatischen mit jenen
beiden faktischen Prämissen den *Empirismus*.

Diesem Empirismus entspricht es, wenn BENEKE, Reflexion und
Vernunft verwechselnd, die Annahme einer reinen Vernunft für
gleichbedeutend mit der Annahme angeborener Begriffe oder Sätze
hält. Indem er sich daher mit vollem Recht gegen diese letzte
Annahme wendet, glaubt er zugleich jene erste Annahme widerlegt
zu haben. Durch diesen Trugschluß wird BENEKE der Begründer
des Satzes, daß der Mensch keine Vernunft besitze, jenes Dogmas,

---

Denkens" (Berlin, Posen und Bromberg, 1832) S. XIV: „daß durch *alles* Denken,
als solches, nur eine *Zergliederung* oder *Aufklärung*, aber *durchaus kein neuer
Inhalt* des Vorstellens gewonnen werden könne."
[1] S. 66 f.    [2] Logik, S. 58.

das noch heute von den meisten Psychologen als die wichtigste
Entdeckung ihrer Wissenschaft gepriesen und als unantastbares
Heiligtum verteidigt wird.[1]

142. Was nun Benekes methodische Verbesserungsvorschläge
betrifft, so lassen diese als ihren Grund das Reinholdsche Mißverständnis, die Verwechslung des Inhalts der kritischen Erkenntnis mit ihrem Gegenstande, deutlich wiedererkennen. „Nur unabhängig von der Erfahrung also konnte Kant zur Erkenntnis der
reinen Anschauungsformen und der Kategorieen gelangt sein"[2],
sagt Beneke mit Berufung auf Kants Behauptung des rationalen
Ursprungs aller philosophischen Erkenntnis. Offenbar verwechselt
er hier die Erkenntnis, die den Inhalt der reinen Anschauungsformen und Kategorieen ausmacht, mit derjenigen Erkenntnis, die
diese letzteren zum Gegenstande hat. Die erstere ist allerdings
unabhängig von der Erfahrung, nicht aber darum auch die zweite.
Nur die erstere kann im strengen Sinne philosophisch genannt
werden, die zweite gehört ausschließlich der Kritik an.[3]

---

[1] „Man hat bisher fast durchgehends angenommen, die metaphysischen Begriffe und Sätze seien in dieser oder jener Art schon ursprünglich fertig im
menschlichen Geiste gegeben. ... Aber diese Annahme ist durchaus unhaltbar.
Eine ursprünglich gegebene Vernunft ist in keiner Art psychologisch zu rechtfertigen. Die Vernunft ist überall nicht am Anfange, sondern am Ende: sie ist
die Gesamtheit der höchsten normal entwickelten psychischen Gebilde, oder eigentlich das Ideal derselben, zu welchem die geistige Entwickelung hinstrebt, ohne
doch dasselbe jemals zu erreichen." („System der Metaphysik und Religionsphilosophie", Berlin 1840, S. 28 f.)

„Gegen Kant haben wir schon früher bemerkt, daß der ganze angeborene
Verstand mit seinen Kategorieen ein bloß Erdichtetes ist. Ursprünglich hat der
Mensch gar keinen Verstand." (Ebenda, S. 282.)

Vgl. über die Nicht-Existenz der Vernunft auch Benekes „Neue Psychologie"
(Berlin, Posen und Bromberg, 1845) S. 248 f.

[2] „Kant und die philosophische Aufgabe unserer Zeit", S. 30.

[3] Besonders deutlich kommt diese Verwechslung von Inhalt und Gegenstand

Auf Grund dieser Verwechslung mußte Beneke, da er als die
Quelle der Kritik die innere Erfahrung erkannte, einen Widerspruch in dem Kantischen Unternehmen finden, Erkenntnisse a priori
durch Kritik zu begründen. So referiert er über Kants Kritik:
„Die philosophischen Prinzipien sollen rein *a priori* gefunden werden,
und doch stützt sich die Deduktion der Kategorieen auf die ...
*Erfahrung* ...“[1] Der Ausdruck „Die philosophischen Prinzipien
sollen rein a priori gefunden werden“ enthält die dem Reinholdschen Mißverständnis zu Grunde liegende Zweideutigkeit, indem
er sowohl die richtige Behauptung der Apriorität der philosophischen
Erkenntnis selbst ausdrücken kann als auch die falsche Behauptung
der Apriorität derjenigen Erkenntnis, deren *Gegenstand* die philosophische Erkenntnis ist. Indem Beneke infolge der Verwechslung
dieser beiden Bedeutungen des Ausdrucks den Versuch einer empirischen Begründung rationaler Erkenntnisse widersprechend findet,
schließt er folgerichtig aus dem Umstande, daß die Begründung
der philosophischen Erkenntnis der inneren Erfahrung angehört,
auf den falschen Satz, daß die philosophische Erkenntnis selbst
eine Erkenntnis aus innerer Erfahrung sei.[2] Das diesem Schlusse
zu Grunde liegende Vorurteil liegt klar zu Tage: es ist das Vor-

---

an der folgenden Stelle der „Neuen Psychologie“ (S. 91 f.) zum Ausdruck:
„Der metaphysische Begriff ist ja auch Phänomen für die Seelenlehre...
Welchen metaphysischen Begriff man uns auch entgegenbringen mag; immer
stellen wir die Frage, ob nicht derselbe ein *psychisches Phänomen* sei.... Ganz
dasselbe macht sich denn auch in Hinsicht *aller übrigen philosophischen Wissenschaften* geltend: die Psychologie ist eben so Grundwissenschaft für die *Logik*,
die *Moral*, die *Rechtsphilosophie*, die *Religionsphilosophie* u. s. w.: aus dem einfachen Grunde, weil auch die Gegenstände aller dieser in der menschlichen Seele
sich finden und erzeugt werden, und also auch nicht anders, als nach deren
Entwickelungsgesetzen, tiefer erfaßt und begriffen werden können.“
[1] „Kant und die philosophische Aufgabe unserer Zeit“, S. 65.
[2] „Die *Metaphysik* darf keine andere *Grundlage* erhalten als die innere
*Erfahrung*. Die philosophische Spekulation muß ganz und gar ausgetrieben

urteil, daß die kritische *Begründung* der philosophischen Erkenntnis den *Grund* dieser Erkenntnis *enthalte.*[1]

Und so glaubt denn BENEKE mit dieser empiristischen Konsequenz aus seiner psychologistischen Interpretation der Kantischen Kritik[2] nur den „Kantianismus *in seiner vollen Reinheit*"
herausgestellt zu haben: „die wahre *Kantische* Lehre", „KANTS
Lehre, nicht seinem Buchstaben nach, sondern seinem Geiste nach".[3]

---

werden, wo es wahre Wissenschaft gilt . . . Gewiß wird zuletzt die jetzt unter-
drückte *Erfahrungs*philosophie den Sieg davon tragen . . . Die *Psychologie* ist
zum *Mittelpunkte* zu machen für die gesamte Philosophie." (S. 88 f.) „Die gesamte Philosophie ist also nichts anderes als eine *angewandte Psychologie* . . .
Die einzig gültige Methode der Philosophie . . . ist ihre Begründung auf Erfahrung." (S. 91.) „Das ist es eben, was wir wollen, daß die Philosophie ebenfalls
*Erfahrungs*wissenschaft werde: nicht Wissenschaft der *äußeren* Erfahrung . . .,
sondern Wissenschaft der *inneren* Erfahrung." (S. 98.) — Vgl. BENEKES „Neue
Psychologie" S. 94: „Die Logik . . . ist eine *angewandte Psychologie.*"

[1] Man vergleiche über diesen „höchst verhängnisvollen Selbstwiderspruch"
KANTS auch BENEKES „System der Metaphysik" S. 20 ff.:

„Ohne Zweifel kommt es auch für diese [die Kritik der Vernunft] auf
*tatsächliche* Wahrheiten an. Die Grundkräfte des Geistes, die Grenzen und
Quellen der menschlichen Erkenntnis sollen nicht, wie sie unter diesen oder
jenen Voraussetzungen *gedacht* werden könnten, sondern wie sie *wirklich sind*,
dargestellt werden; und so hätte also KANT, wenn er hätte konsequent bleiben
wollen, seine Aufgabe nur auf der Grundlage der *inneren Erfahrung*, oder
durch die *empirische Psychologie* ausführen können. Aber im Widerspruche
hiemit hält er auf der anderen Seite eben so fest an der zu seiner Zeit fast
allgemein verbreiteten Ansicht, daß die Philosophie die ‚Vernunfterkenntnis aus
Begriffen' sei. Dieselbe soll also in keiner Art auf Anschauungen oder auf
Erfahrungen begründet werden dürfen: auf innere eben so wenig als auf
äußere." „Die Kritik der Vernunft also, welche die tiefste Grundlage auch
für die metaphysische Erkenntnis bildet, soll lediglich ‚aus Begriffen' abgeleitet
werden. Aber wie sind wir denn im Stande, der *Existenz* des in ihr Behaupteten gewiß zu werden?"

[2] Gerade wie FICHTE mit der entgegengesetzten rationalistischen Konsequenz
des transzendentalen Vorurteils.

[3] S. 89. — „KANTS Philosophie war, ihrem tiefsten Grunde nach, ein kräf-
tiger Anlauf hiezu." (Ebenda.) — „Wir müssen also, im Gegensatze mit KANTS

143. Eine ausführliche, von historischen Betrachtungen unabhängige Darstellung seiner Erkenntnistheorie giebt Beneke in
der Schrift „Erkenntnislehre nach dem Bewußtsein der reinen
Vernunft".[1] Er geht hier von einer allgemeinen Untersuchung
des *Urteils* aus, als deren Ergebnis er den Satz gewinnt, das
Urteil sei eine *Gleichsetzung gleicher Geistestätigkeiten.* Sein Aus-
gangsbeispiel ist das Urteil „Diese Lilie ist weiß"; die wesentlichen Sätze seiner Argumentation sind folgende:

(1) „Zuerst: Was ist das Subjekt des vorliegenden Urteils?
Wir antworten: eine völlig einzelne *Anschauung* ... wie ich,
als Urteilender, sie in diesem Augenblicke in mir trage."[2]

(2) „Was ist ferner das *Prädikat* des Urteils? Offenbar
auch eine *Anschauung* ... Das Wort ‚weiß' bedeutet eine bestimmte Art der *anschauenden* Tätigkeit des menschlichen Geistes,
und ich sage im Grunde durch das Urteil ‚diese Lilie ist weiß'
nichts weiter aus, als: indem ich die Anschauung dieser Lilie
in mir habe, ist mit und in ihr die Anschauung weiß in mir."[3]

(3) „Diese beiden Tätigkeiten setze ich nun zwar nicht
völlig, aber doch zum Teil, nämlich *insofern gleich,* als die eine
in der anderen enthalten ist, und dies sage ich in dem Urteile
aus: diese Lilie ist weiß."[4]

In diesen Sätzen kommen mehrere Fehler der Selbstbeobachtung vor. Das Subjekt des fraglichen Urteils ist eine gewisse
weiße Lilie. Da aber offenbar, wenn man nicht Inhalt und Gegenstand der Erkenntnis vermengen will, die Tätigkeit meines An-

---

eigener *Ausführung*, an der *Grundtendenz* der Kantischen Kritik festhalten."
(Metaphysik, S. 22.)
[1] Jena, 1820.    [2] S. 10.    [3] S. 11.    [4] S. 12.

schauens der weißen Lilie nicht selbst als eine weiße Lilie zu betrachten ist, so folgt, daß Satz (1) falsch ist.

Ebenso werden in Satz (2) Inhalt und Gegenstand verwechselt. Das Wort „weiß" bedeutet eine bestimmte Farbe und nicht eine anschauende Tätigkeit des menschlichen Geistes. — Wenn ich ferner eine weiße Lilie anschaue, so sind in mir durchaus nicht zwei zu vergleichende Geistestätigkeiten: eine Anschauung der Lilie und eine Anschauung des Weiß, sondern eine ungeteilte Anschauung der weißen Lilie. Am *Gegenstande* kann ich wohl unterscheiden und vergleichen: die weiße Farbe und das übrige der Lilie Zukommende, nämlich ihre Gestalt, Größe u. s. w.; aber diesen verschiedenen Bestandteilen des Gegenstandes entsprechen nicht etwa ebenso viele *anschauende* Tätigkeiten in mir. Wenn ich z. B. eine *anders* gefärbte Lilie anschaue, so habe ich nicht neben einer der früheren gleichen Anschauung der *Lilie* eine von der früheren verschiedene Anschauung der *Farbe*, sondern ich habe eine einzige, von der früheren verschiedene Anschauung eines Gegenstandes, unter dessen Bestandteilen ich allerdings die mit den entsprechenden des früher angeschauten Gegenstandes identischen von den mit den früher angeschauten nicht-identischen unterscheiden kann. Indem ich aber eine derartige Unterscheidung und Vergleichung der Bestandteile des Gegenstandes vornehme, höre ich bereits auf, ihn lediglich *anzuschauen*. Eine solche Unterscheidung und Vergleichung setzt *Abstraktion* voraus und gehört lediglich der *Reflexion* an. Durch Abstraktion gelange ich zur Unterscheidung der weißen Farbe von den übrigen Eigenschaften der Lilie, und ich kann *dann*, *nach* Vollziehung dieser Abstraktion, eine Vergleichung der durch die Abstraktion gewonnenen Begriffe vornehmen. Aber eine Vergleichung der Begriffe ist bei weitem noch kein *Urteil*. Das Resultat der Ver-

gleichung der Begriffe „Lilie" und „weiß" wäre nicht eine *Gleich-*
*setzung*, sondern, im Gegenteil, eine Unterscheidung. Wenn das
Urteil „Die Lilie ist weiß" eine Gleichsetzung der Begriffe „Lilie"·
und „weiß" sein sollte, so wäre es *falsch*, denn diese beiden Begriffe
sind sehr wesentlich verschieden; das Urteil müßte also vielmehr lauten: Die Lilie ist *nicht* weiß. — In Wahrheit handelt das
fragliche Urteil so wenig von dem *Begriff* wie von der *Anschau-*
*ung* der Lilie, sondern vielmehr von einem *Gegenstande*, der unter
den Begriff „Lilie" fällt oder dem der Begriff „Lilie" als Merkmal
zukommt; und das Urteil sagt aus, daß dieser Gegenstand auch
unter den Begriff „weiß" fällt oder daß ihm der Begriff „weiß"
als Merkmal zukommt.[1]

BENEKES Behauptung, das Urteil sei eine Gleichsetzung gleicher
Geistestätigkeiten, enthält also zwei Fehler: erstens eine Verwechslung von Inhalt und Gegenstand, und zweitens eine Verwechslung von Urteil und Vergleichungsformel.

Daß die Benekesche Erklärung auf Widersinn führt, läßt
sich auch schon durch folgende Erwägung einsehen. BENEKE sagt[2]:
„*Bejahung* ist die Eigenschaft eines Urteils, insofern es eine Gleichsetzung gleicher Geistestätigkeiten bezeichnet; *Verneinung*, insofern
in ihm ungleiche Geistestätigkeiten als ungleich neben einander
gestellt werden." Nun sagt BENEKE selbst an anderer Stelle[3],
„daß keine Gleichsetzung vollkommen sein kann", da es auf die
„Gesichtspunkte" der Vergleichung ankomme. Die Folge hiervon
wäre, daß es gradweise Abstufungen der Gleichheit geben müßte;
und man käme auf diese Weise zu der absurden Vorstellung eines
stetigen Übergangs zwischen bejahendem und verneinendem Urteil. —
Auch müßte, wenn der Sinn des Urteils in einer Aussage über

---

. [1] Vgl. § 15 Anmerkung, S. 466.        [2] S. 178.        [3] S. 74.

Gleichheit oder Ungleichheit bestünde, aus der Richtigkeit eines Urteils notwendig die seiner Umkehrung folgen, was eine offenbare Ungereimtheit ist.

144. Aus seiner Erklärung des Urteils folgt für BENEKE ohne weiteres die Notwendigkeit einer psychologistischen Wendung der Erkenntnistheorie, d. h. einer Lehre, nach der alle Erkenntnis ihren Grund letzten Endes in der inneren Wahrnehmung hat. Sein Beweis ist hier, genau betrachtet, folgender:

(1) „Alles Urteilen besteht in Gleichsetzung gleicher Geistestätigkeiten.“[1]

(2) „Nun ist aber jede Erkenntnis ein Urteil.“[2]

(3) Folglich besteht alle Erkenntnis in Gleichsetzung gleicher Geistestätigkeiten.[3]

(4) Um Geistestätigkeiten gleich zu setzen, muß ich sie erkannt haben.[4]

(5) Das Erkennen von Geistestätigkeiten geschieht durch innere Wahrnehmung.[5]

(6) Folglich giebt es *keine* Erkenntnis „*vor* der inneren Wahrnehmung“.[6]

Man sieht leicht, einmal, daß der ganze Beweis — abgesehen von der nachgewiesenen Irrigkeit des Satzes (1) — mit der bereits mehrfach von uns widerlegten Annahme (2) hinfällig wird, nach der jede Erkenntnis ein Urteil ist; dann aber auch, daß die dem Beweise zu Grunde liegende Argumentation auf einen Zirkel hinausläuft, da, was von jeder Erkenntnis gelten soll, auch von der inneren Wahrnehmung gelten müßte, so daß jede innere Wahrnehmung zu ihrer Möglichkeit bereits eine andere innere Wahrnehmung voraussetzen würde, womit wir auf den alle Erkenntnis

---

[1] S 61, 73.   [2] S. 61.   [3] S. 61.   [4] S. 62.   [5] S. 60.
[6] S. 62 ff.

aufhebenden unendlichen Regreß geführt wären. — Der Beweis läßt sich hiernach am einfachsten aus seinen eigenen Prämissen folgendermaßen widerlegen:

Alle Erkenntnis besteht in Gleichsetzung gleicher Geistestätigkeiten. (Nach 3.)

Die innere Wahrnehmung ist Erkenntnis. (Nach 5.)

Folglich besteht die innere Wahrnehmung in Gleichsetzung gleicher Geistestätigkeiten.

Um Geistestätigkeiten gleich zu setzen, muß ich sie erkannt haben. (Nach 4.)

Folglich *giebt* es Erkenntnisse „*vor* der inneren Wahrnehmung". —

145. Wahrnehmungsurteile sind stets *singuläre* Urteile. Ist also die Wahrnehmung die einzige Art der unmittelbaren Erkenntnis, so entsteht für die empiristische Erkenntnistheorie das Problem, die Möglichkeit *allgemeiner* Urteile zu erklären. Beneke hebt diese Schwierigkeit hervor: „Der Grund, warum man gewöhnlich die Annahme einer von der Wahrnehmung unabhängigen Erkenntnis ... für notwendig hält, ist vorzüglich der, daß man die Entstehung eines absolut allgemeinen Urteils auf dem Wege der Erfahrung für unbegreiflich ansieht."[1] Diese Schwierigkeit will Beneke mit Hülfe seiner Urteilslehre heben. Nach dieser soll der allgemeine Satz auf einer vorhergegangenen Vergleichung aller Einzelfälle beruhen und sich so in der Tat auf lauter singuläre Urteile zurückführen lassen.

Die Begründung dieser Behauptung liegt in folgender Argumentation. Angenommen, ein Mensch, der noch keine anderen als *weiße* Lilien kennen gelernt hat und auf Grund seiner bisherigen

---

[1] S. 53 f.

Erfahrung das Urteil fällt „Alle Lilien sind weiß", lernt später eine Feuerlilie kennen. Hält er nun an der bis dahin dem Worte „Lilie" gegebenen Bedeutung fest, wonach dieses lediglich auf die Gestalt, nicht aber auf die Farbe des Gegenstandes geht, so wird er allerdings sein Urteil einschränken und auf die Allgemeinheit desselben verzichten müssen. Er kann aber auch die Allgemeinheit seines Urteils aufrechterhalten: indem er nämlich die Bedeutung des Wortes „Lilie" dahin einschränkt, daß dieselbe nicht nur die Gestalt, sondern auch die weiße Farbe umfaßt; denn in diesem Falle kann eine Pflanze, die nicht weiß ist, überhaupt nicht als Lilie gelten, und das Urteil behält daher absolute Allgemeinheit. Nach der Kantischen Bezeichnung — meint BENEKE — erhält also ein Urteil dadurch absolute Allgemeinheit, daß wir sein Prädikat in die „Vorstellung" seines Subjekts unveränderlich aufnehmen, d. h. daß wir „das Urteil aus einem *synthetischen* zu einem *analytischen* machen".[1] Die Gültigkeit der allgemeinen Urteile beruht hiernach wirklich auf einer Vergleichung *aller* Fälle; der *Vollständigkeit* der Reihe der verglichenen Einzelfälle sind wir darum gewiß, weil wir selbst diese Reihe *willkürlich* abschließen und dabei festsetzen, daß von den noch nicht verglichenen Fällen „nur die in den so begrenzten Kreis noch aufnehmbar" sein sollen, „welche mit den schon verglichenen übereinstimmen".[2]

---

[1] S. 22 ff.

[2] S. 26 f. — „Wir schließen, nachdem wir in einer Anzahl geistiger Tätigkeiten zwei Elemente stets mit einander verbunden gefunden haben, zum Behuf der Bildung eines allgemeinen Urteils alle Tätigkeiten, welche diesen ungleich sein sollten, willkürlich aus; und das absolut allgemeine Urteil ist nichts anderes, als die analytische Wiederholung der Handlung, vermöge welcher wir die Verbindung zweier Geistestätigkeiten mit dem Namen bezeichnen, welchen wir früher nur der Einen von ihnen gaben." (S. 28 f.)

Man erkennt leicht die nahe Verwandtschaft dieser nominalistischen Erklärungsweise BENEKES mit den Lehren gewisser moderner Empiristen. Ich

Wir bemerken dieser Argumentation gegenüber zunächst, daß sie auf der Verwechslung der *Wortbedeutung* mit dem *Begriffe* beruht. Wir können wohl die Bedeutung eines Wortes willkürlich ändern, nicht aber den Inhalt eines Begriffs; wir können durch einen und denselben sprachlichen Satz erst ein synthetisches, dann ein analytisches Urteil ausdrücken, niemals aber ein „Urteil aus einem synthetischen zu einem analytischen machen".[1]

146. Der Prozeß, der BENEKE vorgeschwebt hat, müßte richtig vielmehr so beschrieben werden, daß wir sagen: An die Stelle eines in allgemeiner Form *falschen synthetischen* Urteils („Alle Pflanzen von lilienartiger Gestalt sind weiß") kann ein *richtiges analytisches* Urteil treten („Alle *weißen* Pflanzen von lilienartiger Gestalt sind weiß"). Dies ist in der Tat immer möglich; aber es bleibt ein großer Irrtum, in dem hiermit beschriebenen Prozeß die Grundlage aller wirklich allgemeinen Urteile zu suchen. Denn die auf solche Weise entstehenden „allgemeinen Urteile" erweisen sich, wenn man sich nicht durch sprachliche Einkleidungen täuschen lassen will, insgesamt als leere Tautologieen. Beruhten wirklich alle allgemeinen Urteile, wie es nach dieser Ansicht sein müßte, auf bloßen Wort-Definitionen, so wäre es nicht nur überflüssig, sondern sogar widersinnig, sich bei dem Versuche aufzuhalten, ein allgemeines Urteil zu *begründen.* Habe ich ein allgemeines Urteil von der Form „Alle *A* sind *B*", so beruht seine Gültigkeit nach BENEKES Ansicht einfach darauf, daß ich nichts „*A*" *nenne,* was nicht *B* ist, und jede *Induktion,* wie sie auch BENEKE selbst weiterhin fordert, wäre entbehrlich.

---

erinnere nur an die Darstellung der geometrischen Axiome als „définitions déguisées" bei POINCARÉ.

[1] Man vergleiche die ausführliche Widerlegung dieses Irrtums in § 7.

Beachtet man dies, so sieht man sofort, daß die fragliche von
Beneke vorgetragene Lehre den *Tatsachen* widerspricht. Wenn
z. B. Beneke'seinen Satz aufstellt:

> Alle allgemeinen Urteile entstehen durch willkürliche Aus-
> schließung aller noch nicht verglichenen Fälle aus der Subjekts-
> sphäre,

so will er mit diesem (allgemeinen!) Satze ein *synthetisches* Urteil
aussprechen, d. h. ein Urteil, in dem das Subjekt (eine gewisse
Klasse von Urteilen) nicht erst durch das Prädikat definiert ist.
In der Tat sind die Urteile, von denen der Satz spricht, durch
die *Form* ihrer Quantität (die Allgemeinheit) definiert, und keineswegs durch die Art ihrer *Entstehung*.[1] Wollte er wirklich unter
„allgemeinen Urteilen" nur solche *verstehen,* die auf die im Prädikat angegebene Art *entstanden* sind, warum bemüht er sich dann,
seinen Satz durch Berufung auf Beispiele und weitläufige Induktionen aus naturwissenschaftlichem, mathematischem und philo-
sophischem Gebiete zu begründen? Es würde ja genügen, zu
sagen, er wolle nur solche Urteile „allgemein" *nennen,* von denen
die angegebene Entstehungsweise schon feststehe. Und entsprechend
bei seinen anderen allgemeinen Behauptungen, wie z. B., daß alle
Urteile auf Gleichsetzung gleicher Geistestätigkeiten beruhen oder
daß alle Urteile ihren Grund in der Wahrnehmung haben.[2]

147. In der Tat führt Beneke diese Erklärungsart der Ent-

---

[1] Die fragliche Behauptung Benekes enthält also einen introjizierten Widerspruch.

[2] Vgl. S. 52: „Auf *Wahrnehmung* also gründet sich in diesem Falle unsere
Erkenntnis . . . Wie sollen wir nun dazu kommen, zu entscheiden, ob *Wahrnehmung* eben so alle anderen Erkenntnisse oder vielleicht gerade nur diese zu
Erkenntnissen macht? Offenbar nur dadurch, daß wir *alle* Erkenntnisse in uns
wie diese untersuchen. Finden wir sie durch Wahrnehmung bedingt: so können
wir das bisher nur einzelne Urteil allgemein aussprechen . . ."

stehung allgemeiner Urteile gar nicht durch, sondern er beruft
sich schon bei dem ersten Beispiel aus geometrischem Gebiete, das
er heranzieht, auf die „Induktion“. Die Allgemeinheit des Urteils,
daß in jedem Dreieck die Winkelsumme zwei Rechte beträgt,
gründet er nicht etwa auf eine Wort-Definition des Dreiecks,
sondern auf eine angeblich wirkliche Vergleichung *aller Fälle*.
Er behauptet nämlich, daß wir erst an einem speziellen Dreieck
den Satz mit Hülfe der Konstruktion der Parallelen zu einer Seite
durch eine Ecke beweisen, dann aber dieses Verfahren in Gedanken
„an allen möglichen Dreiecken mit absoluter Vollständigkeit vollziehen“, indem wir z. B. „die Endpunkte der Grundlinie festhalten
und die Spitze des Dreiecks von der einen Seite zur anderen im
Halbkreise herumbewegen, zugleich für jede auf diese Weise entstehende Lage der Schenkel die den Beweis anschaulich machende
Parallellinie ziehen“,[1] so daß die Allgemeinheit des Urteils „auf
absoluter Vollständigkeit der Induktion“ beruht.[2]

Die Unzulänglichkeit dieser Erklärung ist leicht zu erkennen.
Wenn wir auch von den uns heute geläufigen Bedenken gegen
den Beweis aus der Parallelenkonstruktion absehen, (die nur
auf die versteckte Berufung auf einen anderen allgemeinen Satz
hinausläuft,) wenn wir weiterhin auch davon absehen, daß die
durch „Herumbewegen“ der Dreiecksspitze entstehende Reihe von
Lagen der Schenkel eine *stetige,* also der sinnlichen Wahrnehmung
schlechterdings unzugängliche ist, so ist doch klar, *erstens,* daß
die Aufgabe, für „jede“ auf diese Weise entstehende Lage der
Schenkel die Parallellinie zu ziehen, *unendlich* viele Konstruktionen
fordert, also unausführbar ist; so daß, wenn wir für die Aufstellung des allgemeinen Satzes auf die Ausführung aller dieser

[1] S. 36 f.     [2] S. 38.

Konstruktionen angewiesen wären, es niemals zur Bildung jenes Satzes hätte kommen können.[1] *Zweitens* aber ist klar, daß, selbst wenn diese Aufgabe lösbar wäre, damit der Satz noch keineswegs *allgemein* begründet wäre, sondern nur für eine eng beschränkte Klasse von Dreiecken, — beschränkt erstens hinsichtlich der *Größe* des Flächeninhalts, zweitens hinsichtlich der *Lage* im Raum und drittens hinsichtlich der *Zeit*, während der die Induktion angestellt wird. Die Unabhängigkeit des Betrages der Winkelsumme vom Flächeninhalt des Dreiecks könnte auf induktivem Wege nur durch Vollendung einer weiteren unendlichen Reihe von Beobachtungen festgestellt werden. Ebenso würde die Erweiterung des für einen bestimmten *Ort* Festgestellten auf jeden *beliebigen* Ort eine dritte unendliche Reihe von Beobachtungen erfordern; und schließlich wäre auf induktivem Wege eine Ausdehnung der bisherigen Beobachtungsergebnisse nicht einmal auf eine *endliche* Zukunft, geschweige denn auf *alle* Zeit, möglich, da sich Zukünftiges nicht sinnlich wahrnehmen oder beobachten läßt.

*Die strenge Allgemeinheit eines Satzes beweist also seinen nichtempirischen Ursprung.*[2] Man könnte zwar noch einwenden, daß

---

[1] Dies hat BENEKE in einem anderen Falle sehr wohl eingesehen. S. 109 (Es ist hier von der Aufgabe die Rede, zu beweisen, daß der Mittelpunkt einer Kreissehne, die auf einer anderen Sehne desselben Kreises in deren Mittelpunkt senkrecht steht, der Kreismittelpunkt ist) heißt es:
„Nun würde es gar keine Schwierigkeit haben, durch Anschauung darzutun, daß alle vom gefundenen Punkte gezogenen Linien in dem vorliegenden Falle einander gleich sind; und für *jeden* gegebenen Fall ließe sich . . . dieselbe auf Anschauung gegründete Sicherheit hervorbringen. Aber hierdurch erhielten wir immer nur *komparative* Allgemeinheit: der möglichen Sehnen in einem Kreise sind unendlich viele, und es läßt sich kein Mittel angeben, die Induktion für die *Anschauung absolut* zu vollenden."

[2] Ist dies einmal festgestellt, so ist ohne weiteres klar, daß die empiristische Grundbehauptung, alle Erkenntnis gründe sich auf Wahrnehmung, die Möglichkeit *allgemeiner* Erkenntnisse aufhebt, also einen introjizierten Widerspruch einschließt.

nach unseren Nachweisungen dies nur für solche Sätze behauptet werden dürfe, in denen die Sphäre des Subjektsbegriffs
eine *unendliche* Menge von Gegenständen umfaßt. In der Tat ist
es möglich, *alle* Fälle eines allgemeinen Satzes zu beobachten,
wenn diese Allheit eine *endliche* ist. Aber es ist wichtig, zu beachten, daß auch in einem solchen Falle die Beobachtung für sich
nicht zu dem allgemeinen Satze berechtigt und daß daher *jede*
Induktion über den Bereich der bloßen Beobachtung notwendig
hinausgeht. Denn woher *wissen* wir, daß wir schon *alle* Gegenstände aus der Sphäre des Subjektsbegriffs beobachtet haben?
Dieses Wissen, ohne das der allgemeine Satz unmöglich wäre,
kann nicht aus der Beobachtung stammen; denn diese läßt stets
nur einzelne Fälle erkennen, durch sie können wir daher nie
wissen, ob es außer den beobachteten Gegenständen nicht noch
weitere geben kann, die unter denselben Subjektsbegriff fallen.
Will ich z. B. den Satz „Alle Planeten bewegen sich in derselben
Richtung um die Sonne" durch Induktion begründen, so genügt es
nicht, die Bewegung der einzelnen Planeten zu beobachten, sondern
ich muß zu den einzelnen Beobachtungen noch als Obersatz der Induktion die Voraussetzung hinzunehmen, daß die *beobachteten* Planeten die Sphäre des Begriffs „Planet" *erschöpfen*. Je nach dem Gewiß-
heitsgrad einer solchen der Induktion zur Gewährleistung ihrer Vollständigkeit unvermeidlichen *Voraussetzung* hat auch das Resultat der
Induktion einen höheren oder geringeren Grad der Gewißheit. —
    Wir bemerken noch, daß die Mathematik ohne die *strenge*
Allgemeinheit ihrer Sätze als Wissenschaft unmöglich wäre. Denn
die Möglichkeit der mathematischen Wissenschaften beruht auf
dem Verfahren, gewisse allgemeine Sätze, z. B. über Punkte und
Linien, auf spezielle Fälle, z. B. auf bestimmte einzelne Punkte
und Linien, anzuwenden. Gelten nun jene Sätze nicht in strenger

Allgemeinheit für den *ganzen* Umfang ihres Subjektsbegriffs, so können wir aus ihnen keinen *Schluß* ziehen. Denn wir können dann nicht wissen, ob die bestimmten einzelnen Punkte und Linien zu demjenigen Teil der Sphäre des Subjektsbegriffs des allgemeinen Satzes gehören, für den der Satz erfüllt ist, oder zu demjenigen Teil, für den der Satz nicht erfüllt ist. Es wäre also keine Unterordnung des Einzelfalles unter die Obersätze, und daher überhaupt keine Wissenschaft aus den Obersätzen möglich.

148. Noch anders schließlich sucht sich BENEKE bei den *philosophischen* Urteilen zu helfen. Die Allgemeingültigkeit soll hier in der subjektiven Notwendigkeit, das im Urteil Ausgesagte zu denken, ihren Grund haben. Hier heißt es:

„Fällen wir z. B. das Urteil: Alles Seiende ist in der Zeit: so ist das eben so nur ein identisches Urteil. Die Berufung auf die Unmöglichkeit, ein andres Sein als eben in der Zeit im anschaulichen Denken zu vollziehn, ist nichts anderes als die Steigerung des einzelnen Urteils ... zum allgemeinen durch die absolute Vollständigkeit in Vergleichung aller Fälle, die uns dadurch möglich wird, daß wir es nur mit Tätigkeiten des *menschlichen Geistes* zu tun haben."[1]

Diese Erklärung vereinigt widersprechende Behauptungen. Wenn die Bedeutung des Satzes „Alles Seiende ist in der Zeit" auf den anderen zurückgeht, daß es dem menschlichen Geiste unmöglich ist, das Gegenteil zu denken, so kann das ausgesprochene Urteil nicht ein „identisches" sein. Denn was der menschliche Geist über das Sein zu denken genötigt ist, können wir nach BENEKES eigenen Darlegungen nur aus der *Erfahrung* wissen.[2] Im

---

[1] S. 39 f.

[2] Die Erklärung beruht ferner auf einer Zirkeldefinition, analog der in § 35 besprochenen, enthält aber überdies einen introjizierten Widerspruch. Vgl. § 82.

übrigen bleibt es unerfindlich, mit welchem Rechte Beneke die
Unfähigkeit des menschlichen Geistes, eine Sache zu denken,
als ein Kriterium der Unmöglichkeit dieser Sache betrachtet.
Und noch mehr, auf welche Weise können wir denn dieser Unmöglichkeit, das Gegenteil des fraglichen Satzes zu denken, gewiß
werden? Alle Erkenntnis vom menschlichen Geiste ist zunächst
eine durchaus *innere*; woraus soll nun folgen, daß was *mir* zu
denken versagt ist, auch jedem anderen Menschen zu denken unmöglich sein wird? Haben sich nicht tatsächlich Philosophen gefunden, die das Gegenteil des Benekeschen Satzes nicht nur zu
denken für möglich gehalten, sondern es wirklich selbst gedacht
haben? Und woraus folgt, daß, was uns bisher zu denken nicht
möglich war, uns auch in alle Zukunft zu denken unmöglich
sein wird?

Nach der (in § 145) beschriebenen, von Beneke angegebenen
Verbalmethode der Bildung allgemeiner Sätze hat dies alles freilich keine Schwierigkeit: Wir beschränken einfach die Bedeutung
des Wortes „Denken" auf diejenigen Fälle, die dem Satze „Das
Denken eines nicht-zeitlichen Seins ist unmöglich" genügen. Sollte
also ein Philosoph, wie z. B. Kant, ein nicht-zeitliches Sein dennoch für möglich halten, so würden wir einem solchen Philosophen
das „Denken" absprechen, und die Allgemeinheit des Benekeschen
Satzes bliebe aufrechterhalten. Freilich wäre damit für unser
eigentliches Problem nicht das Geringste gewonnen; denn das
Urteil, um das es sich für Beneke handelt, ist dieses: „Es ist
unmöglich, ein nicht-zeitliches Sein anzunehmen." Dieses Urteil
ist *falsch*, wenn es irgend jemand giebt, der die Annahme eines
nicht-zeitlichen-Seins macht, und daran wird nichts geändert, wenn
wir dieser uns unbequemen Annahme den *Namen* „Denken" verweigern.

Vielleicht wäre es mehr in BENEKES Sinn, den fraglichen
Satz auf eine Definition des „menschlichen Geistes" zurückzuführen.
Wir hätten uns dann mit der Erklärung zu helfen, daß derjenige,
der ein nicht-zeitliches Sein annähme, (wie PLATON und KANT,) kein
*Mensch* wäre; und es wäre also mit dem Satze „Alles Seiende
ist in der Zeit" weder etwas über das Seiende ausgesagt, noch
auch nur entschieden, ob es überhaupt so etwas wie das hier als
„menschlicher Geist" Definierte *giebt*; es wäre vielmehr nur die
Festsetzung getroffen, daß diejenigen Wesen, die alles Seiende als
zeitlich denken, den Namen „Mensch" erhalten sollen. — Die
ganze Philosophie wäre nach dieser Auffassung nichts anderes als
eine Sammlung sonderbarer Namengebungen. Und aller Streit in
der Philosophie wäre nur ein Streit um Worte.

149. Es ist nichts als eine Konsequenz aus der im Vorstehenden kritisierten psychologistischen Grundauffassung, wenn
BENEKE den Begriff des „Seins" durch den des Erkanntwerdens
und somit, da alle Erkenntnis auf Wahrnehmung beruhen soll,
durch den des Wahrgenommenwerdens ersetzen zu können glaubt.
Er sagt:

„Diesen [den räumlich und zeitlich ausgedehnten] Dingen
nun und den Tätigkeiten des Geistes, insofern sie wahrgenommen
werden, schreibt die menschliche Vernunft ein *Sein* zu, ... sie
versteht unter einem *Seienden* nichts als was *wahrgenommen*
wird oder doch sich wahrnehmen läßt." [1] „*Wirklichkeit* ist die
Eigenschaft, welche dem Substrat einer Wahrnehmung beigelegt
wird, eben insofern es als Substrat einer (wirklichen oder möglichen) Wahrnehmung gedacht wird." [2]

Offenbar hat BENEKE selbst dunkel die Undurchführbarkeit

---

[1] S. 66 f.      [2] S. 180.

des rein empiristischen Standpunktes gefühlt; er wäre sonst bei
dem alten Satze „esse = percipi" stehen geblieben und hätte
seine Erklärung nicht durch den Zusatz eingeschränkt: „oder doch
sich wahrnehmen *läßt*" und „einer wirklichen oder *möglichen*". In
der Tat ist mit diesem Zusatz der Empirismus bereits im Prinzip
durchbrochen. Denn wo finden wir die *Kriterien* der „Möglichkeit"
des Wahrgenommenwerdens? Diese Kriterien können offenbar
nicht in der *wirklichen* Wahrnehmung liegen. Sie können aber
auch nicht in der *Existenz des Gegenstandes* liegen, denn diese soll
ja selbst erst durch die Möglichkeit des Wahrgenommenwerdens
definiert sein. Es sei z. B. gefragt, wie viele Monde der Erde
existieren. Nach dem Zeugnis der *wirklichen* Wahrnehmung
müßten wir bald sagen: einer, bald auch: keiner. Wir müssen
uns also zwecks einer eindeutigen Antwort an die *mögliche* Wahrnehmung wenden. Auf die Frage aber, wie viele Monde wahrgenommen werden *können*, dürfen wir nicht antworten: so viele,
wie existieren, nämlich einer; denn wie viele existieren, das soll
ja erst festgestellt werden, und zu dieser Feststellung fehlen uns
noch die Kriterien. Wir sind also in der Tat an irgend eine
Erkenntnisart verwiesen, die nicht in der Wahrnehmung besteht,
wenn wir mit dem Ausdruck „Möglichkeit des Wahrgenommenwerdens" einen Sinn verbinden sollen. Diese nicht-empirische Erkenntnis, die uns als Kriterium der Möglichkeit dienen soll, müßte
entweder analytisch oder synthetisch sein, und im zweiten Falle
entweder anschaulich oder nicht-anschaulich. D. h. wir können
diese Kriterien entweder in der Logik oder auch in der Mathematik und Metaphysik suchen. Nun widerspricht es weder einem
logischen noch irgend einem mathematischen oder metaphysischen
Satze, anzunehmen, daß sich null, eins, zwei, drei oder irgend
eine andere beliebig große oder kleine Zahl von Monden wahr-

nehmen lassen. Sollte also *das* existieren, dessen Wahrnehmung im logischen, mathematischen oder metaphysischen Sinne möglich ist, so existieren sowohl null als auch jede andere Zahl von Monden der Erde; das heißt es existiert *Widersprechendes*. Oder aber, falls nichts Widersprechendes existieren soll, so existiert *nichts*; denn es fehlt jedes Einschränkungsprinzip, durch das unter den unendlichen einander ausschließenden Möglichkeiten *eine* als „wirklich" bestimmt würde; es sei denn, daß wir wieder aus dem Gebiete der bloßen formalen Gesetze der Logik, Mathematik und Metaphysik hinausgehen und uns an die *wirkliche Wahrnehmung* zurückwenden wollen. In diesem Falle aber kämen wir auf eine der in § 131 angeführten analoge Absurdität zurück. Wenn die Wirklichkeit eines Dinges das Wahrgenommenwerden dieses Dinges bedeutet, so kann auch von einer wirklichen Wahrnehmung nur geredet werden, insofern darunter das Wahrgenommenwerden der Wahrnehmung zu verstehen ist, und so fort in einer unendlichen Reihe, in der jedes Glied erst durch das nächstfolgende definiert ist, wie dies die Natur einer Zirkeldefinition notwendig mit sich bringt.[1]

150. Die Ergebnisse der beiden letzten Kapitel zusammenfassend können wir sagen: Wie wir bei Fichte (§ 127) den Fehlschluß von der Apriorität des Grundes auf die Apriorität der Begründung fanden, so finden wir bei Beneke (§ 142) den entgegengesetzten Fehlschluß von der Aposteriorität der Begründung auf die Aposteriorität des Grundes. Beiden entgegengesetzten Fehlschlüssen liegt dasselbe von Reinhold übernommene erkennt-

---

[1] Der Fehler, den Beneke hier begeht, läßt sich sehr einfach angeben: er besteht in der Verwechslung des *Kriteriums* für ein Merkmal mit der *Definition* dieses Merkmals. Das Kriterium der Existenz liegt allerdings in der Wahrnehmung, aber Existenz *bedeutet* darum doch nicht Wahrgenommenwerden. Wir haben bereits mehrfach Beispiele dafür angetroffen, daß der Versuch einer *Definition* der Existenz auf Widersinn führt, und wir erkennen hier, daß dies auch dann gilt, wenn zu der Definition das Kriterium benutzt wird.

nistheoretische Vorurteil zu Grunde, daß die kritische Begründung
den Grund der zu begründenden Sätze enthalte. Die dem transzendentalen und dem psychologistischen Vorurteil gemeinschaftliche Behauptung der modalischen Gleichartigkeit von Kritik und
System (Begründung und Begründetem) ist eine unausweichliche
Konsequenz dieses erkenntnistheoretischen Vorurteils.[1]

Aber der Rationalismus FICHTES beschränkte sich nicht allein
auf seine Kritik und System vermengende „Wissenschaftslehre",[2]
und ebenso beschränkte sich der Empirismus BENEKES nicht auf
seine Kritik und System gleicherweise vermengende „Erkenntnislehre"; sondern es zeigte sich bei FICHTE ein schlechthin *allgemeiner
Rationalismus*, bei BENEKE ein schlechthin *allgemeiner Empirismus*.
Auch diese Erscheinung hat ihren tieferen Grund: man braucht,
um ihn zu finden, nur den Satz, daß die Erkenntnistheorie den
Grund aller von ihr verschiedenen Erkenntnis enthalten müsse[3],
mit dem anderen zu verbinden, wonach jede Erkenntnis mit ihrem
Grunde hinsichtlich der Modalität gleichartig sein muß.[4] Es ist
eine notwendige Folge dieser Sätze, daß alle transzendentale Erkenntnistheorie, wenn sie in konsequenter Form auftritt, schlechthin rationalistisch, alle psychologische Erkenntnistheorie, wenn sie
in konsequenter Form auftritt, schlechthin empiristisch verfahren
muß. Dieses Gesetz wird durch die Geschichte der Erkenntnistheorie bei den unmittelbaren Nachfolgern KANTS ebenso bestätigt
wie durch die erkenntnistheoretischen Lehren der Gegenwart.[5]

---

[1] Vgl. § 124 f., sowie das Schema in § 57. Unsere historischen Darlegungen
bilden eine genaue Verifikation dieses Schemas.

[2] Vgl. § 126.    [3] Vgl. § 55.    [4] Vgl. § 56.

[5] So erklärt sich das historische Phänomen, daß der in der nachkantischen
Philosophie entstandene Streit zwischen Transzendentalismus und Psychologismus
eine Erneuerung der vorkantischen Streitfrage zwischen Rationalismus und Empirismus mit sich gebracht hat.

## XXX.

## Die Beseitigung des erkenntnistheoretischen Vorurteils durch FRIES' psychologische Vernunftkritik.

151. Es bleibt uns noch übrig, einen Blick auf die historische Erscheinungsform zu werfen, in der zuerst der geläuterte Kritizismus das erkenntnistheoretische Vorurteil im Prinzip überwunden und dadurch den Widerstreit der transzendentalen und der psychologischen Erkenntnistheorie aufgelöst hat.

In seiner philosophischen Erstlingsschrift, der im Jahre 1798 im dritten Bande von CARL CHRISTIAN ERHARD SCHMIDS „Psychologischem Magazin"[1] erschienenen Abhandlung „Über das Verhältnis der empirischen Psychologie zur Metaphysik" hat JAKOB FRIEDRICH FRIES diese Aufgabe gelöst. Durch ihr Thema, sowie durch ihre philosophiegeschichtliche Bedeutung reiht sich diese Abhandlung unmittelbar als eine Fortsetzung und Ergänzung an die Kantischen „Untersuchungen über die Deutlichkeit der Grundsätze der natürlichen Theologie und der Moral" an: sie bildet ein vollwertiges Seitenstück zu dieser Kantischen Preisschrift. Ja, ich glaube mich keiner Übertreibung schuldig zu machen, wenn ich behaupte, daß eine unparteiische und gründliche Geschichtsschreibung diese Friessche Abhandlung als das Bedeutsamste anerkennen wird, das überhaupt in der Geschichte der Philosophie seit dem Erscheinen der Kantischen Schriften bis auf den heutigen Tag geleistet worden ist.

---

[1] Wie alle in diesem Magazin enthaltenen Arbeiten anonym.

Wenn man, wie dies in den exakten Wissenschaften üblich ist, auch den Beweis der Unlösbarkeit eines Problems als einen möglichen Fall seiner Lösung gelten läßt, so muß gesagt werden, daß in der in Rede stehenden Friesschen Abhandlung das „Erkenntnisproblem" seine Lösung gefunden hat. Denn, wollen wir die heutige Ausdrucksweise anwenden, so müssen wir, um den Inhalt jener Arbeit zu bezeichnen, sagen: sie erbringt den Beweis der Unmöglichkeit der Erkenntnistheorie. Sie beweist und erklärt die Unlösbarkeit einer Aufgabe, an deren Lösung sich die heutige Philosophie noch ebenso hartnäckig, aber auch ebenso vergeblich müht wie die damalige.[1]

152. Mit bewunderungswürdigem Scharfblick faßt FRIES sogleich den für alle methodischen Streitigkeiten in der Philosophie entscheidenden Punkt ins Auge: das Verhältnis der Kritik zum System. Er unterscheidet drei Möglichkeiten:

A) Die Prinzipien der Metaphysik werden entweder als Lehrsätze aus einer anderen systematischen Wissenschaft entlehnt und werden also in dieser progressiv bewiesen; oder

B) sie werden regressiv, d. h. „durch einen Übergang vom Besonderen zum Allgemeinen bewiesen" und sind also durch Induktion erweislich; oder endlich

---

[1] Ich kann mich in diesem Kapitel kurz fassen, da ich mich bereits mehrfach über das hier zu behandelnde Thema geäußert habe. Um mich möglichst wenig zu wiederholen, ziehe ich es vor, den Leser auf meine früheren Darstellungen zu verweisen und mich auf eine genauere Betrachtung derjenigen Punkte zu beschränken, auf die ich bisher noch nicht mit der für die Zwecke dieser Schrift erforderlichen Ausführlichkeit eingehen konnte. Ich bitte mit dem Folgenden zu vergleichen: den Anhang meiner Abhandlung über die „kritische Methode", sowie die Abhandlung „JAKOB FRIEDRICH FRIES und seine jüngsten Kritiker" (Abhandlungen der Fries'schen Schule, Neue Folge, Band 1, Heft 2) und den Aufsatz „Inhalt und Gegenstand, Grund und Begründung", Kapitel VII bis Schluß. (Im 1. Heft des 2. Bandes derselben Abhandlungen.)

C) sie sind unerweislich und lassen sich nur nach einer Regel
*auf*weisen, die für die logische Unabhängigkeit und Vollständigkeit ihres Systems die Gewähr enthalten muß.[1]

Daß der erste Fall nicht statt finden kann, wird folgendermaßen bewiesen. Die metaphysischen Prinzipien könnten, da sie
selbst rationale Erkenntnisse sind, nur in einem System aus *rationalen* Erkenntnissen bewiesen werden. Nun sind aber die metaphysischen Prinzipien schon die *allgemeinsten* rationalen Erkenntnisse überhaupt. Sie sind folglich in keiner anderen systematischen Wissenschaft beweisbar.

Daß auch der zweite Fall nicht statt finden kann, wird so
bewiesen. Der Schluß vom Besonderen auf das Allgemeine ist nur
dann anwendbar, wenn das Besondere für sich unmittelbar gültig
ist. Dies ist aber nur bei empirischen Erkenntnissen der Fall;
denn bei Erkenntnissen a priori liegt der Gültigkeit des Besonderen jederzeit schon die des Allgemeinen zu Grunde. Die Prinzipien der Metaphysik müßten also im Falle B auf empirische Erkenntnisse zurückgeführt werden. „Aus einer empirischen Erkenntnisart läßt sich aber überhaupt keine Erkenntnis a priori
ableiten: denn aus bloß assertorischer Gewißheit folgt niemals
eine apodiktische; alle Erkenntnis a priori muß aber apodiktisch
gewiß sein."[2] Die Prinzipien der Metaphysik können also nicht
durch Induktion begründet werden.

Es bleibt also nur die Möglichkeit, die metaphysischen Prinzipien als unerweisliche anzuerkennen und sie als solche nach einer
Regel aufzuweisen.

153. Woher erhalten wir aber eine solche Regel?

Bei Erkenntnissen a priori liegt, wie bemerkt, der Gültigkeit

---

[1] A. a. O. S. 169.　　[2] S. 170 ff.

des Besonderen stets die des Allgemeinen zu Grunde. Wenn es sich aber nicht um den Erweis der Gültigkeit, sondern um die Aufweisung des Inhalts von Erkenntnissen a priori handelt, so können wir nicht vom Allgemeinen anfangen, sondern wir müssen umgekehrt nur vom Besonderen ausgehen, das sich dem Bewußtsein zuerst darbietet, um durch Zergliederung seiner Voraussetzungen regressiv zum Allgemeineren aufzusteigen. Dies war das sichere Ergebnis von KANTS methodologischen Untersuchungen gewesen, das durch die Erkenntnis der ursprünglichen Dunkelheit der metaphysischen Prinzipien ein für allemal festgestellt war. Aber diese Kantische Entdeckung bedarf einer Ergänzung. Denn „die bloße Zergliederung für sich setzt sich keine Grenzen, es ist immer ungewiß, ob ich darin nicht noch weiter fortgehen kann. Ja noch mehr, man nehme sogar an, das Urteil sei ein solches letztes, also unerweislich; so fragt sich, worauf beruht die Gültigkeit desselben, wodurch kann es sich bewähren? Als philosophisches Prinzip soll es ganz auf Begriffen beruhen, es findet also keine Berufung auf Anschauung statt. Wodurch will man es denn aber rechtfertigen, wenn es angefochten wird?"[1]

154. „Hier ist der Ort, wo uns die psychologische Untersuchung unsrer Erkenntnisse allein weiter helfen kann."[2] Natürlich; denn da eine *objektive* Begründung von *Grund*urteilen unmöglich ist, so bleibt nur übrig, entweder auf alle Kritik der fraglichen Prinzipien überhaupt zu verzichten, oder aber sie hinsichtlich ihres *subjektiven* Ursprungs in der Vernunft aufzuweisen. „Erkenntnisse a priori sind nämlich, indem sie unabhängig von allem aus Wahrnehmung Entsprungenen statt finden, subjektiv im Gemüt nur möglich, wiefern sie aus solchen Bestimmungen

---

[1] S. 174.    [2] S. 175.

desselben entspringen, welche für unsre Erfahrungen unmittelbare
Grundbeschaffenheiten des Gemüts sind; die ihm daher schlechthin und beharrlich zukommen. Die Prinzipien der Erkenntnis
a priori müssen sich daher aus den Beschaffenheiten des Gemütes
als des erkennenden Subjektes allein, unmittelbar und vollständig
erklären und ableiten lassen."[1]

„Hierdurch erhalten wir nun alles, was gesucht wurde. Können
wir nämlich die Natur des erkennenden Gemütes hinlänglich er-
gründen, so muß sich daraus eine Regel ergeben, durch welche
sich nicht nur bestimmt, was Prinzipien der philosophischen Erkenntnis sind, sondern nach welcher wir dieselben vollständig in
einem System darstellen können."[2]

.  Die gesuchte „Regel" liegt also in der Psychologie, und die
Kritik der Vernunft muß als eine Wissenschaft aus innerer Erfahrung bearbeitet werden. Dies folgt notwendig daraus, daß der
*Gegenstand* der Kritik in Erkenntnissen besteht, wiefern diese
nämlich „subjektiv als zu Gemütszuständen gehörig" betrachtet
werden[3], und daß Erkenntnisse als solche nur durch innere Erfahrung erkennbar sind.[4]

155. Das Verhältnis der Psychologie zur Philosophie ist durch
diese Unterscheidung von Inhalt und Gegenstand der Kritik klar
und eindeutig festgestellt: „Ihr Gegenstand sind Erkenntnisse
a priori, ihr Inhalt aber meist empirische Erkenntnisse. Die Urteile,

---

[1] S. 175.

[2] S. 176. — FRIES läßt bereits die ganze Tragweite seiner Entdeckung
durchblicken, indem er hinzufügt: „Dabei läßt sich endlich noch bemerken, daß,
indem wir nur von Betrachtung der metaphysischen Erkenntnisse ausgingen, die
letztern Resultate doch meist von aller Erkenntnis a priori überhaupt gelten, also
auch auf Logik oder wohl gar Mathematik anwendbar, vielleicht ersterer auch
nützlich wären." (S. 176.)

[3] S. 161.    [4] S. 177 f.

welche den Inhalt der Kritik ausmachen, sind nur assertorisch:
apodiktische gehören zum Gegenstand derselben. So erkenne ich
z. B. a priori und mit apodiktischer Gewißheit, daß alle Veränderungen eine Ursache haben: allein das Dasein dieses Grundsatzes unter meinen Erkenntnissen und die Art, wie er im Subjekt gegründet ist, welches letztere in den Inhalt der Kritik
gehört, kann ich doch nur assertorisch aus innerer Erfahrung erkennen."[1] „Eigentlich philosophisches Erkenntnis ist jederzeit
apodiktisch: das assertorische, psychologische gehört nur in die
Kritik, nicht in das System der Philosophie."[2]

Man bemerkt leicht, wie durch den angeführten Beweis der
Unmöglichkeit eines rationalen Beweisgrundes metaphysischer Prinzipien der Transzendentalismus, und wie durch den analogen
Beweis der Unmöglichkeit einer induktorischen Kritik der Psychologismus beseitigt wird.

Und so gelingt es FRIES, in einer meisterhaften Analyse der
zeitgenössischen Philosophie die in dieser herrschende Vermengung
psychologischer und metaphysischer Prinzipien aufzudecken und den
Irrweg zu beleuchten, der mit Notwendigkeit auf diese Vermengung hatte führen müssen.[3] Es gelingt ihm mit ebenso wenigen
wie klaren Worten die Wurzel des transzendentalen Vorurteils
bei FICHTE bloßzulegen, es als eine Konsequenz aus dem REINHOLD-
schen Mißverständnis abzuleiten und dieses wieder bis auf seinen
ersten Anlaß, die Zweideutigkeit der Begriffsbestimmung des Transzendentalen in der Kritik der reinen Vernunft zurückzuführen.[4]

---

[1] S. 181.     [2] S. 182.     [3] S. 187 ff.

[4] S. 184 ff. — FRIES faßt diese Gedanken später einmal folgendermaßen zusammen:

„KANTS Entdeckung der kritischen Methode für die Philosophie bezeichnet
die Epoche, in der die subjektive Wendung der Spekulation zuerst gelang. Sie

156. FRIES kommt schließlich seinen Kritikern zuvor und antizipiert selbst den häufigsten Einwand, mit dem man später seine Lehren zu bestreiten gesucht hat:

„Allerdings ist es ein schwieriges Verhältnis, welches daraus entsteht, daß ich mich, nach meiner Erkenntnis a priori, empi-

---

bedurfte als Vorbereitung, mehr noch als KANT es selbst erkannte, die moderne, vorzüglich von LOCKE ausgehende Ausbildung der Psychologie, welche wir den Engländern verdanken. Diese Psychologen wandten die Untersuchung zuerst mit Erfolg auf das Innere des Geistes zurück, aber ihr ganz empirisches Verfahren vernichtete alle Philosophie, wie HUME dies deutlich ausgesprochen hat. KANT dagegen gelang es zuerst bei dieser subjektiven Wendung doch das Philosophieren selbst im Auge zu behalten, die Philosophie durch jene Psychologie auszubilden. So geschickt KANT aber auch diesen Vorteil zu benutzen wußte, so sah er doch den Grund desselben nicht ganz durch. Er fand seine kritische Methode nur durch eine logische Rückrechnung, indem er aus der Vergleichung der Philosophie mit Mathematik abnahm, daß die synthetische Methode der letztern für Philosophie gar nichts tauge, daß in der Philosophie vielmehr alles auf geschickte Zergliederungen der analytischen Methode ankomme. Dies setzte ihn allein schon in den Stand ein Verfahren in Anwendung zu bringen, dessen Regeln er selbst noch nicht auf den einfachsten Ausdruck zu bringen wußte. Durch diesen Vorteil der zergliedernden Methode der Kritik ist es in die Gewalt der Schule gekommen, die Philosophie regelmäßig nach und nach auszubilden, ohne bei jedem Fortschritt auf gut Glück ein neues System wagen zu müssen. Mögen in KANTS metaphysischen Behauptungen noch so viel einzelne falsche Ansichten sein, so ist das doch nur Nebensache. Die unfehlbare Methode haben wir durch ihn gewonnen, und eine immer ausgebildetere Anwendung derselben wird uns allmählich auch von jenen Fehlern befreien.

„Auf die genaue Kenntnis der Methode kommt hier also alles an. Darin findet sich aber bei KANT noch ein bedeutender Mangel. Durch seine nur logischen Vergleichungen der Methoden ist ihm die anthropologische Bedeutung seiner eignen Methode nicht klar geworden, in seinem Ausdruck des Transzendentalen hat er vielmehr das Metaphysische der objektiven Spekulation wieder mit dem Psychologischen einer bloßen Kenntnis der menschlichen Vernunft und ihrer Erkenntniskraft verwechselt, wodurch denn leicht der dem Englischen gerade entgegengesetzte Fehler der Reinholdisch-Fichtischen Spekulation veranlaßt werden konnte: die empirische Psychologie in Philosophie, d. h. in Metaphysik zu verwandeln." („Tradition, Mystizismus und gesunde Logik, oder über die Geschichte der Philosophie." In DAUB und CREUZERS „Studien", Band 6, S. 13 ff.)

risch erkenne. Ich setze hier voraus nicht etwa bloß die lo-
gischen Regeln des Denkens, sondern, da ich nur aus der
Erfahrung schöpfen kann, notwendig auch die metaphysischen
Gesetze einer möglichen Erfahrung überhaupt, von denen es
doch eben scheint, als sollten sie erst bewiesen werden. Die
Erkenntnis a priori ist aber hier nicht nach ihrer Gültigkeit in
Urteilen, sondern nach ihrer Beschaffenheit als meiner Erkenntnis, als zu den Zuständen meines Gemüts gehörig, psychologischen
Grundsätzen unterworfen.[1] Es wird also in der Tat hier nicht
unternommen, die Prinzipien und Grundsätze unsrer notwendigen
und allgemeinen Erkenntnis zu erweisen: denn das könnte nur
dadurch geschehen, daß sie von noch höheren und allgemeineren
Gesetzen abgeleitet würden, welches bei Prinzipien gar keine
Anwendung fände, außer dem daß aus empirischen Obersätzen
wohl niemand einen apodiktischen Schlußsatz zu ziehen hoffen
wird."[2]

Die Behauptung eines Zirkels[3] in der kritischen Deduktion

---

[1] Man vergleiche hierzu die folgenden Stellen aus der „Neuen Kritik der
Vernunft":

„Es giebt für jede Erkenntnis einen zweifachen Standpunkt der Betrachtung, ... ich kann jede Erkenntnis einmal subjektiv, wiefern sie meine Tätigkeit
ist, und dann objektiv, in Rücksicht ihres Gegenstandes betrachten." „Auch
unser philosophisches Wissen wird also ... von einem anthropologischen Gesichtspunkt aus betrachtet werden können. Ja diese anthropologische Ansicht der
philosophischen Erkenntnis ist eben für Philosophie von entscheidender Wichtigkeit." (Einleitung, 2. Aufl. S. 37 f.)

„Vorstellung und alle ähnlichen Worte ... sind darin zweideutig, daß man
unter Vorstellung eben so wohl das Vorstellen, die Tätigkeit des Geistes, als
das Vorgestellte, den Gegenstand des Vorstellens, versteht .... Wir müssen
also das Vorgestellte, das Objektive der Vorstellung, immer genau vom Vorstellen, als der Tätigkeit des Geistes, unterscheiden." (§ 10, 2. Aufl. S. 70.)

[2] S. 182 f.

[3] Man vergleiche über diesen Schein des Zirkels auch „Reinhold, Fichte

beruht also auf der irrigen Voraussetzung, als bezwecke diese
Deduktion einen Beweis der metaphysischen Grundsätze; sie beruht
auf der Verwechslung der *Deduktion* mit der *Induktion*, oder, wie
wir es auch ausdrücken können, auf der Verwechslung der Kritik
mit der Erkenntnistheorie. Mit der Abweisung dieser Verwechslung wird der wieder und wieder gegen die Friessche Kritik er-
hobene Vorwurf des Psychologismus hinfällig.[1] Nichts zeigt evidenter, wie fern FRIES der psychologistischen Denkweise steht, als
der lakonische Nebensatz, in dem er diese Denkweise als eine
keiner näheren Erörterung mehr bedürftige Illusion streift: „außer
dem daß aus empirischen Obersätzen wohl niemand einen apodiktischen Schlußsatz zu ziehen hoffen wird." Durch die in der
Kritik vorkommenden Untersuchungen, sagt er an anderer
Stelle, wird „auf keine Weise ein Teil der Seelenlehre in die Philosophie hinübergezogen."[2] — Man kann sagen: FRIES bedient sich
selbst des gegen ihn gerichteten Arguments, um durch dasselbe
den Psychologismus zu widerlegen.

157. Allein, hier erhebt sich eine neue Schwierigkeit. Man
kann nämlich auf Grund des Zugeständnisses der Unentbehrlichkeit
metaphysischer Voraussetzungen für die Kritik die Frage aufwerfen, warum es unter solchen Umständen noch des Umwegs über
die psychologische Kritik bedürfe, um zum System der Metaphysik zu gelangen. Läßt sich die Zugrundelegung metaphy-

---

und Schelling" S. 211 f.; „Polemische Schriften" S. 326 f.; „Neue Kritik der Vernunft", Einleitung, 2. Aufl. S. 25 f.

[1] Vgl. auch „System der Metaphysik", § 11, S. 43: „Die psychische Anthropologie oder Wissenschaft von der Natur des menschlichen Geistes steht dem
System nach nur durch die unten zu bezeichnende metaphysische innere Natur-
lehre mit der Philosophie in Verbindung und tritt so in das System der angewandten Philosophie ein. Allein der Methode nach sind die Verhältnisse anders."
[2] S. 239.

sischer Voraussetzungen doch nicht umgehen, warum soll es dann
nicht erlaubt sein, das System dieser Voraussetzungen frei von
aller empirischen Beimischung unmittelbar aufzustellen? Die *Möglichkeit* der fraglichen psychologischen Untersuchungen mag zugegeben werden; die Behauptung aber, daß sie für die Metaphysik
*notwendig* seien, scheint sich nicht aufrechterhalten zu lassen.

Von einer klaren Beantwortung dieser Frage hängt in der
Tat das ganze Schicksal des Kritizismus ab. Eine solche Antwort suchen wir in der Kantischen Kritik vergeblich. So sehr
man die Vorteile anerkennen muß, die die Kantische Kritik der
Philosophie gebracht hat, so bleiben doch nach Kants eigener Darstellung diese Leistungen seiner Methode ein Rätsel. Bei Fries
finden wir die Erklärung dieses Rätsels. Sie besteht in dem einfachen Hinweis auf die Tatsache, daß alle eigentlichen Schwierigkeiten der Spekulation nicht sowohl den *Gehalt* des philosophischen Wissens betreffen, als vielmehr nur die systematische *Form*,
die dieses Wissen erhalten muß, um zur Wissenschaft zu werden.
Und so führt Fries die Notwendigkeit der psychologischen Kritik
auf die schon von Kant in anderem Zusammenhange wohl be-
merkte Tatsache zurück, daß man jene Schwierigkeiten umgehen
kann, wenn man an die Stelle der abstrakten Handhabung der
metaphysischen Prinzipien ein Verfahren setzt, das von diesen
Prinzipien nur einen Gebrauch in concreto macht, so wie ein
solcher in der gewöhnlichen Erfahrung jederzeit vorkommt.

„Darin liegt eigentlich alle Schwierigkeit der Philosophie,
daß sich über das, wonach sie zu oberst fragen muß, nur durch
die künstlichsten Abstraktionen sprechen läßt, bei denen fast
jedem das sichere Urteil ausgeht und nur willkürliche Ge-
danken-Assoziation übrig bleibt. Doch findet sich der Vorteil
dabei, daß nur die isolierte Behandlung jener metaphysischen

Gegenstände so schwierig ist, in der Anwendung gehen wir im
Leben täglich damit um ohne alle Schwierigkeiten. Nur das
macht die Schwierigkeit, daß man gerade abgesondert von
solchen Gesetzen sprechen will. Nur das Abstrahieren und Aus-
sondern bringt unser Urteil ins Schwanken. Es könnte uns
also hier geholfen werden, wenn man ein Mittel fände, uns in
Rücksicht dieser metaphysischen Überzeugungen zu orientieren,
ohne daß wir uns bei ihrer Berichtigung einzig auf das Gelingen des schweren Experimentes verließen, jene Abstraktionen
zu bilden und unter einander zu kombinieren. Wenn wir nämlich einen Weg fänden, auf dem wir uns in Rücksicht jener Abstraktionen und ihrer Verhältnisse orientieren könnten, ohne
diese Abstraktionen selbst zu behandeln. Ein solcher Weg zeigt
sich in der durchaus subjektiven Wendung der Spekulation.
Anstatt objektiv durch den Verstand die allgemeinsten Formen
der Vernünftigkeit unserer Erkenntnis aus dieser heraus zu
skelettieren, bleiben wir nur subjektiv bei der innern Selbstbeobachtung unserer Vernunft, und sehen zu, wie die Erkenntnis
als ihre Tätigkeit notwendig organisiert sein muß. An die
Stelle jener schweren Abstraktionen stellen wir also nur eine
einfache Erfahrungswissenschaft, die ein wenig besser als bisher
bearbeitet werden müßte. Dieser unser Vorschlag macht den
Erfolg unserer Spekulationen gar nicht vom Gelingen oder Mißlingen einzelner Abstraktionen und ihrer Kombination abhängig
und gewährt uns den großen Vorteil, daß wir unsere Ansichten
vorsichtig durch allmähliche Korrektionen vollkommen machen
können, dagegen bei der andern Art zu philosophieren jeder
einzelne bedeutende Fehler in der Abstraktion gleich das ganze

System verfälscht und jede Aufweisung eines solchen Fehlers
das ganze System umwirft." [1]

„Die Theorie der Vernunft, welche wir hier aus anthropologischen Prinzipien entwickeln, gewährt den Vorteil, daß sie
in Sachen der höchsten Spekulation Entscheidung liefert, ohne
daß wir uns auf die größten Schwierigkeiten des Spekulierens
selbst einzulassen brauchen. Sie ist physikalische Theorie, und
gründet sich also auf Erfahrung und innere Anschauung, die,
wenn sie gleich als innere Anschauung schwer mitteilbar ist,
doch immer weit festere Beurteilungen zuläßt, als die höchsten
Abstraktionen der Spekulationen selbst. Wenn wir uns ohne
anthropologische Beihülfe daran wagen, über ganz allgemeine
spekulative Dinge zu urteilen, über das Wesen und die Notwendigkeit in den Dingen überhaupt, über die Freiheit, oder ob
die Gottheit mit Spinoza als das letzte Seiende, oder mit Leibniz
als das letzte Denkende vorauszusetzen sei, so werden wir darüber unmittelbar wenig festes Urteil haben. Wiewohl wir uns
auf einer Seite wohl bewußt sind, solche Dinge seien gar nicht
nach Wahrscheinlichkeit zu entscheiden, so fühlen wir doch auf
der andern Seite, daß wir uns mehr in Worten verwirren als
urteilen, und können leicht bemerken, daß die widerstreitenden
Urteile des einen und anderen eben daher kommen, weil mehr
unbestimmte Assoziationen als die Wahrheit unser Urteil leiten.
Dies rührt natürlich daher, weil jene hohen Abstraktionen so
schwer zu schematisieren sind, und der innere Sinn in ihnen
so wenig Stoff behält, den die Reflexion sicher fassen könnte,
daß unsere Kombination hier leicht mehr Spiel mit Worten als
Urteil aus Begriffen wird. Das Unsicherste ist hier die Kom-

---

[1] „Tradition, Mystizismus und gesunde Logik", a. a. O. S. 8 ff.

bination der einzelnen Abstraktionen, und eben diese wird uns
durch die anthropologische Behandlung ungemein erleichtert, wir
erhalten hier in der Theorie der Vernunft, welche den Ursprung
jeder einzelnen abstrakten Form nachweist, eben durch diesen
Ursprung eine feste Stelle für sie und können nun ihre Verhältnisse zu andern Abstraktionen erfahrungsmäßig bestimmen,
so daß die allgemeinen Urteile selbst dann nur leichtes Resultat
werden. Es wird z. B. nach dem Gesetz der Kausalität: jede
Veränderung ist eine Wirkung, gefragt, so vergleiche ich nicht
beide Begriffe, um die Wahrheit des Gesetzes auszumitteln,
sondern die Theorie zeigt mir schon im Großen, in welchem
Verhältnis reine Zeitbestimmungen und Kategorieen in unsrer
Vernunft stehen, und daraus ergiebt sich die Gültigkeit und
der Fall der Anwendung der einzelnen Gesetze dann von
selbst." [1]

---

[1] Neue Kritik § 95. (Bd. II, 2. Aufl. S. 72 f.) FRIES fährt fort:
„Überhaupt ist die Behandlung der höchsten Abstraktionen so unbestimmt
und schwankend, daß fast kein Philosoph zu einem bestimmten System anders
gelangt, als daß er (oft sich selbst unbewußt) eine psychologische Hypothese über
die Theorie der Vernunft voraussetzt, nach der er die Wahrheit in spekulativen
Dingen in oberster Instanz prüft und aburteilt. Diese Hypothesen sind am Ende
alle von zweierlei Arten; einseitiger Empirismus und einseitiger Rationalismus.
Im Streite gegen diese beiden sind wir dann auch eigentlich genötigt worden,
die höchsten Prinzipien unserer Theorie der transzendentalen Apperzeption durch
Induktionen aus innerer Erfahrung abzuleiten."
Man vergleiche hierzu auch noch die folgende Stelle:
„Mit den abstrakten Formen ist am schwersten zu denken, unvermeidlich
wird die Philosophie immer das Spielzeug leerer Spitzfindigkeiten oder mystischer
Träumereien bleiben, wenn ihr nicht eine eigne Hülfe geleistet wird, um sie *die
Bedeutung der Abstraktionen verstehen zu lehren*. Diese Hülfe kommt ihr von
der gehörig ausgebildeten Anthropologie. Die Selbsterkenntnis der Vernunft
leitet allmählich eine Kenntnis ihrer eigenen innern Tätigkeiten ein, wodurch uns
auch für die Gedankenformen eine Stelle ihres Ursprungs in unserm Geiste gezeigt wird. Dadurch erhalten wir eine philosophische Topik, durch die uns die

Voreilig genug hatte HERBART gemeint, durch den bloßen Hinweis auf jene Abhängigkeit der Psychologie von metaphysischen Voraussetzungen die Kritik der Vernunft widerlegt zu haben: „Was nun vollends das Unternehmen anlangt, erst die Grenzen des menschlichen Erkenntnisvermögens auszumessen, und dann die Metaphysik zu kritisieren: so setzt dieses die ungeheure Täuschung voraus, als ob das Erkenntnisvermögen leichter zu erkennen sei, denn das, womit Metaphysik sich beschäftige. Es liegt aber vor Augen, daß alle Begriffe, durch die wir unser Erkenntnisvermögen denken, selbst metaphysische Begriffe sind."[1]  „Die zergliedernde Methode der Kritik", so antwortet ihm FRIES, „wird durch diese metaphysischen Begriffe im Gebrauch der Tatsachen

---

Mühe erspart wird, mit den allgemeinsten Begriffen selbst erst reflektierend die philosophischen Grundurteile zu erzeugen, indem wir diese Abstraktionen schon nach ihrer Stelle in unserer Vernunft allein gesetzmäßig zu verbinden im Stande sind."

„Dieses Verhältnis der Anthropologie zur Philosophie wurde erst in neuerer Zeit seit LOCKE und LEIBNIZ besser verstanden, und uns ist es aufbehalten geblieben, zu versuchen, ob wir ihm vollständige Deutlichkeit zu geben vermöchten. Psychologie ist freilich seit jeher in der Philosophie mit behandelt worden, aber nie auf diesen Zweck hin. . . . Doch liegt auch dies anthropologische Verhältnis der Spekulation, dem Einzelnen gleichsam unbewußt, wenigstens seit der Eleatischen Schule mit in der Geschichte der Philosophie. Dahin gehört aller Streit darüber, ob man dem Sinne zu trauen habe, oder dem Verstande, oder keinem von beiden; dahin gehören alle Versuche, zu einer Theorie des Erkennens zu gelangen. Aber . . . erst die neuere Zeit hat die richtige Stelle dieser Untersuchungen, daß sie nämlich psychologischer Art wären, einsehen lernen. Die alte Philosophie hielt diese Untersuchungen immer für metaphysisch, selbst KANT hat diesen Irrtum noch nicht ganz vermieden. Von der Vermeidung desselben hängt aber alle Klarheit in der Philosophie ab, denn diese Anthropologie ist es allein, in der die Philosophie durch wirkliche Erweiterung unsrer Erkenntnis Fortschritte macht, indem die Abstraktion hier selbst wieder Gegenstand der Beobachtung, nämlich der innern Erfahrung, wird." („Tradition, Mystizismus und gesunde Logik", a. a. O. S. 37 f. Ähnlich auch „Geschichte der Philosophie", Bd. I, S. 22 ff.)

[1] Lehrbuch zur Einleitung in die Philosophie.

der philosophischen Anthropologie so wenig gehindert, als der gemeine Menschenverstand in der Beurteilung des leichtesten Ge-
schäftes dadurch, daß er in seinen Urteilen beständig die Kategorieen anwendet." [1]

In eben diesem Sinne ist es zu verstehen, wenn FRIES in der
Einleitung zu seiner „Neuen oder anthropologischen Kritik der
Vernunft" [2] erklärt, der Standpunkt dieser anthropologischen Kri-
tik sei „der einzige *Standpunkt der Evidenz* für spekulative Dinge".

158. Wer sich freilich von dem erkenntnistheoretischen Vorurteil durchaus nicht losmachen kann, der wird auch hier noch
den Einwand erheben: eine solche kritiklose Berufung auf die
„Erfahrung" sei dem Philosophen durchaus nicht gestattet, denn
sie laufe darauf hinaus, den „gesunden Menschenverstand" zum
obersten Richter in spekulativen Dingen einzusetzen. Allein, wer
so spricht, täuscht sich durch die Unklarheit seiner eigenen
Worte; für die wissenschaftliche Diskussion müssen wir eine weit
bestimmtere Sprache verlangen. Der *Grund der Gültigkeit* unserer
philosophischen Behauptungen soll keineswegs in der Erfahrung
oder in den Urteilen des „gesunden Menschenverstandes" gesucht
werden; darin sind wir mit jenen Erkenntnistheoretikern einig.
Aber worin liegt denn nun positiv dieser Grund? *Das ist ja
eben erst die Frage.* Eine Frage, deren Beantwortung wir nicht
voreilig durch einen philosophischen Machtspruch vorwegnehmen
dürfen. Um aber die Antwort auf diese Frage zu *suchen*, haben
wir ja gar nichts anderes, wovon wir *ausgehen* könnten, als die
gewöhnliche und unphilosophische Erfahrung, und wir können,
wenn wir die philosophische Bildung unserem Verstande erst zu

---

[1] Polemische Schriften, Anhang I, S. 327.
[2] 2. Aufl., S. 37.

geben suchen, nicht so verfahren, als ob wir sie schon *besäßen*; .wir haben also zunächst noch gar kein anderes Denkmittel als unseren mehr oder weniger gesund entwickelten Verstand. Es steht uns ja noch immer frei, hinterher diese erfahrungsmäßige Untersuchung selbst wieder der Kritik zu unterwerfen und zu prüfen, welches die ihr stillschweigend und ohne Bewußtsein zu Grunde gelegten philosophischen Voraussetzungen sind, und ob dieselben sich mit denen decken, die die Deduktion aufgewiesen hat. Mehr vermögen wir in der Wissenschaft überhaupt nicht, als die innere Widerspruchslosigkeit zwischen unseren Erkenntnissen zu sichern: wer von der Philosophie darüber hinaus noch etwas fordert, der setzt voraus, daß es für den Philosophen einen Standpunkt *außer* unserer Erkenntnis gebe, von dem aus sich ein Urteil über die Objektivität derselben fällen ließe. Er bedenkt aber nicht, daß dieses Urteil ja auch wieder Erkenntnis sein müßte, daß er sich also mit seiner Forderung selbst widerspricht.[1]

---

[1] Vgl. Neue Kritik § 70 f. und besonders aus § 127 die folgende Stelle:

„Aber dieses angebliche Thema der Philosophie [das Verhältnis der Erkenntnis zum Gegenstande] ist gar kein Thema für eine Theorie, überhaupt nicht für eine Wissenschaft. Vielmehr gehört alle Theorie und alle wissenschaftliche Form nur den Abstufungen der subjektiven Gültigkeit und der empirischen Wahrheit; jenes höchste modalische Verhältnis in unsrer Erkenntnis hingegen kann gar keiner Theorie unterworfen werden. . . . Dieses Verhältnis ist subjektiv ein erstes Vorausgesetzes bei allem Erkennen; es ist aber gerade das keiner Entwickelung Fähige, was an die Spitze keines Systems gehört. Wo erkannt wird, wird ein Gegenstand erkannt, das liegt in der Natur des Erkennens; wir können aber durchaus nie gleichsam Erkenntnis und Gegenstand zur Vergleichung neben einander stellen, um zu beurteilen, ob die Realität des einen der Vorstellung in der andern Wahrheit gebe oder nicht. Selbst in dem einfachen Bewußtsein: Ich bin, bleibe ich nur der Gegenstand, dessen ich mir durch meine subjektive Tätigkeit bewußt werde, ohne hier das Verhältnis des Einen zum Andern überwinden zu können. Ja es läßt sich sogar zeigen, daß wir, wie wir uns auch wenden, nicht einmal im Stande sind, uns eine Vernunft auszudenken, wenn sie auch noch so viel vollkommner wäre als die unsrige, wenn sie auch in der Tat das wahre

Was an dem angeführten Einwande richtig ist, kommt auf die triviale Bemerkung zurück, daß das kritische Verfahren durch die Anknüpfung an die Erfahrung nicht vor *Irrtum* gesichert ist. Aber werden wir wohl besser vor der Gefahr des Irrtums geschützt sein, wenn wir uns mit der Spekulation blindlings über alle Erfahrung erheben? Der Möglichkeit zu irren ist das menschliche Denken in keiner seiner Äußerungen überhoben; es bleibt uns also nichts übrig, als unter den zur Lösung einer Aufgabe *möglichen* Verfahrungsweisen diejenige anzuwenden, bei der wir hoffen können, der Gefahr des Irrtums im *geringsten* Grade ausgesetzt zu sein. In dem uns angehenden Falle haben wir aber nur die Wahl, entweder kritiklos aufs Geratewohl ein metaphysisches System aufzubauen oder aber von der gemeinen Erfahrung ausgehend uns erst allmählich zu den philosophischen Abstraktionen zu erheben. Welchem von diesen Wegen aber wohl der Vorzug zu geben ist, dafür könnte uns schon die *Geschichte* einen deutlichen Fingerzeig geben. Wer nicht in dem anmaßlichen Wahne lebt, durch die bloße Kraft des eigenen Denkens das leisten zu können, was die mehrtausendjährige Arbeit der größten Denker nicht zu leisten vermocht hat, der wird entweder alle Philosophie überhaupt aufgeben oder er wird es auf dem zweiten Wege versuchen.[1]

Wesen der Dinge, wie sie an sich sind, erkennte, welche sich selbst dessen zu versichern im Stande wäre. . . . Für jede einzelne Erkenntnistätigkeit ist das Sein des Gegenstandes ein solches Äußeres, mit dem wir also nur durch diese Tätigkeit in Berührung kommen, ohne es je neben dieselbe zur Vergleichung stellen zu können. Die ganze Aufgabe also, die objektive Gültigkeit unsrer Erkenntnis nur durch die Übereinstimmung des Gegenstandes mit der Erkenntnis nachzuweisen, ist unrichtig gestellt, und alles Pochen darauf: man solle und wolle in der Philosophie von keiner andern als einer höchsten, absoluten Wahrheit und ihrem Gesetze hören, entspringt nur aus Unkunde der Theorie der menschlichen Vernunft." (Bd. II, 2. Aufl. S. 190 ff.)

— [1] „Worauf wollen wir uns berufen, wenn wir hoffen, in unsern Arbeiten

159. So viel von der Fortbildung der philosophischen Methode bei FRIES.

Wir hatten (§ 107) gefunden, daß sich die Aufgaben für eine

---

glücklicher zu sein als jene ganze Vorzeit? Doch wohl nicht auf unsere stärkere Denkkraft, mit der wir allen Denkern früherer Zeiten überlegen sein wollen? Doch wohl noch weniger auf unsern bessern, frommen Willen, wie einige beschränkte Köpfe voraussetzen? Einzig eine neue Methode, welche wir dem Mißlingen der frühern Versuche ablernen können, kann uns zu bessern Erwartungen berechtigen. Und warum soll diese gerade die kritische sein? Weil jede andere Methode das Bilden der Abstraktionen als etwas voraussetzt, das sich von selbst giebt, da dies doch eben im philosophischen Wissen das allein Schwierige ist. Das ist eben das Eigentümliche der kritischen Methode, daß sie dieses Ausbilden des Abstrahierens zu ihrem Hauptgeschäft macht und daß sie sich am Ende doch noch von der Gefahr befreit, durch Fehler im Abstrahieren dem Irrtum preisgegeben zu bleiben, indem die Probe ihrer Deduktionen nicht auf philosophischen Abstraktionen, sondern nur auf der Selbsterkenntnis der Vernunft, d. h. auf Beobachtungen beruht." (System der Logik, § 126, 3. Aufl. S. 423. Vgl. auch Neue Kritik § 103 (2. Aufl. Bd. II, S. 103), wo die Deduktion als das „Kunststück" beschrieben wird, „welches gleichsam als Rechenprobe der vorhergehenden Analysis folgt".)

„Werfen wir noch einmal die Frage auf: Was wollen wir denn mit unserm ganzen Philosophieren? Die erste Antwort war: Der Philosophie ihre Form geben und sichern. Der Inhalt derselben liegt zerstreut und oft genug verkannt in den gemeinsten Erfahrungen, in dem Verstandesgebrauch des gemeinen Lebens. Dieser soll aber durch das Philosophieren und mit der wissenschaftlichen Form Sicherheit und Festigkeit erlangen. Woher nehmen wir nun die ersten Gründe dieser Festigkeit und Sicherheit? Indem wir erst anfangen zu philosophieren, haben wir nichts als eben diese gemeine Erfahrung, woraus wir schöpfen können, in ihr müssen diese letzten Gründe schon vorhanden sein, wenn sie gleich sehr verborgen liegen. Und eben sie aus dieser Dunkelheit heraus zu heben, um sie nachher brauchen zu können, damit das ganze Gebäude durch sie Haltung bekomme, dies ist die einzige Bemühung der Kritik der Vernunft.

„Die ganze Absicht unsers Philosophierens kann nur die sein, eine allgemeine Erklärung der in der gemeinen Erfahrung vorkommenden Phänomene des philosophischen Wissens zu geben. Für diese Erklärung haben wir aber auch wieder keinen andern Standpunkt als den der gemeinen Erfahrung; was in dieser unmittelbar gewiß ist, davon können wir allein ausgehen, denn aus dem Kreise unsers eignen Wissens werden wir uns nie heraus zu heben vermögen,

wissenschaftliche Fortbildung der Kantischen Philosophie auf diese
drei zurückführen ließen: Erstens die psychologische Wendung
der Kritik der Vernunft und die strenge Trennung von Kritik

sondern mit allen unsern Erklärungen nur so viel erlangen, dieses Wissen mit
sich selbst in Übereinstimmung zu bringen." („Reinhold, Fichte und Schelling",
S. 269 f.)

„Der Kritizismus besteht in dem Vorschlag, von der gemeinen Erfahrung
selbst aus sich das Gebiet der Spekulation erst zu erringen, den gemeinen Verstandesgebrauch erst zum spekulativen zu erheben, ehe man sich des letzteren
bedient. Auf dem Gebiete des gemeinen Verstandesgebrauches sind wir ja aber
alle einig, und seine Wahrheit, sie mag nun absoluter Schein oder Wahrheit oder
was sonst sein, gilt uns allen als *empirische Wahrheit*. Hier ist also Skeptizismus gar nicht anzubringen, und somit ist durch den Kritizismus der Weg
gezeigt, den jeder zur Spekulation selbst gehen kann; bloße Skepsis gegen einen
einzelnen Versuch der Art ist sehr unbedeutend, da es eines jeden Sache wäre,
wenn er sich damit beschäftigen will, einen bessern Weg anzuzeigen. Denn daß
der Vorschlag des Kritizismus überhaupt tunlich sei, folgt unmittelbar daraus,
daß wir ja nichts außer dieser gemeinen Erfahrung besitzen, woraus auch irgend
eine unabhängige Spekulation gebildet werden könnte, und folglich irgend ein
richtiges Resultat über Spekulation auf diesem Wege notwendig erhalten werden
muß. Meistenteils prahlt der Skeptizismus nur mit der Kunst sich nicht überzeugen zu lassen, ohne zu bedenken, daß er diese mit jedem gemein hat, der
nicht denken kann, oder nicht denken will, und daß an Tatsachen zu zweifeln,
nur ein Beweis von Unwissenheit sein kann. Kritik aber ist Erfahrungswissenschaft, und beruft sich nur auf Tatsachen der innern Erfahrung, welche jeder
selbst nachbeobachten oder berichtigen kann, wenn er die Mühe nicht scheut."
(Ebenda S. 213.)

Vgl. hierzu Neue Kritik § 80 (I. Band, 2. Aufl., S. 389 f.):
„Die meisten Philosophen halten es für Unrecht, ihre Spekulation öffentlich
mitzuteilen, sie meinen, es zieme sich nur, das vollendete System der öffentlichen
Prüfung vorzulegen. Dadurch aber wird gerade der richtige Gesichtspunkt der
Beurteilung ganz verschoben. Evidenz fehlt den Anfängen eines philosophischen
Systems unvermeidlich, weil sie die höchsten Abstraktionen sind, das Publikum
kann also nur entweder die handwerksmäßige Brauchbarkeit der Resultate für
Theologie, Politik oder Medizin zum Maßstab der Beurteilung nehmen, oder die
sogenannte Konsequenz, nach der man oft das lächerliche Lob austeilen hört:
der Mann behauptet freilich die größten Absurditäten, aber er bleibt sich doch
konsequent."

und System, zweitens die Auflösung des Humeschen Problems durch die erfahrungsmäßige Aufweisung einer nicht-anschaulichen unmittelbaren Erkenntnis, und drittens die Beseitigung des formalen Idealismus und die spekulative Begründung der Ideen. Wir werden im Folgenden zeigen, daß FRIES nicht nur die erste dieser Aufgaben, sondern auch die beiden anderen gelöst hat.

Durch die Anwendung seiner veränderten Methode ist es FRIES gelungen, den psychologischen Grundfehler der Kantischen Kritik aufzudecken und zu verbessern. Diese Verbesserung, der größte Fortschritt, der in der Philosophie nach KANT gemacht werden konnte, besteht in der Entdeckung der nicht-anschaulichen unmittelbaren Erkenntnis. Auf diese Entdeckung kommt für die Beurteilung der Friesschen Kritik alles an, auf sie müssen wir daher etwas näher eingehen.[1] — Wir betreten damit das Gebiet der Psychologie selbst.

Die *Anschauung* erklärt FRIES als diejenige unmittelbare Erkenntnis, deren wir uns *unmittelbar*, d. h. ohne Beihülfe der Reflexion, *bewußt* werden.[2] Eine *nicht-anschauliche unmittelbare Erkenntnis* wäre daher eine solche, die zwar ihren Grund nicht in der Reflexion hat, uns aber doch nur durch Vermittelung der Reflexion zum Bewußtsein kommen kann. Wie kann man sich von dem Vorhandensein einer solchen Erkenntnisart überzeugen? Eine solche Erkenntnis kann es jedenfalls dann nicht geben, wenn die noch heute herrschende psychologische Theorie im Rechte ist, die von der Annahme ausgeht, daß Anschauung und Reflexion die einzigen dem menschlichen Geiste möglichen Erkenntnisarten sind.

---

[1] Vgl. zum Folgenden zunächst Neue Kritik § 54 f.

[2] Neue Kritik § 52. — Diese Erklärung deckt sich mit dem gewöhnlichen Sprachgebrauch.

Daß diese Theorie auf Schwierigkeiten führt, hat freilich schon HUME bemerkt. Er findet diese Schwierigkeiten in der Tatsache gewisser metaphysisch genannter Urteile, die sich ohne weiteres nicht auf die nach der Theorie möglichen Erkenntnisquellen zurückführen lassen. In dieser Schwierigkeit besteht das Humesche Problem. Wenn es sich also *beweisen* ließe, daß das Humesche Problem mit den Mitteln der herrschenden psychologischen Theorie *unlösbar* ist, so wäre damit die Existenz einer weder anschaulichen noch reflektierten, also einer nicht-anschaulichen unmittelbaren Erkenntnis erwiesen.

Die zu prüfende psychologische Theorie darf keine anderen Vorstellungen kennen als solche, die entweder unmittelbar den Sinnen angehören oder durch Vermittelung von Assoziation und Reflexion aus den ersteren hervorgegangen sind. Die Reflexion darf aber hier nicht als ein selbständiges und von der Assoziation unabhängiges Erkenntnisvermögen betrachtet werden, sondern sie besteht in der *willkürlichen* Leitung des Vorstellungsverlaufs, wobei der Wille nicht gesetzlos in die Assoziation eingreift, sondern selbst nur als ein nach den Gesetzen der Assoziation wirkender Faktor auftritt.[1] Die Erklärungsgründe der fraglichen Theorie beschränken sich also zuletzt auf zwei: Sinn und Assoziation, und

---

[1] In diesem Punkte finden wir FRIES ganz auf dem Boden der modernen Theorie. Man vergleiche Neue Kritik § 55:

„Diese Willkürlichkeit ist nur in sehr uneigentlicher Bedeutung Freiheit; sie . . . ist ebenso notwendig bestimmt als jede Tätigkeit der innern Natur." (2. Aufl. Bd. I, S. 258.) „*Das Grundgesetz des willkürlichen Vorstellens . . . ist nämlich nur ein besonderer Fall des allgemeinen Gesetzes der Assoziation*, dessen Einfluß durch Gewohnheit erhöht worden ist." Vermöge der Einheit der Handlung in aller meiner innern Tätigkeit assoziiert sich auch das Wollen mit dem Vorstellen, und der Grad der Stärke einer Vorstellung hebt sich, sobald der Wille sich auf sie richtet, und sie mir zum Zwecke macht." (S. 268 f.)

es ist die Aufgabe der Theorie, auf diese beiden Prinzipien alle Tatsachen der inneren Erfahrung zurückzuführen.

160. Die Kantische Kritik hat hier ein einfaches Kriterium, um sich des nicht-sinnlichen Ursprungs einer Erkenntnis zu versichern: „Notwendigkeit und strenge Allgemeinheit sind sichere Kennzeichen einer Erkenntnis a priori.“[1] In der Tat, hierin stimmen wohl noch alle überein, daß die Sinne für sich nicht mehr erkennen lassen als zufällige und einzelne Tatsachen und daß daher allgemeine und notwendige Wahrheiten, d. h. *Gesetze* im strengen Sinne des Wortes, nicht a posteriori erkannt werden können.[2] Aber die Frage ist: *Giebt* es solche allgemeinen und notwendigen Erkenntnisse? Läßt es sich zeigen, daß wir im Besitze auch nur *einer* solchen Erkenntnis sind, so wäre damit der Beweis der Existenz einer eigenen nichtsinnlichen Erkenntnisquelle, der Existenz einer „reinen Vernunft“ erbracht. Diesen Beweis meinte KANT in der Tat führen zu können: „Daß es dergleichen notwendige und im strengsten Sinne allgemeine, mithin reine Urteile a priori, im menschlichen Erkenntnis wirklich gebe“, sei „leicht zu zeigen“. Es genüge hierfür, sich auf die Sätze der Mathematik zu berufen oder auf den selbst im gemeinsten Verstandesgebrauche vorkommenden Grundsatz der Kausalität. „Auch könnte man, ohne dergleichen Beispiele zum Beweise der Wirklichkeit reiner Grundsätze a priori in unserem Erkenntnisse zu bedürfen, dieser ihre Unentbehrlichkeit zur Möglichkeit der Erfahrung selbst, mithin a priori dartun.“[3]

---

[1] Kritik der reinen Vernunft, 2. Aufl. Einleitung II.
[2] Vgl. § 147 dieser Schrift.
[3] Kritik der reinen Vernunft, a. a. O. Vgl. auch Kritik der praktischen Vernunft, S. 110:
„In Ansehung der theoretischen [Vernunft] konnte das *Vermögen eines reinen*

Die Tragweite dieser Argumentation ist gewöhnlich sehr überschätzt worden. Die Behauptung, die es zu beweisen gilt, ist eine, psychologische; wir werden also auch einen psychologisch strengen Beweis für sie fordern müssen. Als ein solcher kann aber die Kantische Argumentation nicht betrachtet werden. *Das von* KANT *benutzte Kriterium der Apriorität kann in der Theorie der Vernunft nicht zugelassen werden.* Allgemeinheit und Notwendigkeit eines Urteils sind nämlich keine empirisch konstatierbaren Tatsachen. Was sich durch innere Beobachtung feststellen läßt, ist lediglich der *Anspruch* eines Urteils auf Allgemeinheit und Notwendigkeit. Die Behauptung beispielsweise, der Grundsatz der Kausalität sei ein allgemeines und notwendiges Urteil, giebt lediglich die Behauptung der Gültigkeit dieses Urteils wieder, ist also selbst nicht ein psychologisches, sondern ein metaphysisches Urteil.

Diese Schwierigkeit muß man wohl beachten, wenn man sich das Geschäft der Kritik nicht zu leicht machen und zu berechtigten Einwänden Anlaß geben will. Mit Recht hat man gegen das Verfahren der Kantischen Kritik den Einwand eines *Zirkels* erhoben. KANT begründet die Apodiktizität der Mathematik durch den Satz, daß die mathematischen Urteile sich auf eine „reine Anschauung" gründen, die als solche eine formale Bedingung aller möglichen sinnlichen Erkenntnis sei. Aber auf die Annahme der Existenz einer solchen reinen Anschauung kommt er ja erst durch einen Rückschluß aus der schon vorausgesetzten Apodiktizität der mathematischen Urteile. — Die Selbstbeobachtung kann hier nie mehr zeigen als den *Anspruch* des mathematischen Urteils auf

---

*Vernunfterkenntnisses a priori* durch Beispiele aus Wissenschaften ganz leicht und evident bewiesen werden."

apodiktische Geltung, und von der Feststellung dieses Anspruchs
ist kein Rückschluß auf den rationalen Ursprung des Urteils möglich.  Ob dieser Anspruch zu Recht besteht, das ist erst die Frage,
durch deren Beantwortung sich das Urteil begründen ließe; die
Apodiktizität darf also für seine Begründung nicht vorausgesetzt
werden.

.Was aber das Argument von der Unentbehrlichkeit der Grundsätze a priori zur Möglichkeit der Erfahrung betrifft, so liegt
auch hier eine Täuschung vor.  KANT bemerkt selbst, daß dies ein
Argument „a priori" sei; die Apriorität desselben beruht jedoch
nur darauf, daß es *analytisch* aus dem *Begriff* der Erfahrung gezogen ist.  Und als analytisches Urteil mag die Argumentation
zugegeben werden; sie verschiebt aber nur die Frage, denn sie
stützt sich auf eine willkürliche Definition der „Erfahrung", während doch erst gezeigt werden müßte, *daß wir wirklich so
etwas wie das hier „Erfahrung" Genannte besitzen.* Diese Frage
läßt sich psychologisch nicht entscheiden, da eine solche Entscheidung wiederum ein Urteil über die apodiktische Geltung der
nach jenem Sprachgebrauch zur Erfahrung gehörigen „Regeln"
einschließen würde.[1]

---

[1] Vgl. § 17 ff. dieser Schrift.
In scharfsinniger Weise hat bereits MAIMON die Schwäche dieser Kantischen Beweisführung erkannt.  In seinen „Kritischen Untersuchungen über den
menschlichen Geist" (S. 55) sagt er:
„Absolute Notwendigkeit und Allgemeinheit . . . sind keine *Kriterien*,
woran wir *Erfahrung* in der strengen . . . Bedeutung, als *Objekt erkennen*,
sondern bloße *Merkmale*, woran wir ihren *Begriff* erkennen, und von andern
unterscheiden können.  Denn da die nicht absolute Notwendigkeit und Allgemeinheit, die mit Erfahrung in der andern Bedeutung verknüpft ist, einer *Ver-
steigerung* fähig ist, so können sie zu einem solchen Grade steigen, daß ihre
*Folgen* (in Bestimmung des Erkenntnisvermögens) mit den *Folgen* der absoluten
Notwendigkeit und Allgemeinheit einerlei, und also auch ihre *Gründe* mit ein-

161. Es bleibt uns also für die psychologische Prüfung der Frage kein anderer Ausgangspunkt übrig als die Untersuchung des faktischen *Anspruchs* gewisser Urteile auf apodiktische Geltung. Hier giebt nun gewöhnlich ein weiteres Mißverständnis der Untersuchung eine schiefe Richtung. Hume hatte den Versuch gemacht, unsere Kausalurteile auf die Erklärungsgründe der empiristischen Theorie zurückzuführen, indem er sie aus einer gewohnheitsmäßigen Erwartung ähnlicher Fälle ableitete und so als ein Produkt der Assoziation erklärte. Indem man nun über die Richtigkeit dieser Erklärung streitet, sind doch Freunde und Gegner in der Voraussetzung einig, daß wenn es mit der Humeschen Zurückführung der Kausalurteile auf das Gesetz der Erwartung ähnlicher Fälle seine Richtigkeit habe, auch dem Postulat einer empiristischen Erklärung Genüge geleistet sei; daß also umgekehrt der Apriorismus mit der Behauptung stehe und falle, daß aus dem Gesetz der Erwartung ähnlicher Fälle die Möglichkeit der Kausalurteile nicht erklärt werden könne. So allgemein diese Voraussetzung angenommen worden ist, so leicht läßt sich doch zeigen, daß sie falsch ist. Ich behaupte nämlich, daß noch niemand das Phänomen der Erwartung ähnlicher Fälle in einer dem empiristischen Postulat genügenden Weise erklärt hat. Ja ich behaupte, daß eine solche Erklärung schlechterdings un-

---

ander verwechselt werden können, so daß wir ein quid pro quo (subjektive zur objektiven Notwendigkeit, und komparative zur absoluten Allgemeinheit) machen: und so lange dieser Zweifel nicht gehoben wird, können wir dieses *Faktum* bloß problematisch annehmen."

In der Tat geht MAIMON hinsichtlich der metaphysischen Prinzipien wieder auf HUMES assoziationspsychologischen Erklärungsversuch zurück. Vgl. „Versuch über die Tranzendentalphilosophie", S. 72 ff.; „Philosophisches Wörterbuch", S. 166 f., 173 f.; „Über die Progressen der Philosophie", S. 51 ff.; „Versuch einer neuen Logik oder Theorie des Denkens", S. 419, 432.

möglich ist. Der Beweis für diese Behauptung ist sehr leicht zu führen.[1]

Das Gesetz der Erwartung ähnlicher Fälle soll ein Gesetz der Assoziation sein. Was ist Assoziation? Ohne uns hier auf eine subtile Erörterung der Assoziationsvorgänge einzulassen, können wir doch Folgendes als allgemein zugestanden annehmen: Assoziation ist eine Verbindung der Vorstellungen von der Art, daß wenn die Vorstellung eines Gegenstandes A in einer gewissen, näher zu definierenden Beziehung zu der Vorstellung eines Gegenstandes B steht, das Eintreten der Vorstellung von A das Eintreten der Erinnerung an B zur Folge hat. So soll nun durch die häufig wiederholte Beobachtung der Aufeinanderfolge zweier Erscheinungen A und B zwischen den Vorstellungen beider Erscheinungen eine Assoziation gestiftet werden, die dazu führt, daß wir bei einer erneuten Beobachtung von A auch das Eintreten von B erwarten. Allein, das Eintreten einer Erscheinung *erwarten* heißt nicht: sich an diese Erscheinung *erinnern*. Die Erwartung enthält die Annahme der *Realität* eines wenn auch künftigen Ereignisses. Die Gewißheit dieser Annahme mag noch so gering sein, so unterscheidet sie sich doch wesentlich von der nur problematischen Vorstellung, wie sie die bloße Erinnerung kennzeichnet.

Der hier entscheidende Unterschied läßt sich nicht, wie Hume wollte, in einen bloß graduellen verwandeln. Hume suchte das Merkmal, das die Erkenntnis von bloßen Vorstellungsbildern unterscheiden sollte, in der Intensität der *Deutlichkeit* der Vorstellun-

---

gen. Nach dieser Erklärung könnte man denn meinen, einen
Übergang von der einfachen Erinnerung zur Erwartung herstellen
zu können, indem man eine mit der Wiederholung der beobachteten Aufeinanderfolge wachsende Deutlichkeit des Erinnerungs-
bildes annimmt. Aber diese Hypothese widerspricht den Tatsachen der Selbstbeobachtung. Das Erinnerungsbild kann zu beliebiger Intensität der Deutlichkeit gesteigert werden, ohne den
Erwartungscharakter anzunehmen, und es kann umgekehrt das un-
deutlichste Erinnerungsbild mit dem Charakter der Erwartung be-
haftet sein. — Davon ganz zu schweigen, daß selbst das wirkliche Bestehen einer solchen Beziehung noch nichts für die *Identität* der in dieser Beziehung stehenden Erscheinungen beweisen
könnte.[1]

*Das Gesetz der Erwartung ähnlicher Fälle läßt sich also auf
das Gesetz der Assoziation nicht zurückführen.*

---

[1] Vgl. Neue Kritik § 94 (2. Aufl. Bd. II, S. 71 f.):
„Beide Verbindungsweisen, die subjektive der Assoziation und die objektive synthetische Einheit der Vernunft sind aber doch durchaus verschiedener
Natur: so eng Wort und Gedanke assoziiert sein mögen, so wird doch dadurch
nie die entfernte synthetische Vereinigung ihrer Gegenstände mehr angenähert
werden. Worte werden diesem Verhältnis keine große Deutlichkeit geben, weil
wir keine anschauliche Form für die Vereinigung des zugleich Gegebenen in
unsern innern Tätigkeiten haben; wer sich aber selbst beobachtet, der wird
finden, daß die Einheit unsrer innern Tätigkeit in beiden Fällen sich auf ganz
verschiedene Weise anwendet. Bei der Einheit der Erkenntnis der Vernunft ist
*gleichsam* von dem Ganzen ihrer extensiven Größe die Rede, wie alle Teile in
einer Form des Ganzen zusammenfallen müssen, wobei auf den Grad der Lebhaftigkeit der Vorstellungen gar nichts ankommt, sondern alles nur auf ihr neben
einander liegen in dem Ganzen. Das Spiel der Assoziationen hingegen hat es
gerade nur mit der intensiven Größe und ihrer Einheit zu tun, indem ein Ganzes
des Grads der Lebhaftigkeit sich in jedem Augenblick an alle innern Tätigkeiten
verteilt, die Assoziationen haben es denn auch nur mit diesem Wechsel der
Lebendigkeit und seiner Verteilung an die einzelnen gleichzeitig lebhaften Tätigkeiten zu tun.“

Auch die entwickelungsgeschichtliche Betrachtungsweise vermag an diesem Ergebnis nichts zu ändern. Denn die Tatsache der Vererbung irgend welcher Eigenschaften kann für sich nicht das Entstehen einer völlig neuen Eigenschaft erklären, und auch das Prinzip der natürlichen Zuchtwahl dient wohl zur Erklärung der Steigerung der *Intensität* einer einmal vorhandenen Eigenschaft, aber in keinem Falle kann es das Auftreten einer *spezifisch neuen* Qualität erklären. Für alle Entwickelungsgeschichte ist die qualitative Variation ein erstes Vorauszusetzendes, für die Theorie selbst Zufälliges und Unableitbares.

Diese Erörterung wird es deutlich gemacht haben, daß durch das Pochen auf die Zurückführbarkeit der Kausalurteile auf das Gesetz der Erwartung ebenso wenig für den Empirismus geleistet wird wie durch das Bestreiten dieser Zurückführung für den Apriorismus. *Die Möglichkeit der Erwartung setzt selbst bereits die Annahme einer objektiven Verknüpfung voraus.* Diese Annahme liegt der gewohnheitsmäßigen Erwartung ähnlicher Fälle zwar nur *dunkel* zu Grunde, aber diese Tatsache genügt doch, um auch das abstrakte wissenschaftliche Kausalurteil als eine nur dem Grade der Deutlichkeit nach von jener Annahme unterschiedene und also aus ihr entwickelte Vorstellungsweise erkennen zu lassen; sie genügt aber auch andererseits, um die Belanglosigkeit dieser Zurückführung für die Behauptung des empirischen Ursprungs unserer Verknüpfungsurteile zu erweisen. [1]

---

[1] Vgl. Neue Kritik § 95 (2. Aufl. Bd. II, S. 74 f.):

„Sonst verteidigt sich der Empirismus großenteils nur apagogisch gegen die Ansprüche der Vernunft, wo dann oft beide Teile in der gemeinschaftlichen Voraussetzung unrecht haben. ... HUME streitet hauptsächlich damit, daß er zeigt: alle unsre Anwendung allgemeiner Gesetze entlehnt sich durch Induktion nur aus der Erfahrung; man könne also alle Voraussetzung der Notwendigkeit, wie sie in unserm Geiste vorkommt, eben so gut nur durch Gewohnheit erklären (wir

Der Grund, der es unmöglich macht, das Gesetz der Erwartung auf das Gesetz der Assoziation zurückzuführen, läßt sich
nunmehr sehr einfach bezeichnen. Das Gesetz der Assoziation ist
nur ein Gesetz für die *Verbindung der Vorstellungen;* die Erwartung enthält aber die *Vorstellung einer Verbindung.* Und es ist
klar, daß die Vorstellung der Verbindung zweier Gegenstände
etwas völlig anderes ist als die bloße Verbindung der Vorstellungen dieser Gegenstände.[1]

*Hiermit ist bewiesen, daß das Humesche Problem mit den Mitteln
der herkömmlichen psychologischen Theorie nicht lösbar ist.*

---

setzen voraus, das werde erfolgen; was wir gewohnt sind, erfolgen zu sehen).
Diese Einwendung psychologisch ausgedrückt sagt: Was ihr mit eurer Theorie
der Vernunft zu erklären sucht, das läßt sich eben so gut durch bloße Einbil-
dungskraft erklären, die doch *bekanntlich ein nur sinnliches Vermögen* ist. Hier
liegt der Fehler, auf den ich aufmerksam machen will, in der letzten Voraussetzung. Hätte HUME richtiger beobachtet, so hätte er bemerken müssen, daß
seine von Impressionen belebte Erkenntniskraft entweder nicht einmal Einbil-
dungskraft (intensive Einheit ihrer Tätigkeit), oder zugleich auch Vernunft als
Quell der Notwendigkeit (extensive Einheit ihrer Tätigkeit) besitzen müsse. Dies
konnte ihm aber freilich (so lange Vernunft und Reflexion nicht gehörig ge-
schieden werden) nicht klar werden."

[1] „Notwendige objektive synthetische Einheit ist die ursprüngliche Vereinigung mannigfaltiger Erkenntnisse zu *einer* Erkenntnis selbst, sie ist die Identität der
Apperzeption in mannigfaltigen Vorstellungen. Wir müssen zuerst diesen Begriff
noch näher entwickeln. Verschiedene Vorstellungen können in zufälliger subjektiver Verbindung sein, ohne dadurch zu *einer* Vorstellung zu werden. Dergleichen subjektive Verbindungen giebt es sehr viele; ein geläufiges Beispiel ist
die bloße Assoziation von Vorstellungen, etwa Wort und Gedanke in der Sprache,
welche beide für mein Bewußtsein zwar immer verbunden sind, aber doch wie
irgend in *eine* Vorstellung zusammen zu gehen, ohne zu einer identischen Apperzeption vereinigt zu werden. Wenn ich hingegen nach einander die verschiedenen
Anlagen, die Gebüsche, Rasenplätze u. s. w. eines Gartens betrachte, und nun in
die ganze Vorstellung des Gartens zusammenfasse, so ist dies objektive Verbindung. *Durch bloße subjektive Verbindung kommt nie objektive synthetische
Einheit zu stande, letztere soll nämlich nicht nur eine Verbindung in meinen*

162. Man sieht leicht, daß diese Beweisführung von der metaphysischen Voraussetzung der objektiven Gültigkeit unserer
Urteile über notwendige Verknüpfung keinerlei Gebrauch macht.
Wir gehen lediglich von der Tatsache des in jenen Urteilen enthaltenen *Anspruchs* auf Apodiktizität aus und untersuchen die
Gründe seiner psychologischen Möglichkeit ohne alle Rücksicht
auf die Frage seiner objektiven Gültigkeit. Wir finden dann, entgegen der herkömmlichen Auffassung der Psychologen, daß Sinn
und Assoziation zur Erklärung dieses Anspruchs nicht hinreichen,
daß vielmehr die Möglichkeit der bloßen *Vorstellung* einer notwendigen Verknüpfung (welche Möglichkeit durch das *Faktum*
feststeht und also nicht bezweifelt werden kann) nicht stattfinden
könnte, wenn es nicht in unserer Erkenntnis eine eigene vom
Sinn verschiedene Quelle für diese Vorstellung gäbe.[1]

Daß nun aber die Vorstellung der notwendigen Verknüpfung
nicht etwa auf einer (von der sinnlichen verschiedenen, also intellektuellen) *Anschauung* beruhen kann, folgt daraus, daß sie uns
ja nicht unmittelbar zum Bewußtsein kommt, daß wir vielmehr
der *Reflexion* bedürfen, um sie von ihrer ursprünglichen Dunkel-

---

*Vorstellungen, sondern eine Vorstellung verbundener Objekte enthalten.* Dieses
fordert denn nicht nur Hinzukommen der einen Erkenntnis zur andern, sondern
wirkliche Einheit des Erkennens, Vereinigung zu einer Erkenntnis, so daß jede
einzelne Erkenntnis nur als Teilerkenntnis in die ganze Erkenntnis fällt." (Neue
Kritik § 91, 2. Aufl. Bd. II, S. 48 f.)

[1] „Wir weisen aus dem Vorkommen der Vorstellungen in unserm Geiste
auf, daß diese Hypothese: alle unsre Erkenntnis nur durch sinnliche Eindrücke
zusammenfließen zu lassen, gar nicht erklärt, was wirklich da ist. Nicht nur die
in Anspruch genommene Notwendigkeit in der Anwendung, sondern selbst der
*leere Begriff der Notwendigkeit,* der *leere Gedanke* des Ist, als der Kopula im
Urteil nur im *A* ist *A* aufgefaßt, wäre in einer solchen nur sinnlichen Erkenntniskraft unmöglich." (Neue Kritik § 95, 2. Aufl. Bd. II, S. 74.)

heit zu befreien.[1] Daß sie aber auch nicht aus der Reflexion *entspringen* kann, folgt daraus, daß die Reflexion nur in der willkürlichen Trennung und Wiederverbindung anderweit gegebener Vorstellungen besteht, selbst also keine neuen Erkenntnisse erzeugen kann.[2]

---

[1] „Im Gegensatze gegen diese Organisation können wir uns eine Vernunft denken, welche den ganzen Inhalt ihrer Wahrheit, ihre transzendentale Apperzeption ohne Dunkelheit übersähe, für welche das Ganze ihrer Erkenntnis eine Anschauung wäre, und die nicht erst, wie wir, das Gesetz der Notwendigkeit ihrer Erkenntnis durch Reflexion zu erraten nötig hätte. Eine solche Vernunft brauchte keinen diskursiven Verstand, sie wäre rein intuitives Vermögen, ihre Erkenntnis wäre intellektuelle Anschauung. Das Gesetz unsrer Wahrheit: die Einheit der transzendentalen Apperzeption, welche wir erst mühsam suchen müssen, läge ihr mit einem Blicke offen, ihre Erkenntnis wäre das Vorbild der Wahrheit, wovon unser Verstand nur ein Nachbild besitzt. Es ist aber Irrtum, wenn Rationalisten in der Philosophie uns selbst diese intellektuelle Anschauung zumuten wollen, denn dies forderte Vernichtung des dunkeln Vorstellens überhaupt." (Neue Kritik § 95, 2. Aufl. Bd. II, S. 79.)

[2] „In jedem Urteil . . . setzen wir willkürlich Begriffe als Subjekt und Prädikat zusammen, und verbinden sie; nachher fragen wir erst, ob das Urteil wahr oder falsch sei. Hier enthält das Fürwahrhalten die abgeleitete Synthesis der Reflexion, die auf Apodiktizität *Anspruch macht*, die unmittelbare Einheit und Verbindung hingegen enthält das *Gesetz der Wahrheit*, nach dem unser Fürwahrhalten richtig oder Irrtum ist." (Neue Kritik § 93, 2. Aufl., S. 67.)

„Sowohl Analysis als Synthesis sind Funktionen des reflektierenden Verstandes; allein zur Analysis ist sich die Reflexion selbst genug, Synthesis hingegen kann sie sich selbst nicht geben, deswegen läßt sich das Rätsel der Spekulation aussprechen: wie ist Synthesis a priori möglich? . . . Die beiden Grundhandlungen der Reflexion sind *Abstraktion* und *Kombination*, d. h. Trennung und Wiederzusammensetzung des Getrennten, vor beiden voraus muß uns aber erst die *ursprüngliche Verbindung der unmittelbaren Erkenntnis* gegeben werden, ohne die weder Abstraktion noch Kombination möglich wäre. (Ebenda S. 70.)

„Man kann leicht bemerken, daß die Kantische Theorie hier nicht leistet, was von ihr gefordert werden sollte. . . . Worin liegt nun die Unvollständigkeit der Kantischen Ansicht? . . . Er verwechselte den denkenden Verstand als Reflexionsvermögen mit der unmittelbaren Vernunft, er kannte das nur wiederholende Wesen der Reflexion nicht. . . . KANTS Fehler in dieser ganzen Ansicht unsrer Vernunft läßt sich auch durch das charakterisieren, was wir an

So haben wir denn in der Tat ein „ganz erfahrungsmäßiges, von allem Verdacht spekulativer Täuschungen befreites Kriterium"[1], um die Existenz einer nicht-anschaulichen unmittelbaren Erkenntnis zu beweisen und dadurch das Faktum der reinen Vernunft sicher zu stellen.[2] *Dieser Beweis enthält die Auflösung des Humeschen Problems.*

163. Was ist nun aber mit dieser psychologischen Entdeckung für die *Philosophie* gewonnen? Für die objektive Gültigkeit irgend welcher metaphysischer Urteile folgt aus der dargestellten Untersuchung gar nichts. Aber wer ihr das zum Vorwurf macht, der hat ihren Zweck noch nicht verstanden. Mit der objektiven Gültigkeit haben wir es in der Kritik überhaupt nicht zu tun, und von einer „Begründung" irgend welcher Urteile durch Kritik kann nur insofern die Rede sein, als die objektive Gültigkeit der unmittelbaren Erkenntnis, auf die die fraglichen Urteile durch die Kritik zurückgeführt werden, bereits unabhängig von dieser Zu-

---

mehreren Orten gerügt haben, Selbsttätigkeit der Erkenntniskraft ist ihm immer *Willkürlichkeit* derselben, d. h. Reflexion. (So z. B. K. d. r. V. S. 130.)

„Die Kantische Synthesis, so wie er sie in ihren Formen aufstellt, und in den Grundsätzen des Verstandes entwickelt, ist nichts als ein Akt des Reflexionsvermögens, eine Wiederholung, deren Original er nicht kennt. Seine Synthesis ist die Handlung des Verstandes, eine Vorstellung zu der andern hinzu zu setzen, und beide in einem Bewußtsein zu vereinigen (K. d. r. V. S. 133), was nur die Reflexion tut. Was in der unmittelbaren Erkenntnis unsrer Vernunft nicht schon verbunden ist, das wird sich durch jene Synthesis nicht als objektive synthetische Einheit der Erkenntnis vorstellen lassen. KANT aber versucht seine Theorie der Verbindung, ohne auf diese unmittelbare Erkenntnis Rücksicht zu nehmen." (Ebenda, S. 63 ff.)

[1] Neue Kritik § 90. (2. Aufl. Bd. II, S. 43.)

[2] Vgl. § 108 dieser Schrift. Eine genauere Vergleichung dieser Friesschen Theorie der Vernunft mit KANTS „subjektiver Deduktion" findet man in meiner Abhandlung „JAKOB FRIEDRICH FRIES und seine jüngsten Kritiker." Vgl. in dem Kapitel VI „FRIES' Theorie der Vernunft und der psychologische Tatbestand" S. 307 bis 313.

rückführung *vorausgesetzt* wird.     Für das Recht dieser Voraussetzung hat die Kritik nicht einzustehen.     Sie geht von der psychologischen Feststellung aus, daß diese Voraussetzung *faktisch*
und untrennbar mit dem Inhalt der unmittelbaren Erkenntnis verknüpft ist und daß aller Zweifel, den die nachträgliche Reflexion
etwa an der Geltung der unmittelbaren Erkenntnis anbringt, sich
selbst nur durch seine Übereinstimmung mit der unmittelbaren
Erkenntnis legitimieren könnte, also die Wahrheit dieser letzteren
schon voraussetzen müßte.     Nur der Inhalt, nicht die Objektivität
der unmittelbaren Erkenntnis bildet den Gegenstand der Kritik.
Der Hinweis auf jenes Faktum des „Selbstvertrauens der Vernunft" ist daher der oberste Grundsatz, den die Kritik stillschweigend allen ihren Deduktionen zu Grunde legt und durch dessen
Zugrundelegung sie sich das Recht sichert, ihre Aufgabe auf eine
Vergleichung der Urteile mit der unmittelbaren Erkenntnis zu beschränken.     Diese unmittelbare Erkenntnis selbst wieder einer
Kritik zu unterwerfen, das überläßt sie getrost denen, die mit
dieser Aufgabe einen Sinn zu verbinden wissen.[1]

---

[1] „Der höchste subjektive Grundsatz aller menschlichen Beurteilungen ist der
*Grundsatz des Selbstvertrauens der menschlichen Vernunft*: jeder Mensch hat das
Vertrauen zu seinem Geiste, daß er der Wahrheit empfänglich und teilhaft sei. . . .
Er ist als subjektiver höchster Grund aller menschlichen Behauptungen nur verkannt worden durch das Vorurteil einer objektiven Begründung unsrer Erkenntnis.
. . . Indessen auch die . . . geforderte, *gänzlich subjektive Begründung aller
menschlichen Erkenntnis* zugegeben, könnte doch scheinen, als ob wir durch das
Vorkommen *skeptischer Philosopheme* unmittelbar widerlegt wären, da in diesen
ja die Fähigkeit der menschlichen Vernunft, zur Wahrheit zu gelangen, geleugnet
wird. Wir weisen aber diese Skeptiker aus demselben Grunde zurück. . . . In
der Tat giebt dieser Skeptizismus eigentlich die zwei richtigen Nachweisungen,
daß die Anschauung keine objektive Begründung der Wahrheit einer Erkenntnis
gewähre, und daß das Reflexionsvermögen aus sich selbst keine Erkenntnis geben
könne; allein dabei beachtet er nicht, daß er das Vertrauen der denkenden Er-

Hiernach können wir beurteilen, was wir mit dem psychologischen Existenzbeweis der unmittelbaren Erkenntnis der reinen

kenntniskraft auf ihre eigne Wahrhaftigkeit 'selbst voraussetze, indem er es
leugnet." (Neue Kritik § 89, 2. Aufl. Bd. II, S. 37 ff.)

„Die Wahrheit, welche durch die Begründung unsrer Erkenntnisse erst gewonnen wird, besteht gar nicht unmittelbar in der objektiven Gültigkeit der Erkenntnisse, sie ist nicht jene transzendentale Wahrheit derselben, sondern wir
müssen sie von der letztern unterscheiden und· können sie Wahrheit des Bewußtseins oder empirische Wahrheit nennen. Diese Wahrheit . . . vergleicht nicht
die Erkenntnisse mit ihren Gegenständen, sondern nur unsre Vorstellungen unter
einander. Wenn wir Gründe von Erkenntnissen in Anschauung, Erinnerung oder
Urteil angeben, so zeigen wir damit nur, daß gewisse Verbindungen unsrer Vorstellungen wirklich Erkenntnisse seien. Dabei aber setzen wir die eigentümlichen Merkmale einer Erkenntnis nicht in ihre objektive Gültigkeit, sondern in
gewisse subjektive Beschaffenheiten derselben als unsrer Vorstellungen, welche
durch die Selbstbeobachtung bestimmt werden können.

„Demgemäß gebe ich . . . zu, daß alle dogmatische Metaphysik und auch
die *Kantische* Kritik den Fehler gemacht habe: eine Begründung der transzendentalen Wahrheit oder der objektiven Gültigkeit unsrer Erkenntnisse zu suchen.
Ich sage . . .: eine solche Begründung ist für den Menschen ganz unmöglich.

„Allein ich sage weiter, dieses Ergebnis darf nicht skeptisch, nicht Zweifels-
lehre und nicht Aufschiebung unsers Urteils genannt werden. Sondern im Gegenteil, unsre Selbstbeobachtung weist aus, daß es die unbedingte· allem vorausge-
nommene Entscheidung unsers Urteils sei.

„In jedem vernünftigen Geist lebt das unbedingte Selbstvertrauen an die
Wahrhaftigkeit seiner erkennenden Urteilskraft, durch welches allein ich mich
selbst zum Zweifeln und zum Aufschieben eines Urteils berechtigt halten kann.

„Dem Verdacht, daß der gesunde menschliche Geist verrückt oder ein bloßer
Träumer sei, steht einzig·der ursprüngliche Glaube an unsre Wahrhaftigkeit ent-
gegen, von dem sich kein Mensch los machen kann. Die Begründung der objektiven
Gültigkeit unsrer Erkenntnisse ist also gar keine taugliche Aufgabe für den Men-
schen und hat nur durch Irrtum für die Aufgabe der Metaphysik gehalten werden
können. Und dieser Irrtum lag in der Verwechselung der transzendentalen
Wahrheit mit der empirischen." (Polemische Schriften, Anhang II: „Über die
Aufgabe der anthropologischen Kritik der Vernunft", S. 352 ff.)

„Der Grund dieser skeptischen Einwendungen liegt immer in der Verwechselung des Irrtums mit Unvernunft. Das Geschäft der Philosophie ist, die Vernunft
in der Selbsttätigkeit ihres Denkens vor Irrtum zu sichern, sie hat aber keinesweges vor, ein Narrenhaus in eine Akademie der Wissenschaften umzuwandeln.

Vernunft eigentlich gewonnen haben. Wir haben zwar nicht ein einzelnes metaphysisches Urteil, wohl aber die *Möglichkeit der Metaphysik überhaupt* deduziert. — Was hiermit geleistet ist, ist nicht mehr und nicht weniger als eine allen Anforderungen wissenschaftlicher Strenge genügende Beseitigung der eigentlichen Quelle des philosophischen Skeptizismus. Der eigentliche *philosophische* Skeptizismus ist nämlich durch den Hinweis auf den (introjizierten) Widerspruch des *allgemeinen* Skeptizismus noch keineswegs widerlegt. Der philosophische Skeptizismus kann die Möglichkeit wahrer Urteile im allgemeinen zugeben, dabei aber die Möglichkeit der Metaphysik bestreiten; er erkennt die demonstrierbare Wahrheit an, aber er bestreitet die Möglichkeit metaphysischer Urteile, indem er sich auf das Fehlen einer ihnen zu Grunde liegenden Anschauung beruft und auf die Unmöglichkeit, durch willkürliche Reflexion notwendige Wahrheiten zu erkennen.[1] Dieser Skeptizismus ist daher nur durch die faktische Aufweisung einer nicht-anschaulichen und zugleich von der Willkür der Reflexion unabhängigen Erkenntnis zu widerlegen. — Es kann sich

---

Aller Streit der Philosophen setzt für den, der daran Teil nehmen will, eine richtig organisierte Vernunft voraus und sucht diese vor Irrtum zu wahren: Irrtum aber ist nur ein Fehler der Reflexion, ein Fehler im Gebrauch der gesunden Vernunft, Narrheit dagegen ist ein Fehler der unmittelbaren Organisation der Vernunft selbst, Krankheit der Vernunft. Das Spiel des Skeptizismus beschäftigt sich nun beständig mit der Wahrheit: man kann für den Einzelnen nicht a priori beweisen, daß er wache, für das Menschengeschlecht überhaupt den Verdacht nicht a priori widerlegen, daß es von Narrheit befallen sei, sondern darüber ist ein Jeder de facto seiner eignen Überzeugung überlassen. So lange die Vernunft sich nicht kund gegeben hat, wäre es nicht unmöglich, daß sich Narrheit an ihrer Stelle fände. Dieser Punkt kann es von allen am meisten klar machen, wie keine Philosophie mit ihren Wahrheiten rein a priori zu völliger Evidenz kommen kann, wenn sie sich nicht auf eine erfahrungsmäßige anthropologische Untersuchung gründet." (Neue Kritik § 128, 2. Aufl. Bd. II, S. 198 f.)

[1] Vgl. den zweiten Teil dieser Schrift, § 50 Anmerkung.

im übrigen nur noch darum handeln, zu untersuchen, welches die einzelnen Prinzipien sind, die vermöge der Gesamtorganisation unserer Erkenntnis aus der aufgewiesenen Grundvorstellung der reinen Vernunft — Fries nennt sie die „formale Apperzeption" — entspringen. Die Gewißheit der *Geltung* dieser Prinzipien ergiebt sich, wenn sie einmal deduziert sind, von selbst, indem das Selbstvertrauen der Vernunft sich ohne alles Zutun der Spekulation auf alle in der unmittelbaren Erkenntnis gegründeten Prinzipien überträgt.[1]

---

[1] „Die Annahme einer solchen ursprünglichen formalen Apperzeption ist der oberste Punkt einer Theorie der Spontaneität der Erkenntniskraft, und somit das höchste Prinzip der Anthropologie, von dem die Theorie der Vernunft ausgehen muß." (Neue Kritik § 92, 2. Aufl. Bd. II, S. 60.) — „Diese Verhältnisse sind das höchste Resultat der subjektiven Untersuchung des Erkennens, durch sie müssen wir die Geheimnisse aller Spekulation entschleiern; sie sind schwer verständlich zu machen, weil das Vorurteil der objektiven Begründung so leicht den Blick von unserer Untersuchung wieder abzieht." (Ebenda § 93, Bd. II, S. 62.) „Welche Modifikationen müssen diese Einheitsvorstellungen vermöge der besonderen Natur der menschlichen Erkenntniskraft erhalten? Hierauf antwortet die Ausführung der Lehre, indem sie aus der Natur der menschlichen erkennenden Vernunft alle spekulativen Formen der Kategorieen und Ideen ableitet." (§ 89, S. 42.) — „Unsre wirkliche Erkenntnis entsteht so, daß einzelne materiale Erkenntnis zur formalen Apperzeption hinzukommt; der letzteren können wir uns für sich nicht bewußt werden, weil sie nur eine Bedingung für jedes zu gebende Material ist; sobald aber wirklich Gehalt der Erkenntnis gegeben ist, so muß ihr die formale Apperzeption anhängen, sich an ihr zeigen." „Jede einzelne Erkenntnis ist eine materiale Bestimmung der transzendentalen Apperzeption, und giebt eine materiale Bestimmung der formalen, aber nicht jede ist eine *ursprüngliche materiale Bestimmung*, denn dazu gehört, daß sie durch das Wesen der Vernunft selbst gegeben sei, also zu ihren unveränderlichen beharrlichen, aber eben darum auch immer nur formalen Tätigkeiten gehöre, welche eben so wenig als die formale Apperzeption selbst für sich bestehen können, sondern nur bei Gelegenheit sinnlicher Anregungen sich zeigen. Dies sind die Erkenntnisse a priori. Diese können also nur dadurch entstehen, daß mit dem Vermögen der ursprünglichen formalen Apperzeption andere ursprüngliche Vermögen der Vernunft zusammenkommen, welche ihm dann, sobald die Tätigkeit der Vernunft einmal an-

164. Wir können die psychologische Kritik hier nicht in ihre einzelnen Ausführungen verfolgen. Es bleibt uns nur noch übrig, den Weg anzuzeigen, auf dem FRIES von den Grundsätzen seiner Theorie der Vernunft aus zur Verbesserung des Grundfehlers der Kantischen Metaphysik gelangt. Dieser Fehler, der formale Idealismus, war, wie wir (§ 87) gezeigt haben, für KANT eine unvermeidliche Konsequenz seines Festhaltens an der traditionellen Annahme der Vollständigkeit der Disjunktion zwischen Logik und Empirie als Wahrheitskriterien. Mit der Aufweisung der unmittelbaren Erkenntnis der reinen Vernunft ist die Unvollständigkeit dieser Disjunktion bewiesen und damit zugleich das metaphysische Dogma des formalen Idealismus hinfällig gemacht.[1] Die Kantische

---

geregt ist, durchgängige materiale Bestimmungen geben." (§ 97, S. 85 ff.) — „Diese unabhängige Erkenntnis a priori enthält demnach alle Prinzipien der Einheit in unsrer Erkenntnis, ihr müssen alle Formen der mathematischen anschaulichen, der analytischen logischen und der synthetischen Einheit in Kategorie und Idee gehören; und es wird die weitläufigste Aufgabe der Deduktion, aus dem Verhältnis des sinnlichen Materials zur formalen Grundvorstellung in der Einheit der transzendentalen Apperzeption alle jene Formen abzuleiten." (§ 100, S. 91.)

[1] Vgl. hierzu die in § 84 besprochenen Einwendungen GRAPENGIESSERS.

Wenn VAIHINGER (Kommentar zu KANTS Kritik der reinen Vernunft, Bd. II, S. 307) FRIES' Äußerung (Neue Kritik, 2. Aufl., Bd. I, S. XXIV), er finde den Kantischen Fehler bei niemand noch richtig beurteilt, mit dem Hinweis berichtigen zu müssen glaubt, daß schon vierzig Jahre vor FRIES von Anderen der Kantische Fehler richtig beurteilt worden sei, so scheint er übersehen zu haben, daß FRIES selbst schon 23 Jahre vor der genannten Äußerung den Kantischen Beweisfehler nicht nur berichtigt, sondern auch die Unzulänglichkeit der von den Früheren an dem Beweise geübten Kritik dargelegt hat. („Wissen, Glaube und Ahndung", 1805, S. 41 bis 47.)

Man vergleiche über diesen Gegenstand auch FRIES' Neue Kritik, § 102 (2. Aufl., Bd. II, S. 97 ff.); „Tradition, Mystizismus und gesunde Logik", a. a. O. S. 15; Polemische Schriften, S. 321; Geschichte der Philosophie Bd. II, S. 583.

Man lasse sich übrigens dadurch nicht irre führen, daß FRIES die Bezeichnung „idealistisch" bisweilen auch für die kritische Methode beibehält. Dieser

Lehre von den Ideen und von den Dingen an sich bedarf hiernach einer wesentlichen Umgestaltung.

Das Hauptproblem der kritischen Metaphysik ist die Auflösung des Widerstreits zwischen dem notwendigen Naturalismus der theoretischen Vernunft und den Ansprüchen der praktischen Vernunft an die Realität der Ideen. Zur Auflösung dieses Widerstreits bietet sich der transzendentale Idealismus der Kantischen Antinomieenlehre an. Aber dieser transzendentale Idealismus führt für sich nicht weiter als bis zu dem Satze, daß die Naturform unserer Erkenntnis nur die Form einer subjektiv beschränkten Erkenntnisweise ist und für die Dinge an sich keine Realität haben kann. Dieser Satz läßt die Realität der Ideen noch völlig unausgemacht; es folgt aus ihm nur soviel, daß die Annahme der letzteren den Grundsätzen der theoretischen Vernunft *nicht widerspricht*.[1]

---

Sprachgebrauch steht bei ihm nicht in Widerspruch mit der Unterscheidung von Kritizismus und Idealismus, sondern er ist ihm nur eine andere Art, die „subjektive Wendung der Spekulation" zu bezeichnen. In diesem *methodischen* Sinne ist es zu verstehen, wenn FRIES von dem „notwendigen Idealismus aller Spekulation" („Wissen, Glaube und Ahndung", S. 119) oder von „einer richtigen idealistischen Wendung der Spekulation" (Neue Kritik § 71, Bd. I, 2. Aufl., S. 354; ähnlich auch § 70, S. 343) spricht.

[1] „Dieser erste Schritt [der Beweis des transzendentalen Idealismus] dient nur, um der natürlichen Ansicht der Dinge ihr Unrecht zu beweisen, wenn sie sich für die vollständige Wahrheit geben will; wir müssen noch . . . die Rechte der Idee selbst sichern." (Neue Kritik § 129, 2. Aufl., Bd. II, S. 201.)

„So aber sind die Ideen der Freiheit und Ewigkeit nur mögliche Gedanken, welche die Vernunft sich gleichsam mit willkürlicher Reflexion entwirft, nur um ihre eignen Schranken zu erkennen, sie erzeugt sie nur durch Negation desjenigen, was ihre Erkenntnis beschränkt, wiefern sie an einen Sinn gebunden ist. Und diese Negation der Schranken in der Idee der absoluten Realität ist in der Tat der einzige Inhalt, den wir unsrer spekulativen Idee verschaffen können. Wie kommen wir nun dazu, diesen willkürlich entworfenen Gedanken zu hypostasieren, und dem, was wir uns selbst ausgedacht haben, einem bloßen

Zur Begründung der Ideen verweist uns die Kantische Philosophie auf die Kritik der *praktischen* Vernunft. Hier soll die
Realität der Ideen als ein praktisches Postulat, d. h. als eine zwar
theoretisch unerweisliche, aber in praktischer Hinsicht notwendige
Voraussetzung erwiesen werden. Dieses Verfahren kann indessen
nur als *regressive Aufweisung* der Ideen betrachtet werden. Ohne
eine vorhergehende *spekulative Begründung* der Ideen ließe sich aus
dieser Aufweisung vielmehr nur umgekehrt schließen: Wenn die
Gültigkeit unserer praktischen Überzeugungen wirklich von der
Annahme der Realität der Ideen abhängt, und diese Annahme ist
grundlos, so werden wir auch die Grundlosigkeit unserer praktischen Überzeugungen einräumen müssen. Dieser skeptischen Konsequenz hat Kant nichts entgegenzusetzen als die Behauptung vom
*Primat der praktischen Vernunft.* Diese Behauptung aber ist bei
ihm ein Dogma, das sich weder auf spekulative noch auf praktische Vernunftgründe stützen läßt, da zu seiner Begründung ein
dritter Standpunkt außer oder über aller Vernunft erforderlich
wäre, von dem aus sich der Rangstreit zwischen spekulativer und
praktischer Vernunft entscheiden ließe.[1]

165. Eine kritische Beseitigung dieses Zwiespalts kann also
nur in einer spekulativen Begründung der Ideen gesucht werden.
Diese Aufgabe — Fries bezeichnet sie selbst einmal als „das Mei-
sterstück aller Philosophie"[2] — löst Fries im zweiten Bande seiner
Kritik der Vernunft. Er entdeckt hier den von Kant übersehenen
Unterschied zwischen der negativen Form der Ideen selbst und

---

Noumen eines Daseins über die Natur hinaus Realität zu geben?" (Wissen,
Glaube und Ahndung, S. 129.)

[1] Zur Kritik von Kants „moralischen Beweisen" vergleiche man „Wissen,
Glaube und Ahndung", S. 67 ff., 72 ff., 155 ff., 164 f.

[2] Wissen, Glaube und Ahndung, S. 130.

der positiven Grundlage der Ideen in der unmittelbaren Erkenntnis.[1] Wir können uns der positiven Grundvorstellung der objektiven synthetischen Einheit, so wie sie unmittelbar der reinen
Vernunft angehört, nur unter der Form einer doppelten Verneinung bewußt werden, indem wir die Schranken, an die der positive Gebrauch der Kategorieen in der Erfahrung gebunden ist,
nämlich Unvollendbarkeit und Stetigkeit, aufgehoben denken. Dadurch gelangen wir zu der Idee der unbeschränkten oder vollendeten Einheit, der „Idee des Absoluten", welche die Grundform
aller einzelnen Ideen ist.[2] Es ist also eine und dieselbe Grundvor-

---

[1] „Wir müssen in Rücksicht der Deduktion der Ideen genau unterscheiden
die *positive Grundlage unsrer ganzen idealen Ansicht* und die *Formen des Aus-
spruchs der Ideen vor der Reflexion.* Jene positive Grundlage ist der *Glaube an die
Realität schlechthin,* welcher das innerste Eigentum jeder *vernünftigen* Erkenntniskraft ist; die Formen, unter denen wir uns vor der Reflexion allein die ideale
Ansicht aussprechen können, entspringen hingegen nur aus der Negation der
Beschränkung unsers sinnlichen Wissens. Wir wollen mit den Ideen das schlechthin Positive unsrer Erkenntnis fassen; der menschlichen Vernunft ist dies aber
nur unter der Form einer doppelten Verneinung möglich." (Neue Kritik § 121,
Bd. II, 2. Aufl., S. 173.)
    „Das Verhältnis ist gerade das Umgekehrte jener Frage; wir entwerfen
uns nicht willkürlich die Ideen der Freiheit und Ewigkeit, und glauben nachher
an die Realität des Phantoms, welches wir selbst geschaffen haben, sondern die
Vernunft glaubt rein aus ihrem Wesen an die höchste Realität, und entwirft
sich nachher jene Ideen nur, um ihren Glauben aussprechen zu können." „Der
Glaube und die Realität der Idee geht im Wesen der Vernunft der Idee selbst
vorher, und wir brauchen diese nur, um jene auszusprechen." (Wissen, Glaube
und Ahndung, S. 129 ff.)
    [2] „Die notwendige Einheit der Grundvorstellung legt sich an jede Erregung
unsrer Erkenntnis, kann aber, so viel oder wenig der Umfang der Anregung
betragen mag, doch nie erfüllt werden. Das erste Gesetz der Einheit in unsrer
Erkenntnis wird also ein Gesetz der Vollständigkeit schlechthin; hingegen die
Form der Einheit an dem gegebenen Material muß immer eine Beschränkung
zeigen. Durch diese Vollständigkeit stellen sich also die Formen der Idee denen
der Natur gegenüber; dies kann aber nach dem Bewiesenen nur durch Vernei-

stellung der reinen Vernunft, aus der die Naturbegriffe wie die
Ideen entspringen; nur sind die ersten von positivem Gebrauche
und hierbei durch die Unvollendbarkeit der mathematischen Form
ihres Schemas beschränkt, während die zweiten nur negative Begriffsbildungen sind, durch die wir uns in Gedanken über die
Schranken der Natur erheben.[1]

---

nungen geschehen. Wir können die Vollständigkeit der idealen Einheit nur
durch Verneinung der Beschränkungen an den Kategorieen denken.

"Die oberste Form aller transzendentalen Ideen ist also die Idee der Negation der Schranken, die Idee des *Absoluten*, und das Charakteristische der
ideellen Vorstellungsweise wird Vorstellung des Realen durch verdoppelte Ver-
neinungen." (Neue Kritik, § 124, Bd. II, 2. Aufl., S. 180 f.)

[1] "Wir haben gesehen, daß die einzelnen Formen der Ideen, Totalität, das
Absolute, Freiheit und Ewigkeit nur aus Verneinung der Schranken in den Formen der Kategorieen entstehen; es fragt sich jetzt, wie erhalten sie ihre Anwendbarkeit? Dadurch, daß in unsrer Vernunft eine Grundvorstellung der absoluten Realität des Ewigen liegt, welche durch diese Formen des Unbeschränkten
im Verhältnis gegen das Endliche, welches nur seine Erscheinung ist, ausgesprochen wird. Wie aber läßt sich jene Grundvorstellung des Seins an sich, als
dem Endlichen zu Grunde liegend, in der Theorie der Vernunft ableiten? Ganz
einfach aus dem obersten Verhältnis der anthropologischen Theorie der Vernunft.
Jede vernünftige Erkenntniskraft, welche die Form der ursprünglichen Einheit
und Notwendigkeit in sich hat (wie wir dies erfahrungsmäßig von unsrer Vernunft nachgewiesen haben), muß jede Realität der Erkenntnis, welche sie anerkennt, auf die vollständige Einheit und Notwendigkeit beziehen, es bildet sich
also in ihr selbst jedem sinnlich gegebenen noch so beschränkten materialen Bewußtsein die Form einer unbedingten Realität desselben an, durch die höchste
Bedingung der Einheit der Vernunft selbst. Die Vernunft hat durch ihre eigentümliche Form immer die vollendete Einheit in jeder ihrer Erkenntnisse liegen;
wenn also gleich der nur sinnlich angeregte Gehalt der wirklichen Erkenntnis
jene Form der Unvollendbarkeit an sich hat, so fällt er doch in die ursprüngliche Einheit jener Grundvorstellung, und muß daher als Erscheinung einer
*Realität schlechthin* angesehen werden.

"Es ist das oberste Verhältnis des formalen Grundbewußtseins unsrer Vernunft zu irgend einer materialen Erkenntnis, wodurch diese jederzeit die höchste
Realität, wenn gleich nur als erscheinend und nicht rein als an sich gegeben

Das Kantische Gesetz der Immanenz aller menschlichen Erkenntnis wird also durch diese Deduktion nicht durchbrochen. Es wird nicht eine positive Erkenntnis der Dinge an sich gefordert, es wird nicht eine Welt des Übersinnlichen neben oder über die Welt der Erfahrung gestellt, sondern es ist eine und dieselbe Welt der Gegenstände der Sinne, die wir das eine Mal positiv unter Naturgesetzen erkennen und das andere Mal negativ durch Ideen denken.[1] Wenn wir aber die natürliche Ansicht eine sub-

---

darin anerkennt, und so einen *spekulativen Glauben* in ihrem innersten Wesen hat an die bedingungsweise absolute Gültigkeit ihrer Erkenntnisse.

„Kraft ihrer Vernünftigkeit liegt in jeder Vernunft ein spekulativer Glaube an das Sein ihrer Gegenstände an sich und die transzendentale Wahrheit ihrer Erkenntnis. Dieser spekulative Glaube ist das *erste Vorausgesetzte* jeder vernünftigen Erkenntnis, welches ihr mit dem Bewußtsein der Notwendigkeit unmittelbar zukommt." (Neue Kritik § 130, Bd. II, 2. Aufl., S. 205 f.)

„Gemeinhin setzen wir den *Erscheinungen* (Phänomenen) die *Noumene* oder Gedankendinge entgegen, erstere sind Gegenstände der Sinnesanschauung, Dinge in Raum und Zeit, letztere sind Gegenstände der Idee, welche nur der Verstand denkt, wie das Weltganze oder die Gottheit, wir nennen die Weltordnung der erstern *Natur* als Ordnung der Sinnenwelt, die der andern *Ordnung der intelligibeln Welt,* und da kommen diese Gedankendinge mit ihrer intelligibeln Welt nicht unmittelbar als die Dinge an sich vor. Vielmehr finden wir sie in unserm Bewußtsein zunächst nur nach ganz willkürlichen Reflexionen, von denen noch die Frage wäre, ob sie irgend Bedeutung haben? Es sind nämlich die Noumene der Philosophen jene reflektierten Formen transzendentaler Ideen, von denen wir gezeigt haben, daß wir sie uns willkürlich bilden, indem wir in den gegebenen Verhältnissen der Natur die Schranken verneint denken. Jetzt können wir aber bemerken, daß die Idee des Seins an sich eben nur eine von diesen Formen ist, und daß wir mit ihr eben den Gebrauch dieser Formen überhaupt nachgewiesen und damit die Deduktion unsrer idealen Ansicht der Dinge vollendet haben. Die Ideen des Absoluten sind nämlich allerdings Eigentum der Reflexion, diese bildet sie sich nur durch Verneinung der Schranken; sie sind aber eben in der Reflexion von notwendiger Anwendbarkeit, weil wir uns durch sie vor der innern Wiederbeobachtung die Verhältnisse des spekulativen Glaubens, das innerste Gesetz der Wahrheit unsers Geistes aussprechen." (Ebenda, S. 207 f.)

[1] „Wenn es Realität in menschlicher Erkenntnis giebt, so ist diese nur

jektiv beschränkte nennen und als solche der idealen unterordnen
und so in der Tat einen „Primat der praktischen Vernunft" über
die theoretische anerkennen, so berufen wir uns doch nicht auf
eine Vergleichung von Erkenntnis und Gegenstand, sondern wir
entscheiden auch hier noch nach kritischer Methode, indem wir
eine jede Ansicht, natürliche wie ideale, auf ihre Gründe in der
Vernunft selbst zurückführen und hier ihre Ansprüche einander
selbst ausgleichen lassen.[1]  Mit der *Realität* der Ideen haben wir

---

durch die Anschauung gegeben. Die Welt also, welche Gegenstand unsrer Er-
fahrung ist, ist die einzige, von der wir auch nur Ideen haben können. . . .
Wenn die Gedankenformen der Idee sich auch über das Gegebene der einzelnen
Anschauungen erheben, so geschieht dies doch nur, um ein Ganzes derselben
überhaupt zu denken, ohne sich je völlig von ihnen loszusagen, oder etwa das
Übersinnliche als eine andere Welt zu erkennen; vielmehr ist das Höchste immer
nur, daß wir eine *andere* Ordnung *derselben* Welt denken." (Neue Kritik § 123,
Bd. II, S. 179.)

„Unsre Theorie der Vernunft zeigte uns, daß wir gar keinen andern Inhalt
der Erkenntnis haben, als den aus der Sinnesanschauung; wir haben keine andere
Erkenntnis als die Erfahrung, alle unsre Erkenntnis bleibt immanent, und was
wir über jene Sinnesanschauung besitzen, ist nur die Form der Notwendigkeit
und Einheit, welche ohne jenen Inhalt eine leere, bedeutungslose Form wäre.
Die Sinnesanschauung bleibt also doch unvermeidlich der Quell aller Realität in
unsrer Erkenntnis; . . . Diese bedingte Realität unsrer Naturansicht muß also
doch der Quell aller Wahrheit in unsrer Vernunft sein. Sollen wir von einem
Ewigen, einem Sein der Dinge an sich sprechen können, so müssen wir auch
dazu durch die Realität der Erfahrungserkenntnis gelangen." (Neue Kritik § 129,
Bd. II, S. 201 f.)

[1] „Wie soll nun aber unser Standpunkt gewählt werden, um zu zeigen, daß
unsre Naturerkenntnis nicht bloßer Schein sei, sondern daß ihr die höchste Realität zu Grunde liege? So viel wissen wir, daß wir nicht im Stande sind, unmittelbar das Ewige in seiner Reinheit zu erkennen, um geradezu durch Vergleichung den Streit zu entscheiden. Wir wissen, daß es unsrer Vernunft unmöglich ist, gleichsam aus sich selbst heraus zu treten zum Gegenstand und ihre
Erkenntnis so mit diesem zu vergleichen. Der objektiv gemeinte Standpunkt der
Untersuchung, die Übereinstimmung der Vorstellung mit dem Gegenstande hilft
uns auch hier noch eben so wenig, als er uns irgend in einer positiven Unter-

es auch hier unmittelbar nicht zu tun, sondern nur mit der Nachweisung, daß der Glaube *an* die Realität der Ideen faktisch in der
unmittelbaren Erkenntnis gegründet sei. —

FRIES beschließt seine Deduktion der Ideen mit den folgenden
Worten, mit denen auch wir unsere Darstellung dieses „Meister-
stücks aller Philosophie" abschließen wollen:

„Diese unsre Lehre von den Ideen unterscheidet sich von der
Kantischen darin, daß er keinen spekulativen Glauben kannte, und
er konnte diesen nicht finden, wegen der Unvollständigkeit seiner
Lehre von der Begründung der Urteile, in welcher er nie über
den Beweis hinausging. Er verwarf die spekulative Gültigkeit
der Ideen, weil sich aus spekulativer Vernunft kein Beweis über
sie führen läßt; er blieb damit nur bei der Reflexion stehen, und
drang nicht zu dem durch, was durch diese Reflexion beobachtet
wird. . . . Wir hingegen können hier unsre subjektive Theorie

---

suchung der Wahrheit gevorteilt hat. Wir kamen zur Erfahrungserkenntnis, und
konnten die Prinzipien ihrer Notwendigkeit in den Grundgesetzen der Natur auf-
weisen, nicht dadurch, daß wir ihr Verhalten zu den Dingen selbst erhärteten,
sondern dadurch, daß wir zeigten, jede menschliche Vernunft weiß ihrer Natur
nach diese und diese Gesetze und muß nach ihnen urteilen. Eben so werden wir
in Rücksicht der Gültigkeit der Ideen denselben Gang der Deduktion einschlagen
müssen, indem wir zeigen: jede endliche Vernunft glaubt kraft der Organisation
ihres Wesens notwendig an die ewige Realität des Seins an sich. . . . Unsre
Stellung für die Deduktion der Ideen ist also die, daß wir zeigen, ein Jeder glaube
notwendig an die ewige Realität der Ideen. Es liegt nämlich unvermeidlich in
der unmittelbaren Erkenntnis seiner Vernunft dieser Glaube, dessen wird er sich
aber erst durch Reflexion mittelbar wieder bewußt; dabei kann er dann Fehler
der Selbstbeobachtung begehen, und so selbst meinen und lebhaft meinen, er
glaube von dem allen nichts, wiewohl dieser Glaube unmittelbar in ihm, wie in
jedem Andern liegt. Kraft dieser Deduktion müssen wir uns also anheischig
machen, jedem, der die Realität der Ideen leugnet, geradezu aufzuweisen, nicht
etwa nur, daß sie dennoch wirklich Realität haben, sondern daß er selbst, er mag
sagen, was er will, in der Tat doch auch ihre Realität glaube, und sich mit dem
Gegenteil doch nur selbst täusche." (Neue Kritik § 130, Bd. II, S. 203 ff.)

durchaus vollenden, und zugleich jede objektive Wendung der Sache ablehnen. Jede Vernunft glaubt die Dinge an sich zu erkennen, nicht auf die Gefahr hin, sich zu irren, denn in Rücksicht dessen giebt es keinen Irrtum, sondern auf die Gefahr hin, kein Narr zu sein.

„Das Resultat unsrer ganzen Lehre von der transzendentalen Wahrheit ist dann das höchste Lob der kritischen Methode in der Philosophie. Philosophieren heiße die willkürliche Tätigkeit im Selbstdenken; es werde gefragt: was wollt ihr mit diesem selbsttätigen Denken? Wer sich auf die Antwort einläßt, sagt: Wahrheit, die höchste Wahrheit, Übereinstimmung der Erkenntnis mit ihrem Gegenstande, des Objekts mit dem Subjekt! Gehen wir aber kritisch dem nach, was ihr wirklich tut oder auch nur tun könnt, so finden wir, daß ihr diese Wahrheit keinesweges wollt, sondern nur Ausbildung eurer Erkenntnis, möglichste Annäherung an das Ideal logischer Vollkommenheit im Erkennen, welches durch Beweisen, Demonstrieren und Deduzieren eurer Sätze erreicht wird. Was ihr überdies zu suchen meint, das scheint euch nur so durch Verwechselung der empirischen Wahrheit aus dem Verhältnis der Erkenntnis zur Vernunft mit transzendentaler Wahrheit aus dem Verhältnis der Erkenntnis zu ihrem Gegenstande.

„Wir haben den logischen Satz vom Grunde auf die Formel gebracht: jeder Satz muß einen zureichenden Grund in der unmittelbaren Erkenntnis haben, denn er ist nur mittelbare Wiederholung eines unmittelbar Gegebenen, man denkt ihn sich insgeheim nach transzendentaler Bedeutung aber eigentlich so: Jede wahre Erkenntnis muß ihren zureichenden Grund haben, denn das Sein des Gegenstandes ist der Grund, Wahrheit der Erkenntnis doch nur die Folge. Mit diesem Postulat aber können wir gar nichts anfangen, diese Abhängigkeit der Erkenntnis von ihrem Gegenstande ist gar kein Thema einer wissenschaftlichen Untersuchung. Wer das Gegenteil behauptet, der fordert eine Theorie der Möglichkeit des Erkennens. Habt ihr euch denn aber auch gefragt, ob die Möglichkeit des Erkennens ein Thema für irgend eine Theorie sei? Wohl nicht! Denn sonst würdet ihr finden, daß das Erkennen nur als Qualität vor der inneren Erfahrung vorkommt; für Qualitäten aber giebt es ja überhaupt keine Theorie, und am wenigsten für innere Qualitäten; nur quantitative Verhältnisse können Thema einer Theorie werden; ein solches ist aber das einer Erkenntnis und ihres Gegenstandes nicht."[1]

---

[1] Neue Kritik § 131. (Bd. II, S. 211 ff.)

# Schluss.

## Vorschlag, durch eine geeignete Methode die philosophischen Streitigkeiten in wissenschaftliche Bahnen zu lenken.

*Εὖ γὰρ ἴσθι, ὦ ἄριστε Κρίτων, τὸ μὴ καλῶς λέγειν οὐ μόνον εἰς αὐτὸ τοῦτο πλημμελές, ἀλλὰ καὶ κακόν τι ἐμποιεῖ ταῖς ψυχαῖς.*
PLATON, Phaedon 115 E.

166. Zum Schlusse wird es gut sein, einige Folgerungen, die sich an die vorstehenden Darlegungen knüpfen und die für die Beurteilung der gegenwärtigen Lage der Philosophie von Nutzen sein können, ausdrücklich zu ziehen.

Das erste Ergebnis, das ich hier als festgestellt betrachte und dessen vollgültige Begründung in den Kapiteln XV bis XXIV zu finden ist, fasse ich in die Behauptung zusammen, daß das Philosophem KANTS in seiner historisch vorliegenden Form auf Voraussetzungen beruht, deren innere Unvereinbarkeit es unmöglich macht, bei diesem Philosopheme stehen zu bleiben. Zweitens aber behaupte ich, daß die Einteilung, die der im Vorangehenden gegebenen Übersicht über die verschiedenartigen Fortbildungsversuche des Kantischen Philosophems zu Grunde liegt, eine vollständige und ausschließende ist.[1]

---

[1] Vgl. besonders Kapitel XXIV.

Aus diesen Feststellungen ergiebt sich einerseits die Abweisung der vielfach ausgegebenen Parole „Zurück zu Kant", d. h. die Abweisung des Versuchs, auf die Kantische Philosophie zurückzugehen, *ohne* diese Philosophie wieder im Sinne eines ihrer Nachfolger umzubilden, — eines Versuchs, von dem schon die Geschichte lehrt, daß er, so oft er auch angestellt worden ist, noch jedesmal nur von völlig ephemerem Erfolge war.[1]

Andererseits aber ergiebt sich die Abweisung jeglichen Versuchs, die bereits aufgetretenen Fortbildungen der Kantischen Philosophie um eine neue zu vermehren oder auch zwischen den aufgetretenen, historisch vorliegenden Versuchen dieser Art irgend eine *Vermittelung* herzustellen. Alle Bemühungen, auf diesem Felde noch einen Ruhm der Originalität zu ernten, sind vergeblich, da alle hier möglichen Versuche bereits ihre Verwirklichung in der Geschichte gefunden haben und also alle Möglichkeiten erschöpft sind. So sehr deshalb auch die Erfolglosigkeit aller bisherigen Bemühungen, eine Einigung herbeizuführen, die Erwartung nahe legen mag, daß der Streit, der das beginnende Jahrhundert noch ebenso beschäftigt wie das vergangene, seine Schlichtung nur durch eine erst noch zu entdeckende, die alten Gegensätze in einer höheren Einheit aufhebende Philosophie finden werde, so ist doch aus unserer Darstellung gewiß, daß dieser Streit zwischen den schon bestehenden Parteien ausgetragen werden muß und nur durch den völligen Sieg der einen unter ihnen und die damit verbundene gänzliche Vernichtung aller übrigen sein Ende finden wird.

Ohne also hier noch einmal zwischen diesen Parteien eine Entscheidung treffen zu wollen, können wir behaupten, daß von

---

[1] Vgl. § 140.

jeder Philosophie, die eine Fortbildung der Kantischen oder auch
nur eine Rücksichtnahme auf das Kantische Problem beabsichtigt,
gefordert werden muß, daß sie sich für einen der aufgezählten
Standpunkte entscheide, die nach ihren geschichtlich ausgeprägte-
sten Formen durch die Namen SCHELLING, HEGEL, BENEKE und FRIES
bezeichnet werden können. Wer dieser Forderung nicht Genüge
leistet, wird bereits durch die bloße Logik abgewiesen. —

167. Sollte die Hoffnung, die gewiß ein jeder teilt, der irgend
einen der hier zuletzt aufgeführten Standpunkte einnimmt, keine
trügerische sein, — die Hoffnung, daß durch eine gesunde Fortbildung der Kantischen Philosophie ihre Friedensverheißung in Erfüllung gehen werde, so sollte uns doch schon ein Rückblick auf die
bisherige Geschichte dieser Philosophie (wie wir ihn hier gegeben
haben) warnen, das erhoffte Ziel nicht durch unsere — der Philosophierenden — eigene Schuld noch fernerhin ohne Not hinauszurücken.
*Zweierlei* könnte hier, nächst dem im vorigen Paragraphen Geforderten, geschehen, um nicht sowohl geradezu eine Verständigung herbeizuführen, als vielmehr zunächst die einer solchen entgegenstehenden
Hindernisse aus dem Wege zu räumen. Unter diesen Hindernissen
sind nämlich einige, die nicht eigentlich aus der grundsätzlichen Verschiedenheit der philosophischen Überzeugungen, sondern aus der
Nichtachtung höchst einfacher und naheliegender Gebote entspringen
und denen entgegenzuarbeiten einem jeden an seinem Teile möglich
ist, ohne dabei seinen Parteigrundsätzen irgend etwas zu vergeben.

*Ein* solches Hindernis liegt, wie schon oft bemerkt worden
ist, in dem Mangel eines feststehenden und einheitlichen Sprachgebrauchs. So oft sich die Einsicht in die schlimmen Folgen
dieses Fehlers bei unseren philosophierenden Schriftstellern geltend
macht, so schnell wird sie meist wieder vergessen, so schnell
macht sie wieder der Vorliebe für eine originelle Terminologie

und den mannigfachsten Vergewaltigungen der Sprache Platz. Ich will hier nur auf den folgenden, bei den Erörterungen über diese Frage bisher nicht gehörig berücksichtigten Umstand aufmerksam machen.

So nützlich in vielen Fällen die Neubildung eines Terminus sein mag, wo die der bisherigen Sprache zur Verfügung stehenden Ausdrücke nicht zu genügen scheinen, so gefährlich ist sie doch, wo sie nicht wirklich unentbehrlich ist, namentlich, wenn dabei ein Ausdruck Verwendung findet, der bereits in dem gewöhnlichen Sprachgebrauch vorkommt und in diesem eine ihm durch das Herkommen gegebene Bedeutung besitzt. Führt man für einen solchen Ausdruck eine Definition ein, und sei es auch nur, um sich gegen die Unbestimmtheit zu sichern, die durch die dem gewöhnlichen Sprachgebrauch anhängenden Assoziationen erzeugt wird, so setzt man sich der Gefahr aus, bei dem späteren Gebrauch des definierten Ausdrucks die ihm durch die Definition gegebene Bedeutung mit der ihm nach dem üblichen Sprachgebrauch zukommenden Bedeutung zu verwechseln und so unbemerkt Bestimmungen, die dem Gegenstande nach der einen Bedeutung des Wortes zukommen, auf den Gegenstand zu übertragen, dem sie nach der anderen Bedeutung des Wortes keineswegs zukommen. Eine wie reiche Quelle philosophischer Irrungen dieser Umstand bildet, wird man durch eine Vergleichung der in der vorliegenden Schrift behandelten Beispiele ermessen.[1] — Selbst das von dem feinsten Sprachgefühl geleitete Bestreben, nur in vollster Übereinstimmung mit dem Sprachgebrauch zu definieren, schützt nicht vor der in dieser Fehlerquelle begründeten Gefahr. Denn welches Kriterium haben wir, um zu beurteilen, ob die Definition alle und nur alle die

---

[1] Vgl. besonders die in § 139 angegebenen Beispiele.

Merkmale enthält, die der durch den Sprachgebrauch mit demselben Worte bezeichnete Begriff enthält? In *anderen* Wissenschaften hat es hiermit keine Schwierigkeit, denn dort können
wir jederzeit auf die *Anschauung* verweisen und dadurch jeden
Zweifel darüber zerstreuen, von welchem Gegenstande die Rede
ist. In der Philosophie aber, und auch in der Psychologie, versagt dieses Verständigungsmittel gänzlich. Denn die philosophische Erkenntnis ist ihrem Wesen nach nicht-anschaulich, und der
Psychologe kann sich zwar für die Richtigkeit seiner Sätze auf
die Selbstbeobachtung berufen, die aber, eben weil sie *Selbst*beobachtung ist, ein jeder nur in sich selbst findet, ohne ihren Inhalt
einem anderen anders mitteilen zu können als vermittelst der
Sprache. Halten wir uns nun hier nicht auf das Strengste an
den *allgemeinen Sprachgebrauch*, so geben wir unbedacht das einzige Mittel der Verständigung preis. Dies geschieht aber notwendig, sobald wir, statt dem Sprachgefühl zu folgen, von willkürlichen Definitionen ausgehen.

Den allgemeinen Sprachgebrauch also gilt es zu achten. Gerade unsere Sprache ist so reich und bietet so feine Abstufungen,
daß schon allein derjenige, der über ein gebildetes Sprachgefühl
verfügt, vor allerlei Begriffsverwechslungen geschützt ist, denen
ein anderer leicht zum Opfer fällt, der in bloßem Vertrauen auf
seinen eigenen Scharfsinn in einer eigens zu diesem Zweck geschaffenen Privat-Terminologie philosophiert. Ich erinnere, um
dies mit Beispielen zu belegen, an die Anmerkung des § 48 über
die Ausdrücke „Vernunft" und „Verstand", sowie an die ebenso
schon in unserer gewöhnlichen Sprache liegende Unterscheidung
im Gebrauche der Worte „Grund" und „Begründung", deren Beachtung allein hingereicht hätte, um auf den Unterschied der entsprechenden Begriffe aufmerksam zu werden und dadurch den

Hauptfehler der in dieser Schrift widerlegten Irrtümer zu vermeiden. Ich erinnere ferner auch an die Unterscheidung, die ein
gesundes und philosophisch unbeirrtes Sprachgefühl zwischen „Gefühl" und „Empfindung" macht, mit welcher Unterscheidung der
Geist unserer Sprache gleichsam die grundlegende Entdeckung der
Kantischen Ästhetik vorwegnimmt.[1]

    Weiter aber sollte man sich in einer auf Wissenschaftlichkeit
Anspruch erhebenden Darstellung nach Möglichkeit aller *Bilder*
enthalten. Ich weiß wohl, daß ursprünglich die meisten, wo nicht
alle Ausdrücke bildliche Bedeutung haben. Aber es ist ein großer
Unterschied zwischen dem Gebrauch eines Ausdrucks, von dessen
Bildlichkeit wir das Bewußtsein längst verloren haben, und einem
*bewußterweise* bildlichen Gebrauche eines Ausdrucks.[2] Nur diesen
letzten gilt es zu vermeiden. Bekanntlich hinkt nämlich notwendig *jedes* Bild. So zweckmäßig daher auch ein Bild zur *Erläuterung* einer anderweit gegebenen Begriffsbestimmung sein mag, so
kann es doch diese letztere niemals *ersetzen*, wenn sie von Vieldeutigkeiten frei bleiben soll. Derartige Vieldeutigkeiten führen
nicht nur den Leser, sondern oft genug auch den Autor selbst in
die Irre; sie nicht aufkommen zu lassen, ist ein einfaches Gebot
der Wahrhaftigkeit schon im alltäglichen Gebrauche der Sprache,
wie viel mehr also im wissenschaftlichen.
    Aus dem Gesagten erhellt zugleich, daß wo *wirklich* die Ein-

---

[1] Man erkennt aus Überlegungen dieser Art die tiefe Bedeutung jener
wenig beachteten und noch seltener verstandenen Warnungen, die KANT in
der transzendentalen Methodenlehre (wie auch schon in den „Untersuchungen
über die Deutlichkeit der Grundsätze der natürlichen Theologie und der Moral")
über den Gebrauch der Definitionen in der Philosophie gegeben hat.
    [2] Man vergleiche z. B., um sich diesen Unterschied deutlich zu machen,
das Wort „Grund" mit den Worten „Wurzel", „Urboden" und „Heimatsort":
(Vgl. § 59, 60 und 61.)

führung einer neuen Terminologie erforderlich ist, man sich nicht
scheuen sollte, zu *Fremdwörtern* zu greifen, da mit diesen noch
keine störenden, aus einem früheren Gebrauche herstammenden
Nebenbedeutungen verbunden sind.[1] Es ist aber klar, daß solche
Neubildungen nur dann erlaubt sind, wenn sich der fragliche Begriff aus Merkmalen zusammensetzt, die ihrerseits mit den Mitteln
des allgemeinen Sprachgebrauchs bezeichnet werden können, da in
letzter Linie alle Verständigung und Mitteilung nur mit seiner
Hülfe möglich ist und wir also auch bei allen Definitionen schließlich auf ihn zurückgehen müssen.[2]

Zwar hat wirklich die allgemeine Sprachverderbnis in philoso-
phischem Gebiete bereits einen so bedrohlichen Umfang angenommen,

---

[1] Aus diesem Grunde erscheint mir z. B. der Vorschlag CALKERS, an Stelle
der von KANT geprägten Termini deutsche Ausdrücke einzuführen, nicht glück-
lich. („Denklehre" für „Logik", „Urgesetzlehre" für „Metaphysik", „Vorweisung"
für „Demonstration", „Grundweisung" für „Deduktion", „verbindendes ursprüngliches Urteil" für „synthetisches Urteil a priori", „einheitliche Vernehmung" für
„formale Apperzeption", „ewige Selbsttümlichkeit" für „intelligibler Charakter"
u. s. w.) Vgl. F. CALKER, Urgesetzlehre, Berlin, 1820.

[2] Ein typisches Beispiel eines Verstoßes gegen die letzte Regel ist der in
der erkenntnistheoretischen Litteratur immer mehr um sich greifende und schon
heute geradezu epidemisch gewordene Mißbrauch des Ausdrucks: „das Apriori".
Da dieser Ausdruck *noch niemals definiert* worden ist, so hat er bisher *überhaupt
keine Bedeutung;* aber desto größer ist die Beliebtheit, deren er sich bei unseren
erkenntnistheoretischen Schriftstellern erfreut. Der Grund dieser Beliebtheit ist
leicht zu entdecken: es giebt keinen anderen Ausdruck, der so geeignet ist wie
dieser, um das für die Sache Wesentliche zu verschleiern und dem Leser aus
den Augen zu rücken. Sagte man nämlich: „Erkenntnis a priori", so würde
jeder Hörer und Leser wissen, daß es sich nicht um den *Gegenstand,* sondern
um den *Inhalt* der Erkenntnis handelt. Da aber für die Erkenntnistheorie alles
auf die Nicht-Unterscheidung dieser Begriffe ankommt, so empfiehlt sich der un-
bestimmtere Ausdruck: „das Apriori". Denn bei diesem kann niemand wissen,
was eigentlich gemeint ist, man kann also nach Belieben bald das eine, bald
das andere hineindeuten und so alles beweisen und alles widerlegen, was sich
nur irgend durch eine quaternio terminorum beweisen oder widerlegen läßt.

daß es schwer hält, sich der gewöhnlichen Sprache noch unbefangen zu philosophischen Zwecken zu bedienen und bei ihrem Gebrauch Verständnis zu finden, und man könnte daher mit Grund zweifeln, ob sie unter diesen Umständen überhaupt noch für eine wissenschaftliche philosophische Darstellung tauglich sein kann. Allein, es giebt nun einmal in Ermangelung der den übrigen Wissenschaften zu Gebote stehenden *Anschauung* kein anderes Mittel der Verständigung als die Sprache. Dieses Mittels also müssen wir uns, so unvollkommen es sein mag, annehmen, um es vor weiterer Verderbnis zu bewahren, und es bleibt mithin auch zur Beseitigung der bestehenden babylonischen Sprachverwirrung kein anderer Weg als eine gewissenhafte und gleichsam liebevolle Versenkung in den Geist unserer Muttersprache.[1]

168. Soviel vom Gebrauch der Sprache in der Philosophie. Was aber die Sache selbst betrifft, so sollte uns auch hier das Interesse an dem gemeinsamen Ziele veranlassen, mehr als bisher geschehen, auf einander Rücksicht zu nehmen. Eine Einigung und Entscheidung wird nicht durch ein Dekret herbeigeführt werden, dem sich jedermann zu unterwerfen hätte; aber bei aller Abweichung der philosophischen Lehrmeinungen ist doch eine Art gemeinschaftlicher Arbeit nicht ausgeschlossen. So trivial die Be-

---

[1] Aus dem Gesagten ergiebt sich auch, was von dem in neuerer Zeit vielfach angepriesenen Plane einer allgemeinen Formelsprache oder Begriffsschrift für die Metaphysik zu halten ist. Eine solche Formelsprache oder Begriffsschrift läßt sich nur da mit Erfolg anwenden, wo nach progressiv-systematischer Methode verfahren wird, d. h. wo die Grundbegriffe und Grundsätze hinreichend bekannt und geklärt sind, um in abstracto gebraucht werden zu können. Diese Bedingung ist wohl für die Mathematik und in weitgehendem Maße auch für die formale Logik erfüllt, nicht aber für die Metaphysik. Denn in dieser ist die Klärung der Grundbegriffe und Grundsätze gerade die schwierigste Aufgabe, die es noch zu lösen gilt, und für die Lösung dieser Aufgabe kann uns der genannte Vorschlag nichts nützen.

merkung ist, daß, wer dem anderen seine Voraussetzungen ab-
streitet, auch in den Resultaten nicht mit ihm übereinstimmen
kann, so gewiß wird doch, wenn jeder nur mit sich selbst in
Übereinstimmung denkt, der eine dem anderen zugeben können,
daß seine Voraussetzungen und Resultate in einem bestimmten
von jedermann anzuerkennenden hypothetischen Zusammenhange
stehen, derart, daß gewisse Voraussetzungen bestimmte Resultate
nach sich ziehen und daß andererseits gewisse Resultate bestimmte,
genau formulierbare Voraussetzungen einschließen und zu ihrer
Ableitbarkeit erfordern. Die Erforschung solcher hypothetischen
Zusammenhänge ist unabhängig nicht nur von den metaphysischen,
sondern auch von den psychologischen Überzeugungen des Einzelnen, und welcher Art diese letzteren auch sein mögen, so kann
doch ein jeder dem anderen in der ersteren folgen.

Wer nur ein wenig mit der Entwickelung der neueren
*Mathematik* bekannt ist, dem wird die hier an den Philosophen gerichtete Forderung sehr naheliegend, ja vielleicht selbstverständlich erscheinen. Und in der Tat wäre es wohl heute nicht mehr
nötig, diese Forderung ausdrücklich geltend zu machen, wenn es
nicht die Mehrzahl der Philosophen unterließe, sich mit der in den
exakten Wissenschaften bewährten Arbeitsweise vertraut zu
machen. Denn das hier für die Philosophie vorgeschlagene Verfahren ist mit demjenigen völlig einerlei, das dort unter dem
Namen des *axiomatischen*[1] die Erforschung der Grundlagen der

---

[1] Die Bezeichnung stammt, so viel ich weiß, von HILBERT. Vgl. dessen
„Grundlagen der Geometrie", 2. Aufl., S. 88: „Unter der *axiomatischen* Erfor-
schung einer mathematischen Wahrheit verstehe ich eine Untersuchung, welche
nicht dahin zielt, im Zusammenhange mit jener Wahrheit neue oder allgemeinere
Sätze zu entdecken, sondern die vielmehr die Stellung jenes Satzes innerhalb des
Systems der bekannten Wahrheiten und ihren logischen Zusammenhang in der

Geometrie und Arithmetik so mächtig gefördert und übrigens auch längst in der Physik erfolgreiche Anwendung gefunden hat.[1]

Mit so viel Recht wir nämlich von KANT gewarnt worden sind, uns nicht durch das Beispiel der Mathematik verleiten zu lassen, die in ihr damals allein bekannte und auch heute noch ihre systematischen Teile beherrschende Methode in der Philosophie nachahmen zu wollen, so hat sich doch infolge eines eigenartigen historischen Prozesses das Verhältnis der beiden Wissenschaften seit KANTS Zeiten dadurch sehr verschoben, daß das von KANT für die Philosophie als unentbehrlich geforderte *zergliedernde* Verfahren zwar bis auf den heutigen Tag von der Mehrzahl der Philosophen verschmäht worden ist, dafür aber den Beifall der Mathematiker gefunden hat und in deren Händen ein zu solcher Vollkommenheit durchgebildetes wissenschaftliches Werkzeug geworden ist, daß nunmehr wiederum die methodisch vernachlässigte Philosophie bei ihrer Schwesterwissenschaft in die Lehre gehen kann und aus der Nachahmung der in den kritisch bearbeiteten Teilen derselben erprobten und bewährten Methoden den reichsten Gewinn ziehen würde.

Wir wollen dies an einigen Beispielen erläutern. Neben dem schon gerügten Mißbrauch der Definitionen ist ein Kardinalfehler des unkritischen Philosophierens der durch leichtfertigen Gebrauch der indirekten Beweise entstehende *Schluß aus unvollständigen Disjunktionen.* Nicht wenige der erkenntnistheoretischen Streitig-

---

Weise klarzulegen sucht, daß sich sicher angeben läßt, welche Voraussetzungen zur Begründung jener Wahrheit notwendig und hinreichend sind." Man vergleiche auch die Charakteristik dieser Methode im „Schlußwort" der Hilbertschen Schrift.

[1] So beruht z. B., worauf ich an anderer Stelle hingewiesen habe, HELMHOLTZ' Entdeckung des Gesetzes von der Erhaltung der Energie ausschließlich auf einer Anwendung derselben Methode. (Vgl. „die kritische Methode", § 7.)

keiten wären bald beseitigt, wollte man, durch die geforderte
logische Zergliederung veranlaßt, mißtrauischer gegen die Anwendung der indirekten Beweisart werden. Diese Beweisart ist nur
da zulässig, wo man einen sicheren Überblick über alle Glieder
der ihr jedesmal zu Grunde liegenden Disjunktion voraussetzen
kann. Ein solcher Überblick ist aber erfahrungsgemäß in der Philosophie meist sehr schwer zu erlangen. Will ich eine Behauptung
dadurch begründen, daß ich in der ihr entgegengesetzten Annahme
einen Widerspruch aufzeige, so muß ich die Gewähr haben, daß
die Sphäre der Möglichkeiten durch die zu widerlegende Annahme
und die zu begründende Behauptung erschöpft ist. Insbesondere.
muß ich wissen, daß diejenige Voraussetzung, gegen die das widerlegte Gegenteil verstößt, bereits unabhängig von der indirekten
Beweisführung aus irgend welchen anderweit gegebenen Gründen
feststeht. Widrigenfalls aus dem konstatierten Widerspruche mit
demselben Rechte wie auf die vorgesetzte Behauptung, auf die
Falschheit jener Voraussetzung geschlossen werden könnte. Die
Nachfrage, inwieweit diese Bedingungen erfüllt sind, wird, wie
unsere kritischen Untersuchungen zeigen, nur allzuleicht verab-
säumt. Dies hat dann zur Folge, daß sich das Gegenteil der bewiesenen Behauptung mit gleich gewichtigen Gründen verteidigen
läßt. Beweist z. B. der Transzendentalist[1] die Apriorität der Erkenntnistheorie unter Berufung auf den unvermeidlichen Zirkel
aller psychologischen Erkenntnistheorie, so bedenkt er nicht, daß
der Psychologist mit derselben Bündigkeit die Notwendigkeit empirischer Erkenntnistheorie beweisen kann, indem er sich auf den
notwendigen Zirkel aller rationalen Erkenntnistheorie beruft.
Beide bemerken nicht, daß der Zirkel, den sie ihrem Gegner vor-

---

[1] Vgl. z. B. § 67.

werfen, der Erkenntnistheorie als solcher eigentümlich und von
der Modalität ihrer Erkenntnisweise völlig unabhängig ist, daß
also der ganze Streit nichtig ist, ehe nicht über die Möglichkeit
der Erkenntnistheorie überhaupt etwas ausgemacht ist. Man mag
also die Möglichkeit der Erkenntnistheorie annehmen oder nicht,
so zeigt doch die logische Zergliederung der Beweise, daß ohne
Heranziehung weiterer Kriterien zwischen Transzendentalismus
und Psychologismus keine eindeutige Entscheidung möglich ist;
mit welcher Einsicht denn allen übereilten Schlußfolgerungen der
Boden entzogen ist.

Man vergleiche auch, um weitere Beispiele zu haben, § 108 f.,
sowie den in § 16 ff. kritisierten indirekten Beweis. Auch die in
§ 83 erörterte Kantische Argumentation gegen das Präformationssystem bietet ein lehrreiches Beispiel.

Oder man nehme den berühmten Streit über das Ding an
sich. Der Idealist will die Annahme von Dingen an sich widerlegen, indem er zeigt, daß diese Annahme, wie jedes Urteil, auf
der Anwendung von Prinzipien a priori beruht; ein Beweis, der
natürlich nur unter der stillschweigenden Voraussetzung der Subjektivität aller Prinzipien a priori gilt. Der Widerspruch liegt also
nicht in der Annahme der Dinge an sich, sondern nur in ihrer Unvereinbarkeit mit dem Satze, daß Prinzipien a priori Bedingungen
aller Urteile sind; und auch dies nur unter der Voraussetzung des
formalen Idealismus. Die Konstatierung dieses Widerspruchs genügt folglich keineswegs zur Widerlegung der Annahme von Dingen an sich; vielmehr ist diese Konstatierung hinsichtlich ihrer
metaphysischen Konsequenzen durchaus vieldeutig, da ohne Zuhilfe-
nahme anderer als rein logischer Kriterien auf Grund des konstatierten Widerspruchs ebenso gut auf die Falschheit des Satzes,
daß Prinzipien a priori Bedingungen aller Urteile sind, also auf

den Empirismus, geschlossen und die Annahme der Dinge an sich
als zu Recht bestehend angenommen werden kann, — uns aber auch
nichts hindert, mit demselben Rechte *beides*: die Annahme der
Dinge an sich und den Satz von der Bedingtheit aller Urteile durch
Prinzipien a priori, aufrechtzuerhalten und dafür die Voraussetzung
des formalen Idealismus fallen zu lassen. Alle drei Schlußweisen
sind logisch gleichwertig, und ein Streit ist hier, solange nicht
andere als logische Mittel herangezogen werden, unmöglich. Was
uns die Logik hier lehren kann, ist dies und nur dies: daß die
Annahme der Dinge an sich, der Satz von der Bedingtheit aller
Urteile durch Prinzipien a priori und der formale Idealismus drei
einander logisch gleichwertige Sätze sind, deren je einer mit
der Konsequenz aus den beiden anderen in Widerspruch steht, daß
wir also, um ein widerspruchsfreies System zu erhalten, *einen* dieser
Sätze fallen lassen müssen. *Welchen* wir aber fallen zu lassen
haben, darüber entscheidet die Logik gar nichts.[1]

Die Vereinigung zu einer solchen axiomatischen Arbeitsweise
wäre ein wesentlicher Schritt zur Verständigung auch über die
Frage der inneren, formalen Übereinstimmung der einzelnen Philosopheme hinaus. Ist man einmal so weit, bei jedem der Diskussion vorliegenden Philosopheme übersehen zu können, welche
Voraussetzungen ihm zu Grunde liegen, läßt sich genau angeben,
welche Sätze zur Begründung eines bestimmten seiner Sätze notwendig und hinreichend sind, so ist wenigstens so viel gewonnen,
daß der Streit in geordnete und methodische Bahnen gelenkt ist.
Auf diesem und keinem anderen Wege ist ein gegenseitiges *Verstehen* der Streitenden erreichbar, — ein Verstehen, das es jedem

---

[1] Wir wollen der Übersichtlichkeit wegen, auch dieses Beispiel durch ein

50*

möglich macht, nicht nur, wie heute üblich, über den anderen abzusprechen, sondern sich bestimmt sagen zu können, hinsichtlich

Schema veranschaulichen.

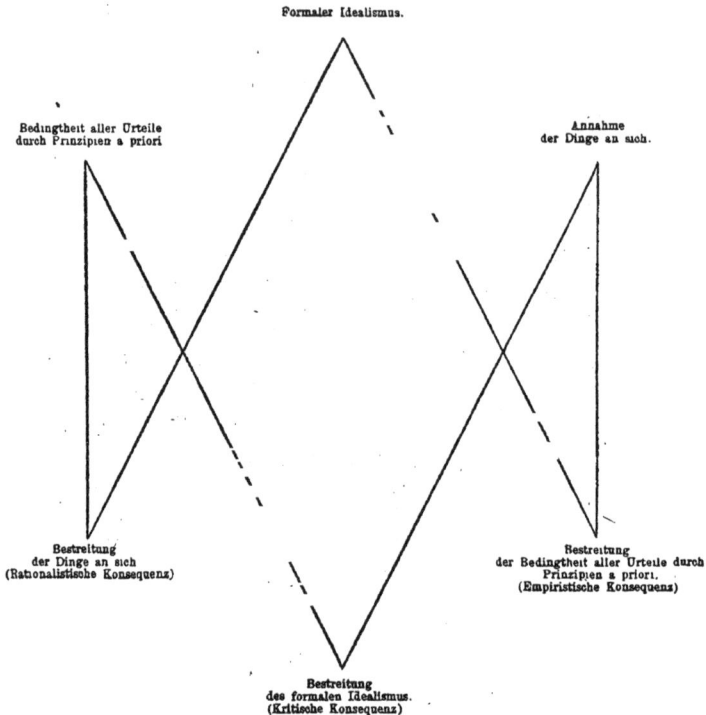

Formaler Idealismus.

Bedingtheit aller Urteile
durch Prinzipien a priori

Annahme
der Dinge an sich.

Bestreitung
der Dinge an sich
(Rationalistische Konsequenz)

Bestreitung
der Bedingtheit aller Urteile durch
Prinzipien a priori.
(Empiristische Konsequenz)

Bestreitung
des formalen Idealismus.
(Kritische Konsequenz)

Der Leser wird leicht bemerken, daß wir in diesem Schema das metaphysische Analogon zu dem methodischen Schema des § 57 und dem psychologischen
des § 108 vor uns haben und daß diese Schemata sich, historisch betrachtet,
decken, in dem Sinne, daß der konsequente Transzendentalist zugleich der Vertreter der „rationalistischen Konsequenz“, der konsequente Psychologist zugleich
der Vertreter der „empiristischen Konsequenz“ ist, und umgekehrt, während der
konsequente Kritizismus, wie wir ausführlich gezeigt haben, mit dem formalen
Idealismus überhaupt unverträglich ist. (Man vergleiche den historischen Stammbaum § 125 Anmerkung.)

welcher genau formulierbarer Sätze er von dem anderen abweicht
und welche Voraussetzungen er daher, wenn er den anderen widerlegen will, anzugreifen hat. Dieser Vorteil ist nicht gering ein-
zuschätzen. Denn weiß man einmal klar und deutlich, worüber
man eigentlich streitet, vermag man erst das Problem in eine
präzise Formel zu bringen, so ist die erheblichste Schwierigkeit
bereits überwunden. Die noch übrig bleibende, scheinbar schwerste
Aufgabe erscheint nicht mehr unlösbar, wenn es gelingt, die Diskussion auf ein Gebiet zu übertragen, dessen Bearbeitung zwar
nicht mehr mit rein logischen Mitteln möglich, aber doch auch
nicht den eigentümlichen Schwierigkeiten einer unmittelbaren In-
angriffnahme metaphysischer Probleme unterworfen ist.

169. Daß und wie diese Forderung erfüllbar ist, ist in den
Kapiteln VIII und IX dargelegt worden.[1] Es ist dort gezeigt
worden, daß es zu jedem metaphysischen Satze einen äquivalenten
*psychologischen* Satz geben muß, nämlich einen Satz über die Gründe
der Möglichkeit der in dem metaphysischen Satze ausgesprochenen
*Erkenntnis*. Dieser psychologische Satz steht hinsichtlich seiner
Gültigkeit zu seinem metaphysischen Äquivalent in einem Wechsel-
verhältnis von der Art, daß beide Sätze nur *miteinander* Anspruch
auf gegründete Wahrheit erheben können oder *miteinander* als
Vorurteil verworfen werden müssen. Ist dies richtig, so ist damit
ein Mittel gewonnen, die Diskussion auf einen rücksichtlich metaphysischer Fragen neutralen Boden zu übertragen. Ist nämlich einmal ein metaphysisches Problem auf seinen präzisen logischen Ausdruck gebracht, so braucht man nur das äquivalente psychologische
Problem zu formulieren, um die Streitfrage aus dem Bereiche willkürlicher Machtsprüche und dialektischer Spitzfindigkeiten an die

---

[1] Vgl. besonders auch § 157 f.

Instanz der jedermann zur Beobachtung offen liegenden *Tatsachen*
zu verweisen. —

Aber selbst diejenigen, die die hier vorgetragene Ansicht
über die positive Bedeutung der Psychologie für die Philosophie
nicht teilen, werden sich zu gemeinschaftlicher Arbeit vereinigen
können, soweit sie nur darüber einverstanden sind, daß der Philosoph die Tatsachen der Erfahrung zu achten habe und ihnen
wenigstens nicht *widersprechen* dürfe. Verhält es sich so, wie ich
mich auf Grund des Inhalts der vorliegenden Schrift zu behaupten
berechtigt glaube, daß nämlich die Lehren der gegenwärtigen
Philosophie nicht frei von Widersprüchen gegen die Tatsachen
der inneren Erfahrung sind und an diesen Widersprüchen scheitern
müssen, so erwächst aus der Einsicht in diesen Sachverhalt die
unerläßliche Aufgabe einer methodischen Klärung des Tatsachen-
gebietes der inneren Erfahrung, dessen Kenntnis allein vor Fehlern
bewahren kann, die, so unscheinbar sie in den Augen des Philosophen sein mögen, doch die wissenschaftliche Unbrauchbarkeit
aller von ihnen beeinflußten Resultate zur notwendigen Folge
haben. Und so erweist sich der *negative* Nutzen solcher Untersuchungen, indem sie uns ein Mittel bieten, unter den Voraussetzungen der einander widerstreitenden Philosopheme noch eine
weitere Einschränkung zu treffen, als dies mit lediglich formal-
logischen Mitteln möglich ist. Ein Mittel, dessen gewissenhafte
Nutzbarmachung wenigstens so lange unumgänglich gefordert
werden muß, als es an einem *anerkannten positiven* Rat zur Beilegung der philosophischen Streitigkeiten noch fehlt. —

Die kritischen Ausführungen der vorliegenden Schrift haben
den Zweck, die Durchführbarkeit und Fruchtbarkeit dieser Methode
an einer Reihe von Beispielen zu zeigen, die für den gegenwärtigen
Stand der Philosophie von besonderem Interesse sind. Jedesmal

sind wir bei der Kritik eines Philosophems so vorgegangen, daß
wir dasselbe zunächst einer axiomatischen Untersuchung unter-
warfen, die darauf abzielte, seine — sei es ausdrücklich oder
stillschweigend — angenommenen Voraussetzungen zu zergliedern
und die diesen zu Grunde liegenden psychologischen Annahmen
aufzudecken, um sodann diese letzteren durch eine Vergleichung
mit den Tatsachen der Selbstbeobachtung hinsichtlich ihrer Zulässigkeit zu prüfen und dadurch eine zwar oft sehr mittelbare,
aber desto zuverlässigere Entscheidung über den wissenschaftlichen
Wert der betrachteten philosophischen Lehren zu gewinnen.   Und
so geben wir uns der Hoffnung hin, daß von unseren Ausführungen
gerade die kritischen und polemischen dazu beitragen werden, dem
philosophischen Parteiwesen zu steuern und uns dem Ziele einer
planmäßigen, methodischen Arbeitsweise, wie sie längst in anderen
Disziplinen üblich ist, auch in unserer Wissenschaft näher zu
bringen.

# ⌐Anhang I.

## Über die Definition der Logik und eine gewisse Schwierigkeit in der Unterscheidung der analytischen und synthetischen Urteile.

170. Neben den im Texte (§ 6 ff.) widerlegten Bedenken gegen die Kantische Unterscheidung der analytischen und synthetischen Urteile läßt sich noch ein anderer, tiefer gehender Einwand gegen diese Unterscheidung geltend machen. Ich bin in der Abhandlung selbst auf die diesem Einwand zu Grunde liegende Schwierigkeit nicht eingegangen, teils weil sie in der Litteratur meines Wissens keine Rolle spielt, teils auch, weil ihre Auflösung eine gewisse Kenntnis der psychologischen Kritik erfordert, wie ich sie in der Abhandlung nicht voraussetzen wollte. Es sei daher hier nachträglich jene Schwierigkeit kurz besprochen.

KANT definiert: Ein Urteil ist analytisch, wenn sein Prädikat schon im Subjektsbegriff enthalten ist.[1] Was heißt hier „enthalten", und was ist das *Kriterium* für dieses „Enthaltensein"? Man könnte sagen: Im Subjektsbegriff „enthalten" sind alle diejenigen und nur diejenigen Merkmale, die zu seiner *Definition* gehören. Allein, wenn man diese Erklärung genau nimmt, so müßten alle analytischen Urteile identische oder doch teilweis

---

[1] Kritik der reinen Vernunft, Einleitung, IV. Prolegomena, § 2.

identische Urteile sein, gegen den offenbaren Sinn der Kantischen Einteilung.[1]

KANT selbst nennt als das „Prinzip aller analytischen Urteile" den Satz des Widerspruchs.[2] Aus diesem Satze lassen sich jedoch nur *negative* Urteile ableiten. Auch ist KANT im Irrtum, wenn er den Satz des Widerspruchs als den allein zureichenden Grundsatz der *Logik* betrachtet.[3] Weder der Satz der Identität noch der Satz der Bestimmbarkeit oder des ausgeschlossenen Dritten noch auch der Satz der doppelten Verneinung lassen sich auf ihn zurückführen. Sollen wir alle diese Sätze als synthetische betrachten? Und noch mehr, wie verhält es sich mit dem Satze des Widerspruchs selbst, ist er analytisch oder synthetisch? Wenn er als Kriterium der fraglichen Disjunktion zu Grunde liegen soll, so kann er dieser Disjunktion nicht selbst unterworfen werden; die Disjunktion zwischen analytischen und synthetischen Urteilen wäre also *unvollständig*.

171. Man möchte nun vielleicht, um diesen Übelständen abzuhelfen, die folgende Definition vorschlagen: Analytische Urteile sind diejenigen, die sich auf die *Grundsätze der Logik* zurückführen

---

[1] KANTS Satz (Prolegomena, § 2 b): „Weil das Prädikat eines bejahenden analytischen Urteils schon vorher im Begriffe des Subjekts gedacht wird, so ... wird sein Gegenteil, in einem analytischen, aber verneinenden Urteile, notwendig von dem Subjekte verneint" ließe sich dann nicht mehr aufrechterhalten.

[2] K. d. r. V., Analytik der Grundsätze, zweites Hauptstück, erster Abschnitt: „Von dem obersten Grundsatze aller analytischen Urteile." — Wir müssen, heißt es da, „den Satz des Widerspruchs als das allgemeine und völlig hinreichende Prinzipium aller analytischen Erkenntnis gelten lassen." — Analog Prolegomena, § 2 b.

[3] K. d. r. V., an der zuletzt genannten Stelle. — In seiner „Logik" fügt KANT allerdings dem Satze des Widerspruchs als weitere „Grundsätze" den „Satz des zureichenden Grundes" und den „Satz des ausschließenden Dritten" hinzu. (Einleitung, VII.)

lassen.[1] Mit dieser Erklärung verwickeln wir uns jedoch in einen handgreiflichen Zirkel. Denn wir haben für die Logik keine andere Definition als die des Systems der analytischen Urteile. Wir hätten also die analytischen Urteile durch die Logik und diese wieder durch die analytischen Urteile erklärt.

Allerdings sind auch andere Definitionen der Logik vorgeschlagen worden.[2] Insbesondere hat neuerdings die folgende Beifall gefunden: Die Logik, sagt man, sei „die Wissenschaft von allen Dingen.“[3] Diese Erklärung ist jedoch entweder geradezu falsch oder nichtssagend. Es ist gewiß wahr (und eben keine neue Entdeckung), daß die Gesetze der Logik nicht allein von wirklichen, sondern auch von nicht-wirklichen Dingen gelten. Gelten sie aber auch, wie die Verteidiger der fraglichen Erklärung behaupten, von den *unmöglichen* Dingen? Von den mathematisch und metaphysisch unmöglichen mag dies zugegeben werden; aber auch von den „logisch“ unmöglichen, z. B. den widerspruchsvoll definierten? Offenbar nicht. Vielleicht wendet man jedoch ein, diese letzteren seien eben darum keine eigentlichen „Dinge“. Das Nichtssagende dieser Antwort springt in die Augen. Denn wie entscheiden wir denn, ob etwas ein „Ding“ ist oder nicht? Hier bleibt uns ja kein anderes Kriterium, als daß ein „Ding“ alles das ist, was den Forderungen der Logik genügt. Wir bewegen uns also wieder im Zirkel, denn wir

---

[1] So z. B. Frege, „Grundgesetze der Arithmetik“, S. 4. Ebenso Couturat, „La philosophie des mathématiques de Kant“ in der Revue de métaphysique et de morale, 1904, S. 330.

[2] Vgl. z. B. § 70 ff.

[3] Vgl. Itelson in der Revue de métaphysique et de morale, 1904, S. 1038: „La Logique est la science de *tous* les objets réels ou non, possibles ou impossibles . . .“

müssen den Begriff der Logik schon voraussetzen und können
ihn nicht erst auf den des Dinges zurückführen.

Nun hat man zwar auch vorgeschlagen, auf eine Definition
der Logik lieber zu verzichten und als „logische" Grundsätze die
als solche in den Lehrbüchern überlieferten Prinzipien aufzustellen. Aber ein Blick in diese Lehrbücher sollte genügen, um
die hoffnungslose Vieldeutigkeit und also auch Unbrauchbarkeit
dieses Leitfadens erkennen zu lassen.

172. Die folgende Überlegung kann dazu dienen, uns auf
den richtigen Weg zu leiten. Alle sind darüber einig, daß
die Grundgesetze der Logik die *allgemeinsten* Wahrheiten überhaupt sein sollen, d. h. daß sie Bedingungen bilden, denen *jedes*
auf Wahrheit Anspruch erhebende Urteil genügen muß. Aber
auch darüber besteht Einigkeit, daß diese Bedingungen nicht hinreichende, sondern nur notwendige sind. Die logischen Grundsätze sind also die *negativen* Kriterien der Wahrheit für jedes
Urteil als solches. Ihr Ursprung kann folglich nur in demjenigen
gesucht werden, was zu den wesentlichen Merkmalen des Urteils
als solchen, d. h. zum *Begriff* des Urteils gehört, nicht in den
Eigentümlichkeiten einer besonderen Urteilsgattung. Der Inbegriff
dessen, was erfordert wird, damit wir etwas dem Begriff des
Urteils überhaupt unterordnen, d. h. das, was die definierenden
Merkmale des Urteils ausmacht, ist aber die bloße *Form* des
Urteils. *Die analytischen Urteile werden also diejenigen sein, die
aus der bloßen Form des Urteils entspringen. Und die allgemeinsten
analytischen Urteile werden die Grundsätze der Logik sein.*[1]

Zu demselben Ergebnis führt auch die folgende Überlegung.

---

[1] Durch diese Erklärung werden auch die von Frege, Grundlagen der Arithmetik, S. 100 hervorgehobenen Schwierigkeiten beseitigt.

Die logischen Gesetze sollen „Denkgesetze" sein; d. h. der Ursprung der logischen Urteile soll im bloßen *Denken* liegen.
Durch bloßes Denken läßt sich aber, wie wir wissen, der Gehalt
der Erkenntnis nicht erweitern. Soll also trotzdem eine eigentümliche Vorstellungsweise aus bloßem Denken möglich sein, so
kann der Ursprung derselben nur in demjenigen liegen, was der
Reflexion unabhängig von allem Gehalt der Erkenntnis eigentümlich ist. Dies ist aber nichts anderes als die bloße *Form des
Urteils.* Der ursprüngliche Grund der logischen Prinzipien kann
also nur in der Urteilsform enthalten sein.

173. Zur praktischen Anwendung dieser Erklärung bedarf
es nun freilich einer genauen Kenntnis der Urteilsformen. Ohne
mich hier auf eine nähere Begründung der Theorie der Urteilsformen einzulassen, will ich noch bemerken, daß die aufgestellte
Erklärung zugleich den Vorzug hat, unmittelbar den Leitfaden
für die *Deduktion* der logischen Grundsätze an die Hand zu geben.
Die kritische Logik zeigt, daß das Urteil die Erkenntnis der Gegenstände durch Begriffe ist. Zur vollständigen Urteilsform gehören
daher die folgenden Momente: eine Form der Beziehung des Subjektsbegriffs auf Gegenstände (Quantität), eine Form des Prädi-
katsbegriffs (Qualität), eine Form der Verknüpfung von Subjekt
und Prädikat (Relation) und eine Form der Beziehung des Gehalts des Urteils auf die unmittelbare Erkenntnis (Modalität).[1]
Die Deduktion wird daher die Aufgabe haben, den Ursprung der

---

[1] Das Fehlen des hier angedeuteten Ableitungsprinzips bei KANT erklärt
den Schein der Willkürlichkeit, den die Kantische Tafel der Urteilformen in den
Augen der meisten seiner Kritiker bisher behalten hat. — Die beste mir bekannte
Darstellung der Lehre von den Urteilsformen ist die in APELTs „Metaphysik"
(§ 25 bis 30) gegebene. (Ich mache darauf aufmerksam, daß es dort S. 111 Zeile 18
„limitierenden" statt „verneinenden" heißen muß.)

logischen Grundsätze aus je einem dieser Momente aufzuweisen. Wie dies geschehen kann, mag die folgende Übersicht andeuten. Das Moment der Quantität betrifft das Verhältnis des Allgemeinen zum Besonderen; der analytische dieses Verhältnis betreffende Grundsatz ist das dictum de omni et nullo. Das Moment der Qualität betrifft das Verhältnis der Position zur Negation; der analytische dieses Verhältnis betreffende Grundsatz ist der Satz der Bestimmbarkeit.[1] Das Moment der Relation betrifft das Verhältnis des Subjekts zum Prädikat; der analytische dieses Verhältnis betreffende Grundsatz ist der Satz der Identität.[2] Das Moment der Modalität betrifft das Verhältnis des Urteils zur unmittelbaren Erkenntnis; der analytische dieses Verhältnis betreffende Grundsatz ist der Satz des Grundes.[3]

174. Man übersieht leicht, welche Bedeutung diese Sätze als die *hinreichenden* (positiven) Kriterien aller *analytischen* Urteile haben: der Satz der Identität als Prinzip der kategorischen analytischen Urteile, das dictum de omni et nullo als Prinzip der hypothetischen analytischen Urteile (d. h. der Schlüsse) und der Satz der Bestimmbarkeit als Prinzip der disjunktiven analytischen Urteile.

Der Satz des Grundes endlich ist (wie das Moment der Modalität überhaupt) nicht von objektiver (philosophischer), sondern

---

[1] Der Satz des Widerspruchs und der Satz der doppelten Verneinung sind als Folgesätze in dem Satze der Bestimmbarkeit enthalten.

[2] Dieser entspringt also aus dem Grundgedanken, daß was im Begriffe des Subjekts gedacht wird, im Prädikat wiederholt werden kann. Der gewöhnlich so genannte Satz der Identität ist also nur ein besonderer Fall dieses Satzes, nämlich derjenige, in dem das im Subjektsbegriff Gedachte im Prädikat *vollständig* wiederholt wird.

[3] Der methodische Grundgedanke dieser Deduktion findet sich schon bei FRIES: System der Philosophie, § 110 ff.

nur von psychologischer Bedeutung. Er könnte im Unterschied von den anderen logischen Grundsätzen ein *Postulat* genannt werden.[1]

---

[1] Die hier gegebene Auflösung der diskutierten Schwierigkeit bestätigt eine von KERRY (Vierteljahrsschrift für wissenschaftliche Philosophie, Bd. 11, S. 253 f.) geäußerte Vermutung. KERRY bemerkt, daß der Satz des Widerspruchs nicht das hinreichende Kriterium für alle analytischen Urteile sein kann. Er will vielmehr auch jedes Urteil analytisch genannt wissen, das „in derselben Weise, wie es sich KANT auf dem Satze des Widerspruchs beruhend denkt, von dem Gesetze der *Identität* abhinge." Diesem letzteren wird ferner noch der Satz des ausgeschlossenen Dritten angereiht, sowie einige weitere Sätze „von der Art wie der Satz des Widerspruchs". Indem KERRY so die „logischen" Grundsätze durch einzelne Aufzählung einführt, vermeidet er den oben gekennzeichneten Zirkel, aber er erkauft diesen Vorteil durch den Mangel einer *Definition* der Logik und eines Prinzips, das die systematische Vollständigkeit der aufgezählten Grundsätze gewährleisten könnte. Dieser Mangel tritt deutlich zu Tage, wenn KERRY (a. a. O. S. 257) definiert: analytisch seien „alle diejenigen Urteile, welche aus den in ihnen zur Verwendung gelangenden Begriffen bloß mit Benützung der angeführten logischen Gesetze sich ergeben". Wie nahe trotzdem gerade KERRY der von uns gegebenen Auflösung kommt, zeigt seine Bemerkung, daß die „angeführten" Sätze „ganz abgesehen von der Beschaffenheit des beurteilbaren Inhalts bloß das Beurteilen selbst ... charakterisieren" und „demnach in psychologischer Beziehung sowohl untereinander, als mit dem Satze des Widerspruchs innig zusammenhängen". Er nimmt eine „Verwandtschaft der Grundlagen" aller analytischen Urteile an, und es „scheint" ihm „eine starke Präsumption dafür zu bestehen, daß mit den richtigen psychologischen auch die wertvollen logischen Distinktionen harmonieren werden".

# Über den formalen Idealismus in der Kantischen Ethik und Ästhetik.

175. Unsere Zurückführung des formalen Idealismus der Kantischen Erkenntnistheorie auf die Disjunktion zwischen Logik und Empirie als Wahrheitskriterien bewährt sich dadurch, daß sie geeignet ist, auch auf die *praktische* Philosophie KANTS ein neues Licht zu werfen. Es muß zunächst einem jeden Kenner der Kantischen Ethik auffallen, daß sich in ihr dieselbe Zweideutigkeit des Terminus „Objektivität" wiederfindet, die den Gebrauch dieses Wortes in der Kritik der reinen Vernunft charakterisiert. Während nämlich KANT einerseits die für den moralisch guten Willen notwendige Bestimmung durch die bloße *Form* des Gesetzes jedem auf ein *Objekt* gerichteten Interesse *entgegensetzt*, gilt sie ihm andererseits als die allein *objektive*, weil sie durch ihren apodiktischen Charakter allen sinnlichen und insofern *subjektiven* Triebfedern entgegengesetzt ist.

Daß diese Analogie keine bloß zufällige ist, erkennt man leicht, wenn man sein Augenmerk auf die Begründungsweise richtet, durch die KANT seine Ausschließung aller vom Interesse an einem Objekt hergenommenen Triebfedern aus den moralisch zulässigen Bestimmungsgründen rechtfertigt. Das hier für ihn ausschlaggebende Argument besteht in der Behauptung, daß, wenn das Interesse an einem Objekt zum Grund der Willensbestimmung gemacht würde, der „Bestimmungsgrund der Willkür jederzeit empirisch sein" müßte. Es könne nämlich „von keiner Vorstellung irgend eines Gegenstandes, welche sie auch sei, a priori erkannt werden, ob sie mit Lust oder Unlust verbunden, oder indifferent sein werde."[1] Dieser Argumentation liegt deutlich die Annahme zu Grunde, *daß ein jedes auf ein Objekt bezogene Werturteil empirisch sein müsse.* Fragt man nun, wie KANT zu dieser Annahme gelangt, so findet man die Antwort in dem Satze:

„Die Lust aus der Vorstellung der Existenz einer Sache, so fern sie ein Bestimmungsgrund des Begehrens dieser Sache sein soll, gründet sich auf der *Empfänglichkeit* des Subjekts, weil sie von dem Dasein eines Gegenstandes *abhängt;* mithin gehört sie dem Sinne und nicht dem Verstande an."[2]

Dieser Satz ist offenbar nichts anderes als die Übersetzung der von uns in § 77 aufgewiesenen Voraussetzungen des formalen Idealismus ins Praktische. Wie dort die Möglichkeit der *Erkenntnis*, so soll hier die Möglichkeit des *Interesses* (der „Lust") auf einem Kausalverhältnisse zum Gegenstande beruhen, und wie dort das theoretische, so soll hier das praktische Urteil ein empirisches sein, wenn der Gegenstand „vor der praktischen Regel vorhergeht."[3] Der formale Idealismus ist also die Grundvoraussetzung nicht nur für die theoretische, sondern auch für die praktische Philosophie KANTS. Aus der Anwendung der Disjunktion

---

[1] Kritik der praktischen Venunft, § 2, Lehrsatz I. — Vgl. auch § 4, Lehrsatz III: „Die Materie eines praktischen Prinzips ist der Gegenstand des Willens. Dieser ist entweder der Bestimmungsgrund des letzteren, oder nicht. Ist er der Bestimmungsgrund desselben, so würde die Regel des Willens einer empirischen Bedingung . . . unterworfen, folglich kein praktisches Gesetz sein."
[2] Kritik der praktischen Vernunft, § 3, Lehrsatz II.
[3] K. d. p. V., § 2, Lehrsatz I.

zwischen Logik und Empirie als Kriterien der Objektivität auf
das praktische Gebiet ergiebt sich als unmittelbare Folge die
Unmöglichkeit einer Beziehung praktischer synthetischer Urteile
a priori auf Objekte, und in dieser Folgerung ist bereits der
Grundgedanke der Kantischen Ethik ausgesprochen: „Alle praktischen Prinzipien, die ein *Objekt* (Materie) des Begehrungsver-
mögens, als Bestimmungsgrund des Willens, voraussetzen, sind insgesamt empirisch und können keine praktische Gesetze abgeben."[1]

176. Diese Analogie läßt sich noch weiter verfolgen. Wie
nämlich[2] Kant in der Kritik der theoretischen Philosophie den
Versuch macht, die synthetischen Urteile a priori mit Hülfe des
*logischen* Objektivitätskriteriums zu begründen, so unternimmt er
denselben Versuch in der Kritik der praktischen Philosophie.
Hier wie dort glaubt er aus dem bloßen Begriffe der Gesetzmäßigkeit seine Prinzipien ableiten zu können. Das Kriterium
der Moralität einer Maxime soll nämlich nach ihm darin liegen,
daß sie, als allgemeines Gesetz gedacht, „mit sich selbst zusammen stimmen könne."[3] Die Unzulänglichkeit dieses Kriteriums
ist oft genug hervorgehoben worden. Die Widerspruchslosigkeit
einer als allgemeines Gesetz gedachten Maxime ist für sich allein
nur ein notwendiges, nicht aber ein hinreichendes Kriterium; und
auch wenn man diese Widerspruchslosigkeit nicht auf die *logische*
Möglichkeit der zum Gesetz verallgemeinerten Maxime beschränkt,
sondern, wie Kant bei der Beurteilung der sogenannten unvoll-
kommenen Pflichten[4], auf die Übereinstimmung des *Willens* mit
sich selbst ausdehnt, so giebt doch auch das so gefaßte Kriterium

---

[1] Ebenda.          [2] Vgl. Kapitel XIX.
[3] Grundlegung zur Metaphysik der Sitten, 2. Abschnitt. Reclamsche Ausgabe, S. 57. Vgl. K. d. p. V., § 4, Anmerkung.
[4] Grundlegung, 2. Abschnitt, S. 59.

für sich noch keine Entscheidung: denn es fehlt die Entscheidung
darüber, *welcher* Maxime im Falle des Widerstreits zweier zum
Gesetz verallgemeinerter Antriebe — und jeder Fall der Anwendung des Prinzips setzt einen solchen Widerstreit voraus —
wir zu folgen haben. Die Bedingung der Widerspruchslosigkeit
(der Einstimmung des Willens mit sich selbst) fordert nur eine
*Entscheidung zwischen* den (zum Gesetz verallgemeinerten) streitenden Maximen, giebt aber kein Kriterium an die Hand, zu Gunsten
*welcher* von diesen entschieden werden soll.[1]

177. Tatsächlich ist KANT selbst bei der leeren Form der
Gesetzmäßigkeit auch in der Ethik nicht stehen geblieben. Ohne
sich dessen bewußt zu sein, gleicht er den im Ausgangspunkte
seiner Ableitung enthaltenen Fehler durch eine eigentümliche Inkonsequenz im weiteren Fortgange wieder aus, wenn er in der
„Typik der praktischen Urteilskraft"[2] die moralische Zulässigkeit einer Maxime auf die Bedingung einschränkt, *daß wir sie als
allgemeines Naturgesetz wollen können.* Mit dieser Formulierung
kommt in zweifacher Hinsicht eine *Materie* in das Kantische
Moralprinzip, im Widerspruch gegen die ursprüngliche Fest-

---

[1] Soll ich z. B., wenn ich in der Lage dazu bin, einem ohne Schuld Notleidenden Hülfe leisten? Die Maxime der *Verweigerung* der Hülfeleistung, als
allgemeines Gesetz gedacht, widerstreitet meinem Bedürfnis, im Falle eigener Not
die Hülfe anderer in Anspruch zu nehmen. Die entgegengesetzte Maxime der
*Hülfeleistung* widerstreitet aber bereits an sich (falls sie nicht schon aus sinnlichen Antrieben, etwa um den Anderen zu einer Gegenleistung zu verbinden,
ausgeführt wird, von welchem Falle hier nicht die Rede ist) meiner sinnlichen
Neigung, also gewiß auch dann, wenn sie als allgemeines Gesetz gedacht wird.
Zum allgemeinen Gesetz erhoben schließen sich die beiden Maximen aus; aber
*als* allgemeines Gesetz ist die eine so gut möglich wie die andere. Wie sollen
wir also ohne ein weiteres Kriterium zwischen ihnen entscheiden?
[2] K. d. p. V., S. 82 ff. Ebenso schon in den Formulierungen der „Grundlegung" S. 31 ff., 55 ff.

51*

setzung. Erstens nämlich, insofern in dem *„wollen können"* ein Kriterium eingeführt wird, auf Grund dessen die vorher offen gelassene Entscheidung möglich wird, und zwar ein Kriterium, das uns zu dieser Entscheidung an unsere empirischen, von moralischen Reflexionen unabhängigen Triebfedern verweist. Und zweitens insofern, als es jetzt nicht mehr lediglich auf die Möglichkeit einer *praktischen* Gesetzmäßigkeit, d. h. der Allgemeinheit einer *Forderung*, ankommt, sondern auf die Möglichkeit der allgemeinen *Erfüllung* oder *Befolgung* dieser Forderung. Denn dies liegt im Begriffe des *Naturgesetzes*.[1]

Der Gegensatz dieser Formulierung gegen die ursprüngliche Beschränkung des kategorischen Imperativs auf die bloße Form der Apodiktizität fällt in die Augen, wenn man daran denkt, daß wohl mancher mit einem allgemeinen praktischen Gesetze zufrieden sein würde, von dem er annehmen kann, daß es doch nicht *allgemein befolgt* werden würde, in das er aber keinesfalls einwilligen würde, wenn er mit Sicherheit zu erwarten hätte, daß es ausnahmslos Befolgung finden würde. Nun verwahrt sich zwar KANT mit Recht dagegen, daß durch diese „Typik" der *Bestimmungsgrund* des Willens in ein empirisches Prinzip gesetzt werde.[2] Aber wenn auch die Reflexion darüber, was ich als allgemeines Naturgesetz wollen könne, nicht der *Bestimmungsgrund*, sondern allein das *Kennzeichen* der Moralität einer Maxime ist, so ist doch mit dieser Typik eine *Bedingung* eingeführt, der eine *jede* Maxime

---

[1] Wir würden also, um dieses Kriterium auf den Fall des vorhin angeführten Beispiels anzuwenden, nunmehr vor die Frage gestellt sein, ob wir, wenn uns die Wahl überlassen wäre, das Bestehen eines Naturgesetzes, wonach den ohne Schuld Notleidenden *geholfen* wird, oder das Bestehen eines Naturgesetzes, wonach den ohne Schuld Notleidenden die Hülfe *versagt* wird, vorziehen würden.

[2] K. d. p. V., S. 85 f. Vgl. auch S. 41.

genügen muß, um als moralisch zulässig zu gelten. Eine Bedingung, die nicht allein in der bloßen Widerspruchslosigkeit der Maxime als eines allgemeinen praktischen Gesetzes besteht, sondern, wie leicht einzusehen ist, bereits das von KANT als ein Äquivalent seiner ursprünglichen Formulierung angenommene Prinzip der *Würde der Person* als eigene Materie in sich schließt.

Erkennt man es also mit KANT als eine Bedingung der Moralität einer Handlung an, daß sie aus Achtung vor dem Gesetz geschieht oder daß sich der Wille durch die bloße Form der Gesetzmäßigkeit bestimmen läßt, — welche Bedingung im Grunde nichts anderes ist als die *Definition* des moralisch guten Willens, — so ist es doch unmöglich, diese Bedingung selbst schon als den Inhalt des Gesetzes zu betrachten, das den Gegenstand der Achtung bilden soll. Vielmehr setzt diese Bedingung, wenn sie nicht auf eine Zirkeldefinition hinauslaufen soll, zu ihrer Möglichkeit bereits einen eigenen Inhalt für das Gesetz voraus, das sie zu achten gebietet. —

178. Man könnte auf Grund dieser Analogie erwarten, jene zweifache Beurteilungsweise der Objektivität auch in der Kantischen *Ästhetik* durchgeführt zu finden. Allein, eine Betrachtung der „Kritik der ästhetischen Urteilskraft" lehrt, daß dieser Teil der Lehre ausschließlich von dem Gesichtspunkt des formalen Idealismus beherrscht bleibt und daß KANT die Paradoxie in der Annahme eines trotz der transzendentalen Idealität seines Gegenstandes *objektiven* Geschmacksurteils nicht zu überwinden vermocht hat. — Daß aber in der Tat der Kantische „Idealismus der ästhetischen Zweckmäßigkeit" nur eine unmittelbare Anwendung des allgemeinen formalen Idealismus enthält, geht klar daraus hervor, daß er bei KANT als ein einfacher Folgesatz des Prinzips des „ästhetischen Rationalismus" erscheint:

„Was aber das Prinzip der *Idealität* der Zweckmäßigkeit
im Schönen der Natur ... geradezu beweiset, ist, daß wir in
der Beurteilung der Schönheit überhaupt das Richtmaß derselben a priori in uns selbst suchen, ... welches bei Anneh-
mung des Realismus der Zweckmäßigkeit der Natur nicht statt
finden kann; weil wir da von der Natur lernen müßten, was
wir schön zu finden hätten und das Geschmacksurteil empirischen Prinzipien unterworfen sein würde."[1]

„So wie die *Idealität* der Gegenstände der Sinne als Erscheinungen die einzige Art ist, die Möglichkeit zu erklären,
daß ihre Formen a priori bestimmt werden können, so ist auch
der *Idealismus* der Zweckmäßigkeit, in Beurteilung des Schönen
der Natur und der Kunst, die einzige Voraussetzung, unter der
allein die Kritik die Möglichkeit eines Geschmacksurteils, welches a priori Gültigkeit für jedermann fordert, (ohne doch die
Zweckmäßigkeit, die am Objekte vorgestellt wird, auf Begriffe
zu gründen), erklären kann."[2]

Daß KANT diesem formalen Idealismus in der Ästhetik nicht
ebenso wie in der theoretischen Philosophie einen „empirischen
Realismus" an die Seite gesetzt hat, daß er vielmehr die Apodiktizität des Geschmacksurteils auf die Bedeutung einer bloß subjektiven Allgemeingültigkeit einschränkt und so als Ästhetiker in
einem „empirischen Idealismus" befangen bleibt, dies hat seinen
Grund darin, daß er das von ihm zunächst nur an der Hand
theoretischer Beispiele gewonnene immanente Objektivitätskrite-
rium, statt in die synthetischen Urteile a priori als solche, nur
in diejenigen von ihnen gesetzt hatte, die von *theoretischem* Ge-

---

[1] Kritik der ästhetischen Urteilskraft, § 58.
[2] Ebenda.

brauche sind, d. h. die „in bestimmte Begriffe gefaßt werden können". Auf Grund dieses Kriteriums mußte für KANT die An-nahme der Objektivität des Geschmacksurteils gleichbedeutend mit der Annahme erscheinen, das Geschmacksurteil lasse sich *theore-tisch* begründen.[1] Da nun für KANT die Falschheit dieser An-nahme feststand, so sah er sich gezwungen, die Unmöglichkeit eines „objektiven Prinzips des Geschmacks" zu behaupten.

Es ist bekanntlich das Verdienst SCHILLERS, zuerst diesen Mangel der Kantischen Ästhetik erkannt und zu ergänzen ge-sucht zu haben.[2]

---

[1] Vgl. K. d. U., § 34 f.

[2] Vgl. über diesen Gegenstand meinen Vortrag: „Über wissenschaftliche und ästhetische Naturbetrachtung". (Göttingen, 1908.)

# Anhang III.

## Über einige Mängel der kritischen Methodenlehre bei Fries.

179. Auf die in § 156 angeführten umd ähnliche Stellen muß man sein Augenmerk richten, wenn man FRIES' Verhältnis zum Psychologismus an der Hand seiner ausdrücklichen Erklärungen prüfen will.[1] Solche Stellen sind freilich nicht zahlreich, und sie treten sehr zurück gegenüber den vielfachen und höchst ausführlichen Auseinandersetzungen mit dem Transzendentalismus. Es liegt im Charakter der Zeitgeschichte begründet, daß die Beurteilung des letzteren die für FRIES weitaus näherliegende und wichtigere Aufgabe sein mußte. KANTS Hinneigung zum transzendentalen Vorurteil hatte bei den Nachfolgern die Entwickelung im Sinne desselben begünstigt und den Psychologismus vorderhand, zurückgedrängt. Zu der Zeit von FRIES' Auftreten herrschte der Transzendentalismus so sehr vor, daß zu einem polemischen Eingehen auf das psychologistische Vorurteil kein Anlaß bestand. Diese Tatsache muß man wohl beachten, um sich durch FRIES' einseitige Gegnerschaft gegen das transzendentale Vorurteil und den mit diesem notwendig verbundenen Rationalismus nicht zu einer falschen Beurteilung hinsichtlich seiner Stellung zum Psychologismus verleiten zu lassen. In der Tat dürfte diese in FRIES' kriti-

---

[1] Eine ausführliche Prüfung solcher Art findet man in meiner Abhandlung „JAKOB FRIEDRICH FRIES und seine jüngsten Kritiker", Kapitel I und II.

schen Schriften zunächst ins Auge fallende und bis zuletzt fast ausschließlich beibehaltene einseitige Polemik den Irrtum derer erklären[1], die daneben die wesentlichen Unterschiede übersehen haben, die die Friessche Lehre von allem Psychologismus und Empirismus scheiden.

180. Diese falsche Beurteilung ist solange unvermeidlich, als man FRIES' Polemik gegen den Transzendentalismus einzig aus dem Gesichtspunkte des erkenntnistheoretischen Vorurteils betrachtet. Denn dieses Vorurteil ist, wie wir (§ 55 f.) erkannt haben, mit der Annahme der Ausschließlichkeit der Alternative zwischen Transzendentalismus und Psychologismus untrennbar verknüpft. Zu den Umständen, die den mangelnden historischen Erfolg der Friesschen Polemik veranlaßt haben, gehört daher vielleicht auch dieser, daß FRIES selbst die Kritik des erkenntnistheoretischen Vorurteils nicht nachdrücklich genug in den Vordergrund gestellt hat, um dem aus diesem Vorurteil entspringenden grundsätzlichen Gegenargument von vornherein den Boden zu entziehen. Sein Streit gegen den Transzendentalismus mußte so dem erkenntnistheoretisch eingestellten Blick als der Versuch einer Wiederholung des genugsam widerlegten Empirismus erscheinen.[2]

---

[1] Ich sage „erklären," und nicht „entschuldigen".

[2] Daher denn auch heute noch in den Lehrbüchern der Geschichte der Philosophie FRIES, falls sein Name überhaupt vorkommt, unter dem Titel „Psychologismus" abgefertigt zu werden pflegt. Eine Auffassung, die dann freilich nicht ohne Grund zu geringschätzigen Urteilen über die *Inkonsequenz* Anlaß giebt, durch die der „Eklektiker" FRIES weit hinter den „großen Systematikern" zurückbleibt und die seine Lehre als ein höchst unphilosophisches Mixtum compositum aus Kantschen, Jacobischen und ich weiß nicht welchen anderen Reminiszenzen erscheinen läßt. (Das Versagen der herkömmlichen geschichtlichen Klassifikationen gegenüber einer Lehre wie der Friesschen hat zu der Erfindung des Verlegenheitsausdrucks „Halbkantianer" Anlaß gegeben, unter dem man, nach der neuesten authentischen Definition, „eine Reihe unbedeutenderer Denker" zusammenfaßt,

Der Grund dieses Mangels liegt darin, daß FRIES, wie es scheint, niemals den engen Zusammenhang bemerkt hat, in dem die Unmöglichkeit der Erkenntnistheorie mit der Notwendigkeit der Trennung von Kritik und System steht. So begnügte er sich seinen Gegnern gegenüber mit dem Vorwurfe der Verwechslung von Deduktion und Beweis, statt diesen Fehler auf seinen tieferen Grund, die Verwechslung von Grund und Begründung zurückzuführen und so an der eigentlichen Wurzel zu bekämpfen. So genau er selbst in der Anwendung diese Begriffe unterscheidet, so hat er doch ihren Unterschied niemals ausdrücklich angegeben. Er hat dadurch dem Fehler, um dessen Widerlegung ihm zu tun war, eine Art Hintertür offen gelassen, durch die dieser sich, wenn er auf der einen Seite ausgetrieben war, von der anderen her immer wieder einschleichen konnte.

Es ist, wie unsere axiomatischen Untersuchungen[1] zeigen, durchaus notwendig, um hier etwas Sicheres auszumachen, zunächst auf die allgemeine Frage der Möglichkeit der Erkenntnistheorie zurückzugehen. Nur von der Entscheidung dieser Frage aus kann es dann möglich werden, diesem ganzen Streite ein Ende zu machen.

181. Es kommt hinzu, daß FRIES selbst in seiner Darstellungs- und Ausdrucksweise nicht immer diejenige Vorsicht beobachtet hat, zu der er wohl durch eine stärkere psychologistische und empiristische Gegnerschaft gezwungen worden wäre und durch die er sich vor aller Mißdeutung leichter hätte schützen können. Ich glaube mich nicht dem Vorwurf einer kleinlichen Tadelsucht

---

„die zwar auch vom Kritizismus mehr oder weniger ausgehen, dann aber nach verschiedenen Seiten hin abschwenken und eine geeignete Überleitung zur Darstellung FICHTES bilden".)

[1] Vgl. besonders § 168.

auszusetzen, wenn ich auf diese Tatsache etwas näher eingehe. Kann es doch nur durch eine sorgfältige Hervorhebung und Ausscheidung solcher Mängel verhütet werden, daß einmal auf Grund einer Einsicht in dieselben auch die scheinbar eng mit ihnen verknüpften, in Wahrheit aber von ihnen völlig unabhängigen Resultate der Lehre preisgegeben werden.[1]

Es finden sich nämlich in FRIES' Schriften wirklich Äußerungen, die eine psychologistische Deutung nicht nur zulassen, sondern sogar zu fordern scheinen.[2] Auf eine solche Ausdrucksweise habe ich bereits an anderer Stelle aufmerksam gemacht.[3] Es ist die regelmäßig wiederkehrende Bezeichnung der *Reflexion* als einer Art der *Selbstbeobachtung* oder der *inneren Erfahrung*.

Diese Ausdrucksweise bedarf einer näheren Erläuterung. Sie hängt aufs engste zusammen mit FRIES' Entdeckung des Verhältnisses der Reflexion zur Vernunft. Einer mehrfach vorkommenden irrtümlichen Auffassung gegenüber muß zunächst gesagt werden, daß FRIES zu der genannten Bezeichnungsweise *nicht* gelangt, indem er von einer Untersuchung des Wesens der Selbstbeobachtung ausgeht und etwa dazu kommt, die Erkenntnisart dieser letzteren als eine nicht der Anschauung, sondern der Reflexion angehörige

---

[1] Ich gestehe, daß mir selbst die hier bezeichneten Mängel lange Zeit das Studium der anthropologischen Kritik sehr erschwert haben. Wenn ich daher diese Schwierigkeiten hier einer eigenen Prüfung unterziehe und die Art mitteile, wie ich mich mit ihnen abgefunden habe, so hoffe ich dadurch zugleich zukünftigen Lesern der Friesschen Schriften die Arbeit zu erleichtern.

[2] Es ist merkwürdig, daß noch niemand von denen, die den Vorwurf des Psychologismus gegen FRIES fortgesetzt aufrechterhalten, auf den Gedanken gekommen ist, von diesen überaus auffallenden Stellen Gebrauch zu machen und also die *einzige* Tatsache zu benutzen, die diesem Vorwurf wenigstens einen *Schein* des Rechtes geben könnte.

[3] „Inhalt und Gegenstand, Grund und Begründung", § 1. (Abhandlungen der Fries'schen Schule, Bd. II, S. 36 ff.)

zu erklären; vielmehr nimmt FRIES ausdrücklich eine der Reflexion
nicht bedürftige Selbstbeobachtung, nämlich die Anschauung des
inneren Sinnes, an[1] und gelangt zu der fraglichen Behauptung
gerade auf dem umgekehrten Wege, indem er das Wesen der Reflexion zum Gegenstande seiner Untersuchung macht.[2] Er findet,
daß alles Reflektieren keine Erkenntnis erzeugt, sondern nur eine
anderweit gegebene verdeutlicht, daß also die Reflexion, soweit
sie nicht bloß die schon unmittelbar bewußte, d. h. anschauliche
Erkenntnis in die Form von Urteilen bringt, nur ein Mittel ist,
die für sich dunkle Erkenntnis der reinen Vernunft zum Bewußtsein zu erheben. Der Gehalt, der über die Anschauung hinaus im
Urteil sich findet, wird also durch das Urteil nicht sowohl erzeugt als vielmehr nur zum Bewußtsein gebracht. *Jedes Urteil
wiederholt nur eine, sei es unmittelbar bewußte, sei es ursprünglich
dunkle Erkenntnis.* Besäßen wir also keine andere unmittelbare
Erkenntnis als die Anschauung, so bedürften wir keiner Reflexion, denn diese würde nur die Wiederholung einer uns schon
für sich selbst klaren Erkenntnis liefern.[3] Es *giebt* aber eine

---

[1] Vgl. Neue Kritik § 22 (Bd. I, 2. Aufl., S. 112 f.): „Uns gehört zum innern
Sinne . . . die *innere Selbstanschauung* des Geistes in seinen veränderlichen Tätigkeiten." „Außerdem wird der innere Sinn leicht mit der Reflexion überhaupt,
und besonders mit dem Gefühl verwechselt. Von beiden sprechen wir aber hier
noch nicht. Die Reflexion ist eine willkürliche Vorstellungsart, . . . die eigentlichen innern Sinnesanschauungen müssen unwillkürliche, sie müssen solche Vorstellungen sein, zu denen wir genötigt werden, welche also auf Empfindung beruhen. Mit der Reflexion haben wir es also hier nicht zu tun." — FRIES wendet
sich also ausdrücklich *gegen* die ihm untergeschobene Identifizierung der Selbstbeobachtung mit einer Art der Reflexion.
[2] Nicht also ist, wie behauptet wird, für FRIES „die Selbstbeobachtung
selbst ein Werk der Reflexion", sondern es ist ihm umgekehrt die Reflexion eine
Art der Selbstbeobachtung.
[3] Vgl. Neue Kritik § 70 (Bd. I, S. 341) und § 87 (Bd. II, S. 8 f.)

nicht-anschauliche, für sich dunkle unmittelbare Erkenntnis, und um diese aufzuklären, *bedarf* es der Reflexion. In diesem Sinne nennt FRIES die Reflexion das Vermögen der „künstlichen Selbstbeobachtung" [1], nämlich der Beobachtung — d. h. Bewußtmachung — derjenigen in uns liegenden Erkenntnis, die für sich dunkel ist und nicht unmittelbar wahrgenommen werden kann, sondern zu ihrer Aufhellung der Vermittelung des begrifflichen Denkens bedarf.

Hält man sich streng an diesen ebenso klaren wie unanfechtbaren Sinn der Friesschen Bezeichnungsweise, so wird man sich leicht vor allen Mißdeutungen schützen können. Die Reflexionserkenntnis ist keineswegs als solche eine psychologische oder überhaupt empirische, wie es die Friessche Bezeichnung bei Nichtbeachtung der eben gegebenen Erklärung nahe legen muß.

182. Um dies noch genauer zu zeigen, will ich versuchen, das Zweideutige der Friesschen Bezeichnung an einigen Beispielen deutlich zu machen. An einer Stelle seiner Neuen Kritik der Vernunft [2] erklärt FRIES, daß die philosophischen Erkenntnisse

„nicht in der Reflexion, im Urteilen selbst bestehen, sondern diesem in der Vernunft als der Gegenstand zu Grunde liegen, der nur durch das Urteil beobachtet werden soll."

Diese Darstellung erscheint mir mißverständlich und irreführend. Die in der Vernunft zu Grunde liegende philosophische Erkenntnis ist als solche eine Erkenntnis *a priori*; ihr Gegenstand, d. h. das, was durch sie erkannt wird, sind die allgemeinen Gesetze der objektiven synthetischen Einheit im Dasein der Dinge überhaupt. Das *Urteil* kann folglich, sofern es diese philosophische Erkenntnis *wiederholt*, nicht eine *empirische* Erkenntnis sein, und sein Gegenstand kann kein anderer sein als der der unmittelbaren

---

[1] Neue Kritik § 54 f.     [2] § 54. (Bd. I, S. 256.)

philosophischen Erkenntnis selbst, die ja ihrem Gehalte nach mit dem im Urteil Ausgesagten identisch ist. Der „Gegenstand", der durch das Urteil erkannt wird, besteht also in gewissen allgemeinen Gesetzen, keineswegs aber in der unmittelbaren philosophischen *Erkenntnis* dieser Gesetze. Diese Erkenntnis ist nicht der Gegenstand, sondern der Inhalt des Urteils.

Man vergleiche hierzu auch Stellen wie die folgenden:

„In der Wissenschaft ist diese unmittelbare Erkenntnis nur der Gegenstand, welchen wir erst künstlich in uns beobachten, und uns mittelbar wieder aussprechen." [1]

„Das Urteil ist eine bloße Formel des Wiederbewußtseins unsrer Erkenntnisse, wodurch wir aber von den einzelnen Bestimmungen des Assertorischen der innern Wahrnehmung zum Apodiktischen der vollständigen Selbstbeobachtung gelangen." [2]

Hier wird also eine „apodiktische Selbstbeobachtung" angenommen, und da ist denn klar, daß, wenn wir es nicht mit einer contradictio in adiecto zu tun haben sollen, der Ausdruck „Selbstbeobachtung" in diesem Zusammenhange nur in einer sehr übertragenen Bedeutung zu verstehen ist.

Hierzu kommt noch Folgendes. Der Hauptsatz der Friesschen Theorie der Reflexion ist: Die Reflexion ist für sich leer und dient nur zur Wiederholung anderweit gegebener Erkenntnisse.

„Das Reflexionsvermögen kann für sich allein nichts zur Erkenntnis geben, aller Gehalt wird ihm nur durch ein anderes, nämlich durch die unmittelbare Erkenntnis der Vernunft." [3]

Dieser Satz ließe sich nicht aufrechterhalten, wenn wir wirklich die Reflexion als eine Art der Selbstbeobachtung betrachten wollten. Denn in dieser Selbstbeobachtung erhielten wir ja einen

---

[1] § 63. (Bd. I, S. 310.)        [2] § 62. (Bd. I, S. 296.)        [3] § 54. (Bd. I, S. 254.)

eigenen Gehalt zu der schon anderweit gegebenen unmittelbaren Erkenntnis hinzu; sie wäre selbst eine *weitere* unmittelbare Erkenntnis, nämlich eine solche, durch die unsere sonst schon vorhandene *Erkenntnis* erkannt würde. Dieser Widerspruch kommt *den Worten nach* bei FRIES selbst zum Ausdruck, wenn er an einer Stelle[1] schreibt:

> „Das Denken ist also allerdings eine willkürliche Ausbildung unsers geistigen Lebens, . . . aber dem Vermögen nach wird dadurch nur das Vermögen der Selbsterkenntnis selbst fortgebildet, während alle andere Vermögen nur Gegenstände dieser Beobachtung bleiben."

Hier erscheint die Reflexion wirklich als ein eigenes Erkenntnisvermögen, als die Quelle einer unmittelbaren Erkenntnis. Wie vereinigt es sich damit, wenn FRIES[2] erklärt: „In alle diesen Dingen kann man durchaus zu keinem scharfen Endurteil kommen, wenn man nicht zuvor versteht, das bloß Instrumentale unsrer Reflexion von der unmittelbaren Erkenntnis zu trennen."

(Mit alledem ist natürlich in keiner Weise die Möglichkeit einer Selbsterkenntnis durch Reflexion bestritten. Vielmehr giebt es eine innere Erfahrung im Unterschiede von bloßer innerer Wahrnehmung gerade so, wie es eine äußere Erfahrung giebt. Aber diese innere Erfahrung ist, eben wie die äußere auch, ein „Produkt des Verstandes aus Materialien der Sinnlichkeit"[3], d. h. sie muß ihre Materie der Beobachtung des inneren Sinnes entlehnen und enthält eine Verknüpfung dieser Materie nach metaphysischen Gesetzen. Mit der bloßen Reflexion als solcher haben wir es daher hier gar nicht zu tun.)

---

[1] § 55. (Bd. I, S. 274.)    [2] § 64. (Bd. I, S. 314.)
[3] KANT, Prolegomena § 34.

183. In der Tat scheint sich FRIES selbst der Zweideutigkeit seiner Ausdrucksweise nicht hinreichend deutlich bewußt gewesen zu sein und durch dieselbe veranlaßt worden zu sein, einen über die formale Bedeutung seiner Bezeichnung hinausgehenden Gebrauch von ihr zu machen. Er fügt nämlich dem oben (§ 154) wiedergegebenen Beweise der psychologischen Natur der Kritik, um das Resultat „noch einleuchtender zu machen", einen anderen Beweis hinzu, der, wie er sich ausdrückt, „dasselbe nur allgemeiner sagt."[1] „Alles Philosophieren," sagt er, „ist *empirisches* Denken, ja die Philosophie selbst ist Produkt desselben." Und er begründet diesen Satz folgendermaßen:

„Alle wissenschaftliche Darstellung besteht in Schlußketten und Unterordnungen von Begriffen. Begriffe und Schlüsse gehören aber zur mittelbaren logischen Vorstellungsart durch Merkmale oder Teilvorstellungen. Dieses Erkennen durch Merkmale setzt Reflexion und diese setzt innere Wahrnehmung der Vorstellungen voraus. Also beruht alle wissenschaftliche Erkenntnis auf der innern Wahrnehmung der Vorstellungen, welche im empirischen Denken enthalten ist. Auch das Philosophieren ist also eigentlich nichts als ein inneres Wahrnehmen, ein Beobachten der im Gemüt vorhandenen Erkenntnisse a priori, welche (die Prinzipien der analytischen Erkenntnisart ausgenommen) selbst für sich ganz zur unmittelbaren, und nicht unmittelbar der logischen, Erkenntnisart gehören."[2]

Hier liegt das entscheidende Argument in den Worten: „Reflexion setzt innere Wahrnehmung der Vorstellungen voraus."

---

[1] Über das Verhältnis der empirischen Psychologie zur Metaphysik, a. a. O. S. 178.

[2] Ebenda, S. 178 f.

Der Zusammenhang macht es deutlich, daß FRIES diese Behauptung auf die Tatsache der nur wiederholenden Natur der Reflexionserkenntnis gründet und also in dem von uns dargelegten Sinne verstanden wissen will. Aber so verstanden schließt sie keineswegs den psychologischen Charakter aller Reflexionserkenntnis ein und läßt sich daher auch nicht für den von FRIES versuchten Beweis in Anspruch nehmen.

184. Das Bedenkliche dieser Beweisart läßt sich schon daraus erkennen, daß mit ihr *zu viel* bewiesen wäre. Es wäre nämlich nicht nur das „Philosophieren", sondern, nach FRIES' eigenen Worten, „*alle wissenschaftliche Erkenntnis*" überhaupt in *psychologische* Erkenntnis verwandelt. Das Mißliche des Beweises liegt also gerade darin, daß er, wie FRIES bemerkt, „dasselbe nur *allgemeiner* sagt". Denn diese Verallgemeinerung schließt den Psychologismus ein.

Worauf es in diesem Zusammenhang besonders ankommt, ist, daß die scharfe Unterscheidung von Kritik und System der Philosophie, von Inhalt und Gegenstand der Kritik, durch die Konsequenzen dieser Beweisart wieder hinfällig gemacht würde. Das System der Philosophie besteht in Urteilen, diese sind ein Produkt der Reflexion und müßten als solches auf innerer Wahrnehmung beruhen. Nicht nur die Kritik, sondern die Metaphysik selbst gehörte hiernach in die Psychologie und würde zu einer empirischen Wissenschaft, in geradem Widerspruch zu den vorangehenden Beweisen. — Der dem Beweise zu Grunde liegende irreführende Gedanke ist dieser: Wir werden uns unserer Erkenntnis erst bewußt durch innere Wahrnehmung; folglich müssen wir, um zur Philosophie zu gelangen, unsere philosophische Erkenntnis zum Gegenstande innerer Wahrnehmung machen, d. h. wir müssen psychologisch verfahren. Aber in dem übertragenen Sinne, in

dem hier im Vordersatz das Wort „innere Wahrnehmung“ gebraucht wird, würde ja schon das rein *dogmatische* Verfahren der
Forderung einer psychologischen Methode genug tun: jedes philosophische Urteil beruhte ja *als solches* auf innerer Wahrnehmung,
es genügte also, das System der philosophischen Urteile geradezu,
ohne alle kritische Vorbereitung aufzustellen, um eine auf innerer
Wahrnehmung beruhende Darstellung der Philosophie zu erhalten.

Dieser zweite von FRIES gebrauchte Beweis [1] würde also nicht
nur zu einem schrankenlosen Psychologismus führen, sondern
durch seine Konsequenz sogar die Forderung der kritischen Methode überhaupt illusorisch machen.[2] Der andere (§ 154 angeführte) Beweis hingegen ist von diesem Fehler frei, er enthält
allein die richtige Begründung der psychologisch-kritischen Methode. Er zeigt uns, daß diejenige Art von „Selbstbeobachtung“,
die im bloßen *Reflektieren* enthalten ist, (falls man hier überhaupt
von einer solchen sprechen will,) für sich gerade *nicht* hinreicht,
um zu einem begründeten System der Philosophie zu gelangen,
daß diese Aufgabe es vielmehr erforderlich macht, die unmittelbare philosophische Erkenntnis im strengsten Sinne des Wortes
zum *Gegenstand* einer anderen Erkenntnis zu machen.

185. Durch die Verbesserung dieses Fehlers wird auch eine
strengere begriffliche Trennung des regressiven Verfahrens der
Abstraktion von der kritischen Deduktion notwendig als bei FRIES
anzutreffen ist.[3] Infolge des dargestellten Fehlers erscheint bei
FRIES mehr oder weniger deutlich auch die Aufgabe der regres-

---

[1] Er wird auch später noch wiederholt. Vgl. „Reinhold, Fichte und Schelling“ S. 261; System der Metaphysik S. 105.
[2] Es braucht wohl kaum noch ausdrücklich hervorgehoben zu werden, daß
FRIES niemals Konsequenzen dieser Art aus seiner Beweisführung gezogen hat.
[3] Vgl. § 153.

siven Zergliederung als eine psychologische, wodurch die Grenzen
beider Verfahrungsarten sich verwischen. Man vergleiche in der
Abhandlung: „Über das Verhältnis der empirischen Psychologie
zur Metaphysik" den Satz: „Alle regressive Untersuchung ist
also kritisch", wo die „kritische" Untersuchung als eine solche
definiert ist, deren Gegenstand Erkenntnisse sind, „wiefern sie
subjektiv dem Gemüt gehören". Und:

> „Diese vorläufige kritische Untersuchung ... ich nenne sie
> die Propädeutik einer Wissenschaft ... ist nun jederzeit eine
> empirische Wissenschaft." [1]

Dieses Argument beweist wiederum zu viel, denn es würde
auch die *Induktion* in ein psychologisches Verfahren verwandeln.
Das regressive Verfahren der Abstraktion ist vielmehr seiner
Aufgabe nach ein rein *logisches*. Sein Gegenstand sind nicht „Zustände des Gemüts", sondern dieselben allgemeinen und notwendigen Gesetze, von denen auch das *System* handelt; nur daß die
regressive Untersuchung diese Gesetze nicht wie das System nach
progressiver Methode ableitet, sondern „zergliedernd fortschreitet,
von jedem Schluß zu seinem Prosyllogismus; sie sucht für das
gegebene Besondere ein Allgemeines, und folglich für gegebene
mannigfaltige Erkenntnisse Prinzipien, von denen die Wissenschaft erst ausgehen kann." [2] — Man wird FRIES' „Mathematische
Naturphilosophie" oder HILBERTS „Grundlagen der Geometrie"
nicht eine psychologische Untersuchung nennen können. [3]

---

[1] A. a. O. S. 160 ff. — So heißt es noch im „System der Metaphysik" § 22
(S. 104 f.): „Mit unsrer Nachweisung, daß beim Philosophieren nur die zergliedernde Methode förderlich sein könne, ist also zugleich entschieden, daß hier
alles von dem Glück einer solchen anthropologischen Untersuchung der philosophischen Erkenntnis abhänge."

[2] „Über das Verhältnis der empirischen Psychologie zur Metaphysik," a. a. O.
S. 162 f.

[3] Hiermit hängt es auch zusammen, daß FRIES nicht überall den in § 160

186. Überblicken wir diese kritischen Betrachtungen, so zeigt sich, daß die Friessche Darstellung in zweifacher Weise einer Ergänzung oder auch Verbesserung bedarf. Einmal ist es notwendig, die Theorie der Reflexion von der ihr bei FRIES anhaftenden Zweideutigkeit zu befreien und die Folgen dieser Zweideutigkeit, insbesondere den angeführten fehlerhaften Beweis der psychologischen Natur der Kritik, zu beseitigen. Dann aber gilt es, den Widerstreit zwischen Transzendentalismus und Psychologismus als eine unmittelbar aus dem Begriff der Erkenntnistheorie hervorgehende Antinomie abzuleiten und durch den Satz von der Unmöglichkeit der Erkenntnistheorie aufzulösen. Bei dieser Darstellungsweise treten Transzendentalismus und Psychologismus von vornherein nur in Korrelation zu einander auf, und es wird dadurch zugleich auch die Einseitigkeit der Friesschen Darstellung vermieden.

Nach diesen Grundsätzen habe ich in meiner Abhandlung

---

erörterten methodischen Fehler vermeidet. So, wenn er (Psychologisches Magazin, Bd. III, S. 215; System der Metaphysik, § 82, S. 416) das System der Prinzipien a priori als einen Leitfaden zur Übersicht über die geistigen Grundvermögen darstellt.

Es mag übrigens darauf hingewiesen werden, daß die Aufgabe, zu gegebenen Schlußsätzen die Prämissen zu suchen, in dieser allgemeinen Form gar keine eindeutige Lösung zuläßt. Logisch eindeutig ist nur die Aufgabe, eine Prämisse zu suchen, wenn außer dem Schlußsatz auch die andere Prämisse gegeben ist. Jene Vieldeutigkeit pflegt bei der tatsächlichen Anwendung des regressiven Verfahrens durch die stillschweigende Hinzufügung gewisser einschränkender Bedingungen beseitigt zu werden : Die gesuchten Prinzipien sollen z. B. möglichst *allgemeiner* Natur sein; sie sollen aber auch von uns für *wahr* gehalten werden. Unter diesen einschränkenden Bedingungen können denn auch solche psychologischer Art vorkommen. So ist in der Tat das Kriterium des Fürwahrgehaltenwerdens ein rein psychologisches. Durch die Anwendung solcher psychologischer Kriterien wird jedoch der grundsätzliche Unterschied der Abstraktion von der Deduktion nicht aufgehoben; denn während jene bei der bloßen Reflexion stehen bleibt, geht diese auf die unmittelbare Erkenntnis zurück.

über „die kritische Methode und das Verhältnis der Psychologie zur Philosophie" den Versuch gemacht, durch eine neue Darstellung der fraglichen Lehren die Mängel der Friesschen Beweisführung zu ergänzen und, wo es nötig war, zu verbessern, ohne doch an den Grundgedanken und Ergebnissen dieser Beweisführung irgend etwas zu ändern. Das Verständnis dieser vielleicht etwas schwierigen methodischen Lehren hoffe ich durch die in der vorliegenden Schrift gegebenen Erläuterungen wesentlich erleichtert zu haben. Diesem Zwecke dient einmal die in den Paragraphen 51 und 52 sowie 55 bis 57 enthaltene sehr vereinfachte Ableitung und Auflösung der „erkenntnistheoretischen Antinomie"; dann aber auch die hinzugefügten umfangreichen polemischen und historischen Ausführungen, die die Wichtigkeit und Fruchtbarkeit jener allgemeinen methodischen Grundsätze durch die Nachweisung erläutern sollen, wie alle bedeutenden Entdeckungen oder Irrtümer, Fortschritte und Rückschritte in der Philosophie im letzten Grunde nur aus *methodischen* Einsichten oder Fehlern hervorgehen. Zugleich hoffe ich durch die im historischen Teile durchgeführte Koordination von Transzendentalismus und Psychologismus die aus der erwähnten Einseitigkeit hervorgehenden Mängel des Schlußkapitels von Fries' Geschichte der Philosophie zu ergänzen.

Wenn man mich also durch den Vorwurf zu widerlegen gesucht hat, daß ich in gewissen Stücken von Fries *abwiche*, und wenn man mir auf der anderen Seite gewisse bis ins Einzelne gehende, „nahezu wörtliche" *Anlehnungen* an Fries zur Last gelegt hat, so hat es mit den behaupteten Tatsachen in beiderlei Hinsicht seine Richtigkeit. Aber der Hinweis auf diese Tatsachen trifft mich gar nicht. Ich habe nie den Anspruch erhoben, mit meiner Arbeit eine historische Darstellung der Friesschen Lehre zu geben, und ich bestreite das Vorhandensein bestimmter *Abweichungen* so wenig, daß ich vielmehr der Überzeugung bin, eine strengere und von gewissen bei FRIES nicht vermiedenen Fehlern freie Beweisführung geliefert zu haben. Aber ich bestreite ebensowenig die behaupteten *Anlehnungen*, da es vielmehr meine *Absicht* war, durch eine möglichst enge Anlehnung an FRIES' Darstellung den Beweis zu erbringen, daß die wesentlichen Grundgedanken der Friesschen Lehre durch die erforderlichen Berichtigungen in keiner Weise berührt werden.

Wenn ich in meiner früheren Abhandlung diese Änderungen — die übrigens mehr in Weglassungen als in Hinzufügungen bestanden — nicht ausdrücklich als solche kenntlich gemacht, sondern mich mit dem allgemeinen Hinweis auf die Übereinstimmung der Grundgedanken begnügt habe, so geschah das einmal, weil ich bei der damals noch herrschenden völligen Vergessenheit der Friesschen Lehren kein Interesse für derartige relativ unwesentliche Differenzen bei den Lesern voraussetzen konnte, und zweitens, um die schon an sich nicht geringen sachlichen Schwierigkeiten nicht noch durch eingehende historische Exkurse zu vervielfachen. — Es kann aber mit Recht eine nachträgliche Mitteilung darüber verlangt werden, inwieweit und aus welchen Gründen meine Darstellung von derjenigen abweicht, die den fraglichen Lehren von ihrem ersten Urheber gegeben worden ist. Eine solche Rechenschaft abzulegen ist der Zweck dieses Anhangs.

# Register.

(Die Zahlen bezeichnen die Seiten, nach der fortlaufenden Zählung der „Abhand-
lungen". — Man wird gebeten, sich beim Zitieren ebenfalls dieser allgemeinen
Paginierung zu bedienen und nicht der am Innenrande der Seiten eingeklammerten
Paginierung des Sonderdrucks.)

Erfahrung: Prinzipien der Möglichkeit der E. 586 f., 604 f., 609 f., 612 ff., 617, 625 ff., 655, 746, 748.
— Der Begriff der E. als transzendentaler Beweisgrund 476 ff., 613 f., 748.
— Metaphysisches Minimum des Erfahrungsbegriffs 476 f., 479.
— Übereinstimmung der E. mit den Prinzipien a priori 589 ff., 604 f.
— Mißbrauch des Worts bei FICHTE 671 ff., 675 f., 700.
Erinnerung und Erwartung 750 f.
Erkenntnis: Assertion in der E.: s. Assertion.
— Intensität der Deutlichkeit als angebliches Unterscheidungsmerkmal der E. gegenüber bloßen Vorstellungen 750 f.
— als unauflösliche Qualität der inneren Erfahrung 770.
— Tatsächlichkeit der E. 514, 632, 665, 757 ff.
— — s. a. Wissen.
— Objektive und subjektive Betrachtungsweise der E. 732.
— absolute 634.
— a priori und a posteriori: s. A priori.
— empirische: s. Empirisch.
— rationale: s. Rational.
— unmittelbare 464 f., 485, 503 ff., 523 ff., 528 ff., 575, 659 f., 683, 685 f., 755 ff., 769, 794, 808 ff.
— — der reinen Vernunft (nicht-anschauliche, metaphysische) 529 ff., 545, 548, 550 f., 570, 574 f., 618 f., 637 f., 642, 644 ff., 667, 686, 704 f., 744 ff., 755 f., 758 ff., 808 ff.
— Vernunft- und Reflexions- (Verstandes-) E. 524 f., 529 f., 574 f., 636 ff., 704, 755 ff., 764 ff., 769.
— und Urteil 464 f., 480 f., 484 f., 490, 500 ff., 522 ff., 555 f., 571 f., 573 ff., 711, 769, 793 f., 808 ff.
— Mittelbarkeit aller E. durch Begriffe (Reflexion, Urteil) 464 ff., 645, 647.
— Unmöglichkeit synthetischer E. aus bloßen Begriffen 465 f., 619, 645.
— Unvollständigkeit der Disjunktion zwischen Anschauung und Urteil als Erkenntnisarten 528 ff., 548 ff., 618, 624, 644 ff., 667, 704, 744 ff., 754 ff.
— und Bewußtsein: s. Bewußtsein.

Erkenntnis und Ding an sich: s. Ding an sich.
— und Gegenstand 453 ff., 459 ff., 508 ff., 523 ff., 582 ff., 602 ff., 633, 664, 691 ff., 740 f., 769 f., 797.
— — Angebliche Identität von E. und G. 516 f.
— — — in der Selbsterkenntnis 497 f., 688 ff.
— — Unterschied des Verhältnisses der E. zum Gegenstande vom Verhältnis der Erkenntnis a priori zur Erfahrung 590 f., 603 ff.
— — — vom Verhältnis der Erscheinung zum Gesetze 459 ff.
— — — vom Verhältnis des Geistes zur Materie 677 f.
— — — vom Verhältnis des Subjekts zum Objekt 497 f., 688 ff., 740.
— — Unmittelbarkeit der E. äußerer Gegenstände 688, 691 ff.
— Inhalt und Gegenstand der E.: s. Inhalt.
— Angebliche Unmöglichkeit der Identität von Subjekt und Objekt der E. 497 f., 689.
— Ideal logischer Vollkommenheit im Erkennen 769.
— Unvollständig und vollständig bestimmte E. 462 ff.
— Vorurteil, alle E. beruhe auf innerer Wahrnehmung 711 f.
— s. a. Objektivität.
Erkenntnisgrund: s. Grund.
Erkenntnisproblem 413 ff.
— s. a. Erkenntnistheorie.
Erkenntnistheoretische Antinomie 534 f., 816 f.
— Idealismus 507 ff., 598, 695 ff.
— Kriterien: s. Kriterium.
— Methode in der Ethik 421.
— Subjekt: s. Subjekt.
— Voraussetzungen des formalen Idealismus 581 ff.
— Vorurteil: s. Vorurteil.
Erkenntnistheorie: Problem der E. 444 ff., 459, 508, 513 ff., 528 ff., 667, 687 f., 695 ff., 726, 769 f.
— als Wissenschaft, die den Grund aller Erkenntnis enthalten soll 533, 664.
— — s. a. Grund.

Naturgesetz: Exakte Geltung der N. 565 f.
— Hypothetische Form aller N. 565 f.
— Unabhängigkeit vom Individuum 701.
— Die logischen Gesetze als N. des
   Denkens 566 f., 570.
Naturwissenschaft und Idee 640 ff., 762.
Negation: s. Verneinung.
NELSON, L. 517, 589.
— Abweichungen von FRIES 816 ff.
Neukantische Schule 702.
Nominalistische Erklärung der Möglich-
   keit allgemeiner Urteile 712 ff., 720 f.
Norm und Naturgesetz 565 f.
— Logische Gesetze als N. des Den-
   kens: s. Logisch.
Normative Ästhetik 560 ff.
— Psychologie 572 ff.
— s. a. Praktisch.
Notwendige Verknüpfung: s. Verknüpfung.
Notwendigkeit: analytische (logische) und
   synthetische (metaphysische) 594 f.
— logische und psychologische 501, 554 ff.
— objektive und subjektive 590, 592 ff.,
   719 ff., 748 f.
— und Willkürlichkeit 671.
— als Kriterium der Apriorität 746 ff.
— Gefühl der Urteilsnotwendigkeit 502 ff.,
   671.
— Unmöglichkeit des Begriffs der N.
   in einer nur sinnlichen Erkenntniskraft 754.
— der Übereinstimmung der Erfahrung
   mit den Prinzipien a priori 589, 592 ff.
— s. a. Denknotwendigkeit.
Noumen 763, 766.
Nützlichkeit als Wahrheitskriterium: s.
   Biologisch.

Objekt des Willens (Begehrungsvermö-
   gens) 796 ff.
— und Subjekt: s. Subjekt.
Objektiv, das 480 f., 483.
Objektive Gültigkeit bei KANT 610, 758,
   796 ff., 801 ff.
— — Unmöglichkeit einer Kritik der
   o. G. der Erkenntnis 444 f., 740,
   756 ff., 769 f.
— — s. a. Objektivität.
— und subjektive Allgemeingültigkeit:
   s. Allgemeingültigkeit.
— — Begründung: s. Begründung.

Objektive und subjektive Betrachtungs-
   weise der Erkenntnis: s. Erkenntnis.
— — Deduktion: s. Deduktion.
— — Einheit: s. Einheit.
— — Möglichkeit: s. Möglichkeit.
— — Notwendigkeit: s. Notwendigkeit.
Objektivität, ästhetische 563 f., 801 ff.
— ethische 796 ff.
— historische 418 f.
— der Kategorieen 592 ff.
— Unauflösbarkeit der O. des Erkennens
   492 f., 688, 769 f.
— Dogmatische Disjunktion zwischen
   Logik und Empirie als Kriterien der
   O.: s. Kriterium.
— Vorurteil der ausschließlichen O. der
   apodiktischen (rationalen) Erkenntnis
   462 ff.
— Vorurteil der ausschließlichen O. der
   sinnlichen Wahrnehmung 563, 577.
— Unmöglichkeit, aus der Unbegründ-
   barkeit der O. auf die Subjektivität
   zu schließen 444 f., 598, 664.
— Oberstes Kriterium der O. 633 f.
— Kritisches Problem der O. 633 ff.
— Stufen der O. 634.
— Doppelsinn der O. bei KANT 610,
   630 f., 796.
— s. a. Wahrheit.
Occasionalismus 601.
OSTWALD 470.

Paradoxe Begriffsbildungen vom RUSSELL-
   schen Typus 517.
Paradoxon des lügenden Kreters 588.
— des Subjekts, das alle Subjekte erkennt, die sich nicht selbst erkennen
   517.
Parallelismus zwischen den Tafeln der
   Urteilsformen und der Kategorieen 638.
Passivität und Willkürlichkeit 576.
— der sinnesanschaulichen Erkenntnis
   nach KANT 584.
Persönlichkeit 695, 699 ff.
— s. a. Würde.
Pflicht: Frage nach dem Grunde der
   Verbindlichkeit sittlicher Pflicht 421.
— als Wahrheitskriterium bei FICHTE 684.
— s. a. Sollen.
Phänomenologische Methode bei HUSSERL
   542 ff., 551.

Schema zur Ableitung und Auflösung des
  Widerspruchs zwischen Erkenntnistheorie und Dogmatismus 524.
— zum Streit über das Ding an sich 784.
— mathematisches (der Kategorie) 642,
  765.
SCHILLER 803.
Schluß: als analytisches hypothetisches
  Urteil 450 f., 638, 794.
— vom Besonderen auf das Allgemeine 727.
— — s. a. Induktion.
— aus unvollständigen Disjunktionen 780 ff.
Schlußsatz: Abhängigkeit der Modalität
  des Schlußsatzes von der der Prämissen 472, 657 f., 727, 732 f.
— — s. a. Modalische Gleichartigkeit.
— s. a. Prämisse.
SCHMID, C. CHR. E. 725.
Schottische Schule 479, 627.
Schranken unserer Erkenntnis 634 ff.,
  638, 642, 762, 764 ff.
SCHULTZ, J. 649.
SCHULZE, G. E. 648.
Sein: s. Existenz.
Selbstbeobachtung: Angeblicher Widerspruch im Begriff der S. 497 f., 689.
— als Begründungsmittel der Kritik der
  Vernunft 735 ff., 742.
— künstliche 809 f.
— und Reflexion: s. Reflexion.
— s. a. Innere Wahrnehmung.
Selbstbewußtsein 687.
Selbsterkenntnis 497 f., 685 f., 688 ff., 737,
  742.
— und Reflexion: s. Reflexion.
Selbsttätigkeit 687.
— und Willkürlichkeit 575 ff., 756.
Selbstvertrauen der Vernunft: s. Ver-
  nunft.
SIMMEL 485 ff.
Singuläre Urteile 712.
Sinn und Assoziation als einzige Erklärungsgründe der empiristischen
  Theorie 747, 754.
— Unmöglichkeit, allgemeine und notwendige Wahrheiten durch die S. zu
  erkennen 746.
— innerer 808, 811.
Sinnenwelt 636, 766.
Sinnesanschauung: s. Realität.
— s. a. Wahrnehmung.

Sinnliche Anregung: s. Anregung.
— Anschauung: s. Anschauung.
— Beschränktheit unserer Erkenntnis
  765.
— — s. a. Beschränktheit.
— Wahrnehmung: s. Wahrnehmung.
— Natur der anschaulichen Selbster-
  kenntnis 686 f.
Sinnlichkeit und Verstand 584.
Sinnlosigkeit von Definitionen durch un-
  endliche Satzreihen 489, 492, 498 ff.,
  589, 723.
Skeptizismus 525, 597 f., 743, 757 ff.
— kritischer, MAIMONS 628.
— metaphysischer (philosophischer) 529,
  624, 628, 759.
— praktischer 763.
Sollen, transzendentes, als erkenntnis-
  theoretisches Kriterium 492 ff., 553 f.
Sophisten 529.
Spekulation: Subjektive (idealistische)
  Wendung der S. 730, 734 ff., 743, 761 f.
Spekulativer Glaube 766.
— Verstandesgebrauch: s. Abstrakt.
— und praktische Vernunft 642 f.
SPINOZA 419, 736.
Spontaneität 584.
— s. a. Selbsttätigkeit.
Sprache: Regeln über den Gebrauch der
  S. in der Philosophie 773 ff.
STUMPF 574 f.
Subjekt, erkenntnistheoretisches 497 f.,
  513, 517.
— — s. a. Bewußtsein überhaupt.
— — s. a. Ich.
— und Objekt 497 f., 670, 688 ff.
— und Prädikat 794.
Subjektive Wendung des Philosophierens
  durch die Kritik der Vernunft 651 f.,
  730 f., 735 ff.
— und objektiv: s. Objektiv.
Subjektivismus, ästhetischer 562 ff., 577.
Subjektivität 463.
Synthesis: Theorie der S. bei KANT 644,
  755 f.
— abgeleitete und ursprüngliche 755 f.
Synthetische und analytische Urteile: s.
  Analytisch.
— Begriffsbildung (Determination) 464.
  466.
— Einheit: s. Einheit.

Lightning Source UK Ltd.
Milton Keynes UK
UKHW011252310119
336488UK00006B/236/P

9 780428 613075